Insolvenz einer englischen Limited mit Verwaltungssitz in Deutschland

Europäische Hochschulschriften
Publications Universitaires Européennes
European University Studies

Reihe II
Rechtswissenschaft

Série II Series II
Droit
Law

Bd./Vol. 4393

PETER LANG
Frankfurt am Main · Berlin · Bern · Bruxelles · New York · Oxford · Wien

Simon Schilling

Insolvenz einer englischen Limited mit Verwaltungssitz in Deutschland

PETER LANG
Europäischer Verlag der Wissenschaften

Bibliografische Information Der Deutschen Bibliothek
Die Deutsche Bibliothek verzeichnet diese Publikation in der Deutschen Nationalbibliografie; detaillierte bibliografische Daten sind im Internet über <http://dnb.ddb.de> abrufbar.

Zugl.: Jena, Univ., Diss., 2005

Layout:
www.kumpernatz-bromann.de

27
ISSN 0531-7312
ISBN 3-631-55468-0

www.peterlang.de

Vorwort

Die Arbeit wurde im Wintersemester 2005/ 2006 von der Friedrich-Schiller-Universität in Jena als Dissertation angenommen. Danken möchte ich an dieser Stelle meinem Doktorvater Herrn Prof. Dr. Walter Bayer, der die Arbeit mit großem Interesse und Einsatz betreute. Herrn Prof. Dr. Stefan Leible danke ich für die zügige Erstellung des Zweitgutachtens. Meine Dankbarkeit gilt auch meinem guten Freund und juristischen Mentor, Herrn Rechtsanwalt Dr. Armin Schwerdtfeger, für zahlreiche wertvolle Anregungen und Diskussionen zum Thema.

Bedanken möchte ich mich schließlich bei meinen Eltern, die mir mein Studium und dadurch diese Arbeit ermöglichten. Ihnen sei die Arbeit gewidmet.

Berlin, 2006 *Simon Schilling*

Inhaltsverzeichnis

A. Einleitung

I. Problemstellung und Gegenstand der Dissertation

Nie war das Niveau der grenzüberschreitenden Beziehungen innerhalb Europas höher. Die nationalen Märkte sind durch den europäischen Binnenmarkt auf das Engste miteinander verflochten. Beflügelt wird diese Entwicklung nicht zuletzt von der großzügigen Rechtssprechung des EuGH zur EG-Niederlassungsfreiheit (Artt. 43, 48 EG), die gleich einem „Drama in vier Akten“[1], mit den aufeinander folgenden Urteilen *Daily Mail*[2], *Centros*[3], *Überseering*[4] und *Inspire Art*[5] zur Rechtsformwahlfreiheit innerhalb der Europäischen Union führte.

Besonderer Beliebtheit erfreut sich seit der richtungweisenden *Centros*-Entscheidung die englische *private limited company by shares* (im Folgenden Limited ge-

---

1 *Bayer*, BB 2003, 2357.

2 EuGH v. 27.9.1988, Rs. C-81/87 – (*Daily Mail*) = NJW 1989, 2186 = JZ 1989, 385. Dazu etwa *Großfeld/Luttermann*, JZ 1989, 386; *Sandrock/Austmann*, RIW 1989, 249; *Behrens*, IPRax 1989, 354; *Ebenroth/Eyles*, DB 1989, 363; *dies.*, DB 1989, 413.

3 EuGH v. 9.3.1999, Rs. C-212/97 – (*Centros*) = DStR 1999, 772= NJW 1999, 2027 = EWS 1999, 140 = JZ 1999, 669 = AG 1999, 226 = DB 1999, 625 = EuZW 1999, 216 m.Anm. *Freitag* = RIW 1999, 447 m.Anm. *Cascante* = BB 1999, 809 (Ls.) m.Anm. *Sedemund/Hausmann* = ZIP 1999, 438 m. Bspr. *Roth* u. *Werlauff* (S. 867) = NZG 1999, 298 m.Anm. *Leible*. Siehe ferner etwa *Ebke*, JZ 1999, 656; *Görk*, GmbHR 1999, 793; *Göttsche*; DStR 1999, 1403; *Kindler*, NJW 1999, 1993; *Luttermann*, ZEuP 2000, 907; *W.-H. Roth*, ZGR 2000, 311; *Zimmer*, ZHR 164 (2000), 23.

4 EuGH v. 5.11.2002, Rs. C-208/00 – (*Überseering*) = IStR 2002, 809 = BB 2002, 2402 = NJW 2002, 3614 = ZIP 2002, 2037 = RIW 2002, 945 = EWS 2002, 569 = AG 2002, 37 = GmbHR 2002, 1137. Zur Literatur siehe von den über 40 Stellungnahmen etwa *Ebke*, JZ 2003, 927; *Eidenmüller*, ZIP 2002, 2233; *Forsthoff*, DB 2003, 979; *Grosserichter*, DStR 2003, 159; *Eule*, ZNotP 2004, 56; *v.Halen*, WM 2003, 571; *Halbhuber*, ZEuP 2003, 422; *Kindler*, NJW 2003, 1073; *Knapp*, DNotZ 2003, 85; *Leible/Hoffmann*, RIW 2002, 925; *Meilicke*, GmbHR 2003, 793; *W.-H. Roth*, IPRax 2003, 117; *Schanze/Jüttner*, AG 2003, 30; *Schulz*, NJW, 2003, 2705; *Schulz/Sester*, EWS 2002, S. 545; *Zimmer*, RabelsZ 67 (2003), 298.

5 EuGH v. 30.9.2003, Rs. C-167/01 – (*Inspire Art*) = AG 2003, 680 = DB 2003, 2219 = NJW 2003, 3331 = NZG 2003, 1064 = BB 2003, 2195, = RIW 2003, 957 = EWS 2003, 513 = AG 2003, 680 = GmbHR 2003, 1260. Siehe dazu etwa *Altmeppen*, NJW 2004, 97; *Altmeppen/Wilhelm*, DB 2004, 1083; *Bayer*, BB 2003, 2357; *Behrens*, IPRax 2004, 20; *Bitter*, WM 2004, 2190 ff.; *Borges*, ZIP 2004, 733; *Brand*, JR 2004, 89; *Eidenmüller*, JZ 2004, 24; *Eidenmüller/Rehm*, ZGR 2004, 159; *Fischer*, ZIP 2004, 1477; *Geyrhalter/Gänßler*, DStR 2003, 2167; *Goette*, DStR 2005, S.197 *Horn*, NJW 2004, 893; *Kieninger*, ZEuP 2004, 685; *Kindler*, NZG 2003, 1086; *Lehmann*, RIW 2004, 816; *Leible/Hoffmann*, EuZW 2003, 677; *Mankowski*, RIW 2004, 481; *Maul/Schmidt*, BB 2003, 2297; *Meilicke*, GmbHR 2003, 1271; *Merkt*, RIW 2004, 1; *Rehberg*, EuLF 2004, 1; *Paefgen*, ZIP 2004, 2253; *Sandrock*, BB 2004, 897; *Spindler/Berner*, RIW 2004, 7; *dies.*, RIW 2003, 949; *Schumann*, DB 2004, 743; *K. Schmidt*, ZHR 168 (2004), 493; *Ulmer*, NJW 2004, 1201; *Wachter*, GmbHR2004, 88; *Weller*, DStR 2003, 1800; *ders.*, Europäische Rechtsformwahlfreiheit und Gesellschafterhaftung; *Ziemons*, ZIP 2003, 1913; *Zimmer*, NJW 2003, 3585.

nannt).[6] Zunehmend greifen europäische Unternehmer auf das englische GmbH-Pendant zu. „Was zunächst nur ein Rinnsal war, hat sich schon in den letzten Monaten zu einem Fluss entwickelt, und wird sich jetzt sicher zu einem Strom verbreitern"[7], las man kurz nach der Entscheidung des EuGH in Sachen *Inspire Art.* Tatsächlich ist die Strömung bereits knapp ein Jahr nach der Entscheidung ziemlich stark: Die Zahl der Neugründungen von Limiteds stieg von ca. 224.000 im Jahr 2002 auf 388.000 im Jahr 2004.[8] Damit wird England zu Recht auch als das europäische „Mekka des Gesellschaftsrechts"[9] bezeichnet.

Nun könnte man meinen, dieser Entwicklung mit Gelassenheit begegnen zu können, denn die größte Gruppe der Neugründungen betrifft kleine Briefkastengesellschaften, wie z.B. die bereits aktenkundig gewordene *Putzprofi Ltd.*, *Fließentempel B. Ltd.*, *Sanitätshaus S.Ltd.*, *Malerbetrieb B. Ltd.* oder *K. Fliesenverlegung Ltd.*[10]. Solche Unternehmen spielen im Wirtschaftsleben ohnehin nur eine geringe Rolle. Wie aber bereits prognostiziert[11], nutzen in zunehmendem Maße auch große und seriöse Konzerne die neue Freiheit verstärkt aus, um eine Limited z.B. als Konzernspitze[12], Holding[13] oder auch als operative (Tochter-)Gesellschaft[14] einzusetzen.

---

6 Zu den Vor- und Nachteilen einer Limited als Rechtsformalternative etwa *Ebert/Levedag*, GmbHR 2003, 1337; *Kallmeyer*, DB 2004, 636; *Happ/Holler*, DStR 2004, 730. Allgemein zum Thema „Limited mit Verwaltungssitz in Deutschland" etwa *Baumgarte*, Die englische Limited: rechtliche und praktische Aspekte; *Degenhardt*, Die „Limited" in Deutschland: Eine Alternative zur GmbH?; *Heinz*, Die englische Limited; *Goldstein/Wulferding*, EURO-GmbH: so setzen sie eine englische Limited in Deutschland ein; *Hirte/Bücker* (Hrsg.), Grenzüberschreitende Gesellschaften; *Korts*, Die Europäische Kapitalgesellschaft (& Co. KG): am Beispiel einer Limited (& Co. KG); *Just*, Die englische Limited in der Praxis; *Triebel* (Hrsg.), Die englische Limited, Leitfaden für die Unternehmens- und Beratungspraxis; *Walterscheid*, Die englische Limited im Insolvenzverfahren, DZWIR 2006, 95. Sehr aufschlussreich zur Haftung und den Rechtsverhältnissen einer „deutschen" Limited im Gründungsstadium *J. Schmidt*, RIW 2005, 827.

7 *Hirte*, GmbHR Blickpunkt 2003, R 421.

8 Die Angaben beziehen sich auf Großbritannien und sind abrufbar unter www.companieshouse.gov.uk/about/miscallaneous/DTIReport20034.pdf. Dabei lässt sich natürlich nicht entnehmen, ob die Gesellschaften ihren Verwaltungssitz im In- oder Ausland haben.

9 *Weller*, IPRax 2004, 412.

10 Nach *Leible/Hoffmann*, ZIP 2003, 925, 930.

11 Siehe *Bayer*, BB 2003, 2357, 2363.

12 Vgl. etwa AG München, Beschl. v. 4.5.2004 (*Hettlage*), ZIP 2004, 962 f. = NZI 2004, 450 m.Anm. *Mankowski*; Anm. *Paulus*, EWiR Art. 3 EuInsVO 2/04, 493.

13 Vgl. etwa AG Köln v. 23.1.2004, NZI 2004, 151; dazu Anm. *Sabel*, NZI 2004, 126. High Court of Justice Leeds, 16.5.2003 (*Daisytek*), ZIP 2003, 1362 (Eröffnungsbeschluss ohne detaillierte Begründung); NZI 2004, 219. (mit Begründung in deutscher Übersetzung); dazu Anm. *Paulus*, EWiR Art. 3 EuInsVO 2/03, 709; sowie ZIP 2003, 1725.

14 Vgl. etwa Tribunale di Parma, Urt. v. 19.2.2004, ZIP 2004, 1220; High Court of Justice Dublin, Urt. v. 23.3.2004, ZIP 2004, 1223; Supreme Court of Ireland, Urt. v. 27.7.2004 (*Eurofood*), ZIP 2004, 1969 = NZI 2004, 505 = DZWIR 2005, 60 m.Anm. *Smid*, DZWIR 2005, 64.

In der konjunkturschwachen Gegenwart wird nun ein Problembereich solch enger wirtschaftlicher Verflechtungen besonders virulent: Während auf der einen Seite die Niederlassungsfreiheit ausgeweitet wird, stellt sich dem Praktiker bei der Abwicklung grenzüberschreitender Insolvenzen eine Vielzahl ungelöster Folgeprobleme.

Am 31.5.2002 ist die vom Rat der EU verabschiedete Verordnung Nr. 1346/2000 über Insolvenzverfahren (im Folgenden: EuInsVO)[15] in Kraft getreten.[16] Diese wurde als ein Meilenstein in der Bewältigung grenzüberschreitender Insolvenzen nach über dreißigjähriger Entwicklungsdauer bejubelt. Art. 3 EuInsVO regelt die internationale Zuständigkeit. Diese soll dort begründet sein, wo der Schuldner den „Mittelpunkt seiner hauptsächlichen Interessen" – im Folgenden auch COMI[17] genannt – hat. Bei der Beurteilung ihrer internationalen Zuständigkeit verfahren die englischen Gerichte recht großzügig. Insbesondere bei Konzerntöchtern wird das COMI sehr weit ausgelegt und in der Regel am Sitz der englischen Mutter angesiedelt. Das Ergebnis ist die einheitliche Abwicklung mehrerer insolventer Konzerngesellschaften vor demselben Gericht. Dabei geht aus den Erläuterungen und Erwägungsgründen der EuInsVO zweifelsfrei hervor, dass mit der Verordnung kein europäischer Konzerninsolvenzgerichtsstand geschaffen werden sollte.[18] Aus den ersten großen insolvenzrechtlichen Zuständigkeitskonflikten ging England daher klar als Sieger hervor. Im geschlagenen Kontinentaleuropa brach Panik aus. Mit Rufen wie „Die moderne Form von «Britannia rules the waves»„, „Imperial Forumshopping",[19] „Insolvenz-Imperialismus" oder der Bezeichnung als „Delaware(s) des Insolvenzrechts in Europa"[20], wurde die Angst in der deutschen Fachöffentlichkeit geschürt, dass sich nun neben dem Gesellschaftsrecht auch das Feld des Insolvenzrechts zu Un-

---

15 Im Mai 2000 hat der Rat der Europäischen Union die Verordnung Nr. 1346/2000 über Insolvenzverfahren erlassen, die am 31.5.2002 in Kraft getreten ist. Zum Text der Verordnung siehe Anhang.

16 Siehe dazu etwa die Kommentare von *Duursma-Kepplinger/ Duursma/ Chalupsk*, Europäische Insolvenzverordnung, Wien, 2002; *Moss/Fletcher/Isaacs*, The EC Regulation on Insolvency Proceedings, A commentary and Annoted Guide, Oxford 2002; *Lüer* in: Uhlenbruck, Insolvenzordnung, Kommentar, 12. Aufl., München 2003; *Smid*, Deutsches und Europäisches Internationales Insolvenzrecht, Stuttgart 2004; *Kindler*, in: Münchner Kommentar, BGB, 4. Aufl., München 2006; *Paulus*, Europäische Insolvenzverordnung, Frankfurt a.M. 2006. Zur Einleitung ferner: *Ehricke*, EWS 2002, 101; *Eidenmüller*, IPRax 2001, 2; *Fritz/Bähr*, DZWIR 2001, 221; *Herchen Axel*, Das Übereinkommen über Insolvenzverfahren der Mitgliedstaaten der Europäischen Union vom 23.11.1995, Würzburg 1999; *P. Huber*, ZZP 114 (2001), 133; *U. Huber*, in: FS Gerhardt, 397; *Kemper*, ZIP 2001, 1609; *Pannen/Riedemann/Kühnle*, NZI 2002, 303; *Paulus*, in: FS Kreft, 469; *ders.*, ZIP 2002, 729; *ders.*, NZI 2001, 505; *Wimmer*, ZInsO 2001, 97; *Ehricke/Ries*, JuS 2003, 313; *Haravon*, Insolvency Intelligence 2005, 18 (8), 118; *Moss*, Insolvency Intelligence 2005, 18(5), 74.

17 Abkürzung des in der englischen Fassung verwendeten Terminus „centre of main interests".

18 Vgl. *Virgós/Schmit*, in: Stoll (Hrsg.), Vorschläge und Gutachten (1997), Nr. 76.

19 Beides *Braun*, NZI aktuell 2004, V, VI.

20 Beides *Mankowski*, EWiR Art. 3 EuInsVO 5/03, 1239 f. Ähnlich auch *Willcock*, INSOL World – 3rd Quarter 2003, 8 f. : „.. But the speed at which the application of the Regulation is developing suggests some jurisdiction will be winners, some losers.".

gunsten Kontinentaleuropas entwickeln werde. Daher wurden jüngste Urteile in denen „ein deutscher Richter den Mut aufgebracht (hat)“, die internationale Zuständigkeit ebenfalls weit auszulegen und damit „den Anschluss an die Moderne zu wählen“, nachhaltig begrüßt.[21]

Die Bestimmung der internationalen Zuständigkeit hat, neben seiner prozessualen Bedeutung, weitreichende Folgen für den Verlauf des Verfahrens. Nach ihr bemisst sich nämlich die lex fori concursus. Gemäß Art. 4 Abs. 1 EuInsVO ist das Insolvenzrecht des Mitgliedstaats, in dem das Verfahren eröffnet wird, anzuwenden. Art. 4 Abs. 2 EuInsVO enthält einen Beispielkatalog der Sachkomplexe, die vom Insolvenzstatut umfasst sein sollen. Hinsichtlich des anzuwendenden Gesellschaftsrechts findet sich jedoch keine kollisionsrechtliche Regelung. Bislang folgte die herrschende Lehre in Deutschland der Sitztheorie, nach der nur solche Gesellschaften rechtlich anerkannt wurden, deren satzungsmäßiger Sitz mit dem Sitz der tatsächlichen Verwaltung identisch war. Andernfalls galten sie als nicht rechts- und parteifähig. Eine solch pauschale Behandlung von sogenannten Scheinauslandsgesellschaften[22] – darüber sind sich alle Autoren einig – ist nach der Rechtssprechung des EuGH nun nicht mehr vertretbar. Ausländische Kapitalgesellschaften mit inländischem Sitz sind nun auch in Deutschland grundsätzlich als rechts- und parteifähig anzuerkennen. Über die Frage, wie solche Gesellschaften darüber hinaus rechtlich zu behandeln sind, ist in der Literatur eine heftige Diskussion entbrannt. Versteht man den EuGH dahingehend, dass nur die Anwendung des gesamten englischen Gesellschaftsstatuts mit der Niederlassungsfreiheit (Artt. 43, 48 EG) vereinbar ist, entsteht folgendes Problem: Findet in Deutschland ein Insolvenzverfahrens über eine EU-Auslandsgesellschaft statt, fallen Insolvenz- und Gesellschaftsstatut auseinander. Es liegt auf der Hand, dass in Folge fehlender Abstimmung des deutschen Insolvenzrechtsrechts mit dem jeweiligen EU-ausländischen Gesellschaftsrecht eine Reihe bislang unbekannter Folgeprobleme aufgeworfen wird.

II. Ziel der Dissertation und Methodik

Wie gezeigt, stellt sich die Frage, ob es für die Gläubiger einer englischen Limited mit Verwaltungssitz in Deutschland im Ergebnis günstiger ist, auf die Eröff-

---

21 *Paulus*, EWiR Art. 3 EuInsVO 2/04, 494, Anm. zu AG München, Beschl. v. 4.5.2004 (*Hettlage*), ZIP 2004, 962.

22 Der Begriff „Scheinauslandsgesellschaften“ umfasst hier sowohl sogenannte „inländische Auslandsgesellschaften“ als auch sogenannte „originäre Scheinauslandsgesellschaften“ (zur Terminologie vgl. *Bayer*, BB 2003, 2357, 2358; *Leible/Hoffmann*, ZIP 2003, 925). Während erstere nach ausländischem Recht gegründet wurden und auch zunächst im Ausland ansässig waren, später aber ihren Verwaltungssitz ins Inland verlegen, wurden letztere von Anfang an alleine im Ausland gegründet, aber im Inland geschäftlich tätig. Für eine Differenzierung gibt die vorliegende Fragestellung jedoch keinen Anlass, da sich insoweit die gleichen Probleme stellen.

nungszuständigkeit am Mittelpunkt der hauptsächlichen Interessen zu bestehen, oder, ob die Eröffnung eines Verfahrens in England aufgrund der Harmonisierung von Insolvenz- und Gründungsstatut vorzuziehen ist. Ziel der vorliegenden Arbeit soll es sein, denjenigen Gerichtsstand für Gläubiger einer englischen Limited mit Verwaltungssitz in Deutschland herauszufinden, an dem sich Sinn und Zweck eines jeden Insolvenzverfahrens – nämlich die gleichmäßige Befriedigung aller Gläubiger – am besten verwirklichen lässt.

Der Erste Teil der Arbeit soll einen kurzen Überblick über die in den sachlichen Anwendungsbereich der EuInsVO fallenden Insolvenzverfahren nach englischem und deutschem Recht verschaffen (I.). Hier werden die unterschiedlichen Eröffnungsverfahren zunächst dargestellt und anschließend einer rechtsvergleichenden Würdigung unterzogen. Ziel des Ersten Teils ist es, festzustellen, ob aufgrund einer unterschiedlichen Dauer der nationalen Eröffnungsverfahren bereits an dieser Stelle die entscheidende Weichenstellung für den Ort der Eröffnungszuständigkeit des Hauptinsolvenzverfahrens erfolgt.

Der Zweite Teil behandelt sodann verfahrensrechtliche Fragen (II.). Zunächst wird kurz auf die Entstehungsgeschichte der EuInsVO und insbesondere die Regelung der internationalen Zuständigkeit eingegangen (1.). Dieser kurze geschichtliche Überblick soll in den darauf folgenden Ausführungen als Auslegungshilfe herangezogen werden. Als nächstes gilt es zu klären, wann die EuInsVO im Falle von ausländischen Kapitalgesellschaften zur Anwendung gelangt (2.) und inwieweit ausländische Kapitalgesellschaften überhaupt insolvenzfähig sind (3.). Sodann wird der Fokus auf die Bestimmung der internationalen Zuständigkeit gelegt (4.). Kernfrage ist hierbei, was unter dem Mittelpunkt der hauptsächlichen Interessen i.S.v. Art. 3 EuInsVO zu verstehen ist. Bei einer lebensnahen Auslegung kann es nur einen Mittelpunkt geben[23], so dass Art. 3 Abs. 1 Satz 1 EuInsVO bei richtiger Anwendung die internationale Zuständigkeit eindeutig bestimmen müsste. In der Praxis zeigen jedoch Aufsehen erregende Zuständigkeitskonflikte, dass man hier durchaus unterschiedlicher Meinungen sein kann. Es soll daher zunächst die Spruchpraxis eingehend miteinander verglichen werden. Diese soll dann unter Berücksichtigung der verschiedenen Interessenlagen der Beteiligten ausgewertet werden. In der darauf folgenden Stellungnahme sollen dann geeignete Kriterien zur Bestimmung des COMI gesammelt werden. Der darauf folgende Abschnitt soll die Folgen der Eröffnung eines Hauptinsolvenzverfahrens aufzeigen und dadurch nochmals die Bedeutung der Bestimmung der internationalen Zuständigkeit verdeutlichen (5.). Der letzte Abschnitt des Ersten Teils beschäftigt sich schließlich mit den Möglichkeiten, die den einzelnen Betroffenen gegen die Eröffnung eines Hauptinsolvenzverfahrens zustehen (6.).

---

23 *Balz*, ZIP 1996, 948, 949; *Huber*, ZZP 114 (2001), 133, 143; a.A. nur *Kolmann*, Kooperationsmodelle, S. 284.

Der Dritte Teil beschäftigt sich als materiellrechtlicher Teil der Arbeit mit den zur Gläubigerbefriedigung relevanten Sachnormen (III.). Zunächst soll die Situation eines Hauptinsolvenzverfahrens in England dargestellt werden (1.). Angereichert mit der dadurch gewonnenen Kenntnis des englischen Gesellschaftsrechts, soll sodann die Situation eines Hauptinsolvenzverfahrens über eine englische Limited in Deutschland geschildert werden (2.). Hierbei wird zu prüfen sein, inwieweit englisches Gesellschaftsrecht und deutsches Insolvenzrecht zur Anwendung gelangen. Im Anschluss daran soll untersucht werden, ob die Kombination eines Hauptverfahrens mit einem in England bzw. Deutschland stattfindenden Sekundärverfahren geeignet ist, negative Auswirkungen für Gläubiger im Staat des Sekundärverfahrens abzufedern (3.). Anschließend wird eine vergleichende Gesamtwürdigung der Konstellation eines englischen Hauptverfahrens kombiniert mit einem deutschen Sekundärverfahren, und der Konstellation eines deutschen Hauptverfahrens kombiniert mit einem englischen Sekundärverfahren angestellt (4.).

Am Schluss der Arbeit soll schließlich die Antwort auf die Frage stehen, welcher Gerichtsstand im Falle einer englischen Limited mit Verwaltungssitz in Deutschland zu einer für die Gläubiger befriedigenden Verfahrensabwicklung führt.

B. Hauptteil

I. Überblick über das deutsche und englische Insolvenzeröffnungsverfahren

Im „Wettlauf um die internationale Zuständigkeit zur Eröffnung eines Hauptverfahrens“[24] spielt das Insolvenzeröffnungsverfahren eine entscheidende Rolle. Ist ein Verfahren i.S.v. Art. 3 I EuInsVO nämlich erst einmal eröffnet, lässt sich hieran aufgrund des in Artt. 16, 17 EuInsVO verankerten Prioritätsgrundsatzes kaum noch rütteln.[25] Das später eröffnete Verfahren ist grundsätzlich einzustellen. Entscheidend ist daher, wie schnell es zu einem Eröffnungsbeschluss durch das nationale Gericht kommt.

Das im Eröffnungsverfahren anzuwendende Recht richtet sich gemäß Art. 4 II EuInsVO nach der lex fori concursus. In den Regelungen des deutschen Eröffnungsverfahrens wird vielfach der Grund dafür gesehen, dass die deutschen Gerichte aus den Kompetenzkonflikten meist als Verlierer hervorgingen.[26] Ob diese Vermutung zutrifft, soll daher ein Vergleich zwischen dem deutschen und dem englischen Eröffnungsverfahren zeigen. Dabei interessieren nicht alle Zulässigkeitsvoraussetzungen, vielmehr soll lediglich auf die Antragsbefugnis, die unterschiedlichen Eröffnungsgründe, die Anhörung sowie auf relevante Sonderregelungen der nationalen Rechtsordnungen eingegangen werden. Schließlich soll noch auf einige Besonderheiten hingewiesen werden, die zu beachten sind, wenn das zu eröffnende Verfahren in den Anwendungsbereich der EuInsVO fällt.

In den Blickwinkel werden lediglich diejenigen Insolvenzverfahren genommen, die im Rahmen der EuInsVO zur Anwendung gelangen können. Gemäß Art. 1 I EuInsVO muss es sich dabei um Gesamtverfahren handeln, welche die Insolvenz des Schuldners voraussetzen und den vollständigen oder teilweisen Vermögensbeschlag gegen den Schuldner sowie die Bestellung eines Verwalters zur Folge haben. Um ein Gesamtverfahren handelt es sich dann, wenn alle betroffenen Gläubiger die Befriedigung ihrer Forderungen nur über das Insolvenzverfahren anstreben können, da individuelle Rechtsverfolgungsmaßnahmen ausgeschlossen sind.[27] Wann von der Insolvenz des Schuldners auszugehen ist, bestimmt sich dabei nach nationalem Recht (Art. 4 EuInsVO).

---

24 *Bähr/Riedemann*, ZIP 2004, 1066.

25 Nach dem Prioritätsgrundsatz ist das zeitlich zuerst eröffnete Verfahren ohne weitere Prüfung der Zuständigkeit des eröffnenden Gerichts in sämtlichen Mitgliedstaaten als Hauptinsolvenzverfahren anzuerkennen. Siehe ausführlich dazu B. II. 5. und 6.

26 *Lautenbach*, NZI 2004, 384, 385; *Bähr/Riedemann*, ZIP 2004, 1066; A.A. *Kebekus*, EWiR Art. 3 EuInsVO 7/04, 705, 706.

27 Vgl. bezogen auf das EuInsÜ *Virgós/Schmit*, in: Stoll (Hrsg.), Vorschläge und Gutachten (1997), Nr. 49 b).

Welche nationalen Verfahren diesen Anforderungen genügen und damit in den Genuss universaler Geltung nach Artt. 16, 17 EuInsVO kommen, wird in Art. 2 lit. a EuInsVO i.V.m. Anhang A genauer ausgeführt.

1. Insolvenzeröffnungsverfahren nach deutschem Recht

a) *Deutsches Regelinsolvenzverfahren*

Anders als nach früherem Recht stellt das deutsche Insolvenzverfahren[28] heute ein einheitliches Regelinsolvenzverfahren[29] dar. § 1 InsO bringt die Einheitlichkeit deutlich zum Ausdruck. Hiernach vereinigt die Insolvenzordnung die Verfahren unabhängig davon, ob das Verfahren die Liquidation der Gesellschaft oder deren Sanierung zum Ziel hat und gibt eine einheitliche Verfahrensstruktur vor.

So beginnt jedes Insolvenzverfahren gemäß § 13 InsO mit dem Antrag des Schuldners oder eines Gläubigers. Um die effektive Umsetzung der Insolvenzordnung im Falle einer Gesellschaft mit beschränkter Haftungsmasse sicherzustellen, sieht das Gesetz in § 64 I GmbHG die Pflicht des Schuldners zur Stellung eines Insolvenzantrags vor. Diese Pflicht erlischt erst dann, wenn der Insolvenzgrund wieder wegfällt oder ein anderer Antragspflichtiger einen Antrag stellt. Dies folgt bereits aus der dem § 64 I GmbHG immanenten öffentlich-rechtlichen Verpflichtung, die als solche nicht abdingbar ist.[30]

Der Antrag eines Gläubigers ist gemäß § 14 I InsO nur zulässig, wenn der Gläubiger ein rechtliches Interesse an der Eröffnung des Verfahrens hat und sowohl seine Forderung als auch den Eröffnungsgrund glaubhaft machen kann. An einem rechtlichen Interesse fehlt es bereits, wenn ein Gläubiger für seine Forderung völlig abgesichert ist.[31]

Die Glaubhaftmachung der Zahlungsunfähigkeit orientiert sich an der Legaldefinition des § 17 II InsO.[32] Deshalb braucht der antragstellende Gläubiger nicht mehr wie nach alter Rechtslage glaubhaft zu machen, dass der Schuldner außerstande ist, wesentliche Teile seiner Verbindlichkeiten zu bezahlen, und dass es sich um eine andauernde Unfähigkeit zur Erfüllung der Zahlungspflicht handelt.[33] Dennoch gestaltet sich die Glaubhaftmachung in der Regel keineswegs einfach. So

---

28 Anhang A EuInsVO enthält für Deutschland noch das Konkursverfahren, das gerichtliche Vergleichsverfahren und das Gesamtvollstreckungsverfahren. Mit Einführung der Insolvenzordnung am 1.1.1999 wurden alle drei Verfahren durch das ebenfalls in Anhang A genannte Insolvenzverfahren abgelöst; vgl. *Bork*, Einführung in das Insolvenzrecht, Rn. 8.

29 Zur Einheitlichkeit des Insolvenzverfahrens ausführlich MüKo-*Ganter*, InsO, § 1 Rn. 9 ff.

30 Vgl. RGZ 72, 285, 289; Hachenburg/*Ulmer*, GmbHG, § 64 Rn. 32; *K. Schmidt*, in: Scholz, GmbHG, § 64 Rn. 22.

31 LG Hagen, KTS 1988, 805; MüKo-*Schmahl*, InsO, § 14 Rn. 48; *Paulus*, DStR 2003, 598, 600.

32 Vgl. MüKo-*Schmahl*, InsO, § 14 Rn. 34.

33 *Uhlenbruck*, in: Uhlenbruck, InsO, § 14 Rn. 51 .

muss der Gläubiger beispielsweise eine Fruchtlosigkeitsbescheinigung des Gerichtsvollziehers vorlegen, aus der hervorgeht, dass der Schuldner pfändbare, interventionsfreie bewegliche Sachen nicht mehr besitzt (Fruchtlosigkeitszeugnis gemäß § 63 GVGA).[34] Als ausreichend anerkannt ist auch die Vorlage eines Protokolls über die Abgabe einer eidesstattlichen Versicherung des Schuldners.[35] Äußerst schwierig ist es darüber hinaus für den Schuldner, den Insolvenzgrund der Überschuldung glaubhaft zu machen. Dies wird regelmäßig daran scheitern, dass er keinen Zugang zu den erforderlichen Unterlagen des Schuldners hat.[36]

Wird der Antrag einer juristischen Person nicht von allen Mitgliedern des Vertretungsorgans gemeinsam gestellt, ist auch dieser gemäß § 15 II InsO glaubhaft zu machen. Dies gilt im Übrigen sogar dann, wenn der Antrag von einem zur Einzelvertretung berechtigten Geschäftsführer gestellt wird.[37] Als Mittel der Glaubhaftmachung ist jedoch die eidesstattliche Versicherung eines persönlich haftenden Gesellschafters oder eines organschaftlichen Vertreters ausreichend.[38]

Ist der Antrag zulässig, hat das Insolvenzgericht gemäß § 14 II InsO den Schuldner zu hören. Als Teil der Anhörung ist er dem Antragsgegner zuzustellen, obwohl eine Zustellung vom Gesetz nicht vorgeschrieben wird.[39] Die Anhörung kann nach Ermessen des Gerichts mündlich oder schriftlich erfolgen.[40] Im Falle einer juristischen Person ist jedes Vertretungsorgan anzuhören, bei einer GmbH also sämtliche Geschäftsführer, nicht nur eine vertretungsberechtigte Zahl.[41] Die Anhörung muss jedoch nicht tatsächlich erfolgen, ausreichend ist hier vielmehr, dass dem Schuldner die Möglichkeit zur Stellungnahme gegeben wird.[42] Das Gericht kann dabei die Äußerungsfrist aufgrund der Eilbedürftigkeit sehr kurz bemessen.[43] Dadurch wird verhindert, dass der Schuldner das Verfahren verzögert.

Bis das Insolvenzverfahren eröffnet oder der Antrag rechtskräftig abgewiesen wird, kann der Antragsteller seinen Antrag gemäß § 13 Abs. 2 InsO zurücknehmen.

Das objektive Vorliegen eines Eröffnungsgrundes ist Voraussetzung für die Verfahrenseröffnung (§ 16 InsO). Dieser ist gemäß § 5 I InsO von Amts wegen zu ermitteln.[44] Bei juristischen Personen ist ein solcher entweder bei Zahlungsunfähigkeit

---

34 *Uhlenbruck*, in: Uhlenbruck, InsO, § 14 Rn. 51

35 MüKo-*Schmahl*, InsO, § 14 Rn. 32.

36 *Uhlenbruck*, in: Uhlenbruck, InsO, § 14 Rn. 53; MüKo-*Schmahl*, InsO, § 14 Rn. 37.

37 *Uhlenbruck*, in: Uhlenbruck, InsO, § 15 Rn. 11.

38 *Uhlenbruck*, in: Uhlenbruck, InsO, § 15 Rn. 11.

39 MüKo-*Schmahl*, InsO, § 14 Rn. 112.

40 MüKo-*Schmahl*, InsO, § 14 Rn. 115 f.

41 HK-*Kirchhof*, InsO, § 14 Rn. 34.

42 *Uhlenbruck*, in: Uhlenbruck, InsO, § 14 Rn. 63.

43 Hierzu gibt es keine genauen Angaben, allerdings sollen zwei Tage zu kurz bemessen sein; vgl. OLG Köln, ZInsO 2000, 397; LG Saarbrücken, RPfleger 1995, 37; HK-*Kirchhof*, InsO, § 14 Rn. 35.

44 Braun-*Kind*, InsO, § 16 Rn. 10.

(§ 17 InsO) oder Überschuldung (§ 19 InsO) anzunehmen. Im Falle eines Schuldnerantrags kommt auch drohende Zahlungsunfähigkeit (§ 18 InsO) als Eröffnungsgrund in Betracht.

Gemäß § 17 II InsO ist der Schuldner zahlungsunfähig, wenn er nicht in der Lage ist, die fälligen Zahlungspflichten zu erfüllen. Nach der alten Rechtslage kam noch hinzu, dass der Schuldner „dauerhaft" nicht in der Lage war, seine „wesentlichen" Zahlungspflichten zu erfüllen, obgleich sie die Gläubiger „ernsthaft einforderten". Die Insolvenzordnung bezweckt mit ihrer engeren Fassung die frühere Einleitung eines Insolvenzverfahrens. Bei kurzfristiger Illiquidität soll Zahlungsunfähigkeit jedoch noch nicht angenommen werden. Nach allgemeinem Verständnis umschreibt § 17 II InsO vielmehr eine Zeitraumilliquidität und keine Zeitpunktilliquidität.[45] Allerdings hat der Wegfall des Merkmals der Dauer dazu geführt, dass sich dieser Zeitraum wesentlich verkürzt hat. Der Schuldner muss kurzfristig, das heißt etwa innerhalb von zwei bis drei Wochen, imstande sein, sich die erforderlichen flüssigen Mittel zu beschaffen, um die Verbindlichkeiten zu begleichen.[46] Zuweilen geht die Rechtsprechung von einem Zeitraum von bis zu einem Monat aus.[47]

Indem das Merkmal der Wesentlichkeit gestrichen wurde, gilt nun auch derjenige Schuldner als zahlungsunfähig, der nur einen kleinen Teil seiner fälligen Verbindlichkeiten nicht berichtigen kann. Damit ist die Verfahrenseröffnung auch nach Nichtbezahlung von Kleinbeträgen zulässig. Eine unbillige Härte entsteht deshalb nicht, denn vermag der Schuldner die Liquiditätslücke gleich wieder zu schließen, kann er sich auf eine vorübergehende Zahlungsstockung berufen.[48] Nach § 17 II 2 InsO begründet eine Zahlungseinstellung die Vermutung der Zahlungsunfähigkeit. Eine Zahlungseinstellung ist nach ständiger Rechtsprechung anzunehmen, wenn der Schuldner zu erkennen gibt, dass er finanziell außer Stande ist, mindestens eine nicht unwesentliche Forderung zu erfüllen.[49]

Die Ermittlung der objektiven Zahlungsunfähigkeit ist durch eine Gegenüberstellung der in zeitlicher Reihenfolge fälligen Zahlungsverpflichtungen und der zu den verschiedenen Zeitpunkten im Zeitablauf verfügbaren Zahlungsmittel in einem Finanzplan möglich.[50]

Wird der Schuldner hiernach voraussichtlich nicht mehr in der Lage sein, die bestehenden Zahlungspflichten im Zeitpunkt der Fälligkeit zu erfüllen, ist gemäß § 18 II InsO drohende Zahlungsunfähigkeit anzunehmen. Ziel dieser Regelung ist

---

45 Vgl. dazu *Paulus*, DStR 2003, 598 f.

46 *Uhlenbruck*, in: Uhlenbruck, InsO, § 17 Rn. 9; AG Köln v. 9.6.1999, NZI 2000, 89.

47 BGH v. 4.10.2001, WM 2001, 2181, 2182; OLG Koblenz ZInsO 2002, 533.

48 *Uhlenbruck*, in: Uhlenbruck, InsO, § 17 Rn. 10.

49 BGH v. 17.5.2001, WM 2001, 1223; BGH v. 17.5.2000, NZI 2001, 417; BGH ZIP 1997, 423; BGH v. 11.7.1991, ZIP 1991, 1014; BGH v. 10.1.1985, NJW 1985, 1785.

50 MüKo-*Eilenberger*, InsO, § 17 Rn. 10.

ebenfalls die möglichst frühe Einleitung eines Insolvenzverfahrens.[51] Dabei sind alle zum Zeitpunkt der Prognoseerstellung existierenden Forderungen in Rechnung zu stellen, sowie diejenigen, die zwar noch nicht entstanden sind, die aber – wie etwa Lohn- oder Mietzahlungen – aus der derzeitigen Perspektive mit Sicherheit entstehen werden.[52] Man könnte allerdings daran zweifeln, ob § 18 II InsO auch ein Verfahren i.S.d. EuInsVO einzuleiten vermag, da diese für ihren Anwendungsbereich die „Insolvenz" des Schuldners voraussetzt.[53] Jedoch wird die „Insolvenz" in der EuInsVO an keiner Stelle definiert. Vielmehr bestimmt Art. 4 II EuInsVO, dass das Recht des Staates der Verfahrenseröffnung regelt, unter welchen Voraussetzungen das Insolvenzverfahren eröffnet wird. Dies kann nach deutschem Recht bereits bei „drohender Zahlungsunfähigkeit" der Fall sein.[54]

Einen weiteren Insolvenzgrund stellt die Überschuldung dar. Davon ist gemäß § 19 II InsO auszugehen, wenn das Vermögen des Schuldners die bestehenden Verbindlichkeiten nicht mehr deckt. In einer ersten Stufe sind die Überlebenschancen des Unternehmens in einer Fortbestehensprognose zu beurteilen. In einer zweiten Stufe sind Vermögen und Schulden des Unternehmens in einem stichtagsbezogenen Status gegenüberzustellen. Die im Rahmen der Fortbestehensprognose getroffenen Annahmen prägen zugleich Ansatz und Bewertung im Status.[55]

Gemäß § 21 InsO kann das Insolvenzgericht bis zur Entscheidung über den Antrag verschiedene Sicherungsmaßnahmen ergreifen, um eine für die Gläubiger nachteilige Veränderung der Vermögenslage des Schuldners zu verhüten. Dazu zählt unter anderem die Bestellung eines vorläufigen Verwalters. Letzterer fällt unter den Begriff des Verwalters i.S.v. Art. 2 lit. b EuInsVO i.V.m. Anhang A. Die Einsetzung eines vorläufigen Verwalters ist gemäß Art. 38 EuInsVO auch im Falle der Eröffnung eines Hauptinsolvenzverfahrens nach Art. 3 I EuInsVO möglich. Wird ein vorläufiger Verwalter bestellt und dem Schuldner gleichzeitig ein allgemeines Verfügungsverbot auferlegt, geht gemäß § 22 InsO die Verwaltungs- und Verfügungsbefugnis über das Vermögen des Schuldners auf den vorläufigen Insolvenzverwalter über. Wird das Verfügungsverbot nicht auferlegt, bestimmt das Insolvenzgericht die Pflichten des vorläufigen Verwalters im Einzelnen.[56]

Am Ende des Eröffnungsverfahrens steht der Eröffnungsbeschluss (§ 27 InsO), sofern die Eröffnung nicht abgelehnt wurde. Dieser enthält gewisse Mindestangaben wie Firma, Geschäftszweig und gewerbliche Niederlassung des Schuldners, Name

51 MüKo-*Drukarczyk*, InsO, § 18 Rn. 3.
52 Vgl. *Smid*-Kohlhammer, InsO, § 18 Rn. 1, 8; *Paulus*, DStR 2003, 598, 599.
53 Ähnlich schon *Leipold*, in: Stoll (Hrsg.), Vorschläge und Gutachten (1997), 185, 187, bezogen auf das EuInsÜ.
54 Im Ergebnis so auch *Balz*, ZIP 1996, 948 Fn. 4.
55 Zum zweistufigen Aufbau vgl. *Drukarczyk/Schüler*, InsO, § 19 Rn. 42 ff., 52 ff.; Braun-*Kind*, InsO, § 19 Rn. 19; *Uhlenbruck*, in: Uhlenbruck, InsO, § 19 Rn. 19 ff.
56 Siehe dazu im Einzelnen *Uhlenbruck*, in: Uhlenbruck, InsO, § 22 Rn. 17 ff.

und Anschrift des Insolvenzverwalters sowie die Stunde der Eröffnung. Ist letztere nicht genannt, gilt die Mittagsstunde des Tages des Eröffnungsbeschlusses als Zeitpunkt der Verfahrenseröffnung.[57]

Wird ein Insolvenzverfahren eröffnet, ist der Eröffnungsbeschluss gemäß § 30 InsO von der Geschäftsstelle des Insolvenzgerichts sofort öffentlich bekannt zu machen. Auch hier gelten im Anwendungsbereich der EuInsVO Besonderheiten.

Mit Eröffnung des Verfahrens ernennt das Insolvenzgericht einen Insolvenzverwalter. Gemäß § 80 InsO geht das Verwaltungs- und Verfügungsrecht über die Insolvenzmasse vom Schuldner auf den Insolvenzverwalter über.

Im Folgenden soll kurz auf die Regelungen bezüglich des Insolvenzausfallgeldes eingegangen werden. Verschiedentlich wird nämlich in der Möglichkeit der Inanspruchnahme von Insolvenzgeld der Grund für deutliche Verzögerungen von der Antragstellung bis zur Eröffnung des Verfahrens gesehen.[58]

Gemäß § 183 SGB III wird den Arbeitnehmern eines Unternehmens als sogenanntes Insolvenzgeld das noch nicht bezahlte Gehalt aus den letzten drei Monaten des Arbeitsverhältnisses vor Eröffnung des Verfahrens aus öffentlichen Mitteln durch die Bundesagentur für Arbeit bezahlt. Der Anspruch entsteht bei jedem Insolvenzereignis i.S.v. § 183 Abs. 1 Nr. 1-3 SGB III. Ein solches wird neben der Eröffnung des Insolvenzverfahrens (Nr. 1) auch in der Abweisung mangels Masse (Nr. 2) oder der vollständigen Beendigung der Betriebstätigkeit im Inland (Nr. 3) gesehen. Das Insolvenzgeld wird nur auf Antrag gezahlt, der gemäß § 324 Abs. 3 SGB III innerhalb einer Ausschlussfrist von zwei Monaten nach dem Insolvenzereignis gestellt werden muss.

Damit hängt zwar die Insolvenzgeldfrist unmittelbar mit der Eröffnung des Insolvenzverfahrens zusammen, die Eröffnung des Verfahrens jedoch nur mittelbar mit der Insolvenzgeldfrist. Tatsächlich orientiert sich in der Praxis bei noch tätigen Betrieben die Eröffnung des Verfahrens oft an der Insolvenzgeldfrist. Dies hat den einfachen Grund, dass diese Phase genutzt wird, Restrukturierungsmaßnahmen einzuleiten oder einen potentiellen Investor oder Käufer zu suchen. In solchen Fällen wird dann das Insolvenzgeld häufig von Dritten vorfinanziert, damit die Arbeitnehmer liquide bleiben und ihre Arbeitskraft weiter zur Verfügung stellen. Schließlich ist dies regelmäßig Voraussetzung für die Erhaltung bzw. für die Herbeiführung einer Auffanglösung. Die Regelungen zum Insolvenzgeld bieten somit zusätzlichen Spielraum, eine Sanierung zu ermöglichen oder den Eintritt der Insolvenz noch abzuwenden.

---

57 Siehe dazu im Einzelnen *Uhlenbruck*, in: Uhlenbruck, InsO, § 27 Rn. 4 ff.

58 Vgl. etwa *Lautenbach*, NZI 2004, 384, 385.

b) Besonderheiten im Anwendungsbereich der EuInsVO

Das Einführungsgesetz zur Insolvenzverfahrensverordnung enthält in Art. 102 EGInsO[59] einige Sonderregelungen für Insolvenzverfahren die in den Anwendungsbereich der EuInsVO fallen. Ist anzunehmen, dass sich Vermögen des Schuldners in einem anderen EG-Mitgliedstaat befindet, so sollen gemäß Art. 102 § 2 EGInsO im Eröffnungsbeschluss die tatsächlichen Feststellungen und Erwägungen, aus denen sich die Zuständigkeit ergibt, kurz dargestellt werden. Dies gilt unabhängig davon, ob ein Haupt- oder Partikularverfahren eröffnet werden soll. Stellt das Gericht fest, dass in einem anderen Mitgliedstaat ein Hauptinsolvenzverfahren eröffnet wurde, ist der Antrag auf Eröffnung eines weiteren Hauptinsolvenzverfahrens gemäß Art. 102 § 3 Abs. 1 Satz 1 EGInsO unzulässig. Die Formulierung macht klar, dass im Ausland ein Eröffnungsbeschluss bereits vorliegen muss. Der bloße Antrag auf Eröffnung des Verfahrens bei einem ausländischen Gericht macht den Antrag bei einem deutschen Gericht noch nicht unzulässig.[60] Eröffnet das deutsche Gericht dennoch das Verfahren, ist der ausländische Verwalter gemäß Art. 102 § 3 Abs. 1 Satz 3 EGInsO beschwerdebefugt.[61] Dies wird auch angesichts des der Norm zugrunde gelegten, aus der EuInsVO abgeleiteten Grundsatz des gegenseitigen Vertrauens[62] der nationalen Gerichte deutlich. Danach soll ein gemeinschaftsweites gegenseitiges Vertrauen in die Ordnungsmäßigkeit der ausländischen Entscheidung bestehen. Ein solches kann nicht bereits ab Antragstellung, sondern erst ab Entscheidung über die Eröffnung bestehen.

Hat das Gericht eines anderen Mitgliedstaates die Eröffnung aus dem Grund abgelehnt, dass nach Art. 3 Abs. 1 EuInsVO ein deutsches Gericht zuständig sei, so darf das deutsche Gericht gemäß Art. 102 § 3 Abs. 2 EGInsO die Eröffnung nicht mit der Begründung ablehnen, dass das Gericht eines anderen Mitgliedstaates zuständig sei.

Wird ein Insolvenzverfahren eröffnet, ist der Eröffnungsbeschluss gemäß § 30 InsO von der Geschäftsstelle des Insolvenzgerichts sofort öffentlich bekannt zu machen. Auch hier gelten im Anwendungsbereich der EuInsVO Besonderheiten. Nach Art. 21 Abs. 1 EuInsVO ist auf Antrag des Verwalters in jedem anderen Mitgliedstaat der wesentliche Inhalt der Entscheidung über die Verfahrenseröffnung öffentlich bekannt zu machen. Sodann muss das eröffnende Gericht, bzw. der Insolvenzverwalter, unverzüglich alle bekannten Gläubiger individuell unterrichten (Art. 40 EuInsVO).

---

59 Vgl. Art. 1 des Gesetzes zur Neuregelung des Internationalen Insolvenzrechts v. 14.3.2003, BGBl. 2003 I, S. 345, in Kraft seit 20.3.2004.

60 Siehe dazu nur AG Mönchengladbach v. 27.4.2004, ZInsO 2004, 563 = NZI 2004, 383 m.Anm. *Lautenbach* = ZIP 2004, 1064 m.Anm. *Bähr/ Riedemann*; *Kebekus*, EWiR Art. 3 EuInsVO 7/04, 705.

61 Hierzu und zu der Frage inwieweit andere im Ausland Betroffene beschwerdebefugt sein können, siehe unten B. II. 6. b) bb) (1).

62 Erwägungsgrund (22) EuInsVO.

Die zentrale Vorschrift zur Koordinierung des Haupt- mit dem Sekundärverfahren ist Art. 31 Abs. 2 EuInsVO,[63] wonach die Verwalter zur Zusammenarbeit verpflichtet sind. Bedauerlicherweise erstreckt sich diese Vorschrift – anders als Artt. 25 f. UNICRITAL-Modellgesetz – nicht auf die Gerichte. Es gibt jedoch keinen Grund, die Zusammenarbeit der Verfahrensbeteiligten auf die Verwalter zu beschränken. Daher wird teilweise[64] eine Erweiterung des Anhangs C zur EuInsVO über die in Art. 45 EuInsVO bestehende Möglichkeit gefordert. Dem ist zuzustimmen. Zwar besteht nach deutschem Recht aufgrund des § 21 InsO eine gewisse Kooperationspflicht der deutschen Gerichte. Auch können sie unter Umständen verpflichtet sein, Insolvenzverwaltungsverträge zur besseren Verfahrenskoordination abzuschließen.[65] Doch wäre eine ausdrückliche einheitliche europäische Regelung wünschenswert.

2. Insolvenzeröffnungsverfahren nach englischem Recht

a) *Verfahrensarten nach englischem Recht*[66]

Anders als das deutsche kennt das englische Insolvenzrecht kein Regelinsolvenzverfahren, sondern sieht je nach Verfahrensziel und Rechtsnatur des Schuldners verschiedene eigenständige Verfahrensarten vor. Für Kapitalgesellschaften hält das englische Recht sieben unterschiedliche Möglichkeiten eines Insolvenzverfahrens bereit. Davon verfolgen das members' voluntary winding up, das creditors' voluntary winding up sowie das compulsory winding up die Liquidation des Unternehmens, während das scheme of arrangement nach s. 425 Companies Act 1985, das company voluntary arrangement und die administration auf Fortführung des Unternehmens gerichtet sind. Eine Ausnahme bildet die administrative receivership, bei der zunächst offen ist, welche Verwertungsstrategie verfolgt werden soll. Für jedes Verfahren gelten eigene Eröffnungsvoraussetzungen, so dass eine isolierte Darstellung notwendig ist. Vorab bleibt jedoch zu klären, welche Verfahrensarten in den Genuss der in der Insolvenzverordnung vorgesehenen automatischen Anerkennung gemäß Artt. 16, 17 EuInsVO kommen. Dies wird in Art. 1 lit. a EuInsVO i.V.m. Anhang

---

63 *Trunk*, Internationales Insolvenzrecht, S. 363; *Fritz/Bähr* DZWIR 2001, 221, 232; *Staak*, NZI 2004, 480, 482.

64 Vgl. etwa *Paulus*, ZIP 2002, 729, 735 f.; *ders.*, NZI 2005, 62, 63; *Staak*, NZI 2004, 480, 483; OLG Wien, Beschl. v. 9.11.2004, NZI 2005, 56, 59.

65 Insoweit sieht *Eidenmüller*, IPRax 2001, 2, 9, keinen Handlungsbedarf im autonomen deutschen internationalen Insolvenzrecht.

66 Das englische Insolvenzrecht ist in erster Linie im Insolvency Act 1986 und die Insolvency Rules 1986 geregelt. Durch die Einführung des Enterprise Act 2002 wurden beide Regelwerke grundlegend geändert. Für einen systematischen Überblick über das englische Insolvenzrecht siehe etwa (vor in Kraft Treten des Enterprise Act 2002) *Starnecker*, Englische Insolvenzverfahren, S. 51 ff.; MüKo-*Schlegel/Taylor*, IntInsR, Art. 102 EGInsO Anhang II, England/Wales; (unter Berücksichtigung der Änderungen durch den Enterprise Act 2002) *Meyer-Löwy/Poertzgen*, ZInsO 2005, 293.

A näher ausgeführt. Genannt werden hier das winding up by the court[67], das creditors' voluntary winding up (with confirmation by the court), die administration, das voluntary arrangement under insolvency legislation und das bankruptcy.

Für die Anwendbarkeit der Verordnung kommt es grundsätzlich darauf an, dass ein Gericht mit dem Verfahren befasst ist.[68] Zwar ist dies auch beim bankruptcy der Fall, doch findet es nur auf natürliche Personen Anwendung und ist somit für die vorliegende Arbeit nicht weiter von Bedeutung.[69]

aa) Members' voluntary winding up

Das members' voluntary winding up findet zwar auf Kapitalgesellschaften Anwendung, fällt jedoch nicht in den Anwendungsbereich der EuInsVO, da es sich hierbei um die Abwicklung eines solventen Unternehmens handelt, was einer Liquidation nach deutschem Recht gleichkommt.[70]

bb) Administrative receivership

Gleiches gilt für die administrative receivership, die eine Besonderheit im englischen Recht darstellt und nicht mit der im Anhang A genannten administration zu verwechseln ist. Bei der administrative receivership handelt es sich um eine Zwangsverwaltung, die nur auf Befriedigung einzelner Gläubiger abzielt. Sie fällt daher – selbst bei Einschaltung eines Gerichts – nicht in den Anwendungsbereich der EuInsVO.[71] Vor dem Hintergrund der EuInsVO wurde die administrative receivership mit dem Enterprise Act 2002 vom 7. November 2002 weitgehend abgeschafft.[72]

cc) Compulsory winding up[73]

Von den oben genannten Verfahren fällt das compulsory winding up ausdrücklich[74] in den Anwendungsbereich der EuInsVO. Es wird gemäß s. 124 Insolvency Act 1986 nur auf Antrag bei Gericht eröffnet. Sachlich zuständiges Gericht ist gemäß s. 117 (1) Insolvency Act 1986 grundsätzlich der High Court. Beträgt jedoch das share ca-

---

67 Das ebenfalls in Anhang A aufgelistete *winding up subject to the supervision of the court* wurde im Bereich des UK abgeschafft und existiert nur noch in Gibraltar.

68 *Fletcher*, The Law of Insolvency, Rn. 31-020.

69 Zur Unterscheidung zwischen insolvency und bankruptcy siehe *Fletcher*, The Law of Insolvency, Rn. 1-009.

70 MüKo-*Schlegel/Taylor*, IntInsR, Art. 102 EGInsO Anhang II, England/Wales, Rn. 8. Dazu auch *Virgós/Schmit*, in: Stoll (Hrsg.), Vorschläge und Gutachten (1997), Nr. 48 b).

71 *Fletcher*, The Law of Insolvency, Rn. 31-021.

72 Zur eingeschränkten Anwendbarkeit *Davies*, Insolvency and the Enterprise Act 2002, S. 37 ff.

73 Eine synonyme Bezeichnung ist winding up by the court.

74 Vgl. s. 117 (7) Insolvency Act 1986.

pital[75] nicht mehr als £120.000, ist der County Court zuständig.[76] Anders als im deutschen Recht gibt es in England keine gesonderte örtliche Zuständigkeit. Örtlich zuständig ist vielmehr jeder der acht High Courts in England.[77]

Als Antragsberechtigte werden die company, die directors, die Gläubiger und nachschusspflichtige Gesellschafter genannt. S. 124 (1) Insolvency Act 1986 erklärt nun ausdrücklich auch den Verwalter i.S.v. Art. 2 lit. b EuInsVO i.V.m. Anhang C der Verordnung für antragsberechtigt, sofern er zum Verwalter eines Hauptinsolvenzverfahrens gemäß Art. 3 I EuInsVO oder zum vorläufigen Verwalter i.S.v. Art. 38 EuInsVO ernannt wurde.

Die company stellt, vertreten durch die directors, einen Antrag. Die Antragstellung muss vorher auf der Gesellschafterversammlung beschlossen worden sein. Daneben sind auch die directors im eigenen Namen antragsbefugt, sofern sie ihren Antrag einstimmig abgeben.[78]

Fraglich ist, ob jeder Gläubiger ohne weiteres zur Antragsstellung berechtigt ist. Das Gesetz macht hierzu keine ausdrücklichen Ausführungen. Aus der Zusammenschau mit s. 123 Insolvency Act 1986 ergibt sich jedoch, dass der Gläubiger vorher einen Eröffnungsgrund ausreichend deutlich gemacht haben muss. Hierzu reicht es beispielsweise aus, wenn er gemäß s. 123 (1) (a) Insolvency Act 1986 die company an ihrem eingetragenen Sitz schriftlich[79] dazu aufgefordert hat, seine fällige Forderung, die £750 übersteigen muss, zu bezahlen, und die company gleichwohl die Zahlung verweigert hat oder ihn nicht auf sonstige Weise befriedigt hat. Dabei sind jedoch sachliche Einwendungen des Schuldners zu beachten. So folgt das Gericht dem Antrag eines Gläubigers nicht, wenn der Schuldner das Nichtbestehen der Forderung beispielsweise durch Erhebung einer ernst gemeinten Gegenklage ernsthaft bestreitet.[80]

Als Korrektiv zu der relativ leichten Antragsmöglichkeit durch die Gläubiger sieht das englische Gesetz strenge Sanktionen im Falle einer unberechtigten oder rechtsmissbräuchlichen Antragstellung vor.[81]

Das Antragsrecht der nachschusspflichtigen Gesellschafter schränkt s. 124 (2) Insolvency Act 1986 stark ein. Vereinfacht gesagt, steht ihnen ein Antragsrecht nur zu,

---

75 Hier wird bewusst der englische Terminus beibehalten, da das englische share capital in seiner Funktion nicht mit dem Stammkapital einer deutschen GmbH vergleichbar ist. Dazu unten B. III. 1. a).

76 Vgl. s. 117 (2) Insolvency Act 1986.

77 *Fletcher*, The Law of Insolvency, 21-016.

78 *Sealy/Milman*, Annotated Guide to the Insolvency Legislation, s. 124 (1).

79 Ein Fax genügt der Schriftform nicht, vgl. *Re a company* [1985] BCLC 37.

80 *Sealy/Milman*, Annotated Guide to the Insolvency Legislation, s. 123 (general note).

81 *Sealy/Milman*, Annotated Guide to the Insolvency Legislation, s. 123 (general note). Dies kann beispielsweise in Form einer Geldstrafe geschehen, vgl. *Re a company (No. 0012209 of 1991)* [1991] 1 WLR 351.

wenn sie mindestens über sechs Monate am Stück Gesellschafter waren und ein besonderes rechtliches Interesse an der Antragstellung geltend machen können.[82] Dies ist beispielsweise dann der Fall, wenn die Gesellschafter, die ihre Einlage voll erbracht haben, keinen Antrag stellen, obwohl die Gesellschaft hoffnungslos insolvent ist.[83]

Der Wirtschaftsminister kann im Falle einer Limited nur unter den Voraussetzungen des s. 124A Insolvency Act 1986, also bei Vorliegen eines besonderen öffentlichen Interesses, einen Antrag stellen.[84] Im Rahmen der EuInsVO findet s. 124A Insolvency Act 1986 allerdings keine Anwendung.[85] Dies gilt auch dann, wenn die Gesellschaft insolvent ist.[86] Der Wirtschaftsminister ist in der dieser Arbeit zugrunde liegenden Konstellation somit nicht antragsberechtigt.

Um schon vor der Eröffnung des Verfahrens das Vermögen vor negativen Einwirkungen zu schützen, kann das Gericht gemäß s. 135 Insolvency Act 1986 einen vorläufigen Verwalter bestellen. Dies ist gemäß Art. 38 EuInsVO auch im Falle der Eröffnung eines Hauptinsolvenzverfahrens nach Art. 3 I EuInsVO möglich.

S. 122 Insolvency Act 1986 nennt sodann sieben Eröffnungsgründe. Dazu gehören der Beschluss einer company über die Einleitung eines compulsory winding up, die Nichtaufnahme des Geschäftsbetriebs der company innerhalb eines Jahres nach ihrer Gründung oder dessen Einstellung über ein ganzes Jahr, die Zahlungsunfähigkeit oder ein anderer Umstand, aufgrund dessen die Einleitung eines Verfahrens angebracht ist.

Den Hauptgrund der Insolvenz stellt die Zahlungsunfähigkeit dar. Was darunter zu verstehen ist, wird in s. 123 Insolvency Act 1986 genauer ausgeführt. Neben der soeben erwähnten s. 123 (1) (a) Insolvency Act 1986 liegt ein wichtiger Fall von Zahlungsunfähigkeit vor, wenn das Unternehmen seine bestehenden Verbindlichkeiten bei deren Fälligkeit nicht erfüllen kann (s. 123 (1) (e) Insolvency Act 1986). Vor Einführung des Insolvency Act 1986 wurden gemäß s. 518 (1) Companies Act 1985 noch zukünftige Verbindlichkeiten bei der Feststellung der Zahlungsunfähigkeit miteinbezogen. Dies ist nun ausdrücklich nicht mehr der Fall. Begleicht der Schuldner eine fällige Forderung nicht und erhebt auch keine Einwendungen, wird daher in der Spruchpraxis Zahlungsunfähigkeit selbst dann angenommen, wenn das Betriebsvermögen die Verbindlichkeiten erkennbar übersteigt.[87] Dies soll selbst dann gelten, wenn keine schriftliche Zahlungsaufforderung erfolgte.[88]

---

82 *Sealy/Milman*, Annotated Guide to the Insolvency Legislation, s. 124 (2), (3).

83 *Sealy/Milman*, Annotated Guide to the Insolvency Legislation, s. 124 (2), (3).

84 Vgl. s. 124 (4) Insolvency Act 1986.

85 *Sealy/Milman*, Annotated Guide to the Insolvency Legislation, s. 124A (General Note).

86 Re Maran Brooks CSV Ltd. [2003] BCC 239.

87 Cornhill Insurance plc. v. Improvement Services Ltd. [1986] 1 WLR 114; [1986] 2 BCC 98, 942.

88 Re Taylor's Industrial Flooring Ltd. [1990] BCC 44.

Gemäß s. 123 (2) Insolvency Act 1986 wird Zahlungsunfähigkeit vermutet, wenn die Verbindlichkeiten das Vermögen der company übersteigen (Überschuldung). Zahlungsunfähigkeit stellt auf den cash flow ab (*cash flow test*), Überschuldung auf einen bilanziellen Maßstab (*balance sheet test*).[89] Ungeklärt bleibt allerdings, ob die Vermutung dann als widerlegt gilt, wenn die Gesellschaft beweisen kann, dass sie in der Lage ist, sämtliche gegenwärtigen Forderungen erfüllen zu können. Dies steht dem Ermessen des Gerichts offen.[90] Zum Beweis des Eröffnungsgrunds reicht eine eidesstattliche Versicherung des Antragstellers aus, dass er die im Antrag gemachten Angaben nach bestem Wissen und Gewissen gemacht hat.[91]

Wird der Antrag auf Eröffnung eines Verfahrens nicht von der company oder ihren directors gestellt, muss der Antragsteller diesem eine Kopie beilegen, die dann der Gesellschaft – unabhängig vom Ort ihres Verwaltungssitzes – an ihrem eingetragenen Sitz zugestellt wird.[92] Zusätzlich muss der Antragsteller selbst am nächsten Werktag einem gegebenenfalls bestellten Verwalter, administrative receiver oder supervisor eine Kopie zustellen.[93] Ausdrücklich ist nun auch dem Verwalter eines Hauptinsolvenzverfahren i.S.d. EuInsVO eine Kopie des Antrags zuzustellen. Der Antragsteller muss den genannten Personen allerdings nur zustellen, sofern ihm ihre Bestellung bekannt ist.[94] Wann davon auszugehen ist, ob darüber hinaus eine Informationspflicht des Antragstellers besteht, und welche Konsequenzen eine unterlassene Zustellung mit sich zieht, lässt sich weder dem Gesetz entnehmen, noch sind hierzu Entscheidungen bekannt.[95]

Vor Eröffnung des Verfahrens sind sämtliche Beteiligten anzuhören.[96] Jeder der gehört werden möchte (*intends to appear*)[97], muss den Antragsteller davon unterrichten.[98] Der Antragsteller hat dem Gericht eine Teilnehmerliste der Anhörung

---

89 *Triebel/Hodgson/Kellenter/Müller*, Englisches Handels- und Wirtschaftsrecht, S. 300.

90 *Sealy/Milman*, Annotated Guide to the Insolvency Legislation, s. 123 (2).

91 Vgl. r. 4.12 Insolvency Rules 1986.

92 Vgl. r. 4.8 Insolvency Rules 1986.

93 Vgl. r. 4.10 Insolvency Rules 1986.

94 Vgl. r. 4.10 (2) Insolvency Rules 1986.

95 Allerdings ist nicht anzunehmen, dass hieran strenge Sanktionen geknüpft sind. Denn in anderen Fällen wird dies durch das Gesetz ausdrücklich geregelt. So muss der Antragsteller beispielsweise dafür sorgen, dass frühestens sieben Geschäftstage nach Benachrichtigung der company und spätestens sieben Geschäftstage vor dem Termin der gerichtlichen Anhörung eine Anzeige über den Antrag auf eine *winding up order* in hierfür geeigneten Zeitungen erscheint (vgl. r. 4.11 (1) und (2) (b) Insolvency Rules 1986). Versäumt er die Bekanntgabe, wird der Antrag auf Eröffnung abgelehnt (vgl. r. 4.11 (5) Insolvency Rules 1986). Siehe hierzu auch *Sealy/Milman*, Annotated Guide to the Insolvency Legislation, rr. 4.7-4.14 Insolvency Rules (General Note) mit zahlreichen Entscheidungsnachweisen.

96 Vgl. s. 125 (1) Insolvency Act 1986.

97 „*Appear*" bedeutet in diesem Zusammenhang „*have a right of audience*"; vgl. *Re Piccadilly Property Management Ltd.* [2000] BCC 44, S. 50.

98 Vgl. r. 16 (1) Insolvency Rules 1986.

zuzustellen.[99] Hat sich ein Teilnehmer nicht angemeldet, bedarf seine Anhörung der gesonderten gerichtlichen Genehmigung.[100]

Der Eröffnungsbeschluss erfolgt entsprechend der in den Insolvency Rules festgelegten Form.[101] Eine Kopie des Eröffnungsbeschlusses ist beim Registeramt einzureichen und die Eröffnung des Verfahrens entsprechend der Insolvency Rules im Amtsblatt und einer geeigneten Tageszeitung bekannt zu machen.[102]

Bei Eröffnung eines compulsory winding up geht die gesetzliche Vertretung der Gesellschaft automatisch auf den Verwalter über.[103] Der Verwalter kann den Gläubigern der Gesellschaft erklären, dass ein Vertrag nicht erfüllt wird, und auf Schadensersatzforderungen verweisen, die sie als einfache Insolvenzforderungen anmelden können. Dagegen befreit die Eröffnung des Insolvenzverfahrens die Gläubiger der Gesellschaft nicht von ihrer Leistungspflicht.[104] Weiter werden die zwischen der Gesellschaft und ihren Mitarbeitern bestehenden Arbeitsverhältnisse automatisch beendet.[105]

Eine Besonderheit stellt sodann s. 129 Insolvency Act 1986 dar. Hiernach wirkt der Eröffnungsbeschluss auf den Zeitpunkt der Antragstellung zurück. Diese Regelung würde im Falle eines Verfahrens nach der EuInsVO zur Vorverlegung des Prioritätsprinzips führen und ist daher im Anwendungsbereich der Verordnung nicht anwendbar (dazu sogleich unter b).[106]

dd) Creditors' voluntary winding up

Wie das nicht in den Anwendungsbereich der EuInsVO fallende members' voluntary winding up wird auch das creditors' voluntary winding up gemäß s. 84 Insolvency Act 1986 durch besonderen Beschluss (*shareholders' resolution*) und ohne Einschaltung eines Gerichts eröffnet. Anhang A stellt klar, dass die EuInsVO in diesen Fällen keine Anwendung findet. Ein creditors' voluntary winding up fällt nur dann in den Anwendungsbereich, wenn es durch richterlichen Beschluss er-

---

99 Vgl. r. 4.17 Insolvency Rules 1986. Siehe hierzu *Re Dollar Land (Feltham) Ltd.* [1995] BCC 740.

100 Vgl. r. 4.16(5) Insolvency Rules 1986.

101 Vgl. r. 4.11 und r. 4.12 Insolvency Rules 1986.

102 Vgl. r. 4.21 Insolvency Rules 1986.

103 *Fletcher*, The Law of Insolvency, Rn. 22-010.

104 MüKo-*Schlegel/Taylor*, IntInsR, Art. 102 EGInsO Anhang II, England/Wales, Rn. 14.

105 *Fletcher*, The Law of Insolvency, Rn. 22-004.

106 A.A. für die vergleichbare Regelung in s. 220 (2) Companies Act 1963 im irischen Recht High Court of Justice Dublin, Urt. v. 23.3.2004, ZIP 2004, 1223 (*Eurofood*) = NZI 2004, 1223. Diese Frage wurde nun Gegenstand einer EuGH-Vorlage des Supreme Court of Ireland, Urt. v. 27.7.2004 (*Eurofood*), ZIP 2004, 1969 = NZI 2004, 505 = DZWIR 2005, 60 m.Anm. *Smid*.

öffnet wird. Die Stellung des Antrags bei Gericht ist also keinesfalls zwingend, muss aber erfolgen, wenn die EuInsVO Anwendung finden soll.[107]

Erfolgt die Stellung des Antrags bei Gericht, so gilt für das weitere Verfahren das zum compulsory windig up Gesagte. Mit der EuInsVO nicht in Einklang zu bringen ist allerdings s. 86 Insolvency Act 1986, wonach es für den Zeitpunkt der Verfahrenseröffnung auf die Beschlussfassung der Anteilseigner und nicht den späteren Beschluss des Gerichts ankommen soll (dazu sogleich unter b).[108]

ee) Administration

Mit der Einführung des Enterprise Act 2002 wurde die administration in Part II s. 1-116 Insolvency Act 1986 (Schedule B1) neu geregelt.[109] Während bisher nur das Gericht eine administration order erlassen konnte[110], kennt der neue Part II sowohl eine court administration (ss. 10-14 Insolvency Act 1986) als auch eine out-of-court administration (ss. 14-34 Insolvency Act 1986). Dabei wird lediglich die court administration vom Anwendungsbereich erfasst (Art. 1 I EuInsVO).[111, 112]

---

107 Dies ist nun ausdrücklich in r. 7.62 f. Insolvency Rules 1986 geregelt (eingefügt durch The Insolvency (Amendment) Rules 2002).

108 A.A. *Sealy/Milman*, Annotated Guide to the Insolvency Legislation, s. 86 (General Note).

109 Der Enterprise Act 2002 ist am 15. September 2003 in Kraft treten. Der neue Part II soll die alten Regelungen ersetzen (vgl. s. 248 Enterprise Act 2002). Dies bedeutet allerdings nicht nur, dass die alten Regelungen auf Verfahren, die vor dem 15. September 2003 eröffnet wurden, in ihrer ursprünglichen Form anwendbar bleiben. Darüber hinaus sieht nämlich s. 249 Enterprise Act 2002 zahlreiche Ausnahmen vor, auf die die alten Regelungen anwendbar bleiben sollen. Daher enthält der Insolvency Act 1986 nun zwei Part II. *„And as if that were not confusing enough"* (*Sealy/ Milman*, Annotated Guide to the Insolvency Legislation, s. 8 (general comment on the new Part II)), haben die Regelungen zwar nicht den selben Inhalt, aber teilweise die gleiche Nummerierung (ss. 8-27 Insolvency Act 1986). Gleiches trifft auf die Insolvency Rules 1986 zu. Auch hier gibt es zweimal rr. 2.1 ff. Insolvency Rules 1986 mit jeweils unterschiedlichen Inhalten. Für die dieser Arbeit zugrunde liegende Konstellation der Insolvenz einer Limited Company enthält s. 249 Enterprise Act 2002 keine Ausnahme vom Anwenungsbereich der neuen Regelung. Daher beziehen sich die folgenden Ausführungen, sofern nicht durch *kursive Schreibweise* ausdrücklich gekennzeichnet, ausschließlich auf die seit 15. September in Kraft getretenen Regelungen.

110 Vgl. s. 8 Insolvency Act 1986.

111 Die Gefahr besteht nun darin, dass eine *out-of-court administration* bei Gericht registriert werden kann und das Gericht diesen Umstand siegelt. Ohne vertiefte Kenntnisse des englischen Gesellschaftsrechts wird ein deutsches Gericht diese gesiegelte Fassung kaum von einer tatsächlichen *administration order* unterscheiden können. Zum Ganzen *Braun*, NZI aktuell 2004, V, VI („Die *out-of-court administration* des neuen Enterprise Act [..] ist geradezu eine Einladung für denjenigen, der Forumshopping argumentativ betreibt.").

112 In der früheren s. *8 (7) Insolvency Act 1986* war die Anwendbarkeit der EuInsVO noch ausdrücklich geregelt. Darauf hat der Gesetzgeber nun verzichten müssen, da eine *administration* nicht mehr zwingend vom Gericht eröffnet wird.

Gemäß s. 10 Insolvency Act 1986 stellt eine administration order einen Beschluss dar, wonach die Geschäftsführungsbefugnis der Gesellschaft auf einen Verwalter (in diesem Fall einen administrator) übertragen wird, der die Geschäfte fortführen soll. Die Fortführung ist auf Sanierung gerichtet, zielt dabei aber nicht notwendigerweise auf den dauernden Erhalt des Unternehmens ab, sondern kann auch einer besseren Verwertung dienen.[113]

Antragsberechtigt für den Erlass einer administration order sind gemäß s. 12 (1) (a)-(e) Insolvency Act 1986 die company, deren directors und die Gläubiger. Während jeder Gläubiger alleine antragsbefugt ist, müssen die directors ihren Antrag gemeinsam stellen.[114] Zuständiges Gericht ist, wie beim winding up, jeder High Court in England.[115]

Ein Eröffnungsgrund für eine administration liegt gemäß s. 11 (a) Insolvency Act 1986 vor, wenn das Gericht den Eintritt der Zahlungsunfähigkeit für wahrscheinlich hält. Zahlungsunfähigkeit wird dabei entsprechend der Legaldefinition nach s. 123 Insolvency Act 1986 verstanden.[116] Die neue Formulierung stimmt mit der ehemaligen s. 8 (1) Insolvency Act 1986 überein. Nach der Formel von *J. Jacob*[117] muss der Eintritt von Zahlungsunfähigkeit eher wahrscheinlich als unwahrscheinlich sein. Die bloße Möglichkeit ihres Eintritts genügt nicht. Wie im Falle der „drohenden Zahlungsunfähigkeit“ (§ 18 InsO) ist jedoch fraglich, ob in diesem Fall überhaupt von „Insolvenz“ i.S.v. Art. 1 I EuInsVO ausgegangen werden kann. Dies muss konsequenterweise ebenfalls mit Art. 4 II EuInsVO bejaht werden, wonach die nationalen Rechtsordnungen regeln, unter welchen Voraussetzungen das Insolvenzverfahren eröffnet wird.

Kumulativ dazu muss das Gericht davon überzeugt sein (*be satisfied*), dass das Erreichen eines der in s. 3 Insolvency Act 1986 genannten Verfahrensziele durchaus wahrscheinlich ist (*reasonably likely*). Hier wurde mit der Neuregelung eine leichte Änderung gegenüber der alten Fassung gemäß s. 8 (2) (b) Insolvency Act 1986 eingeführt. Nach der alten Regelung reichte es nämlich aus, dass das Gericht das Erreichen eines der Verfahrensziele als wahrscheinlich (*likely*) beurteilte (*consider*). Entsprechend der Spruchpraxis zur alten Fassung mussten tatsächliche Erfolgsaussichten (*a real prospect*) für den Eintritt eines der Verfahrensziele bestehen.[118] Ob mit der neuen Fassung eine Verschärfung eintritt, bleibt abzuwarten.[119]

---

113 MüKo-*Schlegel/Taylor*, IntInsR, Art. 102 EGInsO Anhang II, England/Wales, Rn. 24.

114 *Fletcher*, The Law of Insolvency, Rn. 16-022.

115 *Fletcher*, The Law of Insolvency, Rn. 16-027, 21-016.

116 *Sealy/Milman*, Annotated Guide to the Insolvency Legislation, s. 11 (General Note).

117 Siehe *Re COLT Telecom Group plc.* [2002] EWCH 2815 (Ch.).

118 So die von *J. Hoffmann* entwickelte Formel in *Re Harris Simons Construction Ltd.* [1989] BCLC 202; [1989] 1 WLR 368.

119 Kritisch *Sealy/ Milman*, Annotated Guide to the Insolvency Legislation, s. 11 (General Note).

Vorrangiges Verfahrensziel stellt die Aufrechterhaltung des Betriebs dar.[120] Erst wenn sich dies als nicht praktikabel erweist, oder sich das folgend genannte Verfahrensziel vorteilhafter für die Gesamtheit der Gläubiger auswirkt, kann von der reinen Aufrechterhaltung des Betriebs als Verfahrensziel abgesehen werden. Dann stellt der Verkauf der Gesellschaft ein zulässiges Verfahrensziel dar, wenn dadurch ein Mehrwert erzielt werden kann und der Verkauf für die Gesamtheit der Gläubiger vorteilhafter ist als ein winding up.[121] Schließlich wird als Verfahrensziel die Befriedigung gesicherter oder vorrangig zu befriedigender Gläubiger durch Verwertung von Eigentum genannt.[122] Letzteres Ziel wird jedoch nur anerkannt, wenn der administrator die erstgenannten Ziele für nicht praktikabel hält, und die Interessen der Gesamtheit der Gläubiger nicht unnötig verletzt werden.[123]

Der Antragsteller muss in seinem Antrag unter anderem erklären, ob die EuInsVO seiner Meinung nach Anwendung findet, und ob es sich um ein Haupt- oder Sekundärinsolvenzverfahren i.S.d. Verordnung handeln soll.[124]

Daraufhin hört das Gericht die Beteiligten des Verfahrens. Diese sind der Antragsteller, die company, ein oder mehrere directors, der gegebenenfalls bereits bestellte administrative receiver und die als administrator vorgeschlagene Person, sowie jede Person, die einen Antrag auf Eröffnung eines winding up gestellt hat.[125] Ist im Ausland ein Hauptinsolvenzverfahren nach Art. 3 I EuInsVO eröffnet, ist neuerdings auch der in diesem Verfahren bestellte Verwalter zu hören.[126] Schließlich sind noch die Inhaber einer qualifying floating charge[127], gegebenenfalls der supervisor eines voluntary arrangements nach Part I Insolvency Act 1986, sowie, nach gerichtlicher Genehmigung, jede Person, die an der Anhörung teilnimmt und ihr Interesse begründen kann, zu hören.

Nach erfolgter Anhörung entscheidet das Gericht nach eigenem Ermessen, ob es dem Antrag stattgibt, abweist, seine Entscheidung darüber vertagt oder eine einstweilige Verfügung trifft.[128] Die Neuregelung der administrations bietet dem Gericht nun auch die Möglichkeit, den Antrag als eine winding up petition zu be-

---

120 Vgl. s. 3 (1) (a), (3) (a), (b) Insolvency Act 1986.

121 Vgl. s. 3 (1) (b) Insolvency Act 1986.

122 Vgl. s. 3 (1) (b) Insolvency Act 1986.

123 Vgl. s. 3 (4) (a), (b) Insolvency Act 1986.

124 Vgl. r. 2.4 (4) Insolvency Rules 1986.

125 Vgl. r. 2.12 (1) (a)-(f) Insolvency Rules 1986.

126 Vgl. r. 2.12 (1) (g) Insolvency Rules 1986.

127 Hierbei handelt es sich um eine britische Sicherungsform eigener Art, bei der jeweils der (Teil-)Aktivbestand einer Gesellschaft (Mobilien, Forderungen, Rechte) zu einem bestimmten Zeitpunkt haftet, wobei Höhe und Umfang unbestimmt sind. Weitergehend *Starnecker*, Englische Insolvenzverfahren, S. 74 f.

128 Vgl. s. 13 (1) (a)-(d) Insolvency Act 1986.

handeln.[129] Hält das Gericht alle diese Möglichkeiten nicht für angemessen, kann es auch eine andere, seiner Auffassung nach angebrachte Entscheidung treffen.[130] Eröffnet das Gericht jedoch eine administration, wird ein eventuell bereits eröffnetes winding up wieder ausgesetzt.

Mit Eröffnung des Sanierungsverfahrens erhält der administrator die Verwaltungs- und Verfügungsbefugnis über sämtliches im Besitz des Schuldners befindliches Vermögen.[131] Das Sanierungsverfahren endet mit Erreichung der vom Gericht bestimmten Verfahrensziele. Können diese nicht erreicht werden, geht das Verfahren in ein Liquidationsverfahren über.[132]

ff) Arrangement

Das englische Recht kennt mit dem company voluntary arrangement i.S.v. s. 1 Insolvency Act 1986 sowie dem scheme of arrangement nach s. 425 Companies Act 1985 zwei Arten von arrangements. Art. 2 lit. a EuInsVO i.V.m. Anhang C stellt klar, dass lediglich das voluntary arrangement under insolvency legislation, also das company voluntary arrangement i.S.v. s. 1 Insolvency Act 1986, vom Anwendungsbereich der Verordnung erfasst sein soll. Die Anwendbarkeit der EuInsVO wird nun in s. 1 (4) Insolvency Act 1986 nochmals ausdrücklich erwähnt.

Das company voluntary arrangement ähnelt dem Insolvenzplanverfahren im deutschen Recht.[133] Eine Besonderheit ist aber, dass weder Zahlungsunfähigkeit noch Überschuldung oder ein anderer Insolvenzgrund vorliegen muss.[134] Ist dies nicht der Fall, kommt das arrangement allerdings nicht in den Genuss der automatischen Anerkennung gemäß Artt. 16, 17 EuInsVO. Voraussetzung für die Anwendbarkeit der Verordnung ist die Insolvenz des Schuldners (Art. 1 I EuInsVO). Ein arrangement kann selbständig oder aber auch noch nach der Eröffnung eines winding up oder einer bereits ergangenen administration order beschlossen werden.

Die directors legen dem für die Beaufsichtigung des Verfahrens vorgesehenen Verwalter, dem nominee, einen Vorschlag für das geplante Verfahren vor. In diesem muss unter anderem klargestellt sein, ob die EuInsVO anwendbar ist, und ob das arrangement ein Hauptinsolvenzverfahren darstellen soll.[135] Der nominee ist während der Durchführung des arrangements als supervisor tätig und fällt unter den Verwalterbegriff i.S.v. Art. 2 lit. b EuInsVO i.V.m. Anhang C. Wird der Plan gebilligt, wird er gemäß s. 1 Insolvency Act 1986 den Gesellschaftern und ihren

---

129 Vgl. s. 13 (1) (e) Insolvency Act 1986. Dagegen durfte entsprechend der alten Regelung nach Antragstellung kein winding up mehr beschlossen werden (*s. 10 (1) (a) Insolvency Act 1986*).

130 Vgl. s. 13 (1) (f) Insolvency Act 1986.

131 Vgl. s. 59 ff. Insolvency Act 1986.

132 MüKo-*Schlegel/Taylor*, IntInsR, Art. 102 EGInsO Anhang II, England/Wales, Rn. 31.

133 MüKo-*Schlegel/Taylor*, IntInsR, Art. 102 EGInsO Anhang II, England/Wales, Rn. 35.

134 *Starnecker*, Englische Insolvenzverfahren, S. 84 f.

135 Vgl. r. 1.3 (2) (q) Insolvency Rules 1986.

Gläubigern vorgeschlagen. Nach erfolgreicher separater Abstimmung beider Gruppen bindet er Gläubiger und company.[136] Dies gilt auch für die Gläubiger, die an der Abstimmung nicht beteiligt waren. Das soll selbst dann der Fall sein, wenn diese Gläubiger von der Abstimmung nicht unterrichtet wurden.[137]

Gesetzlich nicht geregelt ist, wie das company voluntary arrangement auf die Rechte der Gläubiger gegenüber Dritten, beispielsweise Bürgen des Schuldners, wirkt. Die befreiende Wirkung gegenüber Dritten ist durch Auslegung des arrangements im Einzelfall zu ermitteln.[138]

Wird ein arrangement schließlich geschlossen, hat der supervisor innerhalb von 28 Tagen alle Gläubiger und Schuldner in der vorgeschriebenen Art und Weise davon zu unterrichten.[139] Darüber hinaus muss er innerhalb der gleichen Frist den High Court und das Handelsregister über den Beginn des arrangements benachrichtigen.[140]

Im Falle eines winding up oder einer administration order hat der nominee geeignete Maßnahmen zu treffen, damit die Durchführung des arrangements nicht gehindert wird. Dabei kann er im Falle eines winding up das Verfahren aussetzen bzw. eine administration order aufheben.[141]

b) Besonderheiten im Anwendungsbereich der EuInsVO

An dieser Stelle kann auf die oben, hinsichtlich des deutschen Verfahrens gemachten Ausführungen verwiesen werden.[142] Einige Besonderheiten sollen im Folgenden jedoch näher erläutert werden: Zunächst sei auf Art. 21 Abs. 2 EuInsVO hingewiesen, der es denjenigen Mitgliedstaaten erlaubt, in deren Gebiet der Schuldner eine Niederlassung besitzt, die obligatorische Bekanntmachung vorzuschreiben. Von dieser Möglichkeit hat der deutsche Gesetzgeber in Art. 102 § 5 Abs. 2 EGInsO Gebrauch gemacht. Der ausländische Insolvenzverwalter muss demnach die Eröffnung eines Verfahrens öffentlich bekannt machen, sofern der Schuldner in Deutschland eine Niederlassung hat.[143]

---

[136] *Starnecker*, Englische Insolvenzverfahren, S. 84.

[137] *Fletcher*, The Law of Insolvency, Rn. 15-026.

[138] *Johnson v. Davies* [1999] Ch. 177; [1998] 2 All E.R. 649 (CA); *March Estates plc v. Gunmark Ltd* [1996] 1 BCLC 580.

[139] Vgl. 1.29 (1) und (2) Insolvency Rules 1986.

[140] Vgl. 1.29 (3) Insolvency Rules 1986.

[141] Vgl. s. 5 (3) (a) und (b) Insolvency Act 1986.

[142] Siehe B. I. 1. b).

[143] Verstößt der ausländische Insolvenzverwalter allerdings gegen diese Pflicht, ist das Verfahren gleichwohl anzuerkennen (Artt. 16, 17 EuInsVO). In Betracht kommt jedoch eine Haftung des Verwalters, vgl. *Virgós/ Schmit*, in: Stoll (Hrsg.), Vorschläge und Gutachten (1997), Nr. 180.

Sodann kennt das englische Recht, wie dargestellt, einige Regelungen, welche gerade im Anwendungsbereich der EuInsVO einer gesonderten Betrachtung bedürfen und aufgrund ihrer maßgebenden Bedeutung im „Wettlauf um die internationalen Zuständigkeit“ bereits zu einer Vorlage an den EuGH geführt haben.[144] Zum einen geht es um nationale Regelungen, die für den Zeitpunkt der Wirksamkeit des Verfahrens rückwirkend auf den Zeitpunkt der Antragstellung[145] bzw. der Beschlussfassung auf der Gesellschafterversammlung[146] abstellen. Zum anderen wird dem EuGH die Frage vorgelegt, ob bereits die Einsetzung eines provisional liquidators (vorläufiger Insolvenzverwalter) zur Eröffnung eines Insolvenzverfahrens führt.[147]

Was zunächst die Frage nationaler Rückwirkungsfiktionen anbelangt, ist deren Anwendbarkeit im Rahmen der EuInsVO entschieden abzulehnen. Würde man solche Regelungen auch im Anwendungsbereich der Verordnung zulassen, könnten die Mitgliedstaaten dadurch die Wirkung des Prioritätsprinzips vorverlegen, obwohl noch nicht einmal eine auch nur summarische Prüfung durch eine staatliche Stelle erfolgt ist und in keiner Weise klar ist, ob es überhaupt jemals zur Eröffnung eines Verfahrens in dem betreffenden Mitgliedstaat kommen wird.[148] Gleichwohl müssten diejenigen Mitgliedstaaten, deren nationales Insolvenzrecht keine vergleichbare Regelung enthält, ein möglicherweise später eröffnetes Verfahren als Hauptinsolvenzverfahren anerkennen, weil es vor Eröffnung des inländischen Hauptinsolvenzverfahrens beantragt wurde. Dieser Ansicht war der High Court of Dublin[149] in seinem Eröffnungsbeschluss vom 23.3.2004 und ihm schloss sich Generalanwalt *Jacobs* in seinen Schlussanträgen an. Hiernach sollte das Verfahren bereits seit dem Zeitpunkt der Antragstellung am 27.1.2004 als wirksam betrachtet werden. Das zwischenzeitlich in Italien eröffnete Verfahren könne hieran nach Auffassung des irischen Gerichts nichts ändern.[150]

Vergegenwärtigt man sich jedoch die Entstehung des Prioritätsprinzips, wird klar, dass solche Regelungen im Anwendungsbereich der EuInsVO keinen Bestand ha-

---

144 Supreme Court of Ireland, Urt. v. 27.7.2004 (*Eurofood*), ZIP 2004, 1969 = NZI 2004, 505 = DZWIR 2005, 60 m.Anm. *Smid*, DZWIR 2005, 64; *Herweg/ Tschauner*, EWiR 2004, Art. 26 EuInsVO 1/04, 973. Siehe dazu die bereits veröffentlichen Schlussanträge von Generalanwalt *Jacobs* v. 27.09.2005, Rs. C-341/04 (*Eurofood*) ZIP 2005, 1878; hierzu Anm. *Pannen/ Riedemann*, EWiR Art. 16 EuInsVO 2/05, S. 725.

145 Vgl. s. 129 Insolvency Act 1986.

146 Vgl. s. 86 Insolvency Act 1986.

147 Vergleiche zum folgenden Problemkreis bereits ausführlich *Schilling/ J. Schmidt*, ZInsO 2006, 113.

148 Ähnlich *Eidenmüller* NJW 2004, 3455, 3457.

149 High Court of Dublin, Urt. v. 23.3.2004, ZIP 2004, 1223 = NZI 2004, 1223 (*Eurofood*).

150 Auf Beschwerde des italienischen Verwalters hat der Supreme Court diese Frage nun zum Gegenstand eines EuGH-Vorlageverfahrens gemacht, vgl. Supreme Court of Ireland, Urt. v. 27.7.2004 (*Eurofood*), ZIP 2004, 1969 = NZI 2004, 505 = DZWIR 2005, 60 m.Anm. *Smid*, DZWIR 2005, 64; *Herweg/Tschauner*, EWiR 2004, Art. 26 EuInsVO 1/04, 973.

ben können. So ergibt sich die ipso-iure-Anerkennung aus der Zusammenschau der Artt. 16 und 17 EuInsVO. Aufgrund der Unvereinbarkeit zweier Verfahren mit universaler Wirkung kann nach Eröffnung eines solchen nicht noch ein weiteres Verfahren eröffnet werden. Das Universalitätsprinzip entfaltet seine Wirkung nach dem Recht des Staates der Verfahrenseröffnung gemäß Art. 17 I EuInsVO erst mit Eröffnung des Verfahrens und nicht bereits mit Antragsstellung.[151] Daran ändert auch Art. 4 II EuInsVO nichts, wonach das mitgliedstaatliche Recht regelt, unter welchen Voraussetzungen das Insolvenzverfahren eröffnet wird. Denn bei der Wirkungsentfaltung handelt es sich gerade nicht um eine Eröffnungs*voraussetzung* sondern um die Rechts*folge* der Eröffnung.

Weiter sprechen auch die Wertungen der EuInsVO gegen ein Abstellen auf den Zeitpunkt der Antragstellung. Eindeutig stellt Erwägungsgrund (22) auf die Verfahrenseröffnung ab.[152] Darüber hinaus verbietet sich ein Abstellen auf den Zeitpunkt der Antragstellung auch aufgrund des Erwägungsgrunds (4), wonach ein forum shopping vermieden werden soll. Ein solches würde jedoch einem böswilligen Schuldner ungemein erleichtert, wenn er bereits durch die Antragstellung ein Verfahren mit Prioritätswirkung ins Rollen bringen könnte.

Davon strikt zu trennen ist die Frage, ob bereits die Bestellung eines vorläufigen Verwalters ein Hauptverfahren in Gang setzen kann. Hierbei handelt es sich nämlich nicht um eine Rückwirkungsfiktion nach nationalem Recht, vielmehr geht es um die Frage, ob der Ernennung eines vorläufigen Insolvenzverwalters bereits die Bedeutung eines Eröffnungsbeschlusses zukommt. Diesen dogmatischen Unterschied übersehen sowohl der High Court of Dublin[153] in seiner Vorlage an den EuGH als auch der Generalanwalt *Jacobs* in seinen Schlussanträgen[154, 155]. Gleichwohl ist dem Generalanwalt im Ergebnis zuzustimmen, dass die Ernennung eines vorläufigen Insolvenzverwalters eine gem. Art. 16 I EuInsVO automatisch in sämt-

---

151 Ebenfalls ist in Art. 4 Abs. 1 EuInsVO von dem Insolvenzrecht des Staates in dem das Verfahren *eröffnet wird* und nicht von dem *noch zu eröffnenden* Verfahren die Rede.

152 Hierzu bereits eingehend *P. Huber*, ZZP 114 (2001), 133, 144 f. Dieser Aspekt wird von den irischen Gerichten gänzlich ausgespart.

153 High Court of Dublin, Urt. v. 23.3.2004, ZIP 2004, 1223 = NZI 2004, 1223 (*Eurofood*).

154 Generalanwalt *Jacobs*, Schlussanträge v. 27.09.2005, Rs. C-341/04(*Eurofood*), ZIP 2005, 1878.

155 Zwar kam es auf diese Differenzierung im Vorlagefall nicht an, da der provisional liquidator noch am Tag der Antragstellung ernannt wurde und demgemäß die Rückwirkungsfiktion nach s. 220(2) des irischen Companies Act 1963 praktisch überhaupt nicht relevant wurde. Da eine derartige zeitliche Koinzidenz aber keinesfalls zwingend ist, kann es durchaus Fälle geben, in denen die Frage der Beachtlichkeit solcher nationalrechtlicher Rückwirkungsfiktionen von erheblicher praktischer Bedeutung ist.

lichen Mitgliedstaaten anzuerkennende Entscheidung ist, welche die Eröffnung eines (weiteren) Hauptinsolvenzverfahrens *eo ipso* versperrt.[156]

Zwar wird teilweise vorgebracht, dass die Ernennung eines vorläufigen Insolvenzverwalters schon *per definitionem* nicht von Art. 16 I EuInsVO erfasst werde. Art. 16 I setzt nämlich die „Eröffnung eines Insolvenzverfahrens" voraus und dies sei – wie sich aus den Legaldefinitionen in Art. 2 lit. a, b, e ergebe – die bloße Bestellung eines vorläufigen Insolvenzverwalters eben gerade nicht; hierbei handele es sich vielmehr lediglich um eine der eigentlichen Verfahrenseröffnung vorausgehende Sicherungsmaßnahme.[157]

Wie Generalanwalt *Jacobs* in seinen Schlussanträgen ausführlich darlegt, lässt der Wortlaut der Legaldefinitionen in Art. 2 lit. a, b und e sich aber durchaus auch so interpretieren, dass auch die Ernennung eines vorläufigen Insolvenzverwalters als eine „Entscheidung über die Eröffnung eines Insolvenzverfahrens" i.S.v. Art. 16 I EuInsVO zu charakterisieren ist. Diese Lesart ist zwar – wie auch der Generalanwalt zugibt (vgl. Rz. 62) – vom Wortlaut her sicherlich nicht zwingend. Sie lässt sich aber andererseits (entgegen der Argumentation des italienischen Verwalters Dr. Bondi, vgl. Rz. 61) auch nicht schlichtweg als zirkulär oder unlogisch abtun. Die Ernennung eines provisional liquidators bzw. vorläufigen Insolvenzverwalters ist in vielen Rechtsordnungen ein wichtiges und zentrales Element im Rahmen der Einleitung eines Insolvenzverfahrens. Nach Art. 2 lit. e EuInsVO erfasst der Begriff der „Entscheidung" gerade auch die Bestellung eines Verwalters und unter dem Terminus Verwalter versteht die EuInsVO, wie sich aus Art. 2 lit. b i.V.m. Anhang C ergibt, gerade auch einen provisional liquidator nach irischem Recht oder einen vorläufigen Insolvenzverwalter nach deutschem Recht.

Ebenso wenig ergibt sich – wie der Generalanwalt ebenso zutreffend darlegt (vgl. Rz. 70 ff.) – aus Art. 38 EuInsVO ein zwingendes Argument gegen diese extensive Auslegung. Diese Norm betrifft nämlich tatsächlich nur eine ganz spezielle Konstellation im Zusammenhang mit der Eröffnung eines Sekundärinsolvenzverfahrens in einem anderen Mitgliedstaat; für die hier zur Debatte stehende Frage, ob die Ernennung eines provisional liquidators oder vorläufigen Insolvenzverwalters eine nach Art. 16 I EuInsVO anzuerkennende Entscheidung über die Eröffnung eines Insolvenzverfahrens darstellt, lässt sich dieser Vorschrift hingegen nichts entnehmen (und zwar weder für die eine noch für die andere Auffassung).

Stehen somit weder Art. 2 noch Art. 38 EuInsVO der Charakterisierung der Ernennung eines vorläufigen Insolvenzverwalters als nach Art. 16 I EuInsVO anzuerken-

---

156 Ebenso i.E. Stadtgericht Prag v. 26.04.2005, ZIP 2005, 1431; *Eidenmüller*, NJW 2004, 3455, 3457 Fn. 32; *Pannen/Riedemann*, EWiR Art. 16 EuInsVO 2/05, S. 725, 726; A.A. *LG Hamburg, Beschl. vom 18. 8. 2005 – 326 T 34/05*, NZI 2005, 645.

157 Vgl. *Herchen*, ZInsO 2004, 825, 829. Gegen die Erfassung des vorläufigen Insolvenzverwalters auch *Pannen/Riedemann*, NZI 2004, 646; *Smid*, DZWIR 2005, 64; *ders.*, EuInsVO, Art. 38 Rn. 3.

nende Entscheidung entgegen, lässt sich aber andererseits aus dem Wortlaut der EuInsVO auch nicht zwingend auf eine derartige Interpretation schließen, so muss es letztlich maßgeblich auf Sinn und Zweck des Art. 16 I EuInsVO und insbesondere des in dieser Norm zum Ausdruck kommenden Prioritätsprinzips ankommen.

Insofern ließe sich gegen die Erfassung der Ernennung eines provisional liquidators bzw. vorläufigen Insolvenzverwalters insbesondere anführen, dass vor einer solchen – ihrer Natur nach vorläufigen Entscheidung – nach den meisten Rechtsordnungen keine so intensive Prüfung der Eröffnungsvoraussetzungen erfolgt, wie vor der Entscheidung über die endgültige Eröffnung des Verfahrens.[158] Zudem existieren im Eröffnungsverfahren auch keine mit denjenigen im Hauptverfahren selbst vergleichbaren Mitwirkungs- und Kooperationsmöglichkeiten für die betroffenen Gläubiger.[159] Vor diesem Hintergrund ließe sich argumentieren, dass es deshalb nicht gerechtfertigt sei, bereits der Ernennung eines provisional liquidators bzw. vorläufigen Insolvenzverwalters die umfangreiche „Blockadewirkung" des in Art. 16 I EuInsVO zum Ausdruck kommenden Prioritätsprinzips zuzusprechen.

Andererseits sprechen aber in teleologischer Hinsicht auch eine Reihe gewichtiger und letztlich durchschlagender Gründe für die Charakterisierung als Entscheidung über die Eröffnung eines Insolvenzverfahrens i.S.d. Art. 16 I EuInsVO. Zunächst einmal ist es im Hinblick auf die Gefahr konfligierender Entscheidungen und Maßnahmen unzweifelhaft geboten, die Sperrwirkung des Art. 16 I EuInsVO möglichst frühzeitig eingreifen zu lassen.[160] Würde man die Ernennung eines provisional liquidators bzw. vorläufigen Insolvenzverwalters nicht in die Sperrwirkung des Art. 16 I EuInsVO einbeziehen, so bestünde die Gefahr, dass mehrere vorläufige Insolvenzverwalter gleichzeitig – und sicherlich i.d.R. widersprüchlich – agieren. Zudem könnte so die Entscheidung eines Gerichts, das sich durch die Ernennung eines vorläufigen Insolvenzverwalters ja (zumindest implizit) bereits als nach Art. 3 I EuInsVO zuständig erklärt hat, schlichtweg dadurch ausgehebelt werden, dass in einem anderen Mitgliedstaat ein Insolvenzverfahren eingeleitet wird. Die Einbeziehung der Ernennung eines vorläufigen Insolvenzverwalters trägt also zugleich auch dazu bei, das Wettrennen von Gläubiger und Schuldner um den ihrer Ansicht nach günstigsten Insolvenzgerichtsstand wesentlich zu entschärfen.[161]

Schließlich sind auch die Einwände im Hinblick auf die geringere Prüfungsdichte und die angebliche Verkürzung der Rechtsschutzmöglichkeiten letztlich nicht durchschlagend. Erstens prüft das Gericht, das den vorläufigen Insolvenzverwalter bestellt hat, vor der Entscheidung über die endgültige Eröffnung des Verfahrens nämlich noch einmal, ob die Voraussetzung für die Eröffnung eines (Haupt-)Insol-

---

158 Vgl. *Smid*, EuInsVO, Art. 38 Rn. 3.

159 Vgl. *Smid*, DZWIR 2005, 64.

160 Vgl. dazu auch die vom Generalanwalt in Rn. 53 zitierten Stellungnahmen der Kommission und der tschechichen Regierung.

161 Vgl. *Pannen/Riedemann*, EWiR Art. 16 EuInsVO 2/05, S. 725, 726.

venzverfahrens überhaupt vorliegen. Und zweitens ist auch sonst im Geltungsbereich der EuInsVO anerkannt, dass gegen vermeintlich unzutreffende Entscheidungen primär und grundsätzlich nach Maßgabe des jeweiligen innerstaatlichen Rechtswegs vorzugehen ist. Letztlich kann aber der dem Prioritätsprinzip zugrunde liegende Grundsatz des gegenseitigen Vertrauens und die hieraus resultierende Pflicht zur Anerkennung der Entscheidungen der Gerichte der anderen Mitgliedstaaten nicht davon abhängen, ob diese Entscheidung nach dem maßgeblichen einzelstaatlichen Recht vorläufigen oder endgültigen Charakter hat.

Im Ergebnis sprechen daher die besseren Argumente dafür, bereits der Ernennung eines provisional liquidators bzw. eines vorläufigen Insolvenzverwalters als eine die Eröffnung eines Hauptinsolvenzverfahrens in einem anderen Mitgliedstaat nach Art. 16 I EuInsVO versperrende Entscheidung über die Eröffnung eines Insolvenzverfahrens anzuerkennen.

3. Rechtsvergleichende Würdigung

Was zunächst die Frage der Antragsbefugnis betrifft, so bestehen zwischen dem deutschen Regelinsolvenzverfahren auf der einen und dem englischen winding up, der administration, und dem arrangement auf der anderen Seite nicht unbeträchtliche Unterschiede. Dabei ist im Kreis der antragsberechtigten Personen jedoch noch keine Ursache zu sehen, die zu einer früheren Verfahrenseröffnung in England führen kann. So sind zwar hinsichtlich eines winding up auch nachschusspflichtige Gesellschafter antragsbefugt. Da dies aber, wie dargestellt, nur in sehr engen Ausnahmen möglich ist, lässt sich daraus für die vorliegende Fragestellung nichts ableiten. Gleiches gilt für die Tatsache, dass anders als im deutschen Recht, ein director in England nicht alleine antragsbefugt ist. Zwar kann nach den englischen Regelungen bei gegenteiligen Ansichten der Geschäftsführer hinsichtlich der finanziellen Lage der Gesellschaft eine Antragstellung erschwert werden. Der sich daraus möglicherweise ergebende zeitliche Vorsprung im deutschem Eröffnungsverfahren wird aber dadurch wieder verringert, dass der alleine antragende Geschäftsführer seinen Antrag glaubhaft machen muss (§ 15 II InsO). Ausreichend ist dafür allerdings, wie dargestellt, seine eidesstattliche Versicherung.

Gravierende Unterschiede bestehen jedoch hinsichtlich der Anforderungen an die Glaubhaftmachung des rechtlichen Interesses an der Verfahrenseröffnung durch die Gläubiger. Wie dargestellt, ist in England von „Insolvenz“ bereits dann auszugehen, wenn der Gläubiger schriftlich zur Zahlung aufgefordert hat, und der Schuldner die Zahlung nicht innerhalb von drei Wochen beglichen hat. Hiervon gehen die englischen Gerichte sogar dann aus, wenn das Betriebsvermögen die Verbindlichkeiten erkennbar übersteigt. Dagegen muss der Gläubiger in Deutschland zur Glaubhaftmachung des Insolvenzgrundes der Zahlungsunfähigkeit eine Fruchtlosigkeitsbescheinigung des Gerichtsvollziehers (§ 63 GVGA) oder ein Protokoll über die Abgabe einer eidesstattlichen Versicherung des Schuldners[162] vorlegen. Die Glaubhaftmachung des Insolvenzgrunds der Überschuldung wird dem Gläubiger regelmäßig nicht gelingen, da er keinen Zugang zu den erforderlichen Unterlagen des Schuldners hat.[163] Ferner soll nach deutschem Recht das rechtliche Interesse eines Gläubigers an der Eröffnung eines Insolvenzverfahrens dann fehlen, wenn er für seine Forderung völlig abgesichert ist.[164]

Hinsichtlich des Antragsrechts der Gläubiger sind also weitreichende Unterschiede zu konstatieren, die durchaus geeignet zu sein scheinen, in England zu einer zeitlich früheren Verfahrenseröffnung zu führen. Leicht abgemildert wird dies allerdings dadurch, dass die englische Spruchpraxis noch gewisse Hürden bei der Antragstellung von Gläubigern entwickelt hat. Diese bestehen, wie dargestellt, einmal in der Möglichkeit des Schuldners, sachliche Einwendungen zu erheben,[165] sowie in einer anzunehmenden höheren Hemmschwelle aufgrund der strengen Sanktionierung rechtsmissbräuchlicher Antragstellungen.

Da das deutsche Recht – anders als das englische – mit § 64 I GmbHG eine Pflicht zur Antragstellung kennt, die zudem strafbewehrt ist (§ 84 GmbHG), wird die Hemmschwelle einen Insolvenzantrag zu stellen, für einen deutschen Geschäftsführer regelmäßig leichter zu überwinden sein. Zwar kennt das englische Recht mit der wrongful trading-rule eine vergleichbare Regelung. Wie aber *Habersack/Verse* herausgearbeitet haben, führt diese aufgrund der zurückhaltenden Spruchpraxis der englischen Gerichte und der Tatsache, dass eine Haftung wegen wrongful trading erst dann greift, wenn die Fortführungsprognose negativ ausfällt, nicht zu einer Vorverlagerung der Antragstellung.[166] Aufgrund der Strafbewehrung und der ausdrücklich geregelten Antragspflicht, ist der Druck auf einen Geschäftsführer, rechtzeitig einen Antrag zu stellen, nach deutschem Recht höher.

Fraglich ist aber, ob diese Regelung in der Fallkonstellation einer englischen Limited mit Verwaltungssitz in Deutschland überhaupt zu einer früheren Antragstellung in Deutschland führt. Dies ist gerade nicht der Fall. Richtigerweise findet zwar § 64 I GmbHG analog[167] auf ausländische Kapitalgesellschaften Anwendung.[168] Dies bedeutet aber nicht, dass der englische director den Antrag zwingend in Deutschland stellen muss, um seiner Antragspflicht nachzukommen. Vielmehr muss er den Antrag am zuständigen Gericht stellen.[169] Stellt er den Antrag am international nicht

---

162 *Uhlenbruck*, in: Uhlenbruck, InsO, § 14 Rn. 51.

163 *Uhlenbruck*, in: Uhlenbruck, InsO, § 14 Rn. 53.

164 *Paulus*, DStR 2003, 598, 600.

165 Dies übersehen *Hirte/Mock*, ZIP 2005, 474, 477.

166 *Habersack/Verse*, ZHR 2004, 174, 184 ff. und 213 f.

167 Gleiches kann aufgrund des Analogieverbots für den Straftatbestand des § 84 GmbHG selbstverständlich nicht gelten.

168 Dazu ausführlich unten B. III. 2. c) dd) (1).

169 Dazu ausführlich unten B. III. 3. a) dd) (1).

zuständigen ausländischen Gericht und eröffnet dieses gleichwohl, muss dies aufgrund des Prioritätsprinzips anerkannt werden.

Hinsichtlich der Annahme der Insolvenzgründe bestehen bei genauer Betrachtung nur geringe Unterschiede. Die englische Spruchpraxis zur Bestimmung der Zahlungsunfähigkeit nach s. 123 (1) (a) Insolvency Act 1986 ähnelt weitgehend der deutschen Rechtsprechung zu § 17 II InsO. In beiden Fällen soll auch ein geringfügiger Liquiditätsengpass ausreichen. Während es nach englischem Recht aber ausreicht, wenn der Schuldner eine einzige Forderung i.H.v. mindestens £750 nicht bezahlt, verlangt der BGH nach neuester Rechtsprechung, dass wenigstens 10%[170] der fälligen Zahlungspflichten nicht erfüllt werden. Letztere Grenze wird im Falle der Insolvenz einer Gesellschaft regelmäßig die englischen Anforderungen überschreiten.

Schließlich wird Zahlungsunfähigkeit gemäß s. 123 (2) Insolvency Act 1986 vermutet, wenn die Verbindlichkeiten das Vermögen der company übersteigen (Überschuldung). Dies entspricht der deutschen Rechtslage, wonach bilanzielle Überschuldung ebenfalls einen Eröffnungsgrund darstellt (§ 19 InsO).

Ein wesentlicher Unterschied zum winding up besteht jedoch in der Regelung des § 18 I InsO, wonach auch drohende Zahlungsunfähigkeit einen Insolvenzgrund darstellt. Da in diesem Fall aber nur der Schuldner antragsberechtigt ist, hängt die Möglichkeit, dadurch eine frühere Verfahrenseröffnung in Deutschland zu erreichen, allein von ihm ab. In Fällen, in denen es dem Schuldner auf eine Antragstellung im Ausland ankommt, ist daher mit dieser Regelung nichts gewonnen. Befürchtet der Schuldner dagegen, Gläubiger könnten versuchen, mittels einer Antragstellung in England das Verfahren dorthin zu verlegen, obwohl seiner Ansicht nach die deutschen Gerichte zuständig seien, bietet ihm § 18 I InsO die Möglichkeit, vorher ein Verfahren in Deutschland zu beantragen.

Eine § 18 I InsO vergleichbare Regelung stellt s. 8 (1) Insolvency Act 1986 dar. Nach der durch den Enterprise Act 2002 eingeführten Neuregelung liegt ein Eröffnungsgrund für eine administration vor, wenn erstens das Gericht gemäß s. 8 (1) Insolvency Act 1986 den Eintritt der Zahlungsunfähigkeit für wahrscheinlich hält. Kumulativ dazu muss das Gericht davon überzeugt sein, dass der Eintritt eines der in s. 3 Insolvency Act 1986 genannten Verfahrensziele wahrscheinlich ist. Sollte es, wie erwartet[171], trotz der Neuregelung durch den Enterprise Act 2002 bei der Spruchpraxis zur alten Fassung bleiben, und muss damit ein *real prospect*[172] bestehen, dass mindestens eines der Verfahrensziele eintritt, wird man von „drohender Zahlungsunfähigkeit" nach § 18 II InsO früher ausgehen können. Es wird dem Geschäftsführer regelmäßig leichter fallen, lediglich eine Prognose hinsichtlich der Liquidität des

170 BGH NJW 2005, 3062.

171 Vgl. *Sealy/Milman*, Annotated Guide to the Insolvency Legislation, s. 11 (General Note).

172 So die von *J. Hoffmann* entwickelte Formel in *Re Harris Simons Construction Ltd.* [1989] BCLC 202; [1989] 1 WLR 368.

Unternehmens abzugeben, als zusätzlich die Erfolgsaussichten einer Sanierung darzulegen.

Unterschiede können sich jedoch aus der Anhörung der Beteiligten ergeben. Diese kann in Deutschland nach Ermessen des Gerichts mit nur geringem Zeitaufwand erfolgen. So kann der Richter die Fristen der Eilbedürftigkeit anpassen. Anzuhören ist in der Regel nur der Schuldner.

In England obliegt die Vorbereitung des Anhörungsverfahrens dem Antragsteller. Aufgrund der Besonderheiten im englischen Recht kann es sein, dass neben dem Schuldner noch weitere Personen, wie beispielsweise die Inhaber einer floating charge, zu hören sind. Dabei muss sich, wie dargestellt, der Antragsteller um die Benachrichtigung der anzuhörenden Personen kümmern. Dies kann im Einzelfall zu einer Verzögerung der Verfahrenseröffnung in England führen.

Die Regelung des Insolvenzausfallgeldes stellt keinen zwingenden Grund für eine längere Dauer des deutschen Eröffnungsverfahrens dar. Vielmehr handelt es sich hierbei, wie dargestellt, um eine zusätzliche Option, eine Sanierung herbeizuführen. Diese Option besteht jedoch keinesfalls nur für den deutschen Insolvenzverwalter, die deutschen Regelungen bezüglich des Insolvenzausfallgeldes sind vielmehr immer dann zu beachten, wenn eine Gesellschaft in Deutschland Arbeitnehmer beschäftigt.

Keine Unterschiede ergeben sich nach der hier vertretenen Ansicht aufgrund der nationalen Rückwirkungsfiktionen im englischen Recht, wonach für den Zeitpunkt der Wirksamkeit des Verfahrens rückwirkend auf den Zeitpunkt der Antragstellung[173] bzw. der Beschlussfassung auf der Gesellschafterversammlung[174] abzustellen ist. Ihre Anwendung ist im Rahmen der EuInsVO aus den genannten Gründen[175] ausgeschlossen. Die hiervon zu dogmatisch strikt zu trennende Frage, ob bereits die Einsetzung eines provisional liquidators bzw. eines vorläufiger Insolvenzverwalters zur Eröffnung eines Insolvenzverfahrens führt, vermag sich ebenfalls nicht unterschiedlich auf den Eröffnungszeitpunkt auswirken. Zwar ist die Frage mit guten Gründen[176] zu bejahen, da aber sowohl das englische als auch das deutsche Insolvenzrecht die Figur des vorläufigen Verwalters kennen, lässt sich hieraus weder aus der einen noch aus der anderen Rechtsordnung eine vorteilhaftere Rechtsposition ableiten.

4. Ergebnis zu I.

Zusammenfassend wird man sagen können, dass die relativ geringen Anforderungen im Falle eines Gläubigerantrags durchaus mit einer früheren Verfahrenseröff-

---

[173] Vgl. s. 129 Insolvency Act 1986.

[174] Vgl. s. 86 Insolvency Act 1986.

[175] Vgl. oben B) I. 1. b).

[176] Vgl. oben B) I. 1. b).

nung in England einhergehen können. Hinsichtlich des Schuldnerantrags bietet dagegen das deutsche Recht mit § 18 I InsO die Möglichkeit, frühzeitig ein Verfahren in Deutschland zu eröffnen. Hier wird sich der Schuldner aufgrund der höheren Anforderungen zur Eröffnung einer administration in England regelmäßig schwerer tun.

Abschließend ist jedoch darauf hinzuweisen, dass die im Folgenden ausführlich zu behandelnde EuInsVO auf dem Grundsatz des gegenseitigen Vertrauens der Gerichte beruht.[177] Von der Einhaltung dieses Grundsatzes hängt die effektive Umsetzung der Verordnung ab. Es obliegt damit den nationalen Gerichten, dem Ziel der Verordnung, ein forum shopping innerhalb Europas zu verhindern[178], Rechnung zu tragen. Die nationalen Insolvenzeröffnungsverfahren können zwar, wie dargestellt, zu einer unterschiedlich schnellen Verfahrenseröffnung in den einzelnen Mitgliedstaaten führen. Bei richtiger Anwendung der Verordnung steht jedoch der Sieger des „Wettlauf(s) um die internationale Zuständigkeit"[179] unabhängig von den nationalen Insolvenzordnungen schon im Vorhinein fest.

II. Verfahrensrechtliche Fragen

1. Allgemeines

a) Geschichte der EuInsVO

Im Folgenden soll kurz die Geschichte der Europäischen Insolvenzverfahrensverordnung (EuInsVO) dargestellt werden. Dabei wird ein besonderes Augenmerk auf die Entstehung des Art. 3 EuInsVO gelegt. Dies soll es im Folgenden erleichtern, die ratio legis zu ermitteln.

Schon lange vor Erlass der EuInsVO vom 29. Mai 2000 war man sich der Notwendigkeit einer europaweit geltenden, verbindlichen Regelung grenzüberschreitender Insolvenzen bewusst. Kurz nach Abschluss der Römischen Verträge am 25. März 1957 wurde daher eine Sachverständigenkommission eingesetzt, die bis 1980 tätig war. Der erste veröffentlichte Vorentwurf eines Übereinkommens über den Konkurs, Vergleiche und ähnliche Verfahren vom 16. Februar 1970[180] stieß überwiegend auf Kritik.[181] Nach dem Beitritt von Dänemark, Irland und dem Vereinigten Königreich 1974 wurde die Herausforderung für eine einheitliche Regelung noch größer. Wie der Teil I. der vorliegenden Arbeit gezeigt hat, weist das Insolvenzrecht des Common Law Rechtskreises wichtige Unterschiede zum Kon-

177 Erwägungsgrund (22).

178 Erwägungsgrund (4).

179 *Bähr/Riedemann*, ZIP 2004, 1066.

180 Abgedruckt in KTS 1971, 167-187; RabelsZ 1972, 734-766; *Potthast*, Probleme eines Europäischen Konkursübereinkommens, S. 213-230.

181 Vgl. im einzelnen Nachweise bei *Lüer*, Rechtspfleger 1984, 209, 211 Fn. 30.

tinentalrecht auf. Der folgende Vorentwurf vom 14.9.1979 und der darauf beruhende Entwurf von 1980 enthielten zwar wichtige Verbesserungen gegenüber dem Vorentwurf von 1970, trugen jedoch aus deutscher Sicht dieser Herausforderung nicht in ausreichendem Maß Rechnung.[182] Trotz einer darauf folgenden Revision des Textes wurde der 1984 veröffentlichte Entwurf[183] nicht angenommen. Die Bemühungen um eine einheitliche Regelung innerhalb der Union wurden bereits 1985 ohne konkrete Umsetzungen ausgesetzt.

Die ersten Entwürfe können aufgrund der großen Ähnlichkeiten durch die Prinzipien von Universalität und Einheit des Insolvenzverfahrens sowie Inhalt und Aufbau als die erste Phase der Entwicklung bezeichnet werden.[184]

Nach der informellen Tagung vom 25. bis 27. Mai 1989 in San Sebastian setzten die Justizminister der EU eine „Adhoc-Gruppe Konkursübereinkommen“ ein, die einen geeigneten Vorschlag unterbreiten sollte, eine EU-weite Regelung zu finden.

Inzwischen hatte der Europarat ein lediglich als *convention simple* ausgestaltetes „Europarats-Übereinkommen über bestimmte internationale Aspekte des Konkurses“[185] verfasst. Das nach dem Zeichnungsort benannte „Istanbuler Übereinkommen“ wurde am 5.6.1990 unter anderen auch von allen EU-Mitgliedstaaten gezeichnet. Zwar wurde es noch nicht ratifiziert und ist somit nicht in Kraft getreten, doch brachte es den psychologischen Durchbruch für die Wiederaufnahme der Verhandlungen über ein EU-Insolvenzübereinkommen.[186] Der rund 30 Jahre andauernde Versuch einer gemeinschaftlichen Regelung der Zusammenarbeit im Insolvenzrecht stand wenige Zeit später mit dem „Europäischen Übereinkommen über Insolvenzverfahren“ vom 23. November 1995 (EuInsÜ)[187] vor der Errichtung eines Meilensteins. Ziel der Regelung war die gemeinschaftsweite Durchsetzung des Universalitätsprinzips, also die Anerkennung der Auslandswirkung von Insolvenzverfahren, modifiziert durch nationale und territoriale Sekundärverfahren.[188]

Vierzehn der fünfzehn Mitgliedstaaten hatten bis zum 23. Mai 1996 unterzeichnet. Wegen eines Streits um den Import britischen Rindfleisches in andere Staaten

---

182 Vgl. im einzelnen Nachweise bei *Thieme*, RabelsZ 1981, 459-499.

183 Abgedruckt im Anh. bei *Potthast*, Probleme eines Europäischen Konkursübereinkommens, S. 231-251.

184 *Herchen*, Das Übereinkommen über Insolvenzverfahren, S. 21.

185 Abgedruckt in International Legal Materials (I.L.M.) 1991, S. 165-180.

186 *Gottwald*, Grenzüberschreitende Insolvenzen, S. 15.

187 Abgedruckt in ZIP 1996, 976. Zur Literatur zum EuInsÜ vgl. etwa *Gottwald*, Grenzüberschreitende Insolvenzen – Europäische und weltweite Tendenzen und Lösungen, München 1997; *Hanisch*, in: Stoll (Hrsg.) 1997, Vorschläge und Gutachten, 202; *Leible/Staudinger*, KTS 2000, 544; *Leipold*, in: FS Ishikawa, 221; *ders.*, in: Stoll (Hrsg.), Vorschläge und Gutachten (1997), 185; *Lüke*, ZZP 111 (1998), 275; *Virgós/Schmit*, in: Stoll (Hrsg.), Vorschläge und Gutachten (1997).

188 *Balz*, ZIP 1996, 948.

der Gemeinschaft hat das vereinigte Königreich die Zeichnung aus politischen Gründen verweigert.[189]

Durch die Verabschiedung des Vertrages von Amsterdam vom 2.10.1997 und die Vergemeinschaftung der justiziellen Zusammenarbeit in Zivilsachen in Art. 65 EGV kam die entscheidende Wende.[190] Nach Art. 65 EGV sind die für das reibungslose Funktionieren des Binnenmarktes erforderlichen Maßnahmen zu treffen. Der Rat konnte nun gem. Art 67 EGV während eines Übergangszeitraumes von fünf Jahren nach Inkrafttreten des Vertrages von Amsterdam auf Vorschlag handeln. Nachdem Deutschland und Finnland als Mitgliedstaaten ihr Vorschlagsrecht aus Art. 67 Abs. 1 EGV wahrgenommen hatten, hat der Rat die Europäische Insolvenzverfahrensverordnung (EuInsVO) vom 29. Mai 2000 erlassen. Die Regelungen der EuInsVO stimmen mit dem EuInsÜ vom 23. November 1995 weitestgehend überein.[191]

Bezüglich der Regelung der internationalen Zuständigkeit hat man sich von Anfang an mit der Begrifflichkeit schwer getan. Im Vorentwurf von 1970 heißt es:

Artikel 3 Gerichtsstand des Geschäftszentrums

> 1. Befindet sich *das Geschäftszentrum des Schuldners* im Hoheitsgebiet eines Vertragsstaates, sind die Gerichte dieses Staates ausschließlich zuständig, den Konkurs zu eröffnen.
>
> 2. *Das Geschäftszentrum ist der Ort, an dem üblicherweise die Hauptinteressen des Schuldners verwaltet werden.* Bei Gesellschaften und juristischen Personen wird für die Anwendung dieses Übereinkommens bis zum Beweis des Gegenteils vermutet, dass sich *das Geschäftszentrum* am Ort des satzungsmäßigen Sitzes befindet.

Die Fassung von 1980 ist leicht verändert und durch eine Ausnahmeregelung erweitert:

Artikel 3

> 1. (unverändert)
>
> 2. *Das Geschäftszentrum ist der Ort, an dem der Schuldner üblicherweise seine Hauptinteressen wahrnimmt.* Bei Gesellschaften und juristischen Personen wird für die Anwendung dieses Übereinkommens bis zum Beweis des Gegenteils vermutet, dass sich das Geschäftszentrum am Ort des satzungsmäßigen Sitzes befindet, falls ein satzungsmäßiger Sitz besteht.
>
> 3....

Der Begriff „Mittelpunkt seiner hauptsächlichen Interessen" taucht erstmals in Art. 4 Nr. 1 des Istanbuler Übereinkommens vom 5.6.1990 auf. Ebenfalls findet sich dort eine gesetzliche Vermutung zugunsten des satzungsmäßigen Sitzes.

---

189 *Balz*, ZIP 1996, 948.

190 *Fritz/Bähr*, DZWIR 2001, 221,222.

191 Zu den Unterschieden siehe *Eidenmüller*, IPRax 2001, 2, 7 f.

Die Regelung findet so schließlich Eingang in das mit der EuInsVO übereinstimmende EuInsÜ:

Artikel 3 Definitionen Internationale Zuständigkeit

1. Für die Eröffnung des Insolvenzverfahrens sind die Gerichte des Vertragsstaats zuständig, in dessen Gebiet der Schuldner *den Mittelpunkt seiner hauptsächlichen Interessen* hat. Bei Gesellschaften und juristischen Personen wird bis zum Beweis des Gegenteils vermutet, dass der Mittelpunkt ihrer hauptsächlichen Interessen der Ort des satzungsmäßigen Sitzes ist.

2. …

Noch in letzter Minute versuchte der Ausschuss für die Freiheiten und Rechte der Bürger, Justiz und innere Angelegenheiten vom 28.1.2000[192] beim Verfassen der EuInsVO einen Alternativvorschlag zu unterbreiten. So sah dessen Stellungnahme vor, den Mittelpunkt der hauptsächlichen Interessen in Art. 2 lit. i EuInsVO zu definieren als

„Ort, von dem aus der Schuldner hauptsächlich Geschäftsbeziehungen unterhält sowie andere wirtschaftliche Tätigkeiten ausübt und zu dem er deshalb die engsten Beziehungen unterhält."

Die Stellungnahme sah dafür vor, in Erwägungsgrund (13) auf das Merkmal der Erkennbarkeit des Mittelpunkts der hauptsächlichen Interessen zu verzichten.

Die Entstehungsgeschichte des Art. 3 I EuInsVO zeigt die Schwierigkeit einer abstrakten Lösung der Bestimmung der internationalen Zuständigkeit. Alle Vorschläge verfolgen dabei das gleiche Ziel. Das Verfahren soll dort stattfinden, wo sich die meisten Gläubiger befinden, um dadurch das Risiko einer Insolvenz des Schuldners kalkulierbar zu machen. Aus der Tatsache, dass sich das Europäische Parlament trotz des Vorschlags des Ausschusses für die Freiheiten und Rechte der Bürger, Justiz und innere Angelegenheiten gegen eine Definition des Mittelpunkts der hauptsächlichen Interessen und für das in Erwägungsgrund (13) enthaltene Merkmal der Erkennbarkeit entschieden hat, kann geschlossen werden, dass letzterem besondere Bedeutung zuzumessen ist.[193]

Schließlich stellt sich die Frage, wie es sich mit der internationalen Zuständigkeit bei der Insolvenz mehrerer zusammenhängender Gesellschaften verhält. Fraglich ist nämlich, ob Gläubiger in solchen Fällen mit einer Art Konzerngerichtsstand am Sitz der Konzernmutter rechnen müssen bzw. können. Zwar handelt es sich trotz Konzernzugehörigkeit bei jeder Gesellschaft um eigenständige rechtliche Gebilde, doch lässt sich eine wirtschaftliche Einheit derart verbundener Unternehmen nicht leugnen.

---

192 Stellungnahme des Ausschusses für die Freiheiten und Rechte der Bürger, Justiz und innere Angelegenheiten vom 28.1.2000, in: Bericht des Ausschusses für Recht und Binnenmarkt von Kurt Lechner über den Vorschlag für eine Verordnung des Rates über Insolvenzverfahren (9178/1999 – C5-0069/1999-1999/0806 (CNS)), S. 5 f.

193 Vgl. *Kübler*, in: FS Gerhardt, 527, 553 f.

Manfred Balz, der sowohl beim Verfassen der deutschen Insolvenzordnung als auch der EuInsVO federführend beteiligt war, weist bezogen auf das EuInsÜ hierzu allerdings explizit darauf hin, dass allein die Rechtsfragen erfasst sein sollen, die sich ergeben, wenn das Insolvenzverfahren über das Vermögen *eines* Rechtssubjekts Berührung mit anderen Staaten der Gemeinschaft aufweist.[194] Festzuhalten ist damit, dass man sich innerhalb der EuInsVO gegen ein Konzerninsolvenzrecht entschieden hat. In Nr. 61 des Erläuternden Berichts zum EuInsÜ heißt es ferner, dass dieses „keine Vorschriften für Unternehmenszusammenschlüsse (in der Form von Mutter- und Tochtergesellschaften)" enthalte.[195]

Weiter ist zu bemerken, dass die Bestimmung des Gesellschaftssitzes bereits seit dem Entwurf von 1970 von großer Bedeutung ist. Denn jede der aufgezeigten Formulierungen enthält eine gesetzliche Vermutung zugunsten des satzungsmäßigen Sitzes. Dadurch stößt man unweigerlich auf das Spannungsfeld zwischen Sitz- und Gründungstheorie.[196] Beim Verfassen des Art. 3 Abs. 1 EuInsVO ist man von der Sitztheorie ausgegangen.[197] Die gesetzliche Vermutung zugunsten des satzungsmäßigen Sitzes lässt jedoch einen Schritt in Richtung Gründungstheorie erkennen. Dadurch wollte man versuchen, den Streit zwischen Gründungstheorie und Sitztheorie zu überbrücken.[198] Letzteres erlaubt jedoch den Schluss, dass der Mittelpunkt der hauptsächlichen Interessen keineswegs mit dem effektiven Verwaltungssitz im Sinne der Sitztheorie identisch sein muss.[199]

b) Auslegung und Anwendung der EuInsVO

Bei der Europäischen Insolvenzverfahrensverordnung handelt es sich um europäisches Sekundärrecht. Dies verlangt eine autonome Auslegung, die sich von den nationalen Rechtsvorstellungen löst.[200] Dabei muss der Grundsatz der Beachtung des internationalen Charakters der Rechtsnorm und der Grundsatz der Einheitlichkeit berücksichtigt werden.[201] Nach den Artt. 234 und 68 EG obliegt die autonome europäische Auslegung der Vorschriften auch des europäischen internationalen Insolvenzrechts dem EuGH.[202] Zu beachten ist allerdings, dass Art. 68 Abs. 1 EG, der auf die EuInsVO anwendbar ist, eine von Art. 234 EG abweichen-

---

194 *Balz*, ZIP 1996, 948, 949.

195 *Virgós/Schmit*, in: Stoll (Hrsg.), Erläuternder Bericht, Nr. 61.

196 *Bock/Muhri*, Das neue Insolvenzrecht, Art. 3, S. 65.

197 *Gottwald*, Grenzüberschreitende Insolvenzen, 19 f.; *Virgós/Schmit*, Erläuternder Bericht, Nr. 75; *Duursma-Kepplinger*-DK/D/Ch, EuInsVO, Art. 3 Rn. 14.

198 So *G. Johnson*, International Insolvency Review 1996, 80, 93; *Gottwald*, Grenzüberschreitende Insolvenzen, 19 f; *Lüke*, ZZP 111 (1998), 275, 288; *Fritz/Bähr*, DZWIR 2001, 221, 224; *Duursma-Kepplinger*-DK/D/Ch, EuInsVO, Art. 3 Rn. 14.

199 Zumindest missverständlich *Smid*, DZWIR 2003, 397, 399.

200 *Kropholler*, IPR, § 10 III 2 (S. 79).

201 *Virgós/Schmit*, in: Stoll (Hrsg.), Vorschläge und Gutachten (1997), Nr. 43.

202 Vgl. BGH, Vorlagebeschl. v. 27.11.2003 – IX ZB 418, DZWIR 2004, 83.

de Regelung enthält. Hiernach kann der EuGH nur bei Vorlagefragen letztinstanzlicher Gerichte entscheiden, was dem aktuellen Bedürfnis der Praktiker widerspricht, die eine rasche Klärung der zahlreichen Detailfragen durch den EuGH wünschen.[203] Maßgeblich bei der Auslegung einer Verordnung sind neben dem Wortlaut die den Erwägungsgründen zu entnehmenden Ziele der einzelnen Regelungen und ihr systematischer Zusammenhang.[204] Aufgrund der unterschiedlichen Amtssprachen in der EU kommt es jedoch in erster Linie auf eine teleologische Auslegung an.[205]

Obwohl die EuInsVO gemäß Art. 249 Abs. 2 Satz 2 EG in den Mitgliedstaaten allgemein und unmittelbar gilt[206], hielt der deutsche Gesetzgeber einige Ergänzungen der teilweise nicht abschließenden Regelungen der EuInsVO für notwendig. Durch das Gesetz zur Neuregelung des Internationalen Insolvenzrechts vom 14.3.2003 wurde in Deutschland das Internationale Insolvenzrecht in Art. 102 EGInsO[207] und §§ 335 ff. InsO[208] neu normiert.[209] Dabei ist das Einführungsgesetz aufgrund des Anwendungsvorrangs[210] europäischen Gemeinschaftsrechts als nachrangig zu betrachten und muss stets im Sinne der Verordnung ausgelegt werden. Als Ausführungsvorschrift zur EuInsVO gilt für Art. 102 EGInsO jedoch nur der Anwendungsbereich der EuInsVO. Dagegen gelten die §§ 335 ff. InsO allgemein bei internationalen Bezügen und können auch zur Anwendung gelangen, wenn weder die EuInsVO noch die Ausführungsbestimmungen in Art. 102 EGInsO Sondervorschriften enthalten.[211] Aber auch dann, wenn die EuInsVO keine einschlägige Vorschrift enthält, sich eine solche aus der Verordnung aber im Wege der teleologischen Extension oder der Analogie entnehmen lässt, scheidet ein Rückgriff auf die §§ 335 ff. InsO aus.[212]

---

203 Siehe nur den Bericht von *Leithaus*, NZI 2004, 194 zur Veranstaltung zu grenzüberschreitenden Insolvenzen in der Insolvenzpraxis in Köln 2004.

204 Palandt-*Heinrichs*, BGB, Einleitung, Rn. 36.

205 *M/F/I*, The EC Regulation on insolvency Proceedings, 2.23; *Smid*, EuInsVO, Art. 1 Rn. 13.

206 Mit Ausnahme Dänemarks, vgl. Art. 1 und 2 des Protokolls zum Amsterdamer Vertrag über die Position Dänemarks, das dem Vertrag über die EU und dem EGV angehängt ist.

207 Vgl. Art. 1 des Gesetzes zur Neuregelung des Internationalen Insolvenzrechts v. 14.3.2003, BGBl. 2003 I, S. 345, in Kraft seit 20.3.2004.

208 Vgl. Art. 2 des Gesetzes zur Neuregelung des Internationalen Insolvenzrechts v. 14.3.2003, BGBl. 2003 I, S. 345, in Kraft seit 20.3.2004.

209 Ausführlich zu den deutschen Ausführungsbestimmungen zur EuInsVO *Wimmer*, in: FS Kirchhof, 521; *Pannen/Riedemann*, NZI 2004, 301; *Wehdeking*, DZWIR 2003, 133. Zum neuen autonomen internationalen Insolvenzrecht in §§ 335 ff. InsO *Liersch*, NZI 2003, 302.

210 EuGH, Urteil v. 15.7.1964, Rs. 6/64, Slg. 1964, 1251 ff., 1269 ff. – (*Costa/ENEL*); BVerfG, Urteil v. 22.10.1986, BVerfGE 73, 229 f. – (*Solange II*).

211 *Pannen/Riedemann*, NZI 2004, 301.

212 MüKo-*Reinhart*, IntInsR, Art. 102 EGInsO Rn. 6.

Der englische Gesetzgeber hat dagegen mittels zahlreicher *amendments*[213] eine Anpassung des nationalen Rechts an die Bestimmungen der EuInsVO vorgenommen.

2. Anwendbarkeit der EuInsVO auf Scheinauslandsgesellschaften

Eine Vielzahl der in Deutschland auftretenden englischen Limiteds verbindet mit ihrem Gründungsstaat lediglich ihr satzungsmäßiger Sitz, der regelmäßig nur in Form eines Briefkastens vorzufinden ist. Vielfach ist schon im Vorhinein keinerlei Geschäftstätigkeit im Gründungsstaat geplant, so dass sich dort weder Gläubiger noch Vermögensteile befinden. Im Falle solcher Scheinauslandsgesellschaften ist die Frage, ob die EuInsVO mangels eines ausreichenden grenzüberschreitenden Elements überhaupt zur Anwendung gelangt, durchaus berechtigt. Denn ein Insolvenzverfahren umfasst lediglich das Vermögen des Schuldners. Daher macht ein grenzüberschreitendes Verfahren auch nur dann Sinn, wenn sich im Ausland auch Vermögen befindet.

Die EuInsVO schreibt das Vorliegen eines grenzüberschreitenden Elements an keiner Stelle ausdrücklich vor, doch ist hiervon nach allgemeiner Meinung[214] auszugehen. Dafür spricht, dass fast sämtliche Regelungen der Verordnung ausdrücklich oder konkludent eine Beziehung der Gesellschaft zu einem anderen Mitgliedstaat voraussetzen (vgl. nur Artt. 5, 7 bis 15 EuInsVO). Gleiches lässt sich auch Erwägungsgrund (2) entnehmen, wonach für ein reibungsloses Funktionieren des Binnenmarktes effiziente und wirksame *grenzüberschreitende* Insolvenzverfahren erforderlich sind. In Erwägungsgrund (3) ist die Rede von *solchen* Unternehmen, deren Geschäftstätigkeit mehr und mehr *über die einzelstaatlichen Grenzen hinausgreift*. Jedoch tritt die Frage, wann überhaupt von einem ausreichenden Auslandsbezug auszugehen ist, hinter der hier nicht weiter zu vertiefenden Diskussion in den Schatten, ob die Anwendbarkeit der EuInsVO einen Sachverhalt mit grenzüberschreitendem Bezug zu einem EU-Mitgliedstaat („qualifizierter" Auslandsbezug) voraussetzt.[215]

---

213 The Insolvency Act 1986 (Amendment) Regulations 2002 (SI 2002/1037, bereits seit 3. Mai 2002 in Kraft). Am 31. Mai 2002 in Kraft getreten sind. The Insolvency Act 1986 (Amendment) (No. 2) Regulations 2002 (SI 2002/1240), The Insolvency (Amendment) Rules 2002 (SI 2002/1307), The Insolvent Partnerships (Amendment) Order 2002 (SI 2002/1308) und The Administration of Insolvent Estates of Deceased Persons Order 2002 (SI 2002/1309).

214 Vgl. etwa *Duursma-Kepplinger*-DK/D/Ch, EuInsVO, Art. 1 Rn. 2; *Herchen*, Das Übereinkommen über Insolvenzverfahren, S. 34 f.; *P. Huber*, ZZP 114 (2001), 133, 136; *Smid*, EuInsVO, Art. 1 Rn. 7. Anders ist auch High Court of Justice Leeds, 7.2.2003 (*BRAC*), ZIP 2003, 813, 816 trotz des irreführenden Wortlauts in Nr. 31 des Urteils nicht zu verstehen; dazu eingehend *Herchen*, ZInsO 2003, 742, 744 f.

215 Bei dieser Frage geht es um die Anwendung der EuInsVO im Verhältnis von Hauptinsolvenzverfahren zu den Verfahren in Nicht-EU-Staaten, also um die Anerkennung von in Drittstaaten eröffneten Insolvenzverfahren. Eine solche ist jedoch entschieden abzulehnen. Haup-

Die Erwägungsgründe (2) und (3) legen es nahe, einen ausreichenden Auslandsbezug nur dann anzunehmen, wenn der Schuldner im Ausland Geschäftstätigkeiten entfaltet. Ließe man aber die Anwendung der Verordnung nur unter diesen Umständen zu, so käme man je nach Ausgangspunkt zu unterschiedlichen Ergebnissen: Betrachtet von demjenigen Staat aus, in welchem sich der satzungsmäßige Sitz befindet, wird das Ausmaß des grenzüberschreitenden Moments ohne weiteres augenscheinlich. Nach Art. 2 lit. g erster Spiegelstrich EuInsVO begründet nämlich die Belegenheit einzelner körperlicher Gegenstände des Schuldnervermögens in einem anderen Staat als dem Staat, in dem die Gesellschaft ihren tatsächlichen oder rechtlichen Sitz hat, einen ausreichenden transnationalen Bezug. Dann muss dies aber erst recht bei der der faktischen Verlagerung der Gesellschaft in der Gestalt der Gesamtheit ihres Vermögens gelten.[216] Ebenfalls einen Erst-Recht-Schluss lässt die Tatsache zu, dass es für eine Niederlassung und damit einen grenzüberschreitenden Bezug gemäß Art. 2 lit. h EuInsVO ausreicht, wenn der Schuldner in einem anderen Mitgliedstaat einer wirtschaftlichen Aktivität von nicht vorübergehender Art nachgeht. Dann muss dasselbe auch gelten, wenn sich der tatsächliche Verwaltungssitz in einem anderen Mitgliedstaat befindet.[217] Betrachtet man jedoch den Sachverhalt von demjenigen Staat aus, in welchem sich der Verwaltungssitz befindet, müsste man dagegen ein ausreichendes grenzüberschreitendes Moment verneinen, da im Ausland keinerlei Geschäftstätigkeit ausgeführt wird.

Angesichts dieser Betrachtungsweise wird deutlich, dass immer auch dann, wenn sich nur der satzungsmäßige Sitz im Ausland befindet, von einem ausreichenden grenzüberschreitenden Element auszugehen ist. Jedes andere Ergebnis würde dem Sinn und Zweck der Verordnung zuwider laufen, wenn am Ort des tatsächlichen Mittelpunkts der hauptsächlichen Interessen kein Verfahren mit universaler Geltung eröffnet werden könnte, während dies am Ort, wo sich lediglich der satzungsmäßige Sitz befindet, möglich sein soll.

Damit bleibt festzuhalten, dass Scheinauslandsgesellschaften, jedenfalls solange sich ihr Sachverhalt auf die Mitgliedstaaten der EU[218] beschränkt, unter den An-

---

targument ist, dass im Bezug zu Drittstaaten keine Wechselseitigkeit gewährleistet ist, die durch das Zusammenspiel von Art. 3 mit den Art. 16 ff. EuInsVO nur für das Verhältnis der Mitgliedsstaaten der EU unmittelbar gilt. Vgl. etwa *Balz*, ZIP 1996, 948, 949; *Leible/Staudinger*, KTS 2000, 533, 538 ff.; auch (noch) *Herchen*, Das Übereinkommen über Insolvenzverfahren, S. 35 f.; *Wimmer*, ZInsO 2001, 97, 99; *Pannen*, in: Breutigam/Blersch/Goetsch, InsO, Art. 1 EuInsVO Rn. 7; *Eidenmüller*, IPRax 2001, 2, 5; *Duursma-Kepplinger*-DK/D/Ch, EuInsVO, Art. 1 Rn. 3; *Liersch*, NZI 2003, 302, 303; MüKo-*Reinhart*, InsO, Art. 1 EuInsVO Rn. 8 ff.; *Smid*, DZWIR 397, 402 ff.; *ders.*, EuInsVO, Art. 1 Rn. 8; *Eidenmüller*, in: Eidenmüller, Ausländische Kapitalgesellschaften im deutschen Recht, § 9 Rn. 8.

216 *Herchen*, ZInsO 2003, 742, 744.

217 Ähnlich *Herchen*, ZInsO 2003, 742, 744.

218 Für die zehn Staaten, die der EU zum 1.5.2004 neu beigetreten sind, ergibt sich die Anwendbarkeit der EuInsVO aus Art. 1 II des Beitrittsvertrages vom 23.9.2003, ABl L 236/17, 22, i.V.m. Art. 2 der dazugehörenden Akte vom 23.9.2003, ABl L 236/33, wonach ab dem Tage des Beitritts u.a. die vor dem Beitritt erlassen Rechtsakte der Organe für die Beitrittsländer

wendungsbereich der EuInsVO fallen. Bei einer englischen Limited, die ausschließlich in Deutschland auftritt, gelangt man somit ohne weiteres zur Anwendbarkeit der Verordnung.

3. Insolvenzfähigkeit EU-ausländischer Kapitalgesellschaften

Die Insolvenzfähigkeit ausländischer Gesellschaften im Inland ist von grundsätzlicher Bedeutung. Gilt eine Auslandsgesellschaft im Inland als nicht insolvenzfähig, könnte es zu folgendem Ergebnis kommen: Im Land des Mittelpunkts der hauptsächlichen Interessen – also dem Land mit der regelmäßig größten Gläubigerschar – könnte kein Verfahren eröffnet werden.[219]

Gemäß Art. 4 II 2 lit. a EuInsVO richtet sich die Frage, bei welcher Art von Schuldnern ein Insolvenzverfahren zulässig ist, nach der lex fori concursus. Im deutschen Recht korrespondiert die Insolvenzfähigkeit mit der Rechtsfähigkeit des materiellen Rechts und der Parteifähigkeit des Zivilprozessrechts: Wer rechtsfähig oder (zumindest passiv) parteifähig ist, ist auch insolvenzfähig.[220] § 11 InsO regelt, welche Rechtsträger Gegenstand eines Insolvenzverfahrens sein können. Hiernach kann ein Insolvenzverfahren über das Vermögen jeder juristischen Person eröffnet werden. Im internationalen Privatrecht stellt sich damit die Vorfrage, inwieweit eine Scheinauslandsgesellschaft als juristische Person anzusehen ist. Grundsätzlich ist das für die Vorfrage maßgebende Recht gesondert zu bestimmen. Dabei ist von den deutschen Kollisionsnormen auszugehen.[221]

Da bei der Gründung der Scheinauslandsgesellschaft die deutschen Vorschriften hinsichtlich der Kapitalaufbringung nicht eingehalten wurden und die Gesellschaft auch nicht im deutschen Handelsregister eingetragen ist, wurde bis vor kurzem die Anerkennung ihrer Rechtsfähigkeit nach der in Deutschland bislang herrschenden Sitztheorie[222] verweigert.[223]

---

verbindlich sind und in den Beitrittsländern gelten. Da die EuInsVO als Verordnung i.S.v. Art. 249 II EG unmittelbar in den Mitgliedsstaaten Anwendung findet, muss sie demnach auch von den neuen Beitrittsländern berücksichtigt werden; vgl. *Kübler*, in: FS Gerhardt, 527, 532 Fn. 18.

219 *Gottwald*, Grenzüberschreitende Insolvenzen, S. 20.

220 *Bork*, Insolvenzrecht, Rn. 28.

221 Palandt-*Heldrich*, Einl. v. Art. 3 EGBGB, Rn. 29 m.w.N.; *Eidenmüller*, in: Eidenmüller, Ausländische Kapitalgesellschaften im deutschen Recht, § 9 Rn. 17; allgemein zur IPR-rechtlichen Behandlung der Vorfrage Allgemein dazu *Koch/ Magnus/ Winkler von Mohrenfels*, IPR und Rechtsvergleichung, S. 20 f.

222 MüKo-*Kindler*, IntGesR, Rn. 312 m.w.N.

223 BGH, BB 2002, 1106 (Vorlagebeschluss an EuGH); BGHZ 97, 269, 271; BGHZ 53, 181, 183; OLG München, NJW 1986, 2197; OLG Hamburg, NJW 1986, 2199.

Spätestens seit *Überseering*[224] ist jedoch von der Anerkennung der Rechts- und Parteifähigkeit von EU-Auslandsgesellschaften in Deutschland auszugehen.[225] Umstritten ist lediglich die Frage nach ihrer gesellschaftsrechtlichen Behandlung und damit auch die Frage, welche Haftungsinstitute deutschen Rechts im Rahmen eines Insolvenzverfahrens greifen (dazu unten B. III.). In seinem *Überseering*-Urteil hat der Gerichtshof nämlich bereits festgestellt, dass die Mitgliedstaaten dazu verpflichtet seien, die Rechts- und damit die Parteifähigkeit zu achten, die eine ausländische Gesellschaft nach dem Recht ihres Gründungsstaats besitzt.[226] Somit kann über das Vermögen von Scheinauslandsgesellschaften problemlos ein Insolvenzverfahren eröffnet werden.[227] Die Ansicht, nach der unwiderleglich an den statuarischen Sitz angeknüpft werden müsse, da ansonsten der Schutzzweck der Norm vereitelt würde[228], ist damit überholt. Sie beruht noch darauf, dass ausländische Gesellschaften in Deutschland nicht insolvenzfähig sind.

Nicht richtig entscheidet jedoch das AG Duisburg[229], das die Eröffnung des Insolvenzverfahrens über das Vermögen einer englischen Limited ablehnt, da diese nach ihrer Auflösung nach deutschem Recht nicht mehr insolvenzfähig sei.[230] Solange noch wirtschaftlich verwertbares Vermögen vorhanden ist, vermag diese Ansicht schon aus Gründen des Gläubigerschutzes nicht überzeugen. Diesem liefe es zuwider, wenn deutsche Gerichte eine Eröffnung nicht zuließen, obwohl sich dort der Mittelpunkt der hauptsächlichen Interessen und damit die meisten Gläubiger befinden. Entscheidend ist aber, dass diese Ansicht nicht europarechtskonform

---

224 EuGH v. 5.11.2002, Rs. C-208/00 – (*Überseering*) = IStR 2002, 809 = BB 2002, 2402 = NJW 2002, 3614 = ZIP 2002, 2037 = RIW 2002, 945 = EWS 2002, 569 = AG 2002, 37 = GmbHR 2002, 1137, Rn. 59, 95.

225 Vgl. in der Rechtsprechung, jeweils bezogen auf die Anerkennung der Rechtsfähigkeit und/ oder die Möglichkeit einer Eintragung im Handelsregister etwa: BGHZ 154, 185, 190 = NJW 2003, 1461, 1462 = ZIP 2003, 718, 720 (*Überseering*); dieser Rechtsprechung des VII. Zivilsenats hat sich nun auch der II. Zivilsenat des BGH in seinem Urteil vom 14.3.2005 (NJW 2005, 1648 = BB 2005, 1016 = DB 2005, 1047 m.Anm. *Ressos* = DStR 2005, 839 = GmbHR 2005, 630 = ZInsO 2005, 541 = ZIP 2005, 805) angeschlossen. Siehe ferner auch OGH IPRax 2000, 418, 421 f. = NZG 2000, 36, 38 f.; OLG Celle IPRax 2003, 245, 246 = GmbHR 2003, 532, 533; OLG Naumburg GmbHR 2003, 533 (LS); OLG Zweibrücken BB 2003, 864, 865; AG Düsseldorf, Beschl. v. 12.3.2004 (*Daisytek*), ZIP 2004, 623 = NZG 2004, 426 = EuZW 2004, 307 = NZI 2004, 269. Zu Nachweisen in der Literatur siehe oben Fn. 4, 5.

226 EuGH v. 5.11.2002, Rs. C-208/00 – (*Überseering*) Rn. 95.

227 Insoweit richtig AG Hamburg, Beschl. v. 14.5.2003, NJW 2003, 2835 = ZIP 2003, 1008 = NZG 2003, 732 = EuZW 2003, 773 = NZI 2003, 442 m.Anm. *Mock/Schildt*; dazu auch *Brenner*, EWiR Art. 3 EuInsVO 4/03, 925. Nicht überzeugend ist allerdings die Begründung einer Durchgriffshaftung wegen Rechtsmissbräuchlichkeit (siehe dazu unten B. III. 2. a) bb) (3) (c).

228 So noch *Gottwald*, Grenzüberschreitende Insolvenzen, S. 21.

229 AG Duisburg, Beschl. v. 14.10.2003, NZI 2003, 659 = NZG 2003, 1167.

230 Kritisch auch *Weller*, IPRax 2004, 413, 414.

ist. Denn welchen Status die aufgelöste Gesellschaft hat, beurteilt sich ebenfalls nach ihrem Personalstatut und damit nach englischem Recht.[231]

Grundsätzlich gilt folgendes: Auch wenn § 11 InsO ausländische Gesellschaften nicht ausdrücklich nennt, ist regelmäßig ohne weiteres eine Substitution möglich.[232] Ist eine ausländische Gesellschaft einer entsprechenden Gesellschaftsform deutschen Rechts vergleichbar, so ist sie gemäß § 11 InsO insolvenzfähig, sofern ihrem deutschen Pendant ebenfalls Insolvenzfähigkeit zukommt.[233] Für eine englische Limited steht die Insolvenzfähigkeit somit fest, denn sie gilt als mit der deutschen GmbH vergleichbar[234]. Letztere ist nach § 11 Abs. 1 InsO insolvenzfähig.

Festzuhalten bleibt damit, dass eine englische Limited in Deutschland grundsätzlich als solche insolvenzfähig ist, unabhängig davon, ob sie ihren tatsächlichen Sitz oder lediglich ihren satzungsmäßigen Sitz in England hat.

4. Internationale Zuständigkeit gemäß Art. 3 Abs. 1 EuInsVO

a) Bedeutung der internationalen Zuständigkeit für den weiteren Verlauf des Verfahrens

aa) Verhältnis Hauptinsolvenzverfahren zu Territorialverfahren

Die internationale Zuständigkeit ist neben den verschiedenen Arten der innerstaatlichen Zuständigkeit ein eigener Begriff, und zwar im Sinne der Zuständigkeit der Gerichte eines bestimmten Staates.[235]

Art. 3 EuInsVO trifft für den Anwendungsbereich der Verordnung eine einheitliche Regelung der internationalen Zuständigkeit. Dabei kennt die EuInsVO drei unterschiedliche Verfahrensarten: Während Art. 3 I EuInsVO die internationale Zuständigkeit für Hauptinsolvenzverfahren regelt, bestimmt Art. 3 II 1 EuInsVO die internationale Zuständigkeit für Partikular- und Sekundärinsolvenzverfahren. Das Hauptinsolvenzverfahren entfaltet universale Wirkung, d.h. es erfasst das in sämtlichen Mitgliedstaaten belegene Vermögen. Damit folgt die EuInsVO grundsätzlich dem Gedanken der Universalität.[236] Partikularverfahren wirken dagegen nach Art. 3 II 2 EuInsVO nur territorial, d.h. es wird nur das in dem Staat der

---

231 *Eidenmüller*, in: Eidenmüller, Ausländische Kapitalgesellschaften im deutschen Recht, § 9 Rn. 17.

232 So auch *Eidenmüller*, in: Eidenmüller, Ausländische Kapitalgesellschaften im deutschen Recht, § 9 Rn. 18.

233 Im Ergebnis so auch *Gottwald*, Internationales Insolvenzrecht, § 128 Rn. 16, 17.; *Schmerbach*-FK-InsO § 11 Rn. 22; *Weller*, IPRax 2003, 520, 521 f.; *Mock/Schildt*, ZInsO 2003, 396, 399; *Müller*, NZG 2003, 414, 416. A.A. offenbar Braun-*Kind*, InsO, § 11 Rn. 12.

234 Vgl. BayObLG v. 21.3.1986 – BReg. 3 Z 148/85, GmbHR 1986, 305 m.w.N.

235 *Kropholler*, IPR, S. 589.

236 Zur Kombination von Universalität und Territorialität vgl. statt vieler *Duursma-Kepplinger*-DK/D/Ch, EuInsVO, Art. 3 Rn. 34 ff.

Verfahrenseröffnung belegene Vermögen erfasst. Ebenso beschränkt sich das Sekundärinsolvenzverfahren nach Art. 27 EuInsVO in seiner Wirkung nur auf den Staat der Verfahrenseröffnung. Die internationale Zuständigkeit bestimmt sich auch hier nach Art. 3 II 1 EuInsVO. Der Unterschied zwischen Partikular- und Sekundärinsolvenzverfahren besteht darin, dass nur ersteres unabhängig von einem Hauptinsolvenzverfahren eröffnet werden kann.[237] Wird nach Eröffnung eines Partikularinsolvenzverfahrens ein Hauptinsolvenzverfahren eröffnet, finden die für das Sekundärinsolvenzverfahren geltenden besonderen Vorschriften Anwendung (vgl. Artt. 31-35 EuInsVO).[238] Aufgrund des der Verordnung zugrunde liegenden Universalitätsgedankens, soll die Eröffnung eines Partikularinsolvenzverfahrens nur ausnahmsweise erfolgen und wird daher von besonderen Voraussetzungen abhängig gemacht (vgl. Art. 3 IV EuInsVO).[239] Während ein Hauptinsolvenzverfahren sowohl auf Sanierung als auch auf Liquidation gerichtet sein kann (vgl. Anhang A und B), muss es sich bei einem Sekundärinsolvenzverfahren grundsätzlich um ein Liquidationsverfahren handeln (Anhang B).[240] Ein vor Eröffnung eines Hauptinsolvenzverfahrens auf Sanierung gerichtetes Partikularinsolvenzverfahren kann auf Antrag des Hauptverwalters in ein Liquidationsverfahren umgewandelt werden (Art. 37 EuInsVO).

Das Prinzip der Universalität wird neben der Möglichkeit von Partikular- bzw. Sekundärinsolvenzverfahren auch durch die Sonderregelungen in Artt. 5-15 EuInsVO durchbrochen. *Balz* spricht in diesem Zusammenhang von modifizierter Universalität.[241]

Hauptinsolvenzverfahren sind nach Art. 3 I EuInsVO am Ort des Mittelpunkts der hauptsächlichen Interessen des Schuldners zu eröffnen. Partikular- und Sekundärinsolvenzverfahren können nach Art. 3 II 1 EuInsVO in jedem Mitgliedstaat eröffnet werden, in dem sich eine Niederlassung i.S.v. Art. 2 lit. h EuInsVO befindet. Nach Art. 3 III EuInsVO können nach Eröffnung eines Hauptinsolvenzverfahrens in anderen Mitgliedstaaten nur noch Sekundärinsolvenzverfahren eröffnet werden.

Neben dem unterschiedlichen Vermögensbeschlag hat die Bestimmung der internationalen Zuständigkeit zusätzliche weitreichende Konsequenzen für den weiteren Verlauf des Verfahrens. Denn für das Insolvenzverfahren und seine Wirkungen gilt das Insolvenzrecht des Mitgliedstaats, in dem das Verfahren eröffnet wird (Art. 4 EuInsVO bzw. Art. 28 EuInsVO).[242]

---

237 Vgl. *Virgós/Schmit*, in: Stoll (Hrsg.), Vorschläge und Gutachten (1997), Nr. 25.

238 Näher dazu unten B. II. 7.

239 Vgl. *Duursma-Kepplinger*-DK/D/Ch, EuInsVO, Art. 3 Rn. 81.

240 Da dadurch unter Umständen eine Sanierung im Hauptinsolvenzverfahren verhindert werden kann, wird diese Einschränkung in der Literatur vielfach kritisiert. Genauer dazu unten B. II. 7 h).

241 *Balz*, ZIP 1996, 948, 950

242 Siehe dazu unten Teil III.

Die Eröffnung des Insolvenzverfahrens ist sodann von den Gerichten der anderen Mitgliedstaaten gemäß Art. 16 EuInsVO anzuerkennen. Gemäß Art. 17 EuInsVO entfaltet die Eröffnung die Wirkung, die das Recht des Staates der Verfahrenseröffnung dem Verfahren beilegt.[243]

bb) Forderungsanmeldung

Die Bestimmung der internationalen Zuständigkeit hat weiter grundlegende Bedeutung für die Möglichkeit der Forderungsanmeldung der einzelnen Gläubiger. Zwar steht jedem Gläubiger das Recht zu, seine Forderung im Hauptinsolvenzverfahren und jedem Sekundärinsolvenzverfahren anzumelden (Artt. 32 I, 39 EuInsVO). Auch muss, wie bereits in Teil I. erwähnt, das eröffnende Gericht bzw. der Insolvenzverwalter nach Art. 40 EuInsVO unverzüglich alle bekannten Gläubiger individuell unterrichten. Die Unterrichtung erfolgt jedoch gemäß Art. 42 I EuInsVO in der Amtssprache des Staates der Verfahrenseröffnung.

Nach Art. 4 II lit. h EuInsVO regelt das Recht des Staates der Verfahrenseröffnung die Anmeldung von Forderungen. Mit den dabei zu beachtenden Besonderheiten des nationalen Rechts werden sich ausländische Gläubiger nicht ohne Aufwand vertraut machen können. Die Gläubiger können ihre Forderungen grundsätzlich in der Amtssprache des Mitgliedstaates, in dem sie ihren gewöhnlichen Aufenthalt, Wohnsitz oder Sitz haben, geltend machen (Art. 42 II 1 EuInsVO). Jedoch kann vom Gläubiger eine Übersetzung der Anmeldung verlangt werden (Art. 42 II 2 EuInsVO).

Zu Recht wird darauf hingewiesen[244], dass diese Nachteile für ausländische Gläubiger auch nicht ohne weiteres durch die Einleitung eines Sekundärinsolvenzverfahrens behoben werden. So steht zwar gemäß Art. 32 II EuInsVO auch dem ausländischen Verwalter das Recht zu, die Forderungen für die Gläubiger des Sekundärinsolvenzverfahrens anzumelden, soweit es für diese zweckmäßig ist. Eine Pflicht zur Forderungsanmeldung besteht aufgrund des Zweckmäßigkeitserfodernisses nur dann, wenn die Anmeldung dem Verwalter für alle Gläubiger oder mindestens für eine Gruppe von Gläubigern zweckmäßig erscheint.[245]

Im Ergebnis ist also festzuhalten, dass es für Gläubiger einen wesentlichen Unterschied macht, ob das Hauptinsolvenzverfahren aus ihrer Sicht im Inland oder im Ausland stattfindet.

---

243 Siehe zur Auslandswirkung eines deutschen Insolvenzeröffnungsbeschlusses AG Duisburg v. 10.12.2002, DZWIR 2003, 435.

244 *Kübler*, in: FS Gerhardt, 527, 534.

245 *Virgós/Schmit*, in: Stoll (Hrsg.), Vorschläge und Gutachten (1997), Nr. 239.

b) *Kein Konzerninsolvenzrecht durch die Hintertür*

Eingangs wurde bereits darauf hingewiesen, dass in zunehmendem Maße auch große Konzerne die neue Rechtsformwahlfreiheit verstärkt ausnutzen, z.B. als Konzernspitze[246], Holding[247] oder auch als operative (Tochter-)Gesellschaft[248]. Hier stellt sich eine zusätzliche Frage: Aufgrund des in Konzernen häufig anzutreffenden „Dominoeffekts" erscheint es nämlich durchaus vernünftig, die zwar juristisch selbständigen, aber eng miteinander verwobenen Gesellschaften als eine Einheit zu betrachten.[249] So hat die Insolvenz einer Konzerngesellschaft häufig eine infektiöse Wirkung auf die weiteren mit ihr verbundenen Gesellschaften. In der Praxis besteht daher vor allem bei einem Sanierungsverfahren das Bedürfnis einer einheitlichen Behandlung solcher Konzerninsolvenzen.[250] Eine Gesamtbetrachtung der insolventen Unternehmen ermöglicht es, eine Gesamtreorganisation auch gegen divergierende Einzelinteressen von Konzernmitgliedern durchzusetzen. Auch kann es Fälle geben, in denen der Verkauf eines Konzernteils wenigstens einigen Gesellschaften das Überleben sichert. Möglicherweise lässt sich bei einem Verkauf des gesamten Konzerns aber auch ein Mehrwert erzielen, der dann wiederum allen Insolvenzgläubigern zugute kommt.

Da Konzerne meist transnational tätig sind, werden im Zusammenhang mit der EuInsVO zunehmend Stimmen laut, die ein Umdenken in die „Moderne" – sprich einen „Konzerninsolvenzgerichtsstand" – fordern.[251]

Auf der Basis des Art. 3 Abs. 1 EuInsVO kommen zwei mögliche Aufhänger für ein Konzerninsolvenzrecht in Betracht: Vielfach wird versucht, über eine weite Auslegung des Tatbestandsmerkmals des *Mittelpunkts der hauptsachlichen Interessen* des Schuldners eine einheitliche Zuständigkeit für Tochtergesellschaften am Sitz der

---

246 AG München, Beschl. v. 4.5.2004 (*Hettlage*), ZIP 2004, 962 f. = NZI 2004, 450 m.Anm. *Mankowski*; Anm. *Paulus*, EWiR Art. 3 EuInsVO 2/04, 493 f.

247 High Court of Justice Leeds, 16.5.2003 (*Daisytek*), ZIP 2003, 1362 (Eröffnungsbeschluss ohne detaillierte Begründung); NZI 2004, 219 ff. (mit Begründung in deutscher Übersetzung); Anm. *Paulus*, EWiR Art. 3 EuInsVO 2/03, 709 f.; sowie ZIP 2003, 1725 ff.

248 Siehe hierzu den Fall *Eurofood/Parmalat*: Tribunale di Parma, Urt. v. 19.2.2004, ZIP 2004, 1220 ff.; High Court of Justice Dublin, Urt. V. 23.3.2004, ZIP 2004, 1223 ff.; Supreme Court of Ireland, Urt. v. 27.7.2004 (*Eurofood*), ZIP 2004, 1969 = NZI 2004, 505 = DZWIR 2005, 60 m.Anm. *Smid*, DZWIR 2005, 64.

249 Grundlegend hierzu *Ehricke*, Das abhängige Konzernunternehmen in der Insolvenz, S. 457 ff.

250 Eingehend hierzu *Paulus*, in: FS Kreft: 469, 470 ff.; *ders.* ZIP 2005, 1948; a.A. *Sester*, ZIP 2005, 2099.

251 So *Paulus*, ZIP 2002, 729, 730; in aller Deutlichkeit nochmals *ders.*, EWiR Art. 3 EuInsVO 2/04, 493, 494; *ders.*, in FS Kreft: 469, 470 ff.; ebenso *Mankowski*, NZI 2004, 450 in Anm. zu AG München v. 4.5.2004. Als verfrüht erachtet, in der Tendenz aber auch *Eidenmüller*, NJW 2004, 3455, 3458 f.; ebenso *Pannen/Riedemann*, NZI 2004, 646, 647. Siehe auch den kritischen Bericht von *Braun*, NZI aktuell 2004, V-VII.

Muttergesellschaft zu begründen. Die andere, bislang kaum diskutierte Variante könnte ein weites Verständnis des *Schuldner*begriffs sein.

Dagegen lässt der eindeutige Wille des Gesetzgebers erkennen, dass mit der EuIns-VO keine Regelungen für Konzerninsolvenzen getroffen werden sollen.[252] So kann sich die internationale Zuständigkeit eines Gerichts über die insolventen Tochtergesellschaften nicht nach der internationalen Zuständigkeit für die Muttergesellschaft richten. Vielmehr muss für jede insolvente Gesellschaft eines Konzerns das international zuständige Gericht einzeln ermittelt werden. Eine Umgehung dieses Willens des Gesetzgebers darf keinesfalls durch die nationale Gerichtspraxis umgangen werden. Andernfalls gelangt man durch die Hintertür zu einem Konzerninsolvenzgerichtsstand, der es durch die Vordertür gerade nicht in die Verordnung geschafft hat.[253] Der Grund hierfür wird in Erwägungsgrund (11) deutlich. Hiernach ist man beim Verfassen der EuInsVO von der Tatsache ausgegangen, dass aufgrund der großen Unterschiede im materiellen Recht ein einziges Insolvenzverfahren mit universaler Geltung für die gesamte Gemeinschaft nicht realisierbar ist. Die ausnahmslose Anwendung des Rechts des Staates der Verfahrenseröffnung würde zu großen Schwierigkeiten führen. Gilt dies bereits für die Insolvenz eines einzelnen Rechtssubjekts, muss dies erst recht für die Insolvenz konzernverbundener Gesellschaften gelten.

Problematisch erscheint die Diskussion über ein europäisches Konzerninsolvenzrecht aus deutscher Sicht auch, weil derartige Regelungen keinen Eingang in die nationale Insolvenzordnung gefunden haben.[254] Jüngst wurde daher ein anderer Vorschlag unterbreitet. So soll es für die internationale Zuständigkeit nicht mehr auf den Mittelpunkt der hauptsächlichen Interessen ankommen. Vielmehr soll allein auf den Mitgliedstaat abgestellt werden, nach dessen Recht die Gesellschaft erkennbar organisiert ist.[255] Als entscheidendes Argument für diesen Anknüpfungspunkt gilt neben der leichten Wahrnehmbarkeit ein harmonischer Gleichlauf von internationaler Zuständigkeit und Gesellschaftsstatut. Ob diese Ansicht im Ergebnis sachgerecht ist, wird sich in Teil III. dieser Arbeit zeigen.

---

252 So zum EuInsÜ (siehe hierzu oben B. II. 1. a) ausdrücklich *Balz*, ZIP 1996, 948, 949; *Virgós/Schmit*, in: Stoll (Hrsg.), Vorschläge und Gutachten (1997), Nr. 76; *Gottwald*, Grenzüberschreitende Insolvenzen, 21 f. Zur EuInsVO: *Eidenmüller*, IPRax 2001, 2, 4; *P. Huber*, ZZP 114 (2001), 133, 143; *Duursma-Kepplinger*-DK/D/Ch, EuInsVO, Art. 3 Rn. 121; *M/F/I*, The EC Regulation on Insolvency Proceedings, 8.56; *Jacquemont*, Clunet 131 (2004), 150, 153; *Vallens*, Recueil Dalloz 2003, 2354, 2355; *Blenske*, EWiR Art. 3 EuInsVO 6/04, 601, 602; *Herchen*, ZInsO 2004, 825, 827; *Weller*, IPRax 2004, 412, 415.

253 *Mankowski*, EWiR Art. 3 EuInsVO 5/03, 1239, 1240.

254 Im deutschen Konzernrecht gelten weiter die Grundsätze „Eine Person, ein Vermögen, eine Insolvenz" und „Jedes Unternehmen stirbt seinen eigenen Tod". Vgl. zum deutschen Konzerninsolvenzrecht *Rattunde*, in: *Keßler*, Handbuch des GmbH-Konzerns, S. 523-538.

255 *Eidenmüller*, NJW 2004, 3455, 3458 f.

c) *Anwendung des Art. 3 Abs. 1 EuInsVO*

Gemäß Art. 3 Abs. 1 Satz 1 EuInsVO sind für die Eröffnung des Insolvenzverfahrens die Gerichte des Mitgliedstaates zuständig, in dessen Gebiet der Schuldner den Mittelpunkt seiner hauptsächlichen Interessen hat. Gemäß Satz 2 wird bei Gesellschaften bis zum Beweis des Gegenteils vermutet, dass der Mittelpunkt der hauptsächlichen Interessen der Ort des satzungsmäßigen Sitzes ist.

aa) *Zwei lehrbuchartige Kompetenzkonflikte*

(1) Daisytek

Schlagartig deutlich wurde die Problematik spätestens[256] mit der Insolvenz des *Daisytek*-Konzerns: Durch die Eröffnung eines Chapter-11-Verfahrens[257] in den Vereinigten Staaten über die Konzernmutter, der *Daisytek International Corporation*, kam auch die europäische Tochtergesellschaft, die in England eingetragene *Daisytek ISA Ltd.* (im Folgenden *Daisytek*)[258] in finanzielle Bedrängnis. Die Konzernstruktur in Europa gestaltet sich so, dass *Daisytek* ihrerseits Muttergesellschaft der ebenfalls in England sitzenden *ISA International Plc.* (im Folgenden *International*) war. *International* fungierte als Holding für weitere Tochtergesellschaften, die in den einzelnen Mitgliedstaaten, insbesondere Deutschland und Frankreich, als Wiederverkäufer und Großhandelsverteilstellen für elektrische Bürosysteme auftreten. Diese sind im jeweiligen Mitgliedstaat mit ihrem satzungsmäßigen Sitz eingetragen und hauptsächlich dort tätig. In Deutschland gibt es insgesamt drei Gesellschaften, nämlich die *PAR Beteiligungs GmbH*, welche wiederum eine alleinige Holding zweier operativer Tochtergesellschaften ist. Diese sind die *ISA Deutschland GmbH* mit über hundert Mitarbeitern und die *Supplies Team GmbH* mit weniger als zehn Mitarbeitern. Die Geschäftsführung der deutschen Gesellschaften ist so ausgestaltet, dass Frau F. alleinige Geschäftsführerin der beiden Tochtergesellschaften ist, sich die Geschäftsführung der deutschen Holding-GmbH aber mit Herrn R. teilt. Auf Antrag des R. erließ der High Court of Justice in Leeds administration or-

---

256 Von der Fachöffentlichkeit weitgehend unbemerkt blieben zwei frühere Entscheidungen. So entschied *J. Reimer* im Fall *Crisscross*, London High Court, Chancery Division, Beschl. v. 20.5.2003, (unveröffentlicht aber zitiert und dargestellt von *Braun*, NZI aktuell 2004, V und *van Galen*, The European Insolvency Regulation and Groups of Companies, S. 3 f.) für alle acht Konzerngesellschaften aus unterschiedlichen EU-Mitgliedsstaaten und der Schweiz zeitgleich Insolvenzverfahren in London zu eröffnen. Im Fall *Cirio Del Monte* (soweit ersichtlich ebenfalls unveröffentlicht, aber dargestellt bei *van Galen*, The European Insolvency Regulation and Groups of Companies, S. 4) entschied ein italienisches Gericht, für zwei italienische Gesellschaften und eine selbständige holländische Niederlassung jeweils Hauptverfahren in Italien zu eröffnen.

257 Ein solches stellt ein Reorganisationsverfahren nach amerikanischem Recht dar; für einen kurzen Überblick siehe etwa *Elsing/ van Alstine*, US-amerikanisches Handels- und Wirtschaftsrecht, S. 197 ff.; *Merkt*, US-amerikanisches Gesellschaftsrecht, Rn. 1207 ff.

258 „*Daisytek*" lautet die international übliche, „*ISA*" dagegen die in Deutschland gebräuchliche Bezeichnung des Falles.

ders über sämtliche europäischen Gesellschaften und entsprach damit dem Vorhaben der englischen Geschäftsführung, ein einheitliches Verfahren über die europäischen Konzernteile zu erwirken.[259]

Nach englischer Gerichtspraxis fallen die Eröffnungsbeschlüsse sehr kurz aus, eine ausführliche schriftliche Begründung erfolgt erst Wochen später. Die in allen drei Fällen gleich lautenden Eröffnungsbeschlüsse vom 16.5.2003 über die deutsche Beteiligungsgesellschaft und deren Töchter besagen daher lediglich, dass das Gericht „*is being satisfied on the evidence before it*", dass die EuInsVO anwendbar ist und das Verfahren ein Hauptverfahren i.S.v. Art. 3 I EuInsVO darstellt.

Noch ohne Kenntnis des englischen Verfahrens bestellte das AG Düsseldorf bereits am 19.5.2003 auf Antrag von Frau F. einen vorläufigen Insolvenzverwalter über die deutschen GmbHs des Konzerns, da es hier den Mittelpunkt der hauptsächlichen Interessen sah.[260] Nach Kenntniserlangung der englischen Entscheidung erfolgte am 6.6.2003 ein Klarstellungsbeschluss, in dem das AG Düsseldorf der englischen Entscheidung die Anerkennung verweigerte. Dieser wurde damit begründet, dass die englische Entscheidung keine Rechtswirkung für das schuldnerische Unternehmen entfalte, da sie „die Vorschriften der EuInsVO weder erwähnte noch beachtete"[261]. Am 10.7.2003 eröffnete das AG Düsseldorf das Insolvenzverfahren über das Vermögen der in Deutschland ansässigen GmbHs als Hauptinsolvenzverfahren.

Hiergegen legte der englische Insolvenzverwalter erfolgreich Beschwerde ein: Mit Beschluss vom 12.3.2004 bzw. 7.4.2004 stellte das AG Düsseldorf die in Deutschland eröffneten Verfahren gemäß Art. 102 § 4 Abs. 1 EGInsO ein.[262] Auf Antrag des englischen Insolvenzverwalters vom 8.3.2004 wurde jedoch in Deutschland ein Sekundärverfahren eröffnet.[263]

(2) Parmalat

Weitere Impulse erhält die Diskussion rund um Art. 3 I EuInsVO durch die Entscheidungen bezüglich der weltweit Aufsehen erregenden Insolvenz des italieni-

---

259 High Court of Justice Leeds, 16.5.2003, ZIP 2003, 1362 (Eröffnungsbeschluss ohne detaillierte Begründung); NZI 2004, 219 (mit Begründung in deutscher Übersetzung); Anm. *Paulus*, EWiR Art. 3 EuInsVO 2/03, 709, sowie ZIP 2003, 1725. Interessant aus englischer Sicht *Griffiths/ Tschentscher*, Insolvency Intelligence 17 (2004), 57. Vgl. zum Ganzen etwa auch *Fletscher* 18 (2005) Insolvency Intelligence, 85.

260 AG Düsseldorf, Beschl. v. 19.5.2003, ZIP 2003, 1362; dazu *Duursma/Duursma-Kepplinger*, DZWIR 2003, 447; *Herchen*, ZInsO 2004, 61; *Mankowski*, EWiR Art. 3 EuInsVO 3/03, 767; siehe auch *Smid*, DZWIR 2003, 397.

261 AG Düsseldorf, Beschl. v. 6.6.2003, ZIP 2003, 1363 = DZWIR 2003, 439; sehr kritisch dazu *Griffiths/Tschentscher*, Insolvency Intelligence 17 (2004), 57, 58.

262 AG Düsseldorf, Beschl. v. 12.3.2004, ZIP 2004, 623 ff. = NZG 2004, 426 ff. = EuZW 2004, 307 ff. = NZI 2004, 269 ff. m.Anm. *Liersch*; dazu auch *Herweg/Tschauner*, EWiR Art. 3 EuInsVO 3/04, 495 f.

263 So die bislang unveröffentlichte Entscheidung Az. 502 IE 2/04.

schen *Parmalat*-Konzerns mit rund 36.000 betroffenen Arbeitnehmern. Insgesamt werden in diesem Fall seit dem 24.12.2003 vierundsechzig auf fünf EU-Staaten verteilte Gesellschaften vom italienischen Wirtschaftsministerium nach einer „amministrazione straordinaria"[264] abgewickelt.[265]

Die *Parmalat S. p.a.* (im Folgenden *Parmalat*) mit Sitz in Parma/Italien war Alleingesellschafterin der von ihr gegründeten *Eurofood IFSC Ltd.* (im Folgenden *Eurofood*) mit Sitz in Dublin/Irland. Gesellschaftszweck von *Eurofood* waren diverse Finanzierungsmaßnahmen zugunsten des Konzerns. Unter anderem wurden mit Hilfe der Bank of America Anleiheemissionen an Konzerntöchtern durchgeführt, die von institutionellen Anlegern gezeichnet werden konnten. *Eurofood* wurde ausschließlich von Parma aus verwaltet, in Dublin befand sich lediglich ein (pro forma) Sitz in den Räumen einer Anwaltssozietät. Am 27.1.2004 bestellte der Gerichtshof in Dublin auf Antrag der *Bank of America*, einer der Hauptgläubiger von *Eurofood*, einen vorläufigen Verwalter. Hierbei äußerte sich das irische Gericht nicht zum Mittelpunkt der hauptsächlichen Interessen.[266] Der vorläufige Verwalter informierte am 30.1.2004 den italienischen vorläufigen Verwalter über die Anordnung, der daraufhin Rechtsmittel in Irland einlegte. In Italien wurde am 9.2.2004 durch das Industrieministerium der außerordentliche Verwalter der insolventen *Parmalat* auch für *Eurofood* zur Verwaltung berufen. Auf dessen Antrag vom 12.2.2004 eröffnete der Tribunale Civile di Parma am 19.2.2003[267] in Kenntnis der Geschehnisse in Dublin ein Hauptinsolvenzverfahren über *Eurofood* in Italien, da er dort gemäß Art. 3 Abs. 1 EuInsVO den Mittelpunkt der

---

[264] Nach der „amministrazione straordinaria" wird der Geschäftsbetrieb zum Zwecke der Sanierung fortgeführt, während das Konkursverfahren („procedura fallimentare") die Zerschlagung vorsieht. Es handelt sich bei der „amministrazione straordinaria" um eine außerordentliche Verwaltung von Großunternehmen nach dem Decreto Legislativo Nr. 39 vom 18.2.2004 (zuvor D.L. Nr. 347). Die außerordentliche Verwaltung von Großunternehmen existierte bereits zuvor nach dem Decreto Legislativo 270 von 1999, das jetzt durch das D.L. Nr. 39 für Insolvenzfälle ergänzt wird, in denen u.a. die Verschuldung mindestens eine Milliarde Euro beträgt und mindestens 1000 Arbeitnehmer betroffen sind. Eine der entscheidenden Neuerungen des D.L. Nr. 39 ist die Zuständigkeit des Industrieministers für die unverzügliche Zulassung der außerordentlichen Verwaltung und die Bestellung des außerordentlichen Kommissars ohne jede Beteiligung des Gerichts. Dem zuständigen Gericht verbleibt nur noch die Feststellung der Insolvenzreife auf dem Wege eines Feststellungsurteils vorbehalten. Erst wenn das Gericht nicht auf Insolvenzreife erkennt, entfallen die Wirkungen des ministerialen Zulassungsdekrets. Vgl. *Riera/ Wagner*, EWiR Art. 3 EuInsVO 4/04, 598, 599.

[265] Abgewickelt werden derzeit in dem italienischen Verfahren auch die deutsche *Parmalat*-GmbH und *Parmalat* Molkerei GmbH. Aktuelles über die Lage im Fall *Parmalat* unter http://web.ltt.it/tribunale/home.htm.

[266] Der High Court Dublin betont in seinem Urteil v. 23.3.2004, ZIP 2004, 1223, 1226, dass dies nicht erforderlich war: „.. it is clear that the appointment of a provisional liquidator constituted the opening of main proceedings".

[267] Tribunale di Parma, Urt. v. 19.2.2004, ZIP 2004, 1220; siehe Anm. v. *Riera/ Wagner*, EWiR Art. 3 EuInsVO (4/04), 597 f.

hauptsächlichen Interessen sah. Am 23.3.2004 bestätigte der High Court Dublin[268] in Form einer winding up order die Eröffnung eines Hauptinsolvenzverfahrens nach irischem Recht und verwies dabei auf s. 220 (2) Companies Act 1963, wonach bereits die Einreichung eines Antrags auf Eröffnung eines Insolvenzverfahrens ein Hauptinsolvenzverfahren in Gang setze. Weiter führt der High Court aus, dass das Urteil des Tribunale di Parma gegen Artt. 16, 26 sowie Erwägungsgrund (22) verstoße.[269]

Die Beschwerde des italienischen Verwalters führte zu einem Vorlagebeschluss des Supreme Court of Ireland vom 27.7.2004[270], in dem er sich mit zahlreichen Fragen zur Bestimmung des Mittelpunkts der hauptsächlichen Interessen i.S.v. Art. 3 Abs. 1 EuInsVO an den EuGH wendet.[271]

bb) Mittelpunkt der hauptsächlichen Interessen (COMI)

(1) Vorbemerkung

Rechtliche Ursache für die dargestellten Kompetenzkonflikte ist ein unterschiedliches Verständnis des „Mittelpunkts der hauptsächlichen Interessen" i.S.v. Art. 3 Abs. 1 EuInsVO. Hinter der unterschiedlichen Interpretation dieses unbestimmten Rechtsbegriffs verbergen sich jedoch häufig rein wirtschaftliche Interessen der Beteiligten. Schwierigkeiten treten nämlich immer dann zu Tage, wenn bestimmte Interessengruppen wie einzelne Gläubiger, der Schuldner bzw. der Geschäftsführer, ein Gesellschafter oder gar Dritte wie z. B. der Insolvenzverwalter einen bestimmten Gerichtsstand bevorzugen. Allerdings dürfen wirtschaftliche Überlegungen Einzelner keinen Einfluss auf die Auslegung des „Mittelpunkts der hauptsächlichen Interessen" haben. Vielmehr ist der wirkliche Wille des Gesetzes zu erforschen. Nicht selten wird dieser dem Willen Einzelner entgegenstehen.

Der High Court Leeds hält in seiner Entscheidung in Sachen *Daisytek* eine Art Fahrplan zur Bestimmung des Mittelpunkts der hauptsächlichen Interessen bereit. Danach muss das Gericht zunächst die hauptsächlichen Interessen des Schuldners identifizieren. Hierzu muss es den Umstand der an einem bestimmten Ort verwalteten Interessen sowie deren Bedeutung bemessen. Anschließend muss es den Umfang

---

268 High Court Dublin, Urt. v. 23.3.2004, ZIP 2004, 1223; siehe Anm. *Herweg/ Tschauner*, EWiR Art. 3 EuInsVO 5/04, 599.

269 High Court Dublin, Urt. v. 23.3.2004, ZIP 2004, 1223, 1226 f.

270 Supreme Court of Ireland, Urt. v. 27.7.2004 (*Eurofood*), ZIP 2004, 1969 = NZI 2004, 505 = DZWIR 2005, 60 m.Anm. *Smid*, DZWIR 2005, 64.

271 Mit einer Antwort ist wohl erst frühestens Ende des Jahres 2005 zu rechnen, vgl. die abschlägige Entscheidung über den Antrag auf ein beschleunigtes Verfahren durch den EuGH, v. 15.09.2004, C-341/04 (noch nicht in der öffentlichen Sammlung veröffentlicht, abrufbar unter www.curia.eu.int).

und die Bedeutung der unterschiedlichen in Betracht kommenden Interessen abwägen.[272]

Den wichtigsten Hinweis im Rahmen der Verordnung, was unter dem Mittelpunkt der hauptsächlichen Interessen zu verstehen ist, enthält Erwägungsgrund (13). Hiernach sollte als Mittelpunkt der hauptsächlichen Interessen der Ort gelten, an dem der Schuldner gewöhnlich der Verwaltung seiner Interessen nachgeht und damit für Dritte feststellbar ist. Dies wird zusätzlich durch Art. 3 Abs. 1 Satz 2 EuInsVO bestätigt. Hiernach wird bei Gesellschaften und juristischen Personen bis zum Beweis des Gegenteils vermutet, dass der Mittelpunkt der hauptsächlichen Interessen der Ort des satzungsmäßigen Sitzes ist. Jedem potentiellen Gläubiger soll es demnach anhand der Einsichtnahme in das Handelsregister möglich sein, sich darüber zu informieren, wo im Zweifelsfalle ein Hauptinsolvenzverfahren über das Vermögen des Vertragspartners zu eröffnen wäre.[273] Dies lässt folgenden Umkehrschluss zu[274]: Damit die Vermutungsregel auch Vertrauensschutz entfalten kann, darf sie nur durch solche Umstände widerlegbar sein, die ihrerseits für Dritte wahrnehmbar sein können.

Selbstverständlich kann es dabei nur auf die abstrakte Erkennbarkeit ankommen.[275] Jede andere Auffassung würde dazu führen, dass das eröffnende Gericht im Vorfeld die einzelnen Gläubiger anhören müsste. Dies wäre jedoch angesichts der regelmäßigen Eilbedürftigkeit der Verfahrenseröffnung zweckwidrig. Ausreichend muss es daher sein, wenn die Gläubiger anhand bestimmter Umstände erkennen konnten, wo sich der Mittelpunkt der hauptsächlichen Interessen befindet.

Eine weitere Auslegungshilfe stellt neben den Erwägungsgründen der ausführlichere Erläuternde Bericht zu dem EU-Übereinkommen über Insolvenzverfahren[276] von *Miguel Virgós* und *Etienne Schmit* dar. Zum Hintergrund der Regelung heißt es:

> „Die Insolvenz ist ein konkretes Risiko. Deshalb ist es wichtig, dass die internationale Zuständigkeit (...) an einen Ort geknüpft wird, den die potentiellen Gläubiger des betreffenden Schuldners kennen. Damit können rechtliche Risiken im Insolvenzfall kalkulierbar werden."[277]

Dies leuchtet aus zwei Gründen ein. Denn einmal wird eine Beteiligung an einem ausländischen Verfahren für den inländischen Gläubiger wesentlich aufwändiger,

---

272 High Court of Justice Leeds, 16.5.2003, NZI 2004, 219, 220.

273 *Kübler*, in: FS Gerhardt, 527, 551.

274 Nach *Kübler*, in: FS Gerhardt, 527, 551.

275 Vgl. auf diesen Aspekt eingehend *Kübler*, in: FS Gerhardt, 527, 557.

276 *Virgós Miguel*, *Schmit Etienne*, Erläuternder Bericht zu dem EU-Übereinkommen über Insolvenzverfahren, in: Stoll, Vorschläge und Gutachten zur Umsetzung des EU-Übereinkommens über Insolvenzverfahren im Deutschen Recht, S. 34-134, Tübingen 1997; folgend zitiert als *Virgos/Schmit*, Erläuternder Bericht, Nr.

277 *Virgos/Schmit*, Erläuternder Bericht, Nr. 75.

zudem bedeutet die Anwendung ausländischen Rechts immer auch „einen Sprung ins Dunkle“[278].

Sodann wird erläutert, dass durch die Verwendung des Wortes „Interessen“ nicht nur Handels-, gewerbliche oder berufliche Tätigkeiten, sondern auch allgemeine wirtschaftliche Tätigkeiten erfasst werden. Dies soll es aber primär ermöglichen, auch Privatpersonen vom Anwendungsbereich zu erfassen. Der Begriff des „Interesses“ will also einen weiten Definitionsspielraum eröffnen.[279] Aus Sinn und Zweck der Regelung des Insolvenzrechts lässt sich aber ableiten, dass mit den „Interessen“ primär die wirtschaftlichen Interessen gemeint sind.[280] Die Qualifizierung „hauptsächlich“ dient laut Bericht als Entscheidungskriterium für den Fall, dass diese Interessen verschiedenartige Tätigkeiten beinhalten, die von verschiedenen Zentren ausgeübt werden.[281]

Schließlich ist bei der Auslegung zu berücksichtigen, dass man sich beim Entwurf der EuInsVO bewusst gegen eine Konzerninsolvenz entschieden hat. Daher muss man bei konzernverbundenen Gesellschaften für jede Gesellschaft die Insolvenz einzeln feststellen.

Weiter gebietet sich Zurückhaltung bei der Annahme der internationalen Zuständigkeit auch wegen Erwägungsgrund (4) der Verordnung. Hiernach muss verhindert werden, dass es im Interesse eines ordnungsgemäßen Funktionierens des Binnenmarktes vorteilhafter ist, Vermögensgegenstände oder Rechtsstreitigkeiten von einem Mitgliedstaat in den anderen zu verlagern, um auf diese Weise eine verbesserte Rechtsstellung anzustreben (sog. *forum shopping*). Eine zu weite Auslegung würde dieses Ziel gefährden.[282]

(2) Perpetuatio fori auch im Anwendungsbereich der EuInsVO

Die EuInsVO regelt nicht ausdrücklich, welcher Zeitpunkt für die Bestimmung der internationalen Zuständigkeit maßgeblich ist. In Betracht kommen der Zeitpunkt des Vorliegens eines *Eröffnungsgrundes*, der Zeitpunkt der *Antragstellung* und der Zeitpunkt der *Verfahrenseröffnung*.

Die Frage nach dem maßgeblichen Zeitpunkt ist deswegen von Bedeutung, da ein Schuldner versucht sein könnte, durch eine Verlegung des COMI kurz vor Eröffnung eines Insolvenzverfahrens die internationale Zuständigkeit in seinem Sinn zu

278 Sehr anschaulich *Hanisch*, in: Stoll (Hrsg.) 1997, Vorschläge und Gutachten, 202, 204

279 *Fritz/Bähr*, DZWIR 2001, 221, 224; *Smid*, 2003, 397, 399; *Kübler*, in: FS Gerhardt, 527, 529.

280 Vgl. *Leipold*, in: Stoll (Hrsg.), Vorschläge und Gutachten (1997), 185, 190; *P. Huber*, ZZP 114 (2001), 133, 140; *Kolmann*, Kooperationsmodelle, S. 284.

281 *Virgós/Schmit*, Erläuternder Bericht, Nr. 75.

282 So auch *Herchen*, ZInsO 2004, 825, 827; ähnlich *Weller*, IPRax 2004, 412, 414 f.

beeinflussen.[283] Rechtsprechung und Lehre waren sich bezüglich dieses Phänomens bislang uneins: Während die herrschende Lehre in Deutschland[284] und jüngst auch das AG Celle[285] allein den Zeitpunkt der Antragstellung für maßgeblich hielten, vertraten die Gerichte[286] und der überwiegende Teil des Schrifttums[287] in Großbritannien und den Niederlanden die Ansicht, dass es grundsätzlich auf den Zeitpunkt der Eröffnungsentscheidung ankomme. Falls die Verlegung des Mittelpunktes der hauptsächlichen Interessen des Schuldners allerdings evident rechtsmissbräuchlich erfolgt sei, dürfe das Gericht diese Veränderung im Einzelfall ausnahmsweise unberücksichtigt lassen.[288]

Nun sorgte der EuGH[289] mit einem sehr zu begrüßenden Urteil für Rechtssicherheit. Die Entscheidung folgte auf einen Vorlagebeschluss des BGH[290], dem folgende Konstellation zugrunde lag: Nach Antragstellung für ein Insolvenzverfahren, aber vor Eröffnung des Verfahrens zog die insolvente Schuldnerin von Deutschland nach Spanien um. Während die antragstellende Schuldnerin auf der internationalen Zuständigkeit des deutschen Gerichts beharrte, sah das mit dem Antrag befasste AG Wuppertal den Mittelpunkt der hauptsächlichen Interessen wegen des Umzugs nunmehr in Spanien.

Der EuGH stellt in seiner Entscheidung zunächst fest, dass Art. 3 Abs. 1 Satz 1 EuInsVO keine Aussage darüber enthält, ob in einem solchen Fall das zuerst befasste Gericht zuständig bleibt.[291] Anhand einer teleologischen Auslegung begründet er sodann in überzeugender Weise, dass ein Gericht für die Entscheidung über

---

283 Vor einem solchen Szenario wurde schon früh gewarnt, vgl. nur *G. Johnson*, International Insolvency Review 1996, 80, 93; *Gottwald*, Grenzüberschreitende Insolvenzen, S. 20. Kritisch auch *Duursma-Kepplinger-DK/D/Ch*, EuInsVO, Art. 3 Rn. 17.

284 *Mankowski* NZI 2005, 368; *ders.* NZI 2005, 575, 576.

285 AG Celle v. 18.4.2005 – 29 IN 11/05, NZI 2005, 410.

286 Vgl. für Großbritannien: *Geveran Trading Co Ltd. v Skjevesland* [2003] BPIR 73 (Registrar Jacques) und [2003] BCC 391 (High Court); *Shierson v Vlieland-Boddy* [2005] EWCA Civ 974 = NZI 2005, 571. Niederlande: Gerechtshof Amsterdam v. 17.6.2003, JOR 2003/186; Hoge Raad v. 9.1.2004, Zaaknr. R03/091HR, abrufbar unter www.rechtspraak.nl.

287 Vgl. *Morse*, in: *Dicey/Morris*, Conflict of Laws, Rn. 31-090; *Fletcher*, The Law of Insolvency, 839; *Moss* (2005) 18 Insolvency Intelligence 60; *M/F/I*, The EC Regulation on Insolvency Proceedings, 2002, 8.44 f.; *Wessels*, Moving House: Which Court can open insolvency proceedings, abrufbar unter www.iiiglobal.org/ country/ european_union/ MovingHouse.pdf., S. 4 ff.

288 Vgl. *Chadwick* LJ in *Shierson v Vlieland-Boddy* [2005] EWCA Civ 974 = NZI 2005, 571, Rn. 55; *Moss*, Insolvency Intelligence 2005, 18 (4), 60; *M/F/I*, The EC Regulation on insolvency Proceedings, 8.44 f.; *Wessels*, International jurisdiction on open insolvency proceedings in Europe, in particular against (groups of) companies, S. 12. In dieser Richtung auch *Duursma-Kepplinger-DK/D/Ch*, EuInsVO, Art. 3 Rn. 17.

289 EuGH v. 17.1.2006, Rs. C-1/04 – (*Susanne Staubitz-Schreiber*), ZIP 2006, 188 m.Anm. *Knof/Mock*; siehe auch *J. Schmidt*, ZInsO 2006, 88.

290 BGH, Beschl. v. 27.11.2003, NJW-RR 2004, 848 = ZIP 2004, 94 = ZInsO 2004, 34 = NZI 2004, 139 m.Anm. *Liersch*; siehe dazu auch *Mankowski*, EWiR Art. 3 EuInsVO 1/04, 229.

291 EuGH v. 17.1.2006, Rs. C-1/04 – (*Susanne Staubitz-Schreiber*), ZIP 2006, 188 Rn. 22 f.

die Eröffnung dieses Verfahrens zuständig bleibt, wenn der Schuldner nach Antragstellung aber vor Eröffnungsentscheidung den COMI in das Gebiet eines anderen Mitgliedstaates verlegt und begründet damit den Grundsatz perpetuatio fori – der bereits im europäischen Zivilprozessrecht gilt[292] – auch innerhalb des europäischen Insolvenzrechts. Der EuGH rekurriert in seiner Begründung zunächst auf das in Erwägungsgrund (4) erklärte Ziel der Verordnung, nämlich die Vermeidung eines forum shoppings: Der Schuldner könnte andernfalls durch eine kurzfristige Verlegung des COMI nach Antragstellung Einfluss auf den Gerichtsstand und das anwendbare Recht nehmen.[293] Weiter führt der EuGH aus, dass die Gläubiger einem böswilligen Schuldner bei einem Wechsel der Zuständigkeit durch ganz Europa folgen müssten. Dies würde regelmäßig zu einer Verlängerung des Verfahrens führen und stünde damit im Widerspruch zu den Erwägungsgründen (2) und (8).[294] Außerdem – so der EuGH – gewährleiste die Beibehaltung der Zuständigkeit des zuerst befassten Gerichts eine höhere Rechtssicherheit.[295] Der Hintergrund ist folgender: Nach der internationalen Zuständigkeit richtet sich, welches materielle Insolvenzrecht zur Anwendung gelangt (Art. 4 EuInsVO). Soll das Abstellen auf den Mittelpunkt der hauptsächlichen Interessen dem Gläubiger ermöglichen, das Insolvenzrisiko im Vorfeld zu bemessen, so kann er dies in ausreichendem Maß nur bei Kenntnis des im Ernstfall anzuwendenden Insolvenzrechts. Denn hierzu müssen ihm Prioritäts- und Rangfragen bekannt sein.[296, 297]

Bedenken des BGH[298], die Eröffnung eines Hauptinsolvenzverfahrens sei nach Sitzverlegung nicht mehr sinnvoll, da sich das meiste Vermögen des Schuldners nun nicht mehr im Eröffnungsstaat befinde, zerstreut der EuGH wie folgt: Ver-

---

292 Allg. M., vgl. nur *Kropholler*, Europäisches Zivilprozessrecht, vor Art. 2 Rn. 14 m.w.N.

293 EuGH v. 17.1.2006, Rs. C-1/04 – (*Susanne Staubitz-Schreiber*), ZIP 2006, 188 Rn. 25. Zu Recht weist *J. Schmidt*, ZInsO 2006, 88 jedoch darauf hin, dass die Verhinderung von forum shopping freilich kein zwingendes Argument für die Maßgeblichkeit des Zeitpunktes der Antragstellung ist. Denn die wirklich eklatanten Missbrauchsfälle ließen sich prinzipiell auch mit der von den englischen und niederländischen Gerichten favorisierten „Einzelfalllösung" bewältigen.

294 EuGH v. 17.1.2006, Rs. C-1/04 – (*Susanne Staubitz-Schreiber*), ZIP 2006, 188 Rn. 26.

295 EuGH v. 17.1.2006, Rs. C-1/04 – (*Susanne Staubitz-Schreiber*), ZIP 2006, 188 Rn. 27.

296 So schon *Weller*, IPRax 2004, 412, 416; *Liersch*, NZI 2004, 141, 142; Generalanwalt *Colomer* Schlussanträge v. 6.9.2005, C-1/04 (*Susanne Staubitz-Schreiber*) Rn. 69, NZI 2005, 544 = ZIP 2005, 1604 m.Anm. *Brenner*.

297 Zu Recht kritisch allerdings *J. Schmidt*, ZInsO 2006, 88. Denn die Formulierung des EuGH ist insoweit tatsächlich unglücklich gewählt, sofern er in Rn. 27 betont, dass die Gläubiger die im Falle der Zahlungsunfähigkeit des Schuldners zu tragenden Risiken schließlich „in Bezug auf den Ort beurteilt [hätten], an dem der Mittelpunkt seiner hauptsächlichen Interessen lag, *als sie mit ihm rechtliche Beziehungen eingingen*". Auf den Zeitpunkt der Begründung der Gläubigerforderungen kommt es gerade nicht an; wenn der Schuldner – wie im Regelfall – mehr als einen Gläubiger hat, wäre eine solche Lösung schließlich nicht praktikabel.

298 BGH, Beschl. v. 27.11.2003, NJW-RR 2004, 848.

legt der Schuldner gleichwohl nach Einreichung des Eröffnungsantrags, aber vor der Eröffnungsentscheidung seinen Interessenmittelpunkt so ermöglichten die universale Geltung des Hauptinsolvenzverfahrens, die Möglichkeit der Eröffnung von Sekundärinsolvenzverfahren und die Befugnisse des vom zuerst befassten Gericht bestellten vorläufigen Insolvenzverwalters Sicherungsmaßnahmen zu ergreifen einen maximalen Zugriff auf das Vermögen des Schuldners.[299]

Für den Fall der Sitzverlegung nach Antragstellung aber vor Eröffnung des Verfahrens hat der EuGH damit Klarheit geschaffen. Fraglich ist jedoch, wie es sich verhält, wenn der Schuldner noch kurz vor Antragstellung in missbräuchlicher Weise seinen COMI verlegt hat. Um solchen Machenschaffen effektiv entgegenwirken zu können, reicht eine Zäsur ab dem Zeitpunkt der *Antragstellung* nicht aus. Man könnte daher daran denken, bereits am Zeitpunkt des Insolvenzeintritts anzusetzen. Einen verlockenden Ansatz eröffnet insoweit Art. 4 II 1 EuInsVO, indem dadurch auf bewährte Regelungen der nationalen Insolvenzrechte zurückgegriffen werden könnte.[300] Gemäß Art. 4 II 1 EuInsVO regelt nämlich das Recht des Staates der Verfahrenseröffnung, unter welchen Voraussetzungen das Insolvenzverfahren eröffnet wird. Zu den Voraussetzungen der Verfahrenseröffnung zählt zweifellos das Vorliegen eines *Eröffnungsgrundes*. Im deutschen Recht sind die Eröffnungsgründe in den §§ 17 ff. InsO geregelt, im englischen Recht finden sich Regelungen in s. 11 Insolvency Act 1986 und ss. 122 f. Insolvency Act 1986. Könnte man nun das Vorliegen eines *Eröffnungsgrundes* als den maßgeblichen Zeitpunkt bestimmen, würde es gelingen, die internationale Zuständigkeit zu einem noch früheren Zeitpunkt als den Zeitpunkt der Antragstellung zu manifestieren. Sofern ein Verfahren nämlich antragsgemäß eröffnet wird, ist ein Insolvenzgrund regelmäßig vor, spätestens jedoch zum Zeitpunkt der Antragstellung gegeben. Zudem ermöglichen im Falle von Gesellschaften die Eröffnungsgründe gemäß § 18 InsO sowie s. 11 (a) Insolvency Act 1986 eine zusätzliche Vorverlegung des maßgeblichen Zeitpunkts. Denn gemäß § 18 I InsO stellt bereits drohende Zahlungsunfähigkeit einen Eröffnungsgrund dar. Eine vergleichbare Regelung enthält das englische Recht mit s. 11 (a) Insolvency Act 1986, wonach der Eröffnungsgrund für eine administration dann vorliegen soll, wenn das Gericht den Eintritt der Zahlungsunfähigkeit für wahrscheinlich hält. Diese Vorschriften sind, wie bereits geprüft[301], auch im Rahmen der EuInsVO ohne weiteres anwendbar.

Obgleich dieser Ansatz regelmäßig zu einer Vorverlegung des maßgeblichen Zeitpunkts führt, vermag er – neben weiteren europarechtlichen Bedenken[302] – aus

---

299 EuGH v. 17.1.2006, Rs. C-1/04 – (*Susanne Staubitz-Schreiber*), ZIP 2006, 188 Rn. 28.

300 Mit guten Gründen kritisch hinsichtlich eines Ansatzes über Art. 4 EuInsVO *Knof/Mock*, ZIP 188, 189; *Brenner*, ZIP 2005, 1646, 1647: Art. 4 EuInsVO setze nämlich gerade die Eröffnung eines Insolvenzverfahrens voraus und könne daher zur Frage der Bestimmung der Zuständigkeit gar nicht weiterhelfen.

301 Siehe oben B. I. 1. a) und 2. a) ee).

302 Siehe oben Fn. 300.

Gründen der einheitlichen Rechtsanwendung und praktischen Erwägungen nicht zu überzeugen. Wie der eingangs dargestellte Vergleich des englischen und deutschen Insolvenzeröffnungsverfahrens zeigt, bestehen hinsichtlich der Eröffnungsgründe bereits zwischen nur zwei Mitgliedstaaten große Unterschiede. Bei nunmehr 25 Mitgliedstaaten würde es daher zu sehr divergierenden Ergebnissen kommen. Zugleich ist das Vorliegen eines Eröffnungsgrundes regelmäßig nicht ohne weiteres zu ermitteln: Dies erschwert die praktische Handhabbarkeit dieses Ansatzes ungemein. Der Zeitpunkt der Antragstellung lässt sich dagegen ohne weiteres und eindeutig feststellen.

Im Übrigen sollten die Befürchtungen, einem forum shopping könne mit einem Abstellen auf die Antragstellung als den maßgeblichen Zeitpunkt nicht effektiv entgegengetreten werden, nicht allzu groß sein.[303] Im Falle von Gesellschaften lässt sich eine kurzfristige Verlegung des COMI ohnehin kaum darstellen: Denkt man an eine Verlegung des satzungsmäßigen Sitzes, so darf dies keine Bedeutung für den tatsächlichen Mittelpunkt der hauptsächlichen Interessen haben. Das muss schon deshalb gelten, da die internationale Zuständigkeit vom Richter von Amts wegen zu prüfen ist und er sich dabei richtigerweise nicht auf den satzungsmäßigen Sitz verlassen darf. Es muss sich vielmehr um eine tatsächliche Verlegung des Interessenmittelpunkts in ein anderes Land handeln. Stellt man mit der englischen Spruchpraxis primär auf den Ort ab, an dem die strategischen Entscheidungen getroffen werden (*mind of management*), könnten die verantwortlichen Personen durch eine Verlegung ihres Wohnsitzes in einen anderen Mitgliedstaat die internationale Zuständigkeit tatsächlich beeinflussen. Es erscheint allerdings fraglich, wie eine ohnehin finanziell angeschlagene Gesellschaft spontan den Umzug in einen anderen Mitgliedstaat finanzieren kann.[304] Sieht man den COMI dagegen richtigerweise[305] am Ort der werbenden Tätigkeit, ist eine plötzliche Verlagerung des Interessenmittelpunkts an sich schon kaum vorstellbar. Denn die werbende Tätigkeit manifestiert sich im Angebot von Waren oder Dienstleitungen. Der dazu notwendige Kundenstamm lässt sich jedoch schwerlich kurzfristig in einem anderen Mitgliedstaat begründen. Dies gilt umso mehr, als das Auftreten auf einem neuen Markt regelmäßig vorab hohen finanziellen Aufwand wie Werbung etc. voraussetzt.

Darüber hinaus sprechen zumindest aus deutscher Sicht auch juristische Überlegungen gegen eine Sitzverlegung. Die Frage einer *Wegzugsbeschränkung* von Gesellschaften ist nämlich noch keinesfalls geklärt. Denn trotz des Urteils in Sachen *Inspire Art* durch den EuGH ist noch nicht entschieden, ob der Gründungsstaat eine Verlegung des Verwaltungssitzes nicht mit dem Entzug der Rechtsfähigkeit verhin-

303 Zuversichtlich auch *Knof/Mock*, ZIP 2006, 188, 190.

304 Ähnlich *Smid*, EuInsVO, Art. 3 Rn. 14.

305 Hierzu siehe ausführlich unten B. II. 4. c).

dern kann.[306] Deutsche Gesellschaften müssen daher bei Verlegung des Verwaltungssitzes und/oder des satzungsmäßigen Sitzes mit ihrer Auflösung rechnen.[307]

Auf eine sehr unerwünschte Folge sei gleichwohl hinzuweisen: Handelt es sich jedoch wie im Fall des AG Hamburg[308] um eine Gesellschaft, die sich im Zeitpunkt der Antragstellung bereits in der Liquidationsphase befindet, tut man sich schwer, zum Zeitpunkt der Antragstellung den Mittelpunkt der hauptsächlichen Interessen in Deutschland zu sehen. Mangels irgendwelcher Tätigkeiten der Gesellschaft nach außen, wird man die gesetzliche Vermutung zugunsten des satzungsmäßigen Sitzes schwer widerlegen können. Dies würde auch mit der Rechtsprechung zu nationalen Sachverhalten übereinstimmen. Hier hat das BayObLG[309] erst kürzlich seine Rechtsprechung bestätigt, wonach dasjenige Insolvenzgericht ausschließlich zuständig ist, in dessen Bezirk der Schuldner seinen satzungsmäßigen Sitz hat, sofern am ursprünglichen Verwaltungssitz keine wirtschaftliche Tätigkeit mehr stattfindet. Übertragen auf den der Arbeit zugrunde liegenden Fall müsste folglich das Verfahren in England stattfinden, obwohl das Unternehmen ausschließlich in Deutschland tätig war. Dies ist für die meisten Gläubiger überraschend und widerspricht damit angesichts Erwägungsgrunds (13) dem Willen des Gesetzgebers.

(3) Gesetzliche Vermutung und Ermittlung von Amts wegen

Bei der Bestimmung des Mittelpunkts der hauptsächlichen Interessen ist zu beachten, dass gemäß Art. 3 Abs. 1 Satz 2 EuInsVO eine gesetzliche Vermutung zugunsten des satzungsmäßigen Sitzes gilt. Die Formulierung „bis zum Beweis des Gegenteils" zeigt jedoch, dass diese widerleglich ist.[310] Dies wirft zwei miteinander

---

306 Zu dieser Frage eingehend *Bayer*, BB 2003, 2357, 2363, der im Ergebnis einer Differenzierung zwischen Zuzugs- und Wegzugsfällen kritisch gegenübersteht. Ferner *Group of German Experts on Corporate Law* in ihrer Stellungnahme zum Winter-Bericht, ZIP 2003, 863, 877; *Forsthoff*, DB 2002, 2471, 2473 ff.; *Wernicke*, EuZW 2002, 758, 760; *W.H.Roth*, IPRax 2003, 117, 221 f.; *Knapp*, DNotZ 2003, 85, 91 f.; *Großerichter*, DStR 2003, 159, 164 f.; *Lutter*, BB 2003, 7, 10; *Dubovizkaja*, GmbHR 2003, 863, 877; *Leible/Hoffmann*, ZIP 2003, 925, 929 f.; *Zimmer*, NJW 2003, 3585, 3592; *Kallmeyer*, DB 2004, 636; *Eidenmüller*, ZIP 2002, 2233, 2243; *Eidenmüller/Rehm*, ZGR 2004, 159, 175 ff. A.A. mit gewichtigen Argumenten *Weller*, Europäische Rechtsformwahlfreiheit und Gesellschafterhaftung, S. 79 ff.; wohl (noch) *Leible/Hoffmann*, RIW 2003, 925, 927 f.

307 Vgl. BGH, Urt. v. 11.8.1957, II ZR 318/55, BGHZ 25, 134, 144; BayObLG, Beschl. v. 11.2.2004, 3Z BR 175/03, ZIP 2004, 806.

308 AG Hamburg, Beschl. v. 14.5.2003, NJW 2003, 2835 = ZIP 2003, 1008 = NZG 2003, 732 = EuZW 2003, 773 = NZI 2003, 442 m.Anm. *Mock/Schildt*; dazu auch *Brenner*, EWiR Art. 3 EuInsVO 4/03, 925.

309 BayObLG, Beschl. v. 25.7.2003, NZG 529.

310 So bereits vielfach praktiziert, vgl. nur High Court of Justice Leeds, 7.2.2003 (*BRAC*), ZIP 2003, 813; AG Hamburg, Beschl. v. 14.5.2003, NJW 2003, 2835 = ZIP 2003, 1008 = NZG 2003, 732 = EuZW 2003, 773 = NZI 2003, 442 m.Anm. *Mock/Schildt*; AG Duisburg, Beschl. v. 12.9.2003 ZInsO 2003, 476 = NZI 2003, 610; Tribunale di Parma 19.2.2004 (*Eurofood*), ZIP 2004, 1220; AG München, Beschl. v. 4.5.2004 (*Hettlage*), ZIP 2004, 962 = NZI 2004, 450.

verbundene Fragen auf: Nämlich, wer die Beweislast trägt, und wann die gesetzliche Vermutung als widerlegt gilt.

Hinsichtlich der ersten Frage gilt für das deutsche Gericht Art. 4 EuInsVO i.V.m. § 5 Abs. 1 InsO. Hiernach hat das Insolvenzgericht von Amts wegen alle Umstände zu ermitteln, die für das Insolvenzverfahren von Bedeutung sind. Dementsprechend misst die (noch) herrschende Lehre der gesetzlichen Vermutung keine allzu hohe Bedeutung bei, sondern geht vielmehr davon aus, dass der Richter den tatsächlichen Interessenmittelpunkt des Schuldners *stets* von Amts wegen zu ermitteln hat.[311] Bereits vor In-Kraft-Treten der EuInsVO war nach Ansicht des BGH gemäß § 5 I 1 InsO die internationale Zuständigkeit in jedem Verfahren von Amts wegen zu prüfen.[312] Anders dagegen in England. Hier besteht keine Pflicht des Richters zur Prüfung der internationalen Zuständigkeit von Amts wegen. Als Ausgangspunkt gilt vielmehr die gesetzliche Vermutung. Wer nun die internationale Zuständigkeit andernorts als am satzungsmäßigen Sitz behauptet, trägt die Beweislast.[313]

Die weitgehende Prüfungspflicht der deutschen Gerichte stößt teilweise auf Kritik, da eine solche Auslegung zu einem fast gänzlichen Verlust der praktischen Bedeutung der gesetzlichen Vermutung führe und sie gegen den Willen des Gesetzgebers zu einer Zweifelsregel reduziere.[314] Der satzungsmäßige Sitz sei den Gesellschaftsgläubigern in aller Regel bekannt und helfe damit, deren Zuständigkeitsrisiken kalkulierbar zu machen.[315] Zudem diene eine gewichtige und im Regelfall durchgehaltene Vermutung der Rechtssicherheit.[316]

Die Vorgehensweise der Rechtsprechung entspricht weitgehend der herrschenden Lehre. Zwar wird die gesetzliche Vermutung regelmäßig als Ausgangspunkt zugrunde gelegt, allerdings scheint sich kein Richter wirklich von ihr beeindru-

---

311 *Gottwald*, Grenzüberschreitende Insolvenzen, S. 20; *P. Huber*, ZZP 114 (2001), 133, 141; *Kolmann*, Kooperationsmodelle, S. 284 f.; *Mock/Schildt*, NZI 2003, 444; *Müller*, NZG 2003, 414, 415; *Lüer* in: Uhlenbruck, InsO, Art. 3 EuInsVO Rn. 1; *Weller*, IPRax 2003, 520, 521; *Fischer*, ZIP 2004, 1477, 1485; *U. Huber*, in: FS Gerhardt, 397, 414; *Smid*, DZWIR 2003, 397, 399; *ders.*, EuInsVO, Art 3 Rn. 13. Kritisch hinsichtlich der Regelung des Art. 3 Abs. 1 Satz 2 EuInsVO insgesamt *Leible/Staudinger*, KTS 2000, 533, 544 f.; ähnlich *Lüke*, ZZP 111 (1998), 275, 288. Gegen eine grundsätzliche Prüfung von Amts wegen *Duursma-Kepplinger*-DK/D/Ch, EuInsVO, Art. 3 Rn. 25; *Vallender/Fuchs*, ZIP 2004, 829, 831; *Eidenmüller*, in: Eidenmüller, Ausländische Kapitalgesellschaften im deutschen Recht, § 9 Rn. 12, der eine Ermittlungspflicht nur dann annimmt, wenn es Anhaltspunkte für ein Auseinanderfallen von statuarischem und tatsächlichem Sitz gibt.

312 BGH, NJW 1999, 1395, 1396; so auch noch unmittelbar vor In-Kraft-Treten der EuInsVO das OLG Köln, Beschl. v. 23.4.2001, NZI 2001, 380.

313 *Fletcher* The Law of Insolvency, 31-025; *M/F/I*, The EC Regulation on Insolvency Proceedings, 3.12.

314 *Duursma-Kepplinger*-DK/D/Ch, EuInsVO, Art. 3 Rn. 25; ähnlich auch *Herchen*, ZInsO 2004, 825, 826; *Mankowski*, NZI 2004, 450, 451 („Die Messlatte für eine Widerlegung muss hoch liegen").

315 *Deipenbrock*, EWS 2001, 113, 116.

316 *Mankowski*, NZI 2004, 450, 451.

cken zu lassen. Eine jüngst ergangene Entscheidung des AG Mönchengladbach zeigt dies deutlich: Im Fall *EMBIC* hat das Gericht trotz ausdrücklicher Stellung eines Antrags zur Eröffnung eines Sekundärinsolvenzverfahrens gleich ein Hauptinsolvenzverfahren eröffnet.[317] Zugegebenermaßen mag der Sachverhalt die Annahme des Mittelpunkts der hauptsächlichen Interessen in Deutschland rechtfertigen, zumal sich hier auch der satzungsmäßige Sitz befindet. Zweifelhaft erscheint aber die Methode, wie das deutsche Amtsgericht zur Eröffnung eines Hauptverfahrens kam. Für eine Auslegung des Eröffnungsantrags mangelt es aufgrund des eindeutig gestellten Antrags bereits an einer Auslegungsbedürftigkeit. Eine grundsätzlich nachrangige Umdeutung kommt schon deshalb nicht in Betracht, da ein Hauptverfahren ein „Mehr" als ein Sekundärverfahren darstellt. Dies ergibt sich schon aus der begrenzten Wirkung eines Sekundärverfahrens gemäß Art. 3 Abs. 2 S. 2 EuInsVO. Auch dem Antrag auf Eigenverwaltung die implizite Stellung eines Hilfsantrags zu entnehmen, erscheint gewagt.[318]

Dieser Fall zeigt vor allem, dass man nach den jüngsten Kompetenzkonflikten bei Gericht hinsichtlich der Thematik stark sensibilisiert ist.[319]

Langfristig gesehen führt jedoch ein solches Vorgehen der Gerichte zu unerträglicher Rechtsunsicherheit. Denn hängt die internationale Zuständigkeit eines grenzüberschreitenden Insolvenzverfahrens primär vom Ehrgeiz des einzelnen Richters ab, trägt dies zur Kalkulierbarkeit des Risikos gerade nicht bei. Auch wird der Grundsatz des gegenseitigen Vertrauens durch ein solches Verhalten nicht belebt.

Daher sollte ein Richter zwar weiter hinsichtlich der Frage, wo sich der Mittelpunkt der hauptsächlichen Interessen befindet, wachsam sein, aber nicht um jeden Preis seine Zuständigkeit zu begründen versuchen. Andernfalls schadet man der Entwicklung eines gemeinschaftsweiten effektiven Umgangs mit der EuInsVO.

Der Umgang der herrschenden Lehre und der Rechtsprechung mit der gesetzlichen Vermutung ist aber insoweit überzeugend, als die internationale Zuständigkeit von Amts wegen genau geprüft wird. Hierfür sprechen drei Gründe:

Erstens wird durch eine genaue Prüfung die Gefahr von Kompetenzkonflikten geschmälert. Da die EuInsVO hierzu keine Lösung bietet, sollten diese bereits von

---

317 AG Mönchengladbach v. 27.4.2004, ZInsO 2004, 563 = NZI 2004, 383 m.Anm. *Lautenbach* = ZIP 2004, 1064 m.Anm. *Bähr/Riedemann*; siehe auch *Kebekus*, EWiR Art. 3 EuInsVO 7/04, 705 f.

318 Zum Vorgehen des AG Mönchenglagbach auch kurz *Mankowski*, NZI 2004, 450, 451 („ein starkes Stück") sowie ebenfalls mit mahnenden Worten *Kebekus*, EWiR Art. 3 EuInsVO 7/04, 705, 706.

319 Auf der anlässlich des Falles *Daisytek* am 6.2.2004 in Köln veranstalteten Insolvenztagung ermahnt der in Fachkreisen bekannte Richter *Sabel* seine Kollegen zudem zu einer sorgfältigen Prüfung der internationalen Zuständigkeit. Wiedergegeben bei *Leithaus*, NZI 2004, 194, 195.

vorneherein vermieden werden. Eine sorgfältige Prüfung von Amts wegen trägt hierzu mit Sicherheit bei.

Zweitens verbietet sich schon aufgrund der weitreichenden Folgen für die Gläubiger ein lockerer Umgang mit der Frage der internationalen Zuständigkeit. Dies gilt gerade hierzulande, wo man aufgrund der EuGH-Rechtsprechung zur Niederlassungsfreiheit vermehrt mit dem Auftreten inländischer Auslandsgesellschaften rechnet. Denn diese haben ihren Sitz im Ausland, während sich ihre Gläubiger in aller Regel im Inland befinden. Hier sollte der Richter keinesfalls auf den satzungsmäßigen Sitz abstellen.

Drittens soll durch die Verordnung gemäß Erwägungsgrund (4) ein forum shopping vermieden werden. Verlässt sich der Richter auf den satzungsmäßigen Sitz, ist bei Antragstellung des Schuldners diesem Ziel mit Sicherheit nicht gedient.

Hinsichtlich der ersten Frage ist damit festzuhalten, dass es der Richter nicht bei der gesetzlichen Vermutung gemäß Art. 3 Abs. 1 S. 2 EuInsVO belassen darf, sondern den Mittelpunkt der hauptsächlichen Interessen von Amts wegen zu ermitteln hat.

Allerdings darf sodann die zweite Frage nach der Widerlegung der gesetzlichen Vermutung nicht leichtfertig bejaht werden. Diese richtet sich grundsätzlich nach der lex fori processus,[320] in Deutschland also nach § 5 Abs. 1 Satz 1 InsO. Bei der Widerlegung der gesetzlichen Vermutung ist die Messlatte aber tatsächlich hoch anzusetzen. Keinesfalls darf die gesetzliche Vermutung im Falle einer Tochtergesellschaft bereits deshalb als widerlegt gelten, weil sich der Sitz der Konzernmuttergesellschaft andernorts befindet.[321] Es muss im Einzelfall genau dargetan werden, warum ein Abweichen vom gesetzlichen Grundfall geboten ist. Dies wird zumindest von der deutschen Spruchpraxis schon aufgrund der Begründungspflicht gemäß Art. 102 § 2 EGInsO – wie bereits vorbildlich erfolgt[322] – auch in Zukunft zu erwarten sein. Ein solches Vorgehen spricht für Rechtssicherheit und ermöglicht gegenseitiges Vertrauen. Fraglich ist, ob der Ansicht gefolgt werden kann, die in der Formulierung des Art. 3 Abs. 1 S. 2 EuInsVO „bis zum Beweis des Gegenteils" eine Insolvenzsachnorm erkennen will, und damit einheitlich auf europarechtlicher Ebene dem Antragsteller die volle Beweislast aufbürdet.[323] Hiergegen spricht eindeutig die gesetzliche Systematik, wonach die EuInsVO eine einheitliche kollisionsrechtliche Regelung darstellt und als solche keinerlei Sachrecht enthält.[324]

---

320 *Herchen*, ZInsO 2004, 825, 826.

321 Übereinstimmend mit *Mankowski*, NZI 2004, 450, 451.

322 Insoweit kann wieder auf das AG München, Beschl. v. 4.5.2004 , ZIP 2004, 962 f. = NZI 2004, 450 m.Anm. *Mankowski* verwiesen werden.

323 So aber *Herchen*, ZInsO 2004, 825, 826.

324 Vgl. nur Erwägungsgrund (23).

(4) Die Spruchpraxis der nationalen Gerichte zur Bestimmung des COMI

Im Folgenden soll die Spruchpraxis der nationalen Gerichte bezüglich des Mittelpunktes der hauptsächlichen Interessen einer genaueren Untersuchung unterzogen werden. Da die Eröffnungsentscheidungen mit Bezugnahme auf Art. 3 EuInsVO mittlerweile nahezu täglich auftreten, beschränkt sich die Darstellung zunächst auf die zuerst aufgetretenen Entscheidungen. Sodann sollen nur noch solche Entscheidungen in den Fokus genommen werden, die genauere Ausführungen hinsichtlich des Mittelpunkts der hauptsächlichen Interessen enthalten.[325]

Die Entscheidung im Fall *Geveran Trading Co. Ltd. v. Skjevesland*[326] war hinsichtlich der Bestimmung des Mittelpunkts der hauptsächlichen Interessen wenig erhellend. Das englische Gericht betont lediglich, dass es gemäß Erwägungsgrund (13) entscheidend auf die Erkennbarkeit für Dritte ankommt, da die Gläubiger wissen müssen, wo sie den Schuldner kontaktieren können.

Konkreter war dagegen die Entscheidung in Sachen *Enron Directo Sociedad Limitada* (im Folgenden *Enron Spain*).[327] Hier befinden sich neben dem satzungsmäßigen Sitz das gesamte Betriebsvermögen, sämtliche Kunden und 450 Angestellte des Energieanbieters in Spanien. Dennoch sah das englische Gericht den Mittelpunkt der hauptsächlichen Interessen in England, da alle ausführenden, strategischen und verwaltenden Entscheidungen[328] in Bezug auf Finanzen und Betrieb in England getroffen wurden. Überdies erfolgte der Zahlungsverkehr über die *Citibank* in Madrid, einer unselbständigen Niederlassung der Londoner *Citibank International plc*.

Das in England gefällte *BRAC*-Urteil[329] ist hinsichtlich des Mittelpunkts der hauptsächlichen Interessen aus zwei Gründen interessant: Einmal nutzt ein englisches

---

325 Siehe daher ferner AG Saarbrücken, Beschl. v. 25.2.2005 (*HTB-Orange Ltd.*), 106 IN 3/05, m.Anm. *Pannen/ Riedemann*, Art. 3 EuInsVO 5/05, 701; AG Weilheim i.OB, Beschl. v. 22.6.2005, ZIP 2005, 1611 m.Anm. *Pannen/Riedemann*, EWiR Art. 3 EuInsVO 6/05, 791; AG Siegen, Beschl. v. 1.7.2004 (*Zenith*), NZI 2004, 673 = NZG 2005, 92 m.Anm. *Mankowski*, EWiR Art. 3 EuInsVO 2/05, 175; LG Klagenfurt, Beschl. v. 2.07.2004 (*Zenith*), NZI 2004, 677 m.Anm. *Beutler/ Debus*, Art. 3 EuInsVO, 219; AG Offenburg, Beschl. v. 2.8.2004 (*HUKLA-Werke, Wien*), NZI 2004, 673 m.Anm. *Pannen/Riedemann*, EWiR Art. 3 EuInsVO 1/05, 73; AG Hamburg, Beschl. v. 1.12.2005, ZIP 2005, 2275.

326 *Geveran Trading Co Ltd. v Skjevesland* [2003] BPIR 73 (Registrar Jacques) und [2003] BCC 391 (High Court).

327 Global Turnaround 2002, Heft 8, S. 3. Das „Skeleton Argument" ist auch abrufbar unter www.iiiglobal.org/country/european_union/ Eron%20Directo%20decision%20of%20 Lightman%20J.pdf.

328 *Fletcher*, The Law of Insolvency, Rn. 30-013, 30-025 berichtet dagegen von dem kurz vor In-Kraft-Treten der Verordnung entschiedenen Fall *BCCI,SA* in dem ein englisches Gericht das Verfahren über eine in Luxemburg sitzende Bank in England eröffnete, da sich dort nach Überzeugung des Gerichts ihre *main operational base* befand.

329 High Court of Justice Leeds, 7.2.2003 (*BRAC*), ZIP 2003, 813, dazu Anm. Sabel/Schlegel, EWiR 2003, 367; *Krebber*, IPRax 2004, 540.

Gericht die EuInsVO, um trotz satzungsmäßigen Sitzes einer Gesellschaft außerhalb der EU das Insolvenzverfahren an sich zu ziehen. Darüber hinaus lässt es genauere Ausführungen zur Bestimmung des Mittelpunkts der hauptsächlichen Interessen erkennen. Diesen sah es nicht am Ort des satzungsmäßigen Sitzes im US-Bundesstaat Delaware sondern in England, da von dort sämtliche Handelsaktivitäten ausgehen und dort sämtliche Angestellte arbeiten, deren Arbeitsverträge nach englischem Recht ausgestaltet sind. Zudem finden sämtliche Handelsaktivitäten über Zweigniederlassungen und Franchisenehmer statt, deren Verträge ebenfalls dem englischen Recht unterliegen.[330] Sodann weist das Gericht auf Erwägungsgrund (13) der Verordnung hin, doch fehlen hierzu nähere Ausführungen. Insgesamt ist die Entscheidung aber so zu verstehen, dass es dem Gericht auf die erkennbare wirtschaftliche Tätigkeit der Schuldnerin ankommt.[331]

Weitestgehend unbemerkt blieb die Entscheidung im Fall *Crisscross Telecommunications Group*.[332] Dort wurden für alle acht Konzerngesellschaften aus unterschiedlichen EU-Mitgliedstaaten und der Schweiz (einschließlich der deutschen Crisscross Communications Germany GmbH) zeitgleich Insolvenzverfahren in London eröffnet. Interessanterweise befindet sich in diesem Fall nicht der Sitz der Muttergesellschaft sondern nur der einer Tochter in England. *J. Reimer* sah aber den Mittelpunkt der hauptsächlichen Interessen aller Konzernmitglieder in England, da hier die *headquarter activities* stattgefunden haben. Darüber hinaus wurde die überwiegende Anzahl der Geschäfte über ein englisches Konto der Gesellschaft durchgeführt. Weiter wurden die meisten Verträge – die im Übrigen nach englischem Recht ausgestaltet waren – zwischen den Kunden und der englischen Tochtergesellschaft geschlossen.

Die europäischen Entscheidungen rund um den *Daisytek*-Konzern lösten schließlich eine Diskussionslawine zu der Bestimmung des Mittelpunkts der hauptsächlichen Interessen aus.

Während die englischen Eröffnungsbeschlüsse vom 16.5.2003 lediglich besagten, dass das Gericht *is being satisfied on the evidence before it*, dass die EuInsVO anwendbar ist und das Verfahren ein Hauptverfahren i.S.v. Art. 3 EuInsVO darstellt, ließen sich in der nachgeschobenen schriftlichen Begründung gut fundierte und in sich schlüssige Überlegungen finden: Darin stellte das Gericht fest, dass die deutschen Unternehmen ihren Sitz in Neuss, also in Deutschland, hatten. Die gesetzliche Vermutung sah es aber dadurch widerlegt, dass die *Verwaltung* der deutschen Gesellschaften in England erfolgte.[333] Dies sah das Gericht durch folgen-

---

330 High Court of Justice Leeds v. 7.2.2003 (*BRAC*), ZIP 2003, 813, 814.

331 So auch *Bähr/Riedemann*, ZIP 2004, 1066 in Fn. 8.

332 The London High Court, Chancery Division, Beschl. v. 20.5.2003, unveröffentlicht aber zitiert und dargestellt von *Braun*, NZI aktuell 2004, V und *van Galen*, The European Insolvency Regulation and Groups of Companies, S. 4.

333 High Court of Justice Leeds, 16.5.2003 (*Daisytek*) NZI 2004, 219, 220 (Grund 3).

de Tatsachen bewiesen[334]: Die Finanzverwaltung der deutschen Unternehmen erfolgt in England, Einkäufe über € 5000 können nur mit Zustimmung der englischen Holding erfolgen, sämtliche leitenden Angestellten werden in Abstimmung mit ihr eingestellt, sämtliche EDV-Systeme und der Support werden von England aus betrieben, sämtliche gesamteuropäischen Kunden werden von der englischen Holding betreut. Dabei wird darauf hingewiesen, dass die Verträge mit den gesamteuropäischen Kunden 15% des Verkaufsumsatzes der deutschen Gesellschaften ausmachen und 70% der Einkäufe unter Verträge fallen, die von England aus verhandelt und betreut werden. Weiter wird angeführt, dass die englische Muttergesellschaft die Corporate Identity und das Branding bestimmt. Schließlich stellt das Gericht noch fest, dass die deutschen Unternehmen ihre Geschäfte in Übereinstimmung mit einer vom englischen *chief executive officer* festgelegten Managementstrategie führen müssen. Entsprechend Erwägungsgrund (13) sei daher Bradford in England der Ort, an dem der Schuldner gewöhnlich der Verwaltung seiner Interessen nachgeht. Dieser sei auch für die wichtigsten „Dritten" i.S.v. Erwägungsgrund (13) feststellbar. Darunter seien im Falle einer Handelsgesellschaft die potentiellen Gläubiger, in der Regel Kreditgeber und Zulieferer, zu verstehen.[335] Weniger relevant sei daher die Tatsache, dass 85% der Aktivitäten von den deutschen Unternehmen verhandelt würden, da die Kunden eher als Schuldner und nicht als Gläubiger betrachtet würden.

Das Gericht sah anhand dieser Kriterien die gesetzliche Vermutung des Art. 3 Abs. 1 Satz 2 EuInsVO als widerlegt an und erließ am 16.5.2003 die beantragten administration orders als Hauptverfahren in England.

Das AG Düsseldorf befand in seinem Beschluss vom 6.6.2003[336] dagegen, dass die *wirtschaftlich* und *rechtlich selbständige* Schuldnerin ihren Geschäftssitz in seinem Bezirk habe und es daher zuständig sei. Weitergehende Ausführungen zum Mittelpunkt der hauptsächlichen Interessen enthält der Klarstellungsbeschluss nicht. Auch dem Einstellungsbeschluss vom 12.3.2004[337] ist hinsichtlich des Mittelpunkts der hauptsächlichen Interessen nichts weiter zu entnehmen, denn dogmatisch konsequent geht das AG hier nicht weiter auf die internationale Zuständigkeit ein.

---

334 High Court of Justice Leeds, 16.5.2003 (*Daisytek*), NZI 2004, 219, 221 (Gründe 13.1-13.8).

335 High Court of Justice Leeds, 16.5.2003 (*Daisytek*), NZI 2004, 219, 220 (Gründe 3, 4) sowie 221 (Grund 16); so aber auch schon *Virgós/Schmit*, Erläuternder Bericht, Nr. 75.

336 AG Düsseldorf, Beschl. v. 19.5./6.6.2003 (ISA II), ZIP 2003, 1363 = DZWIR 2003, 439; dazu *Duursma/Duursma-Kepplinger*, DZWIR 2003, 447; *Herchen*, ZInsO 2004, 61; *Mankowski*, EWiR 2003, 767 f.; siehe auch *Smid*, DZWIR 2003, 397-404.

337 AG Düsseldorf, Beschl. v. 12.3.2004, ZIP 2004, 623 = NZG 2004, 426 = EuZW 2004, 307 = NZI 2004, 269 m.Anm. *Liersch*; dazu auch *Herweg/Tschauner*, EWiR Art. 3 EuInsVO 3/04, 495.

Kurze Zeit später hat das AG Mönchengladbach im bereits erwähnten Fall *EMBIC* seine Sichtweise klargestellt.[338] Hier hat ein deutsches Gericht wohl zum ersten Mal den „Wettlauf um die Zuständigkeit"[339] gemäß Art. 3 Abs. 1 EuInsVO gewonnen. In seinem Beschluss vom 27.4.2004 macht es deutlich, dass es für den Mittelpunkt der hauptsächlichen Interessen darauf ankommt, wo die Schuldnerin ihre werbende Tätigkeit entfaltet (hat) und nicht darauf, wo die strategischen Geschäftsentscheidungen getroffen werden. Erstmalig sind einem deutschen Eröffnungsbeschluss ausführliche Angaben hinsichtlich des Mittelpunkts der hauptsächlichen Interessen zu entnehmen. Dies ist umso bemerkenswerter, da dem Beschluss ein ausdrücklicher Antrag auf Eröffnung eines Sekundärverfahrens vorausging.[340] Das Gericht hat sich nicht von der Argumentation des Antragstellers leiten lassen, der angab, dass sämtliche strategischen Geschäftsentscheidungen in England getroffen worden seien und der lokale „general manager" in Deutschland nur die Befugnis gehabt habe, Ausgaben im Rahmen eines in Großbritannien beschlossenen Budgets und nur bis zu einer Höhe von £750[341] zu tätigen. Das Gericht sah dadurch die gesetzliche Vermutung des Art. 3 Abs. 1 Satz 2 EuInsVO nicht erschüttert, denn diese Tatsachen stellen alleine auf das Innenverhältnis der Schuldnerin zur Muttergesellschaft ab. Maßgeblich sei aber das Außenverhältnis der Schuldnerin zu ihren Geschäftskunden und damit zu den potentiellen Gläubigern in einem Insolvenzverfahren. Dieses vollzog sich nach Überzeugung des Gerichts in Deutschland: Die Schuldnerin ging ihrer Tätigkeit, der Vermittlung von Versicherungsleistungen für Gebrauchtwagen, nur in Deutschland nach. Die fünfzehn Mitarbeiter waren zur Hälfte in Mönchengladbach und zur Hälfte mobil ebenfalls in Deutschland tätig. Weiter führt das Gericht an, dass sowohl die Personalbuchhaltung als auch ein Geschäftskonto mit einer Deckung von € 400.000 in Mönchengladbach geführt wurden.

Aufgrund dieser Tatsachen fühlte sich das AG zur Eröffnung eines Hauptverfahrens veranlasst. Des weiteren zieht das AG vergleichsweise die Spruchpraxis der Gerichte zur parallelen Problematik in § 3 Abs. 1 InsO heran. Hier sieht die überwiegende Rechtssprechung die Wohnsitzverlagerung des Geschäftsführers oder die Sitzverlagerung einer GmbH für die Durchführung eines Insolvenzverfahrens nach Einstellung der Geschäftstätigkeit als rechtsmissbräuchlich an und bejaht die ört-

---

338 AG Mönchengladbach v. 27.4.2004, ZInsO 2004, 563 = NZI 2004, 383 m.Anm. *Lautenbach* = ZIP 2004, 1064 m.Anm. *Bähr/Riedemann*; siehe auch *Kebekus*, EWiR Art. 3 EuInsVO 7/04, 705.

339 *Bähr/Riedemann*, ZIP 2004, 1066.

340 Dazu bereits oben B. II. 4. c) bb) (3).

341 Diese Grenze wurde vielleicht nicht ganz zufällig gewählt, denn gemäß s. 123 (1) (a) Insolvency Act 1986 reicht es für die Glaubhaftmachung eines Insolvenzantrags aus, wenn der Gläubiger die Gesellschaft schriftlich dazu aufgefordert hat, seine Verbindlichkeit innerhalb von drei Wochen zu begleichen, sofern diese den Wert von £750 übersteigt. Vgl. ausführlich dazu B. I. 2. a) cc).

liche Zuständigkeit des Gerichts, an dessen Ort die Geschäftstätigkeit entfaltet wurde.[342]

Knapp eine Woche später folgte der Beschluss des AG München über den Insolvenzantrag der bei München sitzenden *Hettlage AG Co. KG.*[343] Es folgte dem Eigenantrag auf Eröffnung eines Hauptinsolvenzverfahrens der österreichischen Tochtergesellschaft mit Sitz in Innsbruck, unter deren Dach sich dreizehn Verkaufsniederlassungen in Österreich vereinigen. In seiner Begründung macht das Amtsgericht zunächst Ausführungen zur Konzernstruktur: Die Münchner Gesellschaft hält alle Anteile an der österreichischen Tochtergesellschaft und ist zudem deren Komplementärin. Sodann begründete es seine Entscheidung damit, dass sämtliche für das Betriebsgeschehen erheblichen Organisationsteile, wie Geschäftsleitung, Vertriebsleitung, Entscheidung und Organisation des Einkaufs, Personalabrechnung und Rechnungswesen, Controlling, Planung, Vertragswesen, Versicherungen, Werbung, Ladenbau sowie Bauten und Technik von Verantwortlichen der Muttergesellschaft mit Sitz in Neuried bei München erbracht werden. Damit werde die gesetzliche Vermutung zugunsten des satzungsmäßigen Sitzes widerlegt. Interessant ist, dass sich das AG München dabei auf die Entscheidung des High Court of Justice Leeds vom 16.5.2003 (*Daisytek*) beruft. Diese Bezugnahme des AG München ist jedoch nicht ganz schlüssig. Denn wie auch das AG Mönchengladbach stellt es auf *objektive* und für Dritte *erkennbare* Kriterien ab. Damit wendet das AG München einen objektiven Maßstab an und stellt *gerade nicht* wie der High Court Leeds auf einige wenige Hauptgläubiger ab.[344]

Am 11.5.2004 eröffnet das Landesgericht Innsbruck auf Antrag der deutschen Hauptinsolvenzverwalterin ein österreichisches Sekundärinsolvenzverfahren.[345]

Unterschiedlicher Ansicht hinsichtlich des Mittelpunkts der hauptsächlichen Interessen der Konzerntochter *Eurofood* waren der irische High Court und das Tribunale di Parma. Letzteres sah in seinem Urteil vom 19.2.2004[346] den COMI in Italien und stellte hierbei stellte zunächst darauf ab, dass der Kern der Verwaltung in Parma/Italien liege: *Eurofood* hatte insgesamt vier directors, zwei davon in Irland und zwei in Italien. Das italienische Gericht sah es aber als bewiesen an, dass die beiden sich in Irland befindenden directors sogenannte non executive direc-

342 BayObLG, NZI 2004, 90 = ZInsO 2003, 903; BayObLGZ 2003, 229 = NZI 2004, 147 = ZInsO 2004, 1142; OLG Brandenburg, ZInsO 2003, 376; OLG Celle, NZI 2004, 258.

343 AG München, Beschl. v. 4.5.2004 (*Hettlage*), ZIP 2004, 962 = NZI 2004, 450 m.Anm. *Mankowski*; Anm. *Paulus* EWiR 2004 (2/04), 493.

344 Kritisch auch *Riedemann/Bähr*, ZIP 2004, 1066, 1067; *Kübler*, in: FS Gerhardt, 527, 545 f.

345 LG Innsbruck, Beschl. v. 11.5.2004, ZIP 2004, 1721, siehe dazu Anm. v. *Bähr/Riedemann*, EWiR 2004, 1085.

346 Tribunale di Parma, Urt. v. 19.2.2004 (*Eurofood*), ZIP 2004, 1220 ff.; siehe Anm. v. *Riera/Wagner*, EWiR Art. 3 EuInsVO (4/04), 597.

tors[347] waren. Dies ergebe sich zum einen aus der Tatsache, dass einer der beiden ein Angestellter der Bank of America, der andere ein Sozius der irischen Anwaltskanzlei, in der sich auch der Sitz von *Eurofood* befand, war und zum anderen keiner von beiden jemals bedeutende selbständige Handlungen vorgenommen habe. Den beiden executive directors aus Parma oblag dagegen die tatsächliche Unternehmensführung. Letztere waren bei wechselnder Besetzung immer Angestellte der *Parmalat*-Gruppe. An Verwaltungsratssitzungen der *Eurofood* in England nahmen die italienischen directors lediglich telefonisch Teil. *Eurofood* hatte in Irland weder Angestellte noch Räumlichkeiten außer denjenigen in der besagten Anwaltssozietät.

Sodann nimmt der Tribunale Bezug auf die Gesellschaftsstruktur des Konzerns: Einziger Zweck der Gründung von *Eurofood* sei die Finanzierung der *Parmalat*-Gruppe gewesen. *Parmalat* selber war bei allen Finanzierungsmaßnahmen Garantiegeberin. Die institutionellen und professionellen Investoren brachten daher *Eurofood* mit *Parmalat* in Italien in Verbindung und haben sich für die Anlage aufgrund dessen wirtschaftlichen Profils entschieden. Daher sei Parma als Ort der Unternehmensaktivitäten erkennbar gewesen, so dass aufgrund Erwägungsgrundes (13) auch dort der Mittelpunkt der hauptsächlichen Interessen zu sehen sei.

Der High Court of Dublin war dagegen anderer Meinung und eröffnete mit Urteil vom 23.3.2004[348] ebenfalls ein Hauptinsolvenzverfahren. Hinsichtlich der Bestimmung des COMI ging er dabei wie folgt vor: Zunächst nimmt er seinerseits Bezug auf Erwägungsgrund (13). Sodann merkt er an, dass es sich dabei um einen Test handle, bei dem die Kriterien der Transparenz und der objektiven Feststellbarkeit für Dritte dominieren. Der Schuldner soll nicht auf Kosten des Gläubigers den wahren Sitz der Gesellschaft verschleiern können.[349] Als weitere Auslegungshilfe zieht das englische Gericht Nr. 75 des Erläuternden Berichts von *Virgos/Schmit* heran.

Entsprechend der englischen Gerichtspraxis werden ähnliche bereits entschiedene Fälle, namentlich *Re BRAC Budget*, die englische *Daisytek*-Entscheidungen sowie *Geveran Trading Company Ltd. v. Skjevesland* herangezogen. Herausgearbeitet wird dadurch, dass es auf die Erkennbarkeit für Dritte – auch hier in erster Linie Gläubiger – ankomme. Die wichtigsten Gläubiger – namentlich die *Bank of America* und die *Metropolitan Life Insurance* – gingen aber nach Überzeugung des irländischen Richters davon aus, mit einer irländischen und nicht mit einer italienischen Gesellschaft in Verbindung zu stehen. *J. Kelly* sieht keinen Beweis dafür, dass die Gläubiger davon ausgingen, dass die Gesellschaft von Italien aus geführt wurde. Diese Ansicht erstaunt sehr angesichts der Tatsache, dass – wie der Tribunale di Parma ausge-

347 Der non executive director ist im Gegensatz zum executive director von der Gesellschaft nicht fest angestellt und bezieht kein festes Gehalt. Ein non-executive director wird regelmäßig nur aus formellen Gründen eingestellt (dazu genauer unten B. III. 1. b) bb).

348 High Court Dublin, Urt. v. 23.3.2004 (*Eurofood*), ZIP 2004, 1223.

349 Der *High Court* beruft sich dabei auf *M/F/I*, EC Regulation on Insolvency Proceedings.

führt hat[350] – *Parmalat* nach außen erkennbar als Garantiegeberin auftrat. Obwohl dem englischen Richter die Ansicht des Tribunale di Parma bekannt war, geht er auf diesen Punkt nicht ein.[351] Dabei hatte sich noch der vom irischen Gericht zitierte High Court Leeds in seiner Begründung hinsichtlich des Mittelpunkts der hauptsächlichen Interessen u.a. darauf berufen, dass in England die Finanzverwaltung erfolgte. So trat in diesem Fall die englische Mutter in ähnlicher Weise als Garantiegeberin für die deutschen Tochter-GmbHs auf.[352]

Nun legte der irische Supreme Court dem EuGH in dieser Sache unter anderem die Frage vor, ob es unter den Umständen, dass der satzungsmäßige Sitz einer Muttergesellschaft und ihrer Tochtergesellschaft in zwei verschiedenen Mitgliedstaaten liegt, auf die für Dritte erkennbare Wahrnehmung ihrer eigenen Angelegenheiten zur Bestimmung des Mittelpunkts der hauptsächlichen Interessen ankommt, oder ob dagegen die tatsächlich mögliche und tatsächlich ausgeübte Kontrolle der Tochtergesellschaft durch die Muttergesellschaft entscheidend sei. In den bereits ergangenen Schlussanträgen beschränkt sich Generalanwalt *Jacobs* im Ergebnis auf die Aussage, dass die Vermutung der Belegenheit des COMI einer Tochtergesellschaft im Mitgliedstaat ihres eingetragenen Sitzes (Art. 3 I 2 EuInsVO) sich jedenfalls nicht allein aufgrund der tatsächlichen Entscheidungsbefugnis durch eine im Ausland sitzende Konzernzentrale über die Geschäfte der Tochter widerlegen lässt.[353]

Es folgte ein in seiner Ermittlung und Entscheidungsfindung mustergültiges Urteil des LG Salzburg[354]. Hier hatte eine Gesellschaft mit Sitz im Sprengel des LG Salzburg einen Antrag auf Eröffnung eines Insolvenzverfahrens gestellt. Die Briefbögen der Antragstellerin waren ausschließlich mit einer deutschen Firmenadresse, deutscher Telefon- und Faxnummer und einer deutschen Bankverbindung versehen. Als einziger Bezugspunkt zu Österreich wurde der satzungsmäßige Sitz der Gesellschaft aufgeführt. Sowohl der Geschäftsführer und alleinige Gesellschafter als auch der im Antrag genannte rechtliche Vertreter sind in Deutschland ansässig. Im Verfahren fragten ausschließlich deutsche Gläubiger der Gesellschaft beim Gericht wegen des Sachstandes an. Aus der dem Gericht vorgelegten Bilanz für das Jahr 2002 und den Debitoren- und Kreditorenlisten folgerte das LG, dass die Gesellschaft überwiegend, wenn nicht gar ausschließlich in Deutschland tätig war und dort auch der Verwaltungssitz lag. Bei den Ermittlungen von Amts wegen bediente sich das LG Salzburg im Rechtshilfeweg Auskünften, die der Gerichtsvollzieher des Bezirks Mittersill an der Sitzadresse vorgenommen hatte. Dort

---

350 Tribunale di Parma, Urt. v. 19.2.2004 (*Eurofood*), ZIP 2004, 1220, 1222.

351 Kritisch auch *Kübler*, in: FS Gerhardt, 527, 547.

352 High Court of Justice Leeds, 16.5.2003 (*Daisytek*), NZI 2004, 219, 221 (Rn. 13.1).

353 Generalanwalt *Jacobs*, Schlussanträge v. 27.09.2005, Rs. C-341/04 (*Eurofood*), ZIP 2004, 1878, 1885 Rn. 126.

354 LG Salzburg v. 5. 8. 2004 – 44S29/04w, 44S30/04T, ZIK 2004, 177.

befand sich ein anderes Unternehmen, das der Schuldnerin seit mehr als fünf Jahren vor Antragstellung ein Postfach zur Verfügung gestellt hatte und seitdem als Zustelladresse diente. An der angeführten Adresse unterhielt die Schuldnerin weder ein Büro noch etwa eine Ferienwohnung des Geschäftsführers. Eine Geschäftstätigkeit in Österreich war nicht auszumachen. Angesichts der genannten Indizien hat das LG den Antrag auf Eröffnung eines Hauptinsolvenzverfahrens völlig zu recht mangels internationaler Zuständigkeit abgewiesen.[355]

Als letztes sei auf den Eröffnungsbeschluss des High Court Birmingham[356] in Sachen *Rover* hingewiesen. Die MG Rover Group Ltd. in Longbridge hat die Töchter MG Rover Group Overseas Holding Limited und MG Rover Exports Limited. Erstere Tochter hat ihrerseits Tochtergesellschaften in Deutschland, Frankreich, Italien, Spanien, Irland, den Niederlanden, Belgien und Portugal, die jeweils nach dem nationalen Recht gegründet wurden. Die Konzernmuter wie ihre beiden Töchter haben in Birmingham Insolvenz angemeldet. Die Auslandstöchter stellen entsprechende Anträge auf Eröffnung des jeweiligen Hauptinsolvenzverfahrens ebenfalls in Birmingham. Der High Court gibt allen Anträgen statt, wobei er diese – ein Novum – mit einer ausführlichen Begründung versieht. Demnach liegt der COMI für eine Tochtergesellschaft am COMI der Muttergesellschaft, da alle wichtigen Personalentscheidungen der Tochter bei der Mutter fallen, die Konzernzentralgesellschaften der Tochter ein Budget zuteilen, die Tochter ihre Einnahmen an jene Gesellschaft weiterleitet, die Tochter im Kern ein verlängerter Arm der Konzernmutter ist, die Konzernzentralgesellschaften die Hauptgläubiger sind und die Tochter zusammen mit Töchtern in anderen Staaten ein Netzwerk bildet.

(5) Zusammenfassung: Tendenzen in der Rechtsprechung

Im Folgenden soll versucht werden, die dargestellte Rechtsprechung zu ordnen. Dabei lassen sich folgende Tendenzen feststellen.

(a) Gläubiger als maßgebliche „Dritte“

Alle Entscheidungen stimmen in einem Punkt überein: Die *Erkennbarkeit für Dritte* ist maßgebliches Kriterium zur Bestimmung des Mittelpunkts der hauptsächlichen Interessen. Weiter hat die Aussage von *J. McGonigal*[357], der die Gläu-

---

355 Das OLG Linz hat sodann als Rechtsmittelinstanz auch kein Partikularinsolvenzverfahren eröffnet, denn es sah keinerlei Anhaltspunkte für das Vorliegen einer Niederlassung i.S.v. Art. 2 lit. h EuInsVO in Österreich; vgl. OLG Linz v. 7.9.2004 – 2R160/04v, ZIK 2004, 178.

356 High Court of Justice, Chancery Division, Birmingham, Urt. v. 18.4.2005 (*Rover*), NZI 2005, 467 = ZIP 2005, 1610. Vgl. hierzu Anm. *Mankowski*, EWiR Art. 3 EuInsVO 4/05, 637; *Penzlin/ Riedemann*, NZI 2005, 469; *Shandro/ Montgomery*, Insolvency Intelligence 2005, 18(10), 158.

357 High Court of Justice Leeds, 16.5.2003 (*Daisytek*), NZI 2004, 219, 221 (Rn.16).

biger als wichtigste „Dritte" sieht, wenn auch nicht ausdrücklich[358] dann zumindest stillschweigend[359] allgemeine Gefolgschaft gefunden.

Soweit nun jedoch zwischen Klein- und Großgläubigern differenziert werden soll, gehen die Meinungen auseinander: *J. McGonigal* zieht als erster die Forderungshöhe als Kriterium für eine Rangfolge der Gläubiger („Dritten") heran. Dem sind bislang – wiederum nicht ausdrücklich – der High Court Dublin[360] und der High Court Birmingham[361] gefolgt.

(b) Werbende Tätigkeit versus *mind of management*

Uneinig ist sich die Spruchpraxis weiter, *welcher* Handlungsort eines Unternehmens für Dritte *erkennbar* sein muss. Hierzu lassen sich den dargestellten Entscheidungen sehr unterschiedliche Kriterien entnehmen: Verwaltung der Gesellschaft im weiteren Sinne, Finanzverwaltung, Bankverbindungen, Rechtsform der Verträge mit den Kunden, Rechtsform der Arbeitsverträge der Mitarbeiter, Ort der Kundenbetreuung, Einkaufstätigkeit, Corporate Identity, Branding, Ort der werbenden Tätigkeit, Tätigkeitsort der Angestellten, Befugnisse des Geschäftsführers vor Ort u.s.w.

Im Groben lassen sich die Kriterien in zwei Felder unterscheiden: Im angelsächsischen Rechtsraum stellen die Gerichte in erster Linie auf den Ort der tatsächlichen Verwaltung ab, während im kontinentaleuropäischen Rechtsraum eher auf den Ort der werbenden Tätigkeit abstellt wird.[362] Das AG München tendiert in seinem Beschluss vom 4.5.2004 eher zur englischen Spruchpraxis, wendet dabei aber als Novum das Begriffspaar Innenverhältnis und Außenverhältnis an.

(6) Stellungnahme

Im Folgenden soll zu den unterschiedlichen Auffassungen in der Rechtsprechung Stellung genommen werden.

(a) Gläubiger als maßgebliche Dritte und Forderungshöhe

Ganz in Übereinstimmung mit der ratio legis und mittlerweile wohl allgemeine Ansicht ist, dass die Gläubiger die wichtigsten „Dritten" i.S.v. Erwägungsgrund (13) sind. Wie bereits erwähnt, soll dadurch das Insolvenzrisiko für Gläubiger

---

358 So aber High Court Dublin, Urt. v. 23.3.2004 (*Eurofood*), ZIP 2004, 1223, 1225.

359 AG München, Beschl. v. 4.5.2004 (*Hettlage*), ZIP 2004, 962 f. = NZI 2004, 450; AG Mönchengladbach v. 27.4.2004, ZIP 2004, 1065, 1066; Tribunale di Parma, Urt. v. 19.2.2004 (*Eurofood*), ZIP 2004, 1220, 1222.

360 High Court Dublin, Urt. v. 23.3.2004 (*Eurofood*), ZIP 2004, 1223, 1225.

361 High Court of Justice, Chancery Division, Birmingham, Urt. v. 18.4.2005 (*Rover*), NZI 2005, 467 = ZIP 2005, 1610.

362 So auch *Taylor* bei *Leithaus*, NZI 2004, 194, 195; *Lautenbach*, NZI 2004, 384, 385 in Anm. zu AG Mönchengladbach v. 27.4.2004; *Weller*, IPRax 2004, 412, 415.

kalkulierbar werden.[363] Letztlich geht es dabei um Schutz des berechtigten Vertrauens durch Rechtssicherheit infolge von Vorhersehbarkeit.[364]

Damit stellt sich aber die Frage, wie die Ansicht des High Court Leeds, zwischen Haupt- und Kleingläubigern zu differenzieren, mit der ratio legis vereinbar ist.[365] In der Tat werden häufig Zulieferer und Kreditgeber die höchsten Forderungen anzumelden haben. Die Tatsache, dass diese Gläubiger sich meist zusätzliche Sicherheiten wie Eigentumsvorbehalt, Sicherungseigentum etc. einräumen lassen und daher auch über Artt. 5 und 7 EuInsVO geschützt sind, darf nicht dazu führen, auf sie im Rahmen des Insolvenzverfahrens weniger Rücksicht zu nehmen. Denn diese Sicherheiten beruhen lediglich auf der Vertragsautonomie der einzelnen Parteien und stellen damit eine sich von den Gläubigern aufgrund ihrer Verhandlungsposition erarbeitete Besserstellung dar.

Je nach Tätigkeit des Unternehmens können aber auch Kunden als Hauptgläubiger auftreten. Denkbar ist dies etwa bei Schadensersatzansprüchen (z.B. aus Mangelfolgeschäden).

Grundsätzlich stellt sich nun jedoch die Frage, ob das Abstellen auf die Forderungshöhe an sich mit der ratio legis vereinbar ist. Hiergegen spricht der Grundsatz der par conditio creditorum. Wie sich aus Artt. 20, 32, 35, 39 EuInsVO und ferner aus Erwägungsgrund (22) entnehmen lässt, werden innerhalb der Verordnung sämtliche Gläubiger gleich behandelt. Es geht um die Gleichbehandlung der Verkehrsinteressen wie Vertrauensschutz und gleichmäßige Befriedigung *aller* Gläubiger.[366] Ein Vorgehen, wonach nur die Interessen einiger weniger Gläubiger berücksichtigt werden, würde diesen Grundsatz jedoch auf den Kopf stellen.[367]

Fraglich erscheint jedoch, ob die Forderungshöhe wenigstens innerhalb der vorzunehmenden Abwägung zwischen den in Betracht kommenden Interessenmittelpunkten zu berücksichtigen ist. Dem sollen zwei Gesichtspunkte entgegenstehen.[368] Zum einen komme grundsätzlich der Belegenheit der Insolvenzforderung keine Bedeutung zu. Dies wird damit begründet, dass nach Art. 2 lit. g Spiegelstrich 3 EuInsVO für Forderungen nur der Mitgliedstaat von Bedeutung ist, in dessen Gebiet der zur Leistung verpflichtete Dritte den Mittelpunkt seiner hauptsächlichen Interessen im Sinne von Art. 3 Abs. 1 EuInsVO hat. Damit sei also auch

---

363 Vgl. *Virgós/Schmit*, in: Stoll (Hrsg.), Erläuternder Bericht, Nr. 75.

364 *Herchen*, ZInsO 2004, 825, 826.

365 Kritisch auch *Wessels*, International jurisdiction on open insolvency proceedings in Europe, in particular against (groups of) companies, S. 22.

366 Vgl. *Fritz/Bähr*, DZWIR 2001, 221, 224; *Duursma-Kepplinger*-DK/D/Ch, EuInsVO, Vorb. Rn. 19, 50.

367 So auch *Weller*, IPRax 2004, 412, 415 f.

368 So *Herchen*, ZInsO 2004, 825, 827 Fn. 31, sowie 828.

für sogenannte Hauptforderungen nur der Mittelpunkt der hauptsächlichen Interessen des Schuldners interessant.[369]

Überzeugend ist ein weiteres Argument, wonach nicht jedem Abwägungsbelang ein Geldwert zuzumessen ist.[370] Zwar erscheint es auf den ersten Blick nicht abwegig im Rahmen einer ökonomischen Analyse bestimmten Forderungen bei der Abwägung ein höheres Gewicht zu geben. Doch käme auch das wieder einer vom Gesetzgeber nicht gewollten Ungleichbehandlung von Kleingläubigern und Großgläubigern gleich und verstieße letztlich gegen den der EuInsVO zugrunde liegenden par conditio creditorum-Grundsatz.

Zuzustimmen ist im Ergebnis damit, dass in der Regel die *Gläubiger* die maßgeblichen Dritten darstellen, diese hierbei jedoch grundsätzlich *alle* gleich zu behandeln sind. Ein Abstellen auf einige wenige Gläubiger mit besonders hohen Forderungen lässt sich mit der *ratio* der EuInsVO nicht vereinen. Daher ist bei der Frage nach der Erkennbarkeit für Dritte ein *objektiver* Maßstab anzuwenden.[371]

(b) Extensive oder restriktive Auslegung

Weiter ist zu prüfen, ob eine extensive oder restriktive Anwendung des Art. 3 Abs. 1 EuInsVO geboten ist.

Im Fall *Daisytek* stellt das englische Gericht primär auf den Ort der Verwaltung ab. Der vom High Court Leeds ernannte Insolvenzverwalter *Taylor* betont, dass in England der Grundsatz des *mind of management* herrsche, wonach es für den COMI darauf ankomme, wo die wesentlichen strategischen Entscheidungen getroffen werden und die Finanzierung erfolgt.[372] In der englischen Literatur wird auch teilweise von den *head office functions* gesprochen, also dem Teil eines Unternehmens, der faktisch die Entscheidungen fällt.[373]

---

369 Dieses Argument vermag indes nicht vollständig zu überzeugen. Denn nicht die *Belegenheit* der Forderung, sondern die *Erkennbarkeit* des Mittelpunkts der hauptsächlichen Interessen für den Forderungs*inhaber* spielt eine Rolle. Letzteres hat aber nichts damit zu tun, was im Falle einer Forderung unter „Mitgliedsstaat" zu verstehen ist. Art. 2 lit. g Spiegelstrich 3 EuInsVO steht daher der Bedeutung der Forderungshöhe als abwägungserheblichen Belang nicht entgegen.

370 *Herchen*, ZInsO 2004, 825, 827 Fn. 31.

371 Anders *P. Huber*, in: FS Heldrich, 679, 690 f., der zwar ebenfalls auf die Gläubiger als maßgebliche Dritte abstellt, es aber für ausreichend hält, wenn der Ort der werbenden Tätigkeit überhaupt für eine Gläubigergruppe erkennbar war. A.A. (wohl) auch *M/F/I*, The EC Regulation on insolvency Proceedings, 8.38 („Recital 13 suggests that it is to be the place where the debtor conducts the administration of his interests on a regular basis and is therefore ascertainable by third parties. (...) However, these are only general introductory remarks which do not distinguish between different types of debtors.").

372 *Taylor* bei *Leithaus*, NZI 2004, 194, 195.

373 *M/F/I*, The EC Regulation on insolvency Proceedings, 8.39.

Diesem Verständnis liegt eine sehr *weite* Auslegung des Mittelpunkts der hauptsächlichen Interessen i.S.v. Art. 3 Abs. 1 EuInsVO zugrunde. Weit deshalb, da der dadurch ermittelte Ort, mit dem Ort, an dem das Unternehmen eigentlich tätig ist, keinen Zusammenhang aufweisen muss. Vielmehr ermöglicht diese Auslegung, einen einheitlichen Konzerngerichtsstand beispielsweise am Sitz der Konzernmutter festzulegen. Hiergegen spricht jedoch, dass die EuInsVO, wie bereits erörtert[374], gerade keine Regelungen bezüglich eines Konzerninsolvenzrechts treffen möchte. Zwar verbietet sie keine derartigen Regelungen. Solche können aber nur über Art. 4 EuInsVO zur Anwendung gelangen. Gegen den Willen des Gesetzes wäre es aber mit Sicherheit, einer Norm der Verordnung selber – hier also Art. 3 Abs. 1 EuInsVO – durch Auslegung einen konzerninsolvenzrechtlichen Gehalt zu entnehmen.

Fraglich ist jedoch, ob sich aufgrund nationaler Sonderregelungen Argumente für eine weite Auslegung finden lassen. Dieser Gedanke erstaunt bereits aufgrund des Anwendungsvorrangs europäischen Gemeinschaftsrechts[375] vor nationalen Regelungen.

Dennoch wird argumentiert[376], dass eine weite Auslegung des Mittelpunkts der hauptsächlichen Interessen im Ergebnis mit einigen nationalen konzerninsolvenzrechtlichen, gesetzlichen Regelungen korrespondiere. So finden sich offenbar in einigen Mitgliedstaaten[377] konzerninsolvenzrechtliche Regelungen, wonach das für die Mutter zuständige Gericht auch für alle Konzernmitglieder zuständig sein soll. Würden diese Regelungen in einem grenzüberschreitenden Fall einmal zum Tragen kommen, dann sei nicht die Interpretation des Art. 3 I EuInsVO maßgeblich, sondern die Anwendung der lex concursus, die gemäß Art. 4 I EuInsVO auch die Eröffnungsvoraussetzungen des Hauptinsolvenzverfahrens bestimmt. Würde nun in diesen Mitgliedstaaten ein Gericht das Verfahren über sämtliche Gesellschaften eines Konzerns eröffnen, so ist dies gemäß Artt. 16 f. EuInsVO in den übrigen Mitgliedstaaten zu akzeptieren.

Daraus wird der Schluss gezogen, dass eine weite Auslegung des Art. 3 I EuInsVO keine unzulässige Rechtsausübung sein könne, wenn man das gleiche Ergebnis durch eine entsprechende Auslegung des Tatbestandsmerkmals einer anderen Norm erreichen könne.[378]

Diese Ansicht vermag indes nicht zu überzeugen. Zuzustimmen ist dieser Ansicht zwar darin, dass eine solche Entscheidung eines nationalen Gerichts aufgrund des

---

374 Vgl. oben B. II. 4. b).

375 EuGH, Urteil v. 15.7.1964, Rs. 6/64, Slg. 1964, 1251 ff., 1269 ff. – (*Costa/ENEL*); BVerfG, Urteil v. 22.10.1986, BVerfGE 73, 229 f. – (*Solange II*).

376 Vgl. zur folgenden Argumentation *Paulus*, in: FS Kreft, 469, 473 f.

377 *Paulus* nennt hier stellvertretend Polen und Spanien.

378 *Paulus*, in: FS Kreft, 469, 474.

in Artt. 16 f. EuInsVO verankerten Prioritätsprinzips[379] ohne weiteres anerkannt werden müsste. Richtig ist auch, dass sich ausweislich Art. 4 Abs. 1 EuInsVO die Eröffnungsvoraussetzungen des Hauptverfahrens nach der lex fori concursus bestimmen und dadurch in der Tat eine nationale Regelung zur Anwendung gelangen kann, nach der die Anträge für Konzernmitglieder am Sitz der Muttergesellschaft zu stellen sind. Allerdings muss das Gericht dann immer noch seine internationale Zuständigkeit überprüfen. Im Anwendungsbereich der EuInsVO richtet sich diese bei einer Insolvenz mit grenzüberschreitender Dimension ungeachtet jeglicher nationaler Regelungen nach Art. 3 Abs. 1 EuInsVO. Richtigerweise können dann auch jene nationalen Gerichte die internationale Zuständigkeit nicht pauschal entsprechend ihrer nationalen konzerninsolvenzrechtlichen Regelung beantworten. Damit bleibt der Weg zu einem Konzerninsolvenzgerichtsstand über eine weite Auslegung des Art. 3 I EuInsVO verschlossen. Zwar ist es rechtspolitisch bedauernswert, keinen einheitlichen Konzerngerichtsstand zu erhalten. Ein anderes Ergebnis ist de lege lata jedoch nicht mit dem Willen des Gesetzes zu vereinbaren, wonach auf europäischer Ebene (noch) kein Konzerninsolvenzrecht geregelt werden soll. De lege ferenda steht diese Möglichkeit freilich offen.[380]

Zu Kenntnis zu nehmen ist auch, dass sich der Gesetzgeber in der EuInsVO eben gerade nicht für den Begriff des effektiven Verwaltungssitzes entschieden hat.[381] Dies ist nach herrschender Meinung der Ort, an dem die grundlegenden Entscheidungen der Unternehmensleitung effektiv in laufende Geschäftsführungsakte umgesetzt werden (*Sandrock*'sche Formel).[382] Wie eingangs festgestellt, ging man zwar beim Verfassen des Art. 3 Abs. 1 EuInsVO von der Sitztheorie aus[383], doch lässt die gesetzliche Vermutung zugunsten des satzungsmäßigen Sitzes gemäß Art. 3 Abs. 1 S. 2 EuInsVO einen Schritt in Richtung Gründungstheorie erkennen.[384] Dadurch wollte man versuchen, den Streit zwischen Gründungstheorie und Sitztheorie zu überbrücken.[385] Diesem Streit entgeht man jedoch nicht, indem man einen einheit-

---

379 Siehe ausführlich dazu B. II. 5. und 6.

380 Siehe nur *Virgós/ Schmit*, in: Stoll (Hrsg.), Vorschläge und Gutachten (1997), Nr. 76: „..Diese Lage könnte sich natürlich ändern, wenn europäische Rechtsvorschriften für Unternehmenszusammenschlüsse ausgearbeitet werden.“. Siehe auch *Mankowski*, NZI 2004. 451, 452: „..Der richtige Weg, um ein prinzipielles Bedürfnis nach einer Konzerninsolvenz oder nach einer geordneten und koordinierten Insolvenz mehrerer Konzernunternehmen anzuerkennen, muss aber letztlich in einer legislativen Maßnahme liegen. Eine Revision der EuInsVO sollte einen solchen Schritt möglichst bald gehen.“.

381 *Mankowski*, NZI 2004, 450, 451 Anm. zu AG München Beschl. v. 4.5.2004; siehe dazu auch die Entstehungsgeschichte der Regelung des Art. 3 EuInsVO oben B. II. 1. a).

382 MüKo-*Kindler*, IntGesR, Rn. 316 m.w.N.

383 In diesem Sinne *Virgós/ Schmit*, Erläuternder Bericht, Nr. 75; *Duursma-Kepplinger*- DK/D/Ch, EuInsVO, Art. 3 Rn. 14; *Gottwald*, Grenzüberschreitende Insolvenzen, 19 f.

384 *Lüke*, ZZP 111 (1998), 275, 288.

385 So *Johnson*, International Insolvency Review 1996, 80, 93; *Gottwald*, Grenzüberschreitende Insolvenzen, 19 f.; *Lüke*, ZZP 111 (1998), 275, 288; *Fritz/ Bähr*, DZWIR 2001, 221, 224; *Duursma-Kepplinger*- DK/D/Ch, EuInsVO, Art. 3 Rn. 14.

lichen Konzerngerichtsstand zulässt, sondern indem man versucht, objektive Kriterien hinsichtlich der internationalen Zuständigkeit zu bestimmen.

Richtigerweise ist der Mittelpunkt der hauptsächlichen Interessen daher mit dem AG Mönchengladbach *eng* auszulegen und auf den Ort des tatsächlichen Tätigwerdens abzustellen.[386] Nur dieses restriktive Verständnis des Art. 3 Abs. 1 EuInsVO überzeugt angesichts Erwägungsgrund (13). Denn für *alle* Gläubiger *erkennbar* ist nur der Ort der werbenden Tätigkeit. Interne Entscheidungsfindungsprozesse sind nach außen nicht erkennbar und können hier keine Rolle spielen.[387] Aufgrund des Grundsatzes der par conditio creditorum kann das Insiderwissen einzelner Gläubiger keine Rolle spielen. Misst man außerdem dem Ort des tatsächlichen Tätigwerdens keine ausreichende Bedeutung zu, erleichtert man es findigen Unternehmern mittels eines künstlichen *head office* andernorts eine internationale Zuständigkeit zu schaffen. Damit würde aber das Ziel gemäß Erwägungsgrund (4), ein forum shopping zu vermeiden, unterlaufen.[388] Es bedarf keiner weiteren Erklärung, dass dieses Ergebnis zudem aus Gründen der Rechtssicherheit und des Vertrauensschutzes nicht überzeugen kann. Hierfür spricht auch ein weiterer Aspekt. Die Muttergesellschaft hat nach Art. 9 der Publizitätsrichtlinie keine Möglichkeit, auf den Umfang der organschaftlichen Vertretungsbefugnis der Tochter einzuwirken. Wenn jedoch zum Schutz des Rechtsverkehrs bei der *Begründung* von Vertragsbeziehungen Konzerninterna unerheblich sind, kann nichts anderes gelten, wenn es um deren weiteres Schicksal *in der Insolvenz* geht.[389] Zur Bestimmung des Interessenmittelpunktes der Tochter kann es daher nicht auf interne Zustimmungsvorbehalte zugunsten der Muttergesellschaft ankommen.[390]

Ganz in dieser Richtung spricht sich auch Generalanwalt *Jacobs* in seinen Schlussanträgen in Sachen *Eurofood* aus, indem er klarstellt, dass für Dritte nicht erkennbare Konzerninterna angesichts Erwägungsgrunds (13) für die Bestimmung des Mittelpunkts der hauptsächlichen Interessen i.S.v. Art. 3 I EuInsVO unerheblich sind.[391]

Trotz einer grundsätzlich restriktiven Auslegung, kann es jedoch in gewissen Fällen dennoch zu einer einheitlichen Abwicklung mehrer Konzerngesellschaften kommen. Abzustellen ist nämlich immer auf den Einzelfall. Zwar darf es grundsätzlich für die Bejahung des Mittelpunkts der hauptsächlichen Interessen nicht genügen, dass sich der Sitz der Holding oder die Konzernmutter an einem be-

386 So auch *P. Huber*, in: FS Heldrich, 679, 690 f.

387 So auch *Bähr/Riedemann*, ZIP 2004, 1066, 1067; *Pannen/Riedemann*, NZI 2004, 646, 651.

388 *Braun*, NZI aktuell 2004, V, VI; *Herchen*, ZInsO 2004, 825, 827, *Pannen/Riedemann*, NZI 2004, 646, 647.

389 Vgl. *Weller*, IPRax 2004, 412, 416.

390 So aber AG München, Beschl. v. 4.5.2004 (*Hettlage*), ZIP 2004, 962, 963; High Court of Justice Leeds, 16.5.2003 (*Daisytek*), NZI 2004, 219, 221 (Nr. 13).

391 Generalanwalt *Jacobs*, Schlussanträge v. 27.09.2005, Rs. C-341/04 (*Eurofood*), ZIP 2004, 1878, 1885 Rn. 126.

stimmten Ort befindet,[392] denn dies würde der ratio legis nicht gerecht. Das AG Mönchengladbach überzeugt hier, indem es auf den Ort der werbenden Tätigkeit abstellt, an dem auch die Gläubiger mit den einzigen Mitarbeitern der Gesellschaft in Kontakt gekommen sind. Hier hatte sicher keiner der Gläubiger den Eindruck, mit einer von England aus verwalteten Gesellschaft zu kontrahieren. Verallgemeinert man diesen Ansatz, läuft man allerdings schnell Gefahr, die Einheit eines Unternehmens aus den Augen zu verlieren.[393] Denn dann müsste genau genommen jede größere Niederlassung getrennt abgewickelt werden. Der Grundsatz der Universalität soll jedoch nur in Ausnahmefällen durchbrochen werden.[394] Das *mind of management* kann immer dann eine Rolle spielen, wenn sein Standort für *sämtliche* Dritten *erkennbar* war. Ist dies nämlich der Fall, sprechen gegen eine weite Auslegung auch keine Verkehrsinteressen mehr, denn die Gläubiger konnten dies bei der Ermittlung des Risikos des Geschäfts berücksichtigen.

(7) Einzelne Kriterien zur Bestimmung des COMI

Die „Kärrnerarbeit"[395] besteht nun darin, ausfüllende Kriterien zur Bestimmung des Mittelpunkts der hauptsächlichen Interessen zu finden. Im Folgenden sollen einzelne Kriterien auf ihre Erkennbarkeit für die Gläubiger bewertet werden. Ein einzelnes Kriterium kann für die Bestimmung des Mittelpunkts der hauptsächlichen Interessen dabei nicht entscheidend sein. Sie können lediglich im Rahmen einer Abwägung eine Rolle spielen.

(a) Konzernstruktur kein geeignetes Kriterium

Wie bereits ausgeführt, ist die Konzernstruktur regelmäßig nach außen nicht erkennbar. Inwiefern die einzelnen Unternehmen beispielsweise durch das gegenseitige Halten von Anteilen miteinander verwoben sind, wird für Außenstehende regelmäßig nicht nachvollziehbar sein. Damit stellt sie auch kein geeignetes Kriterium zur Bestimmung des Mittelpunkts der hauptsächlichen Interessen dar.[396]

---

392 Insoweit ist man sich in der deutschen Literatur weitgehend einig, vgl. nur *Duursma/Duursma-Kepplinger*, DZWIR 2003, 447, 448; *Herchen*, ZInsO 2004, 825, 826; *Mankowski*, NZI 2004, 450, 451 Anm. zu AG München Beschl. v. 4.5.2004. Anders aber, wie soeben beschrieben, *Paulus*, in: FS Kreft, 469, 473 f.; ebenso A.A., die Rechtsprechung des High Court Leeds verallgemeinernd, *Rattunde*, in: *Keßler*, Handbuch des GmbH-Konzerns, S. 536 f.

393 So auch *Mankowski*, NZI 2004, 450, 452 allerdings bezüglich AG München, Beschl. v. 4.5.2004.

394 Erwägungsgrund (11) der Verordnung.

395 *Mankowski*, NZI 2004, 450, 452.

396 So auch *Herchen*, ZInsO 2004, 825, 828; *Weller*, IPRax 2004, 412, 415; nicht gänzlich abgeneigt offenbar *Lautenbach*, NZI 2004, 384, 385 f.

(b) Konzentrierung als teilweise geeignetes Kriterium

Fraglich ist, ob etwas anderes bei einer synergetischen Zusammenfassung bestimmter Bereiche, wie z.B. einer konzernweit integrierten Datenverarbeitung und Kundenbetreuung, einheitlichem Marketing, Rechnungswesen, Personalabrechnung, Controlling sowie dem Ort der Durchführung der Personal- und der Finanzbuchhaltung, gelten kann.[397] Hier sollte differenziert werden. Der Ort der Datenverarbeitung, der Personalabrechnung, der Personalbuchhaltung sowie des Controllings ist für Dritte nicht ersichtlich und darf daher bei der Abwägung keine Rolle spielen.[398] Anders verhält sich dies hingegen typischerweise bei der Kundenbetreuung. Die einzelnen zusammengefassten Bereiche müssen daher getrennt berücksichtigt werden und können – je nach Erkennbarkeit – im Rahmen der Abwägung im Einzelfall mit in die Waagschale gelegt werden.

(c) Ort der strategischen Entscheidungen kein geeignetes Kriterium

Die Begriffswahl der „*Interessen* des Schuldners" spricht eher gegen ein Abstellen auf den Ort, an dem die strategischen Entscheidungen des Unternehmens getroffen werden. Dabei ist zuzugeben, dass die von der in Deutschland bislang herrschenden Sitztheorie zur Bestimmung des tatsächlichen Sitzes einer Gesellschaft gewählte Formulierung eindeutiger war. Indem diese nämlich auf den Ort von dem die *Tätigkeit ausgeht* abstellt, kann damit nur die „Aktivseite" eines Unternehmens, also der Ort an dem der Unternehmenszweck tatsächlich verwirklicht wird, erfasst werden.[399] Dennoch deutet auch der Wortlaut *Interessen* bei einem Unternehmen eher auf den Ort des täglichen Tätigwerdens hin.[400]

Neben dem Wortlaut spricht hierfür, wie bereits dargestellt, auch die ratio des Art. 3 Abs. 1 EuInsVO. Der Ort an dem die strategischen Geschäftsentscheidungen getroffen werden, ist für Dritte in der Regel nicht erkennbar und kann daher bei einer Kalkulation des Risikos von den Gläubigern nicht mitberücksichtigt werden. Die Beschränkung der Befugnisse des Geschäftsführers vor Ort durch konzerninterne Vorbehalte kann für Dritte keine Rolle spielen.

Das bloße Abstellen auf den Ort der strategischen Unternehmensentscheidungen überzeugt daher nicht und kann daher auch keinen abwägungserheblichen Belang darstellen.[401]

---

397 Vgl. dazu *Herchen*, ZInsO 2004, 825, 828 insbesondere mit den jeweiligen Nachweisen aus der Rechtssprechung.

398 Im Ergebnis so auch *Kübler*, in: FS Gerhardt, 527, 555.

399 Siehe dazu Staudinger-*Großfeld*, IntGesR, Rn. 22 m.w.N.

400 So selbst *Wessels*, International jurisdiction on open insolvency proceedings in Europe, in particular against (groups of) companies, S. 8; *Herchen*, ZInsO 2004, 825, 828.

401 Ähnlich auch *Kübler*, in: FS Gerhardt, 527, 556.

(d) Corporate Identity[402] als geeignetes Kriterium

Unter Corporate Identity versteht man die strategisch geplante und operativ eingesetzte Selbstdarstellung und Verhaltensweise eines Unternehmens, nach innen und außen auf Basis eines definierten (Soll-)Images, einer festgelegten Unternehmensphilosophie und Unternehmenszielsetzung mit dem Willen, alle Handlungsinstrumente des Unternehmens in einheitlichem Rahmen nach innen und außen zur Darstellung zu bringen.[403] Damit wird die Konzernzugehörigkeit für *alle* erkennbar und ist daher in die Abwägung einzubeziehen.

(e) Ort der werbenden Tätigkeit als geeignetes Kriterium

Wird das Unternehmen an einem Ort tatsächlich werbend tätig, d.h. nimmt es hier diejenigen Handlungen vor, die den Unternehmenszweck in die Tat umsetzen, so besteht hier regelmäßig der engste Berührungspunkt mit zahlreichen Gläubigern und ist für diese damit erkennbar. Dies muss insbesondere auch für die Einkaufstätigkeit eines Unternehmens gelten. Denn hier tritt der Schuldner in der Regel seinen Zulieferern gegenüber, so dass für sie als potentielle Dritte dieser Ort erkennbar ist. Auch Kreditgeber werden sich über die Tätigkeit und die Absatzmärkte des Schuldners informieren, so dass der Ort der werbenden Tätigkeit auch ihnen bekannt sein wird. Daher ist der Ort der tatsächlichen Unternehmenstätigkeit in der Regel gewichtig in die Abwägung einzubeziehen.

(f) Briefkopf, Bankverbindung, Telefon- und Faxnummer als geeignete Kriterien

Ebenfalls geeignete Kriterien stellen der verwendete Briefkopf, die Bankverbindung, und die Telefon- und Faxnummer des Schuldners dar. Diese werden auf Verträgen, Rechnungen und Geschäftsbriefen häufig mit angegeben. Damit sind sie für Dritte erkennbar und sollten in die Abwägung einbezogen werden.[404]

(g) Organisation der Finanzierung kein geeignetes Kriterium

Die Organisation der Finanzierung ist lediglich für die an der Finanzierung beteiligten Dritten erkennbar. Um nach außen nicht den Eindruck mangelnder Bonität zu erwecken, werden Kredite häufig nur Insidern bekannt sein. Deshalb kann diesem Aspekt innerhalb einer Abwägung keine Bedeutung beigemessen werden.[405]

---

402 Herangezogen vom High Court of Justice Leeds, 16.5.2003 (*Daisytek*), NZI 2004, 219, 221 (Nr. 13.7) und Tribunale di Parma, Urt. v. 19.2.2004 (*Eurofood*), ZIP 2004, 1220, 1222.

403 *Hopfenbeck*, Allgemeine Betriebswirtschafts- und Managementlehre, S. 590.

404 So auch *Kübler*, in: FS Gerhardt, 527, 556.

405 So auch *Herchen*, ZInsO 2004, 825, 828.

(h) Rechtswahl bei Verträgen mit Kunden als geeignetes Kriterium

Die Rechtswahl bei Verträgen mit den Kunden ist ein geeignetes Kriterium. Diese ist für die Kunden und damit für einen Großteil der potentiellen Gläubiger erkennbar. Auch Kreditgeber informieren sich zur Kalkulation des Risikos im Vorfeld genau über die Tätigkeit ihres Kreditnehmers. Dabei wird ihnen wichtig sein, welches Recht der zukünftige Schuldner den Verträgen mit seinen Kunden zugrunde legt. Dieses ist auch auf einfachem Wege zu ermitteln, was bei der regelmäßigen Eilbedürftigkeit in Insolvenzverfahren wünschenswert ist. Diesem Kriterium sollte daher innerhalb einer Abwägung eine gewichtige Bedeutung zukommen.[406]

(i) Rechtswahl bei Arbeitsverträgen der Mitarbeiter kein geeignetes Kriterium

Nicht so eindeutig verhält es sich mit der Rechtswahl bei Arbeitsverträgen der Mitarbeiter. Zwar werden sich Kreditgeber gegebenenfalls auch hiernach erkundigen, doch bleiben solche Details Außenstehenden regelmäßig verborgen. Etwas anderes gilt selbstverständlich für Mitarbeiter, die ihrerseits als Gläubiger im Insolvenzverfahren in Betracht kommen. Doch ist dabei davon auszugehen, dass diesen regelmäßig der Mittelpunkt der hauptsächlichen Interessen ohnehin bekannt ist. Die Rechtswahl bei Arbeitsverträgen der Mitarbeiter ist daher kein geeignetes Kriterium.

(j) Ort der Produktionsstätte als teilweise geeignetes Kriterium

Am Ort der Produktionsstätte findet regelmäßig kein Kontakt nach außen statt, dieser ist daher für die meisten Dritten nicht erkennbar. Anderes gilt selbstverständlich für Kreditgeber oder Zulieferer, doch kann es, wie dargestellt, nicht primär auf solches Insiderwissen ankommen. Dem Ort der Produktionsstätte sollte daher nur geringe Bedeutung zukommen.[407]

(k) Sachvermögen des Schuldners als teilweise geeignetes Kriterium

Das Sachvermögen wie beispielsweise Bürogebäude, Produktionsanlagen, Warenlager etc. eines Schuldners ist in der Regel nach außen erkennbar und kann daher grundsätzlich einen abwägungserheblichen Belang darstellen.[408] Hier muss aber nach der Funktion differenziert werden, denn eine Produktionsstätte in Polen wird weniger Gläubigern bekannt sein, als das Hauptgebäude am Berliner Kurfürstendamm. Zudem werden die wahren Eigentumsverhältnisse nach außen oftmals nicht erkennbar sein. So kann das Hauptgebäude nur gemietet, der Fuhrpark lediglich geleast sein. Es wird daher auch hier immer auf den Einzelfall ankommen.

---

406 So auch *Kübler*, in: FS Gerhardt, 527, 556.

407 Ähnlich auch *Kübler*, in: FS Gerhardt, 527, 556.

408 Hierzu eingehend *Herchen*, ZInsO 2004, 825, 827; als geeignetes Kriterium anerkennend auch *Kübler*, in: FS Gerhardt, 527, 556.

(l) Zusammenfassung

Geeignete Kriterien zur Ermittlung des COMI sind damit:

- Corporate Identity
- Ort der werbenden Tätigkeit
- Briefkopf, Bankverbindung, Telefon- und Faxnummer
- Rechtswahl bei Verträgen mit Kunden

Nur teilweise eignen sich:

- Konzentrierung
- Ort der Produktionsstätte
- Sachvermögen des Schuldners

Keine geeigneten Kriterien sind:

- Konzernstruktur
- Ort der strategischen Entscheidungen
- Organisation der Finanzierung
- Rechtswahl bei Arbeitsverträgen der Mitarbeiter

cc) „Schuldner" i.S.v. Art. 3 Abs. 1 EuInsVO

Während die Diskussion rund um den Mittelpunkt der hauptsächlichen Interessen die Fachblätter reichlich füllt, rückt ein anderes Tatbestandsmerkmal des Art. 3 Abs. 1 EuInsVO in den Hintergrund: Einen auf den ersten Blick möglichen Ansatzpunkt für einen Konzerninsolvenzgerichtsstand könnte nämlich das Tatbestandsmerkmal des „Schuldners" i.S.v. Art. 3 Abs. 1 Satz 1 EuInsVO darstellen.[409] Dieser Begriff ist in der Verordnung nicht näher definiert. Wer „Schuldner" sein kann, hängt allein von den Regelungen derjenigen (nationalen) Insolvenzrechte ab, die in den Anhängen A und B der EuInsVO aufgeführt sind.[410] Hierfür spricht auch Art. 4 Abs. 2 lit. a EuInsVO, wonach das Recht der Mitgliedstaaten insbesondere regelt, bei welcher Art von Schuldnern ein Insolvenzverfahren zulässig ist. Gemäß Art. 4 Abs. 2 EuInsVO regelt die lex fori concursus schon, unter welchen Voraussetzungen das Insolvenzverfahren eröffnet wird. Daher steht einer Anknüpfung an nationales Recht zum Zeitpunkt der Bestimmung der internationalen Zuständigkeit nichts entgegen.

Erfasst der Begriff des Schuldners nach nationalem Verständnis den gesamten Konzern, so könnte man meinen, dort zu einem Konzerninsolvenzgerichtsstand zu kommen. Dies wäre etwa denkbar, wenn die Gesellschaften eines Konzerns nach einer nationalen Regelung für die Verbindlichkeiten einzelner konzernverbundener Gesellschaften als Gesamtschuldner haften.

---

409 In dieser Richtung schon *Paulus*, ZIP 2002, 729, 730.

410 So bereits kurz *Eidenmüller*, IPRax 2001, 2, 4.

Bei nüchterner Betrachtung vermag man jedoch auch hier kein verdecktes Einfallstor nationalen Konzerninsolvenzrechts erkennen. Insoweit kann auf die bereits oben[411] geführte Diskussion verwiesen werden. Denn wie in der oben erwähnten Konstellation muss das Gericht – unabhängig jeglicher nationalen Regelungen – im Anwendungsbereich der Verordnung seine internationale Zuständigkeit nach Art. 3 EuInsVO bestimmen. Dies müsste das Gericht für jeden Schuldner einzeln prüfen, so dass es für jede Gesellschaft auf ihren eigenen Mittelpunkt der hauptsächlichen Interessen ankommt.

Für die hier zugrunde liegende Fallgestaltung einer englischen Limited ist die soeben geführte Diskussion ohnehin nicht von Bedeutung. Weder in England noch in Deutschland kommt als Schuldner der gesamte Konzern in Betracht.

d) *Ergebnis*

Aus der Entstehungsgeschichte des Art. 3 I EuInsVO sowie den Erwägungsgründen der Verordnung geht eindeutig hervor, dass die Regelung der internationalen Zuständigkeit eng auszulegen ist. Der Verordnungsgeber hat damit die Vorhersehbarkeit der internationalen Zuständigkeit praktischen Erwägungen wie Gleichlauf der Statute und Einheitlichkeit der Abwicklung konzernverbundener Gesellschaften vorgezogen. Die Entscheidung über die internationale Zuständigkeit ist damit eine Frage des Einzelfalls und muss anhand der konkreten Umstände des Falls ermittelt werden. Hierbei obliegt es der Rechtsprechung, geeignete Kriterien zur Bestimmung des Mittelpunkts der hauptsächlichen Interessen zu sammeln und zu spezifizieren. Die in dieser Arbeit erstellte Liste soll hierzu einen Beitrag leisten.

5. Wirkung der Eröffnung eines Hauptverfahrens

Die Systematik der EuInsVO gibt vor, dass nur ein Hauptverfahren über ein und denselben Schuldner eröffnet werden kann. Dies ergibt sich schon aus dem der EuInsVO zu Grunde liegenden Universalitätsprinzip. Die Koordination zweier Verfahren mit universaler Geltung wäre schier undenkbar. Logisch kann es auch nur einen Interessenmittelpunkt geben[412], so dass es zu einem Kompetenzkonflikt gar nicht kommen dürfte. Wie die Fälle *Daisytek* und *Parmalat* zeigen, sieht die Realität anders aus. Anders als die Entwürfe von 1980 und 1984 enthält die EuInsVO allerdings keine Regelung zur Lösung von Kompetenzkonflikten.[413] Im Folgenden soll kurz aufgezeigt werden, wie man in den beiden Konflikten verfuhr.

---

411 B. II. 4. c) bb) (6) (b).

412 A.A. ist hier *Kolmann*, Kooperationsmodelle, S. 284.

413 Siehe Art. 13 f. der Entwürfe; abgedruckt im Anh. bei *Potthast*, Probleme eines Europäischen Konkursübereinkommens, S. 231-251.

a) *Spruchpraxis der nationalen Gerichte*

Im Fall *Daisytek* lenkten die zeitlich nach dem englischen High Court eröffnenden Gerichte in Frankreich und Spanien jeweils in zweiter Instanz ein. Während noch der Tribunal de commerce de Pontoise zwei Monate nach Eröffnung eines Hauptverfahrens in England *une procédure de redressement judicaire* ebenfalls als Hauptverfahren eröffnete, hob die Cour d'appel de Versailles dieses Verfahren auf Beschwerde des englischen Insolvenzverwalters wieder auf.[414] Begründet wurde dies mit dem Prioritätsprinzip, wonach die englische Entscheidung gemäß Artt. 16 und 17 EuInsVO automatisch anzuerkennen sei.

Gleiches geschah in Deutschland. Das AG Düsseldorf hatte noch am 6.6.2003 mit Beschluss entschieden, dass der Eröffnung eines Hauptverfahrens in Deutschland die Eröffnung eines Verfahrens durch ein ausländisches Gericht nicht entgegensteht, wenn dies unter Nichtbeachtung der Vorschriften der EuInsVO geschieht.[415] Am 10.7.2003 wurden über die *Supplies Team GmbH* und die *ISA Deutschland GmbH* Hauptverfahren in Deutschland eröffnet. Auch die hiergegen gerichtete Beschwerde von Insolvenzverwalter *Taylor* hatte Erfolg. Betont deutlich setzte sich der nunmehr zuständige Richter am AG Düsseldorf in seinem Beschluss vom 12.3.2004 von seinem Vorgänger ab. Der in Deutschland gestellte Antrag sei nach der Eröffnungsentscheidungen des englischen Gerichts erfolgt und damit gemäß Art. 102 § 3 EGInsO unzulässig. Für eine Versagung der Anerkennung aufgrund Art. 26 EuInsVO fehlten die Voraussetzungen. Das Verfahren sei daher gemäß Art. 102 § 4 EGInsO einzustellen.

Weniger einsichtig zeigten sich die italienischen und irländischen Gerichte im Fall *Parmalat*. Allerdings lag der Fall hier etwas komplizierter. Nachdem beim High Court Dublin ein Gläubiger einen Insolvenzantrag gestellt und das Gericht einen vorläufigen Verwalter bestellt hatte, aber noch vor Eröffnung des Verfahrens, eröffnete der Tribunale di Parma in Kenntnis der Vorgänge in Irland ein Hauptverfahren.[416] Auf die Beschwerde des italienischen Verwalters hin, legte der Supreme Court of Ireland am 27.7.2004 dem EuGH (unter anderem) die Fragen vor, ob der Eröffnungsantrag zusammen mit dem Beschluss des Gerichts einen vorläufigen Verwalter zu ernennen und mit entsprechenden Befugnissen auszustatten, bereits die an eine Eröffnungsentscheidung gestellten Voraussetzungen gemäß Art. 16 i.V.m. Artt. 1 und 2 EuInsVO erfüllt. Für den Fall, dass diese Frage verneint wird, stellt das Gericht die Frage, ob aufgrund der Wirkung der s. 220 (2) Compa-

---

414 Cour d'appel Versailles, Urt. v. 4.9.2003 =ZIP 2004, 377 = Recueil Dalloz 2003, 2352 m. krit. Anm. *Vallens*; siehe auch *Mankowski*, EWiR 2003, 1239 f.; siehe ferner auch *Haravon*, Insolvency Intelligence 2005, 18 (8), 118.

415 AG Düsseldorf, Beschl. v. 19.5./6.6.2003, ZIP 2003, 1363 = DZWIR 2003, 439; dazu Anm. *Mankowski*, EWiR Art. 3 EuInsVO 3/03, 767 f.; *Duursma/Duursma-Kepplinger*, DZWIR 2003, 447; *Herchen*, ZInsO 2004, 61; siehe ferner auch *Smid*, DZWIR 2003, 397-404.

416 Tribunale di Parma, Urt. v. 19.2.2004 (*Eurofood*), ZIP 2004, 1220 ff.; siehe Anm. v. *Riera/Wagner*, EWiR Art. 3 EuInsVO (4/04), 597 f.

nies Act 1963 bereits die Einreichung des Antrags bei Gericht das Insolvenzverfahren i.S.d. Art. 16 Abs. 1 EuInsVO eröffnet wird. Seine dritten Frage bezieht sich schließlich auf das Herzstück der EuInsVO selbst: Das Gericht fragt danach, ob Art. 3 i.V.m. Art. 16 die Wirkung haben, dass die Kompetenz, ein Haupinsolvenzverfahren zu eröffnen, dem Gericht eines anderen Mitgliedstaates zukommt als dem, in dem die Gesellschaft ihren satzungsmäßigen Sitz hat und in dem sie regelmäßig und für Dritte erkennbar der Verwaltung ihrer Interessen nachgeht, wenn in dem anderen Mitgliedstaat zuerst ein Insolvenzverfahren eröffnet wurde.[417]

b) Prioritätsprinzip, maßgeblicher Zeitpunkt und gegenseitige Anerkennung

Die Entscheidungen der französischen Cour d'appel de Versailles und des AG Düsseldorf stimmen mit der herrschenden Lehre überein. Eröffnen mehrere Gerichte ein Hauptverfahren über ein und denselben Schuldner, gilt nach ganz herrschender Meinung das sogenannte Prioritätsprinzip.[418] Hiernach soll das zeitlich zuerst eröffnete Verfahren ohne weitere Prüfung der Zuständigkeit in sämtlichen Mitgliedstaaten als Hauptverfahren anerkannt werden. Dabei kommt es nur auf die Wirksamkeit, nicht auf die formelle Rechtskraft der Entscheidung an.[419]

Fraglich ist, ob das eröffnende Gericht dabei erkennen lassen muss, dass es sich um die Eröffnung eines Hauptverfahrens i.S.v. Art. 3 Abs. 1 EuInsVO handelt und es daher seine Wirkung auf ausländisches Vermögen zu erstrecken beabsichtigt.[420] Dies wird von der EuInsVO nicht ausdrücklich vorgeschrieben. Vor der Einführung des deutschen internationalen Insolvenzrechts mit Art. 102 § 2 EGInsO vertrat das AG Duisburg daher die Auffassung, ein in Deutschland eröffnetes Insolvenzverfahren durch das international zuständige Gericht über einen Schuldner mit Auslandsvermögen stelle immer ein Hauptinsolvenzverfahren i.S.d. Ver-

---

417 Supreme Court of Ireland, Urt. v. 27.7.2004 (*Eurofood*), ZIP 2004, 1969 = NZI 2004, 505 = DZWIR 2005, 60 m.Anm. *Smid*, DZWIR 2005, 64; *Herweg/Tschauner*, EWiR 2004, Art. 26 EuInsVO 1/04, 973.

418 AG Köln, Beschl. v. 23.1.2004, NZI 204, 151, 152; *Balz*, ZIP 1996, 951, 949; *Virgós/Schmit*, in: Stoll (Hrsg.), Erläuternder Bericht, Nr. 202; *Lüke*, ZZP 111 (1998), 275, 286 f.; *Leible/Staudinger*, KTS 2000, 533, 545; *Eidenmüller*, IPRax 2001, 2, 7; *Fritz/Bähr*, DZWIR 2001, 221, 225; *Fletcher*, The Law of Insolvency, Rn. 31-028; *Duursma-Kepplinger*-DK/D/Ch, EuInsVO, Art. 3 Rn. 29; *Paulus*, EWiR Art. 3 EuInsVO 2/03, 709; *Herchen*, ZInsO 2004, 61 ff.; *Pannen/Riedemann*, NZI 2004, 301, 302; *Herchen*, ZIP 2005, 1401; a.A. *Trunk*, Internationales Insolvenzrecht, S. 361; *Mankowski*, EWiR Art. 3 EuInsVO 3/03, 767.

419 Hierfür spricht auch schon Art. 2 lit. f EuInsVO, so *Leible/Staudinger*, KTS 2000, 533, 545, Fn. 91.

420 Dies übersah das AG Duisburg, Beschl. v. 1.9.2002, DZWIR 2002, 522; kritisch dazu *Smid*, DZWIR 2003, 397, 398 f. Dies war der wohl dem Grunde nach rechtlich gangbare, im Ergebnis aber unzutreffende Ansatz des AG Düsseldorf, Beschl. v. 6.6.2003, ZIP 2003, 1363 = DZWIR 2003, 439, das englische Verfahren nicht anzuerkennen. Denn das Gericht ging (fälschlicherweise) davon aus, dass das englische Gericht die EuInsVO nicht beachtet habe.

ordnung dar. Man kann allerdings daran zweifeln, ob sich das Gericht in seinem Eröffnungsbeschluss vom 1.9.2002 über das Vermögen einer Gesellschaft des *Babcock Borsig*-Konzerns zu diesem Punkt überhaupt Gedanken gemacht hat. So enthält die Entscheidung keine Ausführungen hinsichtlich seiner internationalen Zuständigkeit nach Art. 3 I EuInsVO.[421] Liest man jedoch eine weitere Entscheidung[422] des Gerichts in derselben Angelegenheit, erstaunt die plötzlich verwendete Terminologie der EuInsVO. Hier stellt das AG nämlich ausdrücklich klar, dass es sich entgegen der Ansicht der Beschwerdeführerin bei dem Eröffnungsbeschluss vom 1.9.2002 nicht um ein Sekundärinsolvenzverfahren nach Art. 3 II EuInsVO sondern um ein Hauptinsolvenzverfahren nach Art. 3 I EuInsVO handele. Es sei von dem Gericht eröffnet worden, in dessen Bezirk die Schuldnerin den Mittelpunkt ihrer hauptsächlichen Interessen habe. Allein aufgrund des Eröffnungsbeschlusses vom 1.9.2002 unterliege daher das gesamte Vermögen der Schuldnerin in der Europäischen Union dem Insolvenzbeschlag nach deutschem Recht. Dabei verwies das AG Duisburg auf die bisherige Rechtsprechung im internationalen Insolvenzrecht[423], wonach das deutsche Insolvenzrecht eine weltweite Geltung in Anspruch nimmt.[424]

Zur Vermeidung von Kompetenzkonflikten muss jedoch notwendigerweise verlangt werden, dass ein Eröffnungsbeschluss erkennen lassen muss, ob und auf welchen Absatz des Art. 3 EuInsVO das Gericht seine internationale Zuständigkeit gestützt hat.[425] Der deutsche Gesetzgeber hat hier nun im Wege der Neuregelung des deutschen internationalen Insolvenzrechts mit Art. 102 § 2 EGInsO in zu begrüßender Weise für Klarheit gesorgt. Hiernach soll das Gericht die tatsächlichen Feststellungen und rechtlichen Erwägungen, aus denen sich die internationale Zuständigkeit ergibt, kurz darstellen, wenn anzunehmen ist, dass sich Vermögen des Schuldners in einem anderen Mitgliedstaat der Europäischen Union befindet. Dabei handelt es sich entgegen ihrem Wortlaut allerdings nicht nur um eine Soll-Vorschrift, denn sie normiert verbindliche Anforderungen an Eröffnungsbeschlüsse, die zwingend zu beachten sind.[426]

Aber auch im englischen Recht wurden im Rahmen der zahlreichen *amendments*[427] Regelungen eingeführt, nach denen schon im frühen Stadium klargestellt werden soll, ob die EuInsVO Anwendung findet.[428]

---

421 AG Duisburg, Beschl. v. 1.9.2002, DZWIR 2002, 522; zur hier nicht weiter zu erörternden Anordnung der Eigenverwaltung nach faktischer Präjudizierung durch öffentliche Erklärung eines Ministerpräsidenten etwa *Smid*, DZWIR 2002, 493 m.w.N.

422 AG Duisburg v. 10.12.2002, NZI 2003, 435 = ZInsO 2003, 476 = DZWIR 2003, 435; kritisch dazu *Smid*, DZWIR 2003, 397.

423 Vgl. BGHZ 68, 16, 17 f.; BGHZ 95, 256; BGHZ 134, 79.

424 AG Duisburg, Beschl. v. 10.12.2002, DZWIR 2003, 435, 436 f.

425 Vgl. dazu *Lüke*, ZZP 111 (1998), 275, 289; *Leible/Staudinger*, KTS 2000, 544, 568.

426 *Smid*, EGInsO, Art. 102 § 2 Rn. 3.

427 Vgl. oben Fn. 204.

Das Prioritätsprinzip ist nirgends positiv festgeschrieben, lässt sich aber aus Artt. 16, 17 EuInsVO und Erwägungsgrund (22) ableiten.[429] So wird gemäß Art. 16 I EuInsVO die Eröffnung eines Insolvenzverfahrens durch ein nach Art. 3 EuInsVO zuständiges Gericht in allen übrigen Mitgliedstaaten anerkannt, sobald sie im Staat der Verfahrenseröffnung wirksam ist. Zur Wirksamkeitsentfaltung in einem anderen Mitgliedstaat bedarf es gemäß Art. 17 Abs. 1 EuInsVO keiner weiteren Förmlichkeiten (etwa eines „Exequaturverfahrens" oder einer Veröffentlichung in anderen Staaten).[430] Auch ein besonderer Beschluss der anerkennenden Gerichte ist nicht erforderlich. Für die Annahme des Prioritätsprinzips spricht auch, dass dem Hauptverfahren der Grundsatz der Universalität immanent ist[431], da es nicht möglich wäre, die Wirkung zweier Hauptverfahren zu koordinieren. Der Vorwurf, dabei sei ein Umweg über die Beschlagwirkung des nationalen Rechts notwendig[432], überzeugt nicht. Denn richtigerweise wird darauf hingewiesen, dass die Verordnung selber die Beschlagwirkung zwingend voraussetzt.[433]

Hat daher ein mitgliedstaatliches Gericht – zu Recht oder zu Unrecht – seine Eröffnungsentscheidung auf Art. 3 Abs. 1 gestützt, so darf kein anderes mitgliedstaatliches Gericht diese Entscheidung in diese Richtung nachprüfen oder sonst in Frage stellen.[434]

Weiter steht nach Art. 16 Abs. 2 EuInsVO die Anerkennung eines Verfahrens als Hauptverfahren der Eröffnung eines Sekundärverfahrens nicht entgegen. Dies lässt den Umkehrschluss i.S.d. Prioritätsprinzips zu, dass ein einmal eröffnetes Hauptverfahren der Eröffnung eines weiteren Hauptverfahrens im Wege stünde.[435]

Die Formulierung „zuständiges Gericht" in Art. 16 Abs. 1 EuInsVO ist jedoch missverständlich. Sie darf nicht dahingehend verstanden werden, dass im Anerkennungsstaat die Voraussetzungen für die Zuständigkeit des eröffnenden Gerichts nachgeprüft werden dürfen.[436] Hiergegen spricht eindeutig der Wortlaut von Erwägungsgrund (22). So ist hier von der *automatischen Anerkennung* der Entscheidung über die Eröffnung die Rede. Weiter heißt es dort, dass im Falle eines positiven Kompetenzkonfliktes die Entscheidung des zuerst eröffnenden Gerichts

---

428 Vgl. etwa r. 2.4 (4) Insolvency Rules 1986; ausführlich hierzu oben B. I. 2. a) ee).

429 Statt vieler *Duursma-Kepplinger*-DK/D/Ch, EuInsVO, Art. 3 Rn. 30 m.w.N.

430 *Virgós/Schmit*, in: Stoll (Hrsg.), Vorschläge und Gutachten (1997), Nr. 19 c.

431 Siehe hierzu ausführlich AG Duisburg Beschl. v. 10.12.2002, NZI 2003, 435 = ZInsO 2003, 476.

432 So aber *P. Huber*, ZZP 114 (2001), 133, 144.

433 *Herchen*, ZInsO 2004, 61, 63.

434 *Duursma/Duursma-Kepplinger*, DZWIR 2003, 447, 448.

435 *Herchen*, ZInsO 2004, 61, 63.

436 *P. Huber*, ZZP 114 (2001), 133, 145 f. Genau das ist aber der Ansatz von *Mankowski*, EWiR Art. 3 EuInsVO 3/03, 767 f.

in den anderen Mitgliedstaaten anerkannt werden und die Eröffnungsentscheidung keiner Prüfung unterzogen werden sollte.[437]

Die Formulierung „sollte" ist dabei ebenfalls missverständlich. Ein Vergleich zeigt aber, dass diese Formulierung in den Erwägungsgründen gerade dann gewählt wird, wenn die Erwägung in Form einer zwingenden Regelung seinen Niederschlag in der EuInsVO gefunden hat.[438]

Neben Systematik und Wortlaut lässt sich eine Anerkennung ex lege aber auch mit der ratio begründen. Denn langwierige Zuständigkeitskämpfe der Gerichte würden das Ziel des Insolvenzverfahrens gefährden. Die Befriedigung der Gläubiger wird in weite Ferne gerückt, die missbräuchliche Einflussnahme von Gläubigern und Schuldnern auf das Vermögen würde begünstigt und das schuldnerische Unternehmen weiter gefährdet.

Nach alledem wird auch die dritte Vorlagefrage des Supreme Court of Ireland[439] abschlägig zu beurteilen sein. Hier fragt das irische Gericht, ob Artt. 3 i.V.m. 16 EuInsVO die Wirkung hat, dass die Kompetenz zur Eröffnung eines Hauptverfahrens dem Gericht eines anderen Mitgliedstaates zukommt als demjenigen, in welchem die Gesellschaft ihren eingetragenen Firmensitz hat und in dem sie regelmäßig und für Dritte erkennbar der Verwaltung ihrer Interessen nachgeht, nur weil in dem anderen Mitgliedstaat zuerst ein Insolvenzverfahren eröffnet wurde. Damit möchte der Supreme Court aber genau betrachtet auf eine Ausnahme vom Prioritätsprinzip und dem damit verbundenen Grundsatz der gegenseitigen Anerkennung hinaus.[440] Wie dargestellt, steht und fällt jedoch die Wirksamkeit der EuInsVO mit einem strikten Festhalten an diesen Prinzipien. Um die Verordnung nicht in ihrem Kern aufzuweichen, wird der EuGH keine Ausnahmen im Einzelfall zulassen.[441]

6. Möglichkeiten der Verweigerung der Anerkennung des ausländischen Verfahrens

Eröffnet nun ein international nicht zuständiges Gericht ein Hauptverfahren, stellt sich die Frage, inwieweit es für die von der Eröffnung Betroffenen noch möglich ist, hiergegen vorzugehen. Wegen des in Erwägungsgrund (22) verankerten Grundsatzes des gegenseitigen Vertrauens sind den Gerichten der übrigen Mitgliedstaaten weitgehend die Hände gebunden. Gerechtfertigt ist die Berufung auf das Gemein-

---

437 So auch AG Köln v. 23.1.2004, NZI 2004, 151, 152.

438 *Herchen*, ZInsO 2004, 61, 63; vgl. nur Erwägungsgründe 21, 23, 26, 29, 31.

439 Supreme Court of Ireland, Urt. v. 27.7.2004 (*Eurofood*), ZIP 2004, 1974 = NZI 2004, 505 = DZWIR 2005, 60 m.Anm. *Smid*, DZWIR 2005, 64; *Herweg/Tschauner*, EWiR 2004, Art. 26 EuInsVO 1/04, 973.

440 So zutreffend *Smid*, DZWIR 2005, 64, 65.

441 So auch *Smid*, DZWIR 2005, 64, 65.

schaftsvertrauen aber nur, wenn das eröffnende Gericht vor seiner Entscheidung die Umstände, die seine internationale Zuständigkeit begründen, sorgfältig und unter Berücksichtigung der Rechte der Verfahrensbeteiligten prüft.[442] Die Möglichkeiten, gegen ein zu Unrecht eröffnetes Hauptverfahren vorzugehen, sind jedoch gering.

a) Verweigerung der Anerkennung gem. Art. 26 EuInsVO

Die einzige Möglichkeit, dem Verfahren die Anerkennung zu verweigern, stellt Art. 26 EuInsVO dar.[443] Hiernach kann ein Mitgliedstaat die Anerkennung verweigern, soweit diese zu einem Ergebnis führt, das offensichtlich mit seiner öffentlichen Ordnung, insbesondere mit den Grundprinzipien oder den verfassungsmäßig garantierten Rechten und Freiheiten des Einzelnen, unvereinbar ist (ordre public).

Bei der Anwendung des Art. 26 EuInsVO ist daher folgendes zu beachten: Die ausländische Entscheidung darf nicht Gegenstand einer Nachprüfung in der Sache (révision au fond) sein. Vielmehr sind sämtliche Fragen zur Sache selbst vor den Gerichten des Staates der Verfahrenseröffnung vorzubringen. Die Gerichte des um Anerkennung oder Vollstreckung ersuchten Staats dürfen eine ausländische Entscheidung nur daraufhin prüfen, ob diese zu einem *Ergebnis* führt, das mit seiner öffentlichen Ordnung offensichtlich unvereinbar ist.[444] Zudem stellt der ordre public-Vorbehalt einen Ausnahmetatbestand dar, der als solcher restriktiv zu handhaben ist. Für eine zurückhaltende Anwendung spricht auch Erwägungsgrund (22), wonach die zulässigen Gründe für eine Nichtanerkennung auf das unbedingt notwendige Maß beschränkt sein sollen. Andernfalls besteht die Gefahr einer Aushöhlung der durch die EuInsVO bezweckten Erleichterung der Abwicklung grenzüberschreitender Insolvenzen durch die Bestimmung der internationalen Zuständigkeit.

Was alles unter das Tatbestandsmerkmal der öffentlichen Ordnung i.S.v. Art. 26 EuInsVO fällt, hängt vom jeweiligen einzelstaatlichen Recht ab. Der öffentlichen Ordnung liegen die wesentlichen Grundsätze der Rechtsordnung des anerkennenden Staates zugrunde. Diese umfassen vor allem die verfassungsmäßig geschützten Rechte und Freiheiten sowie die wesentlichen Grundprinzipien des er-

---

442 *Herweg/Tschauner*, EWiR Art. 26 EuInsVO 1/04, 974, 975.

443 Eine Mindermeinung, namentlich *U. Huber*, hält eine Überprüfung am Maßstab des ordre public in Deutschland mit Art. 102 §§ 3, 4 EGInsO für unvereinbar; vgl. *U. Huber*, in: FS Gerhardt, 397, 412 insb. Fn. 38. Diese Auffassung geht indes zu weit. Art. 102 EGInsO soll nicht abschließende Regelungen der EuInsVO lediglich ergänzen. Ausdrücklich trifft Art. 102 EGInsO keine Aussage zum ordre public-Vorbehalt nach Art. 26 EuInsVO. Aufgrund der Normenhierarchie ist das Einführungsgesetz aber als nachrangig zu betrachten und muss stets im Sinne der Verordnung ausgelegt werden. Da der ordre public-Vorbehalt in Art. 26 EuInsVO ausdrücklich vorgesehen ist, ist auch in Art. 102 EGInsO nichts anderes hineinzuinterpretieren.

444 *Duursma-Kepplinger*-DK/D/Ch, EuInsVO, Art. 26 Rn. 1.

suchten Staates, zu denen die der Gemeinschaft zählen.[445] Zudem werden die EMRK als einheitlicher Standard verfahrensrechtlicher Grundrechte herangezogen.[446]

Die Entscheidung, der die Anerkennung verweigert werden soll, muss schließlich auch einen hinreichenden Inlandsbezug aufweisen. Dieser liegt vor, wenn inländische Interessen berührt sind.[447] Als Beispiele werden hier genannt[448], dass einer der Verfahrensbeteiligten die Staatsbürgerschaft des ersuchten Staates besitzt oder seinen ständigen Aufenthalt im Inland aufweist. Ausreichend ist auch, dass sich Vermögensgegenstände im Anerkennungsstaat befinden.

Kommt man schließlich zu dem Ergebnis, dass eine ausländische Entscheidung mit der öffentlichen Ordnung des anerkennenden Mitgliedstaates offensichtlich im Widerspruch steht, so kann der ausländischen Entscheidung ganz oder – sofern der Mangel isolierbar ist – teilweise[449] die Anerkennung und Vollstreckung verweigert werden.

Im Folgenden sollen einzelne Möglichkeiten eines ordre public-Vorbehalts genauer untersucht werden.

aa) Kein ordre public-Verstoß bei grob fälschlicher Inanspruchnahme der internationalen Zuständigkeit

Die grob fälschliche Inanspruchnahme der internationalen Zuständigkeit alleine kann daher noch keinen ordre public-Verstoß begründen[450], denn angesichts der relativ ähnlichen Insolvenzgesetze der Mitgliedstaaten führt dies noch nicht zu einem mit der öffentlichen Ordnung der Mitgliedstaaten unvereinbaren Ergebnis.[451] Das lässt sich auch systematisch erklären: Schwerlich kann sich der ordre public-Vorbehalt gegen Regelungen der Verordnung als solche richten, denn dies würde bedeuten, dass die EuInsVO in sich nicht stimmig wäre. Legt man dies zugrunde, so kann es nicht sein, dass, was über Art. 4 EuInsVO und Anhang A per Gesetz zugewiesen wird, im Ergebnis einen ordre public-Verstoß darstellt.

---

445 *Duursma-Kepplinger*-DK/D/Ch, EuInsVO, Art. 26 Rn. 1.

446 Dazu sogleich unten B. II. 6. a).

447 *Duursma-Kepplinger*-DK/D/Ch, EuInsVO, Art. 26 Rn. 3.

448 Vgl. *Duursma-Kepplinger*-DK/ D/ Ch, EuInsVO, Art. 26 Rn. 3; *Kemper*, ZIP 2001, 1609, 1614.

449 Vgl. den Wortlaut des Art. 26 EuInsVO („soweit").

450 Anders ist dies allerdings im autonomen internationalen Insolvenzrecht in § 343 Abs. 1 Satz 2 Nr. 1 InsO geregelt. Hiernach wird die Anerkennung eines ausländischen Verfahrens verweigert, wenn die Gerichte des Staates der Verfahrenseröffnung nach deutschem Recht nicht zuständig sind. Siehe hierzu bereits BGHZ 122, 373 = NJW 1993, 2312.

451 *Duursma/ Duursma-Kepplinger*, DZWIR 2003, 447, 450; a.A. *Mankowski*, EWiR Art. 3 EuInsVO 3/ 03, 767 f.; in dieser Richtung (allerdings ohne Begründung) auch *Kolmann*, Kooperationsmodelle, S. 289.

bb) Ordre public-Verstoß bei Verletzung rechtlichen Gehörs

Das AG Düsseldorf prüft in seinem Beschluss vom 7.4.2004 die Möglichkeit der Verweigerung der Anerkennung wegen Verstoßes gegen den ordre public aufgrund einer Verletzung des rechtlichen Gehörs der Gesellschaft.[452] Dazu könnte es nach Meinung des Gerichts dadurch gekommen sein, dass die Geschäftsführerin der deutschen GmbH vom englischen High Court vor Eröffnung des Verfahrens nicht gehört wurde. Im Ergebnis verneint das Gericht jedoch eine Verletzung von Art. 103 GG (i.V.m. Art. 19 Abs. 3 GG), denn es sah es als bewiesen an, dass die deutsche Geschäftsführerin selbst den Vorstandsvorsitzenden der englischen Muttergesellschaft mit der Insolvenzantragstellung beauftragt hat.

Die Beweislage einmal dahingestellt, herrscht Einigkeit, dass die Verletzung rechtlichen Gehörs dazu geeignet ist, einen ordre public-Vorbehalt zu begründen.[453] Hätte die alleinvertretungsberechtigte Geschäftsführerin F. der deutschen Tochter-GmbH also den Mitgeschäftsführer der Holding-GmbH, R., tatsächlich nicht bevollmächtigt, so wäre der Entscheidung des High Court über die Eröffnung der administration orders über die deutschen Tochtergesellschaften ohne weiteres die Anerkennung unter Verweis auf Art. 26 EuInsVO zu verweigern gewesen.

Fraglich ist aber, wie es sich auswirkt, wenn bei mehreren Geschäftsführern nur ein Mitgeschäftsführer gehört wird. Dies richtet sich grundsätzlich nach der lex fori concursus (Art. 4 Abs. 2 EuInsVO). Nach deutschem Recht ist der Schuldner gemäß § 14 Abs. 2 InsO bei Zulässigkeit des Insolvenzantrags zu hören. Sind mehrere Vertretungsberechtigte auf Seiten des Schuldners vorhanden, so ist das Gericht nicht verpflichtet, den Eröffnungsantrag jedem von ihnen bekannt zu geben und so jeden Vertretungsberechtigten in die Gewährung rechtlichen Gehörs einzubeziehen.[454] Gleiches gilt nach englischem Recht für eine Gesellschaft mit mehreren directors.[455]

Im Falle einer englischen Limited, die in Deutschland auftritt, könnte man noch an § 10 InsO denken. Hiernach soll ein Vertreter des im Ausland weilenden Schuldners gehört werden. Aus § 10 InsO kann sich jedoch erst recht nichts anderes ergeben, denn diese Vorschrift soll ihrem Sinn und Zweck nach verhindern, dass durch die Anhörung eines im Ausland weilenden Schuldners der Fortgang des Verfahrens über Gebühr gehemmt wird.[456] Keinesfalls kann aus ihr eine Stär-

---

452 AG Düsseldorf , Beschl. v. 7.4.2004, ZIP 2004, 866 f.

453 So grundsätzlich AG Düsseldorf, Beschl. v. 12.3.2004, ZIP 2004, 623 ff. = NZG 2004, 426 ff. = EuZW 2004, 307 ff. = NZI 2004, 269 ff. m.Anm. *Liersch*; High Court of Justice Dublin, Urt. v. 23.3.2004, ZIP 2004, 1223 ff. = NZI 2004, 1223 ff.; grundsätzlich auch AG Düsseldorf , Beschl. v. 7.4.2004, ZIP 2004, 866; *Leible/ Staudinger*, KTS 2000, 533, 568; *Spellenberg*, in: Stoll (Hrsg.), Stellungnahmen und Gutachten (1992), S. 190 ; *Paulus*, ZIP 2003, 1725, 1728 f.; *Herchen*, ZInsO 2004, 61, 65.

454 MüKo-*Schmahl*, InsO § 14 Rn. 105 m.w.N.

455 Vgl. r. 2.12 (1) (c) Insolvency Rules 1986.

456 MüKo-*Ganter*, InsO, § 10 Rn. 2.

kung des Rechts auf richterliches Gehör für Schuldner im Ausland abgeleitet werden.[457]

Dabei stellt sich jedoch durchaus die Frage nach der Europarechtskonformität des § 10 InsO. Da nicht von „ausländischen Schuldnern" die Rede ist, sondern von Schuldnern, die sich „im Ausland aufhalten", kommt nur eine sogenannte versteckte bzw. verschleierte Diskriminierung in Betracht. Hiervon ist nach ständiger Rechtsprechung des EuGH dann auszugehen, wenn eine Regelung typischerweise primär Ausländer betrifft.[458] Dies könnte man hier noch bejahen, denn regelmäßig werden sich Geschäftsführer ausländischer Gesellschaften im Ausland aufhalten. Eine Diskriminierung liegt jedoch immer dann nicht vor, wenn eine unterschiedliche Behandlung im öffentlichen Interesse liegt und objektiv sinnvoll ist.[459] Hiervon kann vorliegend ohne weiteres ausgegangen werden, zumal eine Verschleppung des Vorverfahrens auch im Widerspruch zur EuInsVO stünde, die ausweislich des Erwägungsgrunds (2) effiziente grenzüberschreitende Insolvenzverfahren ermöglichen will.

Hinsichtlich des Schuldners ist damit festzustellen, dass nicht sämtliche vertretungsberechtigten Personen anzuhören sind. Befindet sich der einzige Vertretungsberechtigte im Ausland und kann er deshalb nicht gehört werden, so liegt wegen der Regelung gemäß § 10 Abs. 1 InsO kein ordre public-Verstoß vor.

Im Fall *Parmalat* wird das Vorliegen eines ordre public-Verstoßes nun Gegenstand einer Vorlagefrage an den EuGH.[460] Hilfsweise (*if it were necessary*) sieht der High Court Dublin in der Eröffnungsentscheidung des Tribunale Civile di Parma nämlich den Grundsatz des rechtlichen Gehörs verletzt.[461] Der zugrunde liegende Sachverhalt ist in der Tat äußerst delikat. So wurde der bereits vom High Court ernannte vorläufige Verwalter *Pearse Farell* vom italienischen außerordentlichen Verwalter[462] *Dr. Enrico Bondi* freitags um 17 h 15 davon unterrichtet, dass das Tribunale di Parma am darauf folgenden Dienstag um 11 h eine Anhörung zur Insolvenz von *Eurofood* durchführen wird. Damit wahrte der italienische Verwal-

457 So kam im Fall *Daisytek* aus deutscher Sicht ein *ordre public*-Vorbehalt hinsichtlich der englischen Holding Limited von vornherein nicht in Betracht.

458 EuGH – Rs C-107/94, Slg.27.6.1996, I-3089, Rn. 38, 49 – *Asscher*.

459 EuGH – Rs C-107/94, Slg.27.6.1996, I-3089, Rn. 42, 51 ff. – *Asscher*.

460 Supreme Court of Ireland, Urt. v. 27.7.2004 (*Eurofood*), ZIP 2004, 1969 = NZI 2004, 505 = DZWIR 2005, 60 m.Anm. *Smid*, DZWIR 2005, 64; *Herweg/Tschauner*, EWiR 2004, Art. 26 EuInsVO 1/04, 973.

461 High Court of Justice Dublin, Urt. v. 23.3.2004, ZIP 2004, 1223, 1226 f.

462 Interessant ist auch der Hintergrund zur Möglichkeit der Bestellung eines außerordentlichen Verwalters durch den italienischen Industrieminister. Nach dem Decreto Legislativo Nr. 39 vom 18.2.2004 (Legge Marzano) kann bei besonders hohen Insolvenzschulden (über 1 Mrd. €) ohne jede Beteiligung eines Gerichts unverzüglich eine außerordentliche Verwaltung angeordnet werden. Dieses Gesetz wurde in dieser Form offenbar anlässlich des Falls *Parmalat* als Maßnahmegesetz geschaffen. Vgl. dazu *Riera/Wagner*, EWiR Art. 3 EuInsVO 4/04, 597, 598.

ter die in der Legge Marzano vorgeschriebene Frist, wonach er die Beteiligten mindestens 48 Stunden vor dem Termin unterrichten soll. Der High Court stützt seinen ordre public-Vorbehalt neben dieser taktischen Vorgehensweise auch auf die Anhörung selbst. Denn erstens wurden die Gläubiger überhaupt nicht gehört und zweitens wurde dem vorläufigen Verwalter die Überreichung einer Kopie des Antrags verweigert, seine Rüge blieb erfolglos.[463]

Dem High Court ist Recht zu geben. Den Maßstab des ordre public-Vorbehalts stellt die öffentliche Ordnung des jeweiligen Mitgliedstaates dar. Indem sich das Gericht auf die EMRK beruft, zieht es einen anerkanntermaßen einheitlichen Standard verfahrensrechtlicher Grundrechte heran.[464] Die EMRK formen einen einheitlichen Grundbestand des ordre public innerhalb der Mitgliedstaaten.[465] Die Entscheidung des englischen Gerichts, sich auf einen einheitlichen Tatbestand zu beziehen, ist nachhaltig zu begrüßen. Denn durch das Heranziehen nationalen Rechts besteht die Gefahr, über den ordre public-Vorbehalt das europäische Recht grenzüberschreitender Insolvenzen auszuhöhlen.[466] Wünschenswert wäre es daher, wenn die Gerichte grundsätzlich auf Art. 6 EMRK, der über Art. 25 EMRK auch auf Gesellschaften anwendbar ist[467], abstellen würden.

Weiter ist der Kreis der anzuhörenden Personen zu bestimmen. Der High Court stellt hier auf den vorläufigen Verwalter ab. Entschieden wurde bereits, dass sich selbst Zeugen, Sachverständige und Verteidiger nicht auf Art. 6 EMRK berufen können.[468] Die Formel des Europäischen Gerichtshofs lautet jedoch, dass Personen, deren Interessen erkennbar durch eine öffentliche Entscheidung berührt sind, die Möglichkeit auf rechtliches Gehör gegeben werden muss.[469] In einem Insolvenzverfahren sind folglich sowohl Gläubiger als auch der vorläufige Verwalter als Verfahrensbeteiligte zu hören. Es ist letztlich eine Frage der Verhältnismäßigkeit, inwieweit das Gericht verpflichtet ist, die Gesamtheit der Beteiligten ausfindig zu machen. Diese Pflicht darf angesichts der regelmäßigen Eilbedürftigkeit in einem Insolvenzverfahren nicht zu weit gefasst sein. Handelt es sich jedoch nur um einige wenige Gläubiger – wie im vorliegenden Fall die *Bank of America* – so kann ohne weiteres von einer Anhörungspflicht ausgegangen werden. Nicht nachvollziehbar ist daher, weshalb der Supreme Court of Ireland sich in seinem

---

463 High Court of Justice Dublin, Urt. v. 23.3.2004, ZIP 2004, 1223, 1227 (Begründung in Originalsprache).

464 Siehe zum Heranziehen des Art. 6 EMRK bei Art. 26 EuInsVO eingehend *Paulus*, ZIP 2003, 1725, 1728 f.

465 Vgl. *Pellegrini v. Italien*, EGMR Urt. v. 20.7.2001 –30882/96, abrufbar unter www.worldlii.org/eu/cases/ECHR/2001/476.html.

466 *Smid*, EuInsVO, Art. 26 Rn. 3.

467 *Peukert*, in: Frohwein/Peukert, EMRK, Art. 25 Rn. 15 f.

468 *Peukert*, in: Frohwein/Peukert, EMRK, Art. 6 Rn. 4.

469 Transocean Marine Paint Association v. Kommission – Rs. 17/74, Slg. 74, 1063/1080 f., Rn. 15.

Vorlagefragenkatalog an den EuGH nur auf die fehlerhafte Anhörung des irischen Verwalters bezieht.[470] Aber auch hier kann von einer Verletzung des ordre public ausgegangen werden. Die Vertragsstaaten verletzen Art. 6 Abs. 1 EMRK nämlich nicht nur, wenn sie den Zugang zu den Gerichten in ungerechtfertigter Weise verwehren. Sie haben auch eine positive Verpflichtung, dafür Sorge zu tragen, dass der einzelne von seinem Recht auf Zugang zum Gericht in wirksamer Weise Gebrauch machen kann.[471] Dieser Pflicht kommen sie sicherlich nicht in ausreichendem Maße nach, wenn der anzuhörenden Person wichtige Informationen vorenthalten werden.

cc) Ordre public-Verstoß bei Verletzung des Recht der Beteiligung am Verfahren

Ferner kann ein ordre public-Vorbehalt auch auf Verletzung des Rechts der Beteiligung oder des Rechts der Nichtdiskriminierung gestützt werden.[472] Auch hier kann Art. 6 EMRK als einheitliche Grundlage herangezogen werden.

Ein solcher Fall könnte vorliegen, wenn über eine Scheinauslandsgesellschaft ein Hauptverfahren am pro forma Sitz stattfindet und konsequenterweise dort die Gläubigerversammlungen abgehalten werden. Hier wird sich die Teilnahme angesichts der Reisekosten nur für Großgläubiger rechnen, während sich die Teilnahme für Kleingläubiger oftmals als nicht mehr ökonomisch sinnvoll erweisen wird.[473] In Fällen, in denen sich so gut wie keine Gläubiger im Land der Verfahrenseröffnung befinden, erscheint daher ein Verstoß gegen den ordre public als nicht ausgeschlossen.

b) Rechtsschutzmöglichkeiten nach innerstaatlichem Recht

Im Folgenden wird der Frage nachgegangen, ob und inwieweit es für im Ausland Betroffene[474] möglich ist, gegen ein bereits eröffnetes Hauptinsolvenzverfahren Rechtsmittel einzulegen.

Art. 4 I EuInsVO regelt, dass, sofern die EuInsVO keine anderen Bestimmungen enthält, das Insolvenzrecht des jeweiligen Mitgliedstaates zur Anwendung kommt. Folglich beurteilt sich auch die Einlegung von Rechtsmitteln gegen einen Eröff-

---

470 Supreme Court of Ireland, Urt. v. 27.7.2004 (*Eurofood*), ZIP 2004, 1969 = NZI 2004, 505 = DZWIR 2005, 60 m.Anm. *Smid*, DZWIR 2005, 64; *Herweg/Tschauner*, EWiR 2004, Art. 26 EuInsVO 1/04, 973.

471 *Peukert*, in: Frohwein/Peukert, EMRK, Art. 6 Rn. 54.

472 *Duursma-Kepplinger*-DK/D/Ch, EuInsVO, Art. 26 Rn. 7.

473 Pikanterweise findet dann auch im Fall des AG Köln, Urt. v. 23.1.2004, ZInsO 2004, 216 = NZI 2004, 151 = ZIP 2004, 1220 die Gläubigerversammlung in Deutschland statt.

474 Die Bezeichnung „im Ausland Betroffene“ wurde gewählt, weil neben ausländischen Gläubigern z.B. auch deutsche Gläubiger oder deutsche Schuldner betroffen sein können, sofern sie im Ausland einen Antrag auf Eröffnung eines Hauptinsolvenzverfahrens gestellt haben.

nungsbeschluss nach dem Recht des jeweiligen Mitgliedstaates der Verfahrenseröffnung.

aa) *Erste Erfahrungen in der Praxis*

Den soweit ersichtlich ersten Fall hatte das AG Duisburg zu entscheiden.[475] Am 1.9.2002 eröffnete das AG Duisburg ein Insolvenzverfahren über die Schuldnerin, eine Gesellschaft des damaligen Babcock Borsig-Konzerns.[476] Kurz zuvor hatte die Schuldnerin aufgrund eines Verschmelzungsvertrags das Vermögen der N. GmbH übernommen. Eine griechische Gläubigerin legte gegen den Eröffnungsbeschluss „Beschwerde" ein „soweit dieser die Insolvenz der N. GmbH mit umfasst". Das AG Duisburg deutete diesen Antrag völlig zu Recht in eine Feststellungsklage um. Das AG wies darauf hin, dass Ziel der Beschwerde nur die Aufhebung des gesamten Eröffnungsbeschlusses sein könne, worauf die Eingabe jedoch ersichtlich nicht abziele. Zudem sah das AG die Eingabe als sofortige Beschwerde als offensichtlich unzulässig an, weil nach §§ 6 I, 34 II InsO allein der Schuldner beschwerdebefugt und gemäß §§ 569 I ZPO i.V.m. §§ 4, 9 I 2, III InsO auch die zweiwöchige Beschwerdefrist seit mehr als zwei Monaten abgelaufen sei.

Die Frage einer Beschwerdemöglichkeit gegen den Eröffnungsbeschluss eines Hauptverfahrens erlangte auch im Fall *Daisytek* praktische Relevanz. So legte der vom englischen High Court[477] eingesetzte englische Insolvenzverwalter Beschwerde gegen den deutschen Eröffnungsbeschluss des AG Düsseldorf ein. Die Beschwerdebefugnis folgte aus dem neu gefassten Art. 102 § 3 I 3 EGInsO, wonach gegen die Eröffnung eines inländischen Insolvenzverfahrens auch der Verwalter eines ausländischen Hauptinsolvenzverfahrens beschwerdebefugt ist. Art. 102 EGInsO a.F. enthielt dagegen noch keine Erweiterung der Beschwerdebefugnis, so dass es bei der restriktiven Regelung des § 34 InsO blieb, nach dessen Wortlaut nur dem Schuldner die sofortige Beschwerde gegen die Eröffnungsentscheidung zusteht. Mit der Neufassung des Art. 102 EGInsO hat sich der deutsche Gesetzgeber bemüht, die europarechtlichen Vorgaben zu beachten und Rechtsschutz bei Kompetenzkonflikten zu gewähren. Die Beschwerde war gemäß § 567 I Nr. 1 ZPO das statthafte Rechtsmittel. Auch die 2-Wochen-Frist nach § 569 I ZPO wurde gewahrt. Der am 10.07.2003 erlassene Eröffnungsbeschluss wurde dem englischen Insolvenzverwalter am 21.7.2003 zugestellt. Bereits am 23.07.2003 legte der englische Insolvenzverwalter die sofortige Beschwerde ein und rügte einen Verstoß gegen Art. 3 Abs. 2 EuInsVO. Der Beschwerde wurde mit Beschluss vom 12.03.2004 stattgegeben.

---

475 AG Duisburg, Beschl. v. 10.12.2002, DZWIR 2003, 435; dazu *Smid*, DZWIR 2003, 397.

476 AG Duisburg, Beschl. v. 1.9.2002, DZWIR 2002, 522; dazu *Smid*, DZWIR 2002, 493 m.w.N.

477 High Court in Leeds v. 16.5.2003, ZIP 2003, 1362 (Eröffnungsbeschluss ohne detaillierte Begründung); NZI 2004, 219 (mit Begründung in deutscher Übersetzung); dazu Anm. *Paulus*, EWiR 2003, 709; *ders.* ZIP 2003, 1725.

Anders entschied dagegen das AG Hamburg[478] über die Beschwerde eines Gläubigers. Auf den Eigenantrag eines in Deutschland und Tschechien tätigen Schuldners hin hatte das AG Hamburg mit Beschluss vom 16.3.2005 ein Hauptinsolvenzverfahren gemäß Art. 3 I EuInsVO über dessen Vermögen eröffnet. Am 8.4.2005 legte ein Gläubiger Beschwerde gegen die Eröffnung des Hauptinsolvenzverfahrens in Deutschland ein und beantragte, das Verfahren gemäß Art. 102 § 4 EGInsO zu Gunsten des Verfahrens beim Stadtgericht Prag einzustellen (dort war bereits am 8.3.2005 ein vorläufiger Insolvenzverwalter bestellt worden). Das LG Hamburg gab der Beschwerde nicht statt. Zunächst stellte es fest, dass die Beschwerde schon unzulässig sei, da sich im vorliegenden Fall keine Beschwerdebefugnis aus deutschem Recht ableiten lasse. Überdies führt das LG Hamburg aus, dass die Beschwerde auch unbegründet gewesen wäre, da keine Anhaltspunkte für die internationale Zuständigkeit des Stadtgerichts Prag vorlägen. Denn Sicherungsmaßnahmen im Vorfeld eines Insolvenzverfahrens reichen alleine noch nicht aus, um eine Zuständigkeit i.S.d. EuInsVO zu begründen. Auch löse die bloße Antragstellung nicht die Wirkung des Art. 16 EuInsVO aus. Vielmehr schließe die zeitlich frühere Eröffnung eines Hauptinsolvenzverfahrens die Eröffnung weiteren Hauptinsolvenzverfahrens aus.

bb) Rechtsschutzmöglichkeit nach deutschem Recht

Die genannten Fälle führen zu der Frage, welche Betroffenen im Ausland beschwerdebefugt sind (1), wie der Fristlauf bei Beschwerden aus dem Ausland zu berechnen ist (2), was Prüfungsgegenstand der Beschwerde ist (3) und welche Rechtsfolgen erfolgreiche Beschwerden auslösen (4).[479]

(1) Beschwerdebefugnis

Wer der im Ausland Betroffenen bei Eröffnung eines Hauptinsolvenzverfahrens in Deutschland beschwerdebefugt ist, richtet sich gemäß Art. 4 Abs. 1 EuInsVO nach deutschem Recht.

(a) Schuldner

Die Beschwerdebefugnis des Schuldners folgt aus § 34 II InsO. Dies gilt unabhängig davon, ob es sich um einen ausländischen Staatsbürger oder eine Gesellschaft nach ausländischem Recht handelt. Auch ein inländischer Schuldner, der im Ausland einen Insolvenzantrag gestellt hat, kann gegen einen deutschen Eröffnungsbeschluss Beschwerde einlegen.

---

478 AG Hamburg, Beschl. v. 18. 8. 2005, NZI 2005, 645; dazu Anm. *Schilling/J. Schmidt*, EWiR Art. 16 1/06, 15.

479 Siehe zum Ganzen auch *Schwerdtfeger/Schilling*, DZWIR 2005, 370.

Die Beschwerdebefugnis des Schuldners steht ferner nicht mit Eröffnung eines Hauptverfahrens in Deutschland dem deutschen Hauptverwalter zu. Zwar geht gemäß § 80 I InsO das Recht des Schuldners über sein Vermögen zu verfügen auf den Insolvenzverwalter über, doch gilt das schon wegen Art. 19 IV GG nicht für das Recht der sofortigen Beschwerde.

Als unmittelbar Betroffenem steht dem Schuldner die Beschwerdebefugnis ab dem Zeitpunkt der Verfahrenseröffnung in Deutschland zu.

(b) Ausländische Insolvenzverwalter

Wie im Zusammenhang mit dem *Daisytek*-Fall ausgeführt, wurde der restriktive § 34 II InsO durch die Neufassung des Art. 102 § 3 I 3 EGInsO erweitert. Nunmehr sind auch ausländische Insolvenzverwalter befugt, gegen einen deutschen Eröffnungsbeschluss die sofortige Beschwerde einzulegen.

Fraglich ist, ob auch ein vorläufiger ausländischer Insolvenzverwalter nach Art. 102 § 3 I 3 EGInsO beschwerdebefugt ist. Nach richtiger Ansicht setzt Art. 102 § 3 I 1 EGInsO jedoch ein bereits eröffnetes ausländisches Hauptverfahren voraus, was auch den Wertungen der EuInsVO entspricht. Zwar umfasst der Begriff des „Verwalters" gemäß Art. 2 lit. b EuInsVO i.V.m. Anhang C auch den vorläufigen Insolvenzverwalter, doch kommt das in der EuInsVO enthaltene Prioritätsprinzip nach überzeugender, herrschender Ansicht erst mit Eröffnung eines Hauptinsolvenzverfahrens und nicht bereits mit Antragstellung zur Anwendung.[480] Ein vorläufiger Insolvenzverwalter wird nach Antragstellung für die Zeit bis zum Eröffnungsbeschluss eingesetzt. Vor einem Eröffnungsbeschluss soll nach herrschender Meinung das Prioritätsprinzip noch nicht gelten, so dass folgerichtig auch eine Beschwerdebefugnis eines ausländischen vorläufigen Insolvenzverwalters gegen den Eröffnungsbeschluss eines deutschen Gerichts ausscheidet.

(c) Gläubiger

Nach deutschem Recht kann nur der antragstellende Gläubiger nach § 34 I InsO bei Abweisung seines Antrages mangels Masse sofortige Beschwerde einlegen. Die übrigen Gläubiger sind nicht beschwerdebefugt. Diese Regelung überzeugt bei nationalen Sachverhalten, da das Insolvenzverfahren im Interesse aller Gläubiger durchzuführen ist und es folglich dem Sinn und Zweck eines Insolvenzverfahrens widerspräche, wenn einzelne Gläubiger die Möglichkeit hätten, mittels Beschwerde Einfluss auf die Eröffnung eines Insolvenzverfahrens zu nehmen.

Diese Wertung erscheint jedoch zweifelhaft, sofern Gläubiger betroffen sind, die im Ausland einen Antrag auf Eröffnung eines Hauptinsolvenzverfahrens gestellt haben. Eine erweiternde Auslegung des § 34 I InsO sowie von Art. 102 § 3 I 3

480 Siehe oben B. I. 2. b).

EGInsO ist jedoch nicht möglich, da diese Normen abschließend den Kreis der Beschwerdebefugten bei einem Eröffnungsbeschluss regeln.[481]

Dies führt zu der Frage, ob und unter welchen Voraussetzungen de lege ferenda Gläubiger, die einen Antrag im Ausland gestellt haben, eine Beschwerdebefugnis erhalten sollen.[482]

Orientiert man sich an der ratio der EuInsVO, so können für die Beantwortung der genannten Fragestellung insbesondere die Erwägungsgründe (4) und (22) der Verordnung herangezogen werden. Ausweislich des Erwägungsgrunds (22) sollen die zulässigen Gründe für eine Nichtanerkennung auf das unbedingt notwendige Maß beschränkt werden. Es gilt bei der Anerkennung der Entscheidungen von Gerichten der Mitgliedstaaten der Grundsatz des gegenseitigen Vertrauens. Daraus folgt eine restriktive Handhabung der Beschwerdebefugnis. Allerdings will Erwägungsgrund (22) nur verhindern, dass die Gerichte der Mitgliedstaaten wechselseitig die Entscheidungen der jeweils anderen Gerichte überprüfen. Nicht abschließend lässt sich daher mit Erwägungsgrund (22) die Frage klären, welche Rechtsschutzmöglichkeiten eröffnet sein sollen, falls ein Gericht unter Missachtung des Prioritätsprinzips nach Erlass eines Eröffnungsbeschlusses eines ausländischen Gerichts einen weiteren Eröffnungsbeschluss über ein Hauptinsolvenzverfahren erlässt.

Zu beachten ist, dass ein zu weit gefasster Kreis von Beschwerdebefugten zu einer unerträglichen Rechtsunsicherheit führen würde. Dies gilt insbesondere im Hinblick auf den für das zustellende Gericht kaum noch zu überblickenden Adressatenkreis mit entsprechenden Problemen bei der Zustellung und Fristberechnung.

Allerdings soll nach Erwägungsgrund (4) der EuInsVO ein sog. forum shopping verhindert werden. Die Beteiligten eines Insolvenzverfahrens sollen nicht dadurch eine verbesserte Rechtsstellung anstreben können, dass sie Rechtsstreitigkeiten und damit auch die Durchführung eines Insolvenzverfahrens von einem Mitgliedstaat in einen anderen verlagern, indem unter Missachtung des Prioritäts-

---

481 Die Beschwerdebefugnis aus Art. 102 § 3 Abs. 1 Satz 3 EGInsO ist nicht zu verwechseln mit der Beschwerdebefugnis aus Art. 102 § 4 Abs. 1 Satz 3 EGInsO. Während sich erstere gegen die Eröffnung des Verfahrens richtet, bezieht sich letztere auf die Einstellung des Verfahrens. Hier sind sämtliche Insolvenzgläubiger beschwerdebefugt. Ferner kommt auch Art. 102 § 7 EGInsO nicht in Betracht. Diese Norm ermöglicht nur die Beschwerde gegen Entscheidungen des Insolvenzgerichts nach Art. 102 § 5 oder § 6 EGInsO. Ein anderes Verständnis widerspräche nicht nur dem Wortlaut sondern ergäbe auch keinen Sinn. Insoweit ein offensichtlich redaktionelles Versehen bei *Wehdeking*, DZWIR 2003, 133, 138.

482 Der Idee, Gläubigern im Ausland eine Rechtsschutzmöglichkeit zu bieten, offenbar nicht gänzlich abgeneigt *Paulus*, EWiR Art. 3 EuInsVO 2/03, 709, 710. Für eine Aktivlegitimation sogar sämtlicher Betroffener *Duursma/Duursma-Kepplinger*, DZWIR 2003, 447, 450. A.A. (ohne dabei näher auf die Frage einzugehen) AG Duisburg, Beschl. v. 10.12.2002, DZWIR 2003, 435; sich dem Urteil in diesem Punkt anschließend *Smid*, DZWIR 2003, 397, 398; (in anderem Zusammenhang) so auch *Hirte/Mock*, ZIP 2005, 474, 477.

prinzip beispielsweise die Eröffnung eines weiteren Hauptinsolvenzverfahrens in einem anderen Mitgliedstaat beantragt wird.

Vor diesem Hintergrund erscheint es erwägenswert, zumindest dem Gläubiger eine Beschwerdebefugnis zu geben, der im Ausland einen Antrag auf Eröffnung eines Hauptinsolvenzverfahrens gestellt hat. § 34 I InsO gewährt dem antragstellenden Gläubiger im Inland eine Beschwerdebefugnis. Dies sollte auch für einen Gläubiger gelten, der im Ausland einen Antrag auf Eröffnung eines Hauptinsolvenzverfahrens gestellt hat.

Fraglich ist jedoch, ob eine Beschwerdebefugnis des antragstellenden Gläubigers wie beim ausländischen Insolvenzverwalter nur dann bestehen soll, wenn bereits aufgrund des Antrags ein Hauptinsolvenzverfahren eröffnet wurde und die Eröffnung eines zweiten Hauptinsolvenzverfahrens durch ein deutsches Gericht folglich gegen das Prioritätsprinzip verstößt.

Für eine Gleichbehandlung des antragstellenden Gläubigers mit dem ausländischen Insolvenzverwalter spricht, dass nach richtiger Ansicht[483] erst ab Eröffnung eines Hauptinsolvenzverfahrens das Prioritätsprinzip anwendbar ist.

Jedoch ist auch zu beachten, dass ein antragstellender Gläubiger in der Regel keinen Einfluss auf die Dauer der Antragsbearbeitung hat, was zu folgender Fallgestaltung führen kann: Ein Gläubiger stellt im Ausland den Antrag auf Eröffnung eines Hauptinsolvenzverfahrens. Bevor das ausländische Gericht seinen Antrag positiv verbescheidet, wird in Deutschland ein Hauptinsolvenzverfahren unter Missachtung der internationalen Zuständigkeit nach Art. 3 EuInsVO eröffnet.[484] Gegen den Beschluss des deutschen Gerichtes könnte der ausländische Gläubiger mangels Beschwerdebefugnis nicht vorgehen, sofern man die zeitlich frühere Eröffnung eines ausländischen Hauptverfahrens und damit die Geltung des Prioritätsprinzips fordert. Vielmehr muss umgekehrt das für seinen Antrag zuständige ausländische Gericht wegen des in Erwägungsgrund (22) festgelegten Grundsatzes des gegenseitigen Vertrauens den Antrag zurückweisen, wobei das Prioritätsprinzip zu Gunsten der deutschen Entscheidung wirkt.

De lege ferenda sollte daher die Beschwerdebefugnis auch auf Gläubiger erweitert werden, die vor Erlass der deutschen Entscheidung bei einem ausländischen Insolvenzgericht Antrag auf Eröffnung eines Hauptinsolvenzverfahrens gestellt haben.

---

483 Siehe oben B. I. 2. b)

484 So verhielt es sich beispielsweise bei der Insolvenzabwicklung des *Parmalat*-Konzerns im Fall der irländischen Tochtergesellschaft *Eurofood Ltd.* Hier hatte die Bank of America N.A. einen Antrag beim High Court of Dublin gestellt. Während das irische Gericht am 27.1.2004 lediglich einen vorläufigen Verwalter einsetzte, das Verfahren aber noch nicht eröffnete, beschloss das Tribunale di Parma am 19.2.2004 die Eröffnung eines Hauptverfahrens über *Eurofood Ltd.*; siehe ZIP 2004, 1220 ff.; dazu Anm. v. *Riera/Wagner*, EWiR Art. 3 EuInsVO 4/04, 597 f.; *Bauer/Schlegel*, Art. 3 EuInsVO 11/04, 1181 f.

(2) Frist

Problematisch ist weiter, welche Frist der ausländische Beschwerdeführer einzuhalten hat. Weder in der Insolvenzordnung noch im Einführungsgesetz finden sich hierzu Regelungen. Damit gilt gemäß § 6 InsO i.V.m. § 569 I 1 ZPO die 2-Wochen-Frist der sofortigen Beschwerde.

Fraglich ist weiterhin der Fristbeginn. Gemäß § 6 II InsO beginnt die Frist mit der Verkündung der Entscheidung, oder, wenn diese nicht verkündet wird, mit ihrer Zustellung.

Die Zustellung richtet sich nach § 8 InsO und hat von Amts wegen an die Betroffenen zu erfolgen, was sich nach der Lage des Einzelfalles richtet.[485] Bei grenzüberschreitenden Insolvenzen ist der Eröffnungsbeschluss folglich dem ausländischen Insolvenzverwalter zuzustellen. Dies ist selbstverständlich nur möglich, falls dem inländischen Gericht der ausländische Insolvenzverwalter bekannt ist. In der Regel dürfte sich die Bestellung eines ausländischen Insolvenzverwalters jedoch im Rahmen der Prüfung des Insolvenzantrages aus den Unterlagen des Schuldners ergeben. Dies gilt folgerichtig auch für einen Gläubiger der im Ausland einen Antrag gestellt hat[486], falls dieser de lege ferenda eine Beschwerdebefugnis erhalten sollte.

Erfolgt keine Zustellung, so kann nach § 569 I 2 ZPO die Beschwerde spätestens bis zum Ablauf von fünf Monaten nach der Verkündung des Beschlusses eingelegt werden.

§ 9 InsO bietet die Möglichkeit, die Zustellung durch eine öffentliche Bekanntmachung zu ersetzen. In diesem Fall beginnt die Beschwerdefrist nach § 9 I 3 InsO mit dem Tag, an dem die Bekanntmachung als bewirkt gilt. Es obliegt den Betroffenen, von der öffentlichen Bekanntmachung Kenntnis zu nehmen (§ 9 III InsO).

Um den Lauf der 2-Wochen-Frist sicherzustellen, sollte ein deutscher Insolvenzverwalter daher in sämtlichen für ein weiteres Hauptinsolvenzverfahren in Betracht kommenden Mitgliedstaaten die Eröffnung des deutschen Hauptinsolvenzverfahrens bekannt geben.

Dies schreibt der deutsche Gesetzgeber im umgekehrten Fall einem ausländischen Verwalter bei einer deutschen Niederlassung vor. Nach Art. 21 Abs. 1 EuInsVO ist

---

485 MüKo-*Ganter*, InsO, § 8 Rn. 10.

486 Anderer Meinung war wohl der italienische außerordentliche Verwaltungskommissar Dott. Bondi im Rahmen der bereits erwähnten Insolvenz des *Parmalat*-Konzerns. Im Falle der irischen Konzerntochter *Eurofood* Ltd. hielt er es nicht für notwendig, die in Irland antragstellende Gläubigerin, die Bank of America N.A., über die zum italienischen Eröffnungsbeschluss eines Hauptverfahrens stattfindende Anhörung zu unterrichten, vgl. High Court of Justice Dublin, Urt. v. 23.3.2004, ZIP 2004, 1223, 1224. Diese Frage wurde nun Teil einer EuGH-Vorlage, vgl. Supreme Court of Ireland, Urt. v. 27.7.2004 (*Eurofood*), ZIP 2004, 1969 = NZI 2004, 505 = DZWIR 2005, 60 m.Anm. *Smid*, DZWIR 2005, 64; *Herweg/Tschauner*, EWiR 2004, Art. 26 EuInsVO 1/04, 973.

auf Antrag des Verwalters in jedem anderen Mitgliedstaat der wesentliche Inhalt der Entscheidung über die Verfahrenseröffnung öffentlich bekannt zu machen. Art. 21 Abs. 2 EuInsVO erlaubt es den Mitgliedstaaten, in deren Gebiet der Schuldner eine Niederlassung hat, die obligatorische Bekanntmachung vorzuschreiben. Von dieser Möglichkeit hat der deutsche Gesetzgeber in Art. 102 § 5 II EGInsO Gebrauch gemacht.[487]

Um den Lauf der 2-Wochen-Frist in Gang zu setzen, bedarf es daher ggf. mehrerer Zustellungen oder vorsorglicher Veröffentlichungen in anderen Mitgliedstaaten. Im Falle von Niederlassungen in anderen Mitgliedstaaten bedarf es zudem der Prüfung, ob nicht der jeweilige Mitgliedstaat ebenfalls von der Erlaubnis nach Art. 21 Abs. 2 EuInsVO Gebrauch gemacht hat und die Bekanntmachung zwingend vorgeschrieben ist.

(3) Begründetheit

Im Rahmen der Begründetheit ist richtigerweise je nach Beschwerdeführer von einem unterschiedlichen Prüfungsumfang auszugehen.

(a) Schuldner

Die Beschwerde eines Schuldners ist nach § 34 II InsO begründet, wenn das deutsche Gericht unter Missachtung des Prioritätsprinzips das Hauptsacheinsolvenzverfahren eröffnet hat oder die internationale Zuständigkeit verkannt wurde. Ferner ist der Beschwerde stattzugeben, wenn kein Insolvenzgrund vorliegt.

(b) Ausländischer Insolvenzverwalter

Art. 102 § 3 I 3 EGInsO will allein die Durchsetzung des Prioritätsprinzips sicherstellen, also die Klärung der Frage ermöglichen, welches zweier konkurrierender Gerichte zuerst ein Hauptinsolvenzverfahren eröffnet hat.[488] Durch Art. 102 § 3 I 3 EGInsO soll dem ausländischem Insolvenzverwalter dagegen nicht die Möglichkeit eröffnet werden, die internationale Zuständigkeit zum Prüfungsgegenstand zu machen.[489] Folglich beschränkt sich der Prüfungsumfang auch auf die Beachtung des Prioritätsprinzips.

---

487 Verstößt der ausländische Insolvenzverwalter allerdings gegen diese Pflicht, ist das Verfahren gleichwohl anzuerkennen (Artt. 16, 17 EuInsVO). In Betracht kommt jedoch eine Haftung des Verwalters, vgl. *Virgós/ Schmit*, in: Stoll (Hrsg.), Vorschläge und Gutachten (1997), Nr. 180.

488 Hierum geht es u.a. auch in der EuGH-Vorlage des Supreme Court of Ireland, Urt. v. 27.7.2004 (*Eurofood*), ZIP 2004, 1969 = NZI 2004, 505 = DZWIR 2005, 60 m.Anm. *Smid*, DZWIR 2005, 64; *Herweg/Tschauner*, EWiR 2004, Art. 26 EuInsVO 1/04, 973. Siehe auch High Court of Justice Dublin, Urt. v. 23.3.2004, ZIP 2004, 1223 (*Eurofood*); dazu *Herweg/ Tschauner*, EWiR Art. 3 EuInsVO 5/04, 599.

489 Für diese Möglichkeit über den innerstaatlichen Instanzenzug spricht sich allgemein *Duursma/ Duursma-Kepplinger*, DZWIR 2003, 447, 450 aus, die dabei allerdings nicht auf Art. 102 § 3 Abs. 1 Satz 1 EuInsVO abstellt.

(c) Gläubiger

Sofern de lege ferenda auch dem antragstellenden ausländischen Gläubiger eine Beschwerdebefugnis gewährt wird, erstreckt sich konsequenter Weise der Prüfungsumfang sowohl auf die Beachtung des Prioritätsprinzips als auch auf das Vorliegen der internationalen Zuständigkeit, da der antragstellende Gläubiger im Ausland vor Eröffnung eines Hauptinsolvenzverfahrens durch das ausländische Gericht das Prioritätsprinzip noch nicht ins Feld führen kann, sondern zur Verhinderung eines forum shoppings durch andere Beteiligte allein die Missachtung der internationalen Zuständigkeit rügen kann.

(4) Rechtsfolge

Wird der Beschwerde stattgegeben, so ist das zu Unrecht eröffnete Verfahren einzustellen.

Fraglich ist, welche Wirkung die Einstellung des Verfahrens auf bisherige Handlungen und Maßnahmen des Insolvenzverwalters hat. Nach Art. 102 § 4 II EGInsO bleiben die Wirkungen des Verfahrens bestehen. Dies gilt insbesondere auch für die Handlungen, die vom Insolvenzverwalter oder gegenüber dem Insolvenzverwalter in Ausübung seines Amtes vor der Einstellung des Verfahrens vorgenommen wurden. Hat der Insolvenzverwalter beispielsweise einen Gegenstand der Insolvenzmasse veräußert oder belastet, so bleiben diese Verfügungen auch nach der Einstellung des deutschen Insolvenzverfahrens bestehen. Somit führt die Einstellung zu einer Beendigung des deutschen Insolvenzverfahrens mit Wirkung ex nunc.[490] Diese Regelung entspricht dem Bedürfnis nach Rechtssicherheit und Verkehrsschutz, zumal vielfach eine Rückabwicklung bereits durchgeführter Geschäfte schwer oder gar nicht möglich sein dürfte.[491] Zu beachten ist ferner, dass der deutsche Insolvenzverwalter bei pflichtgemäßer Amtsausübung die Interessen sämtlicher – also auch ausländischen – Beteiligten bei seinen Maßnahmen beachten muss. Handelt der Insolvenzverwalter pflichtwidrig, so macht er sich schadensersatzpflichtig.

Schwierigkeiten können jedoch noch hinsichtlich bereits bezahlten Insolvenzausfallgeldes entstehen. Gemäß § 183 SGB III wird den Arbeitnehmern eines Unternehmens das noch nicht bezahlte Gehalt aus den letzten drei Monaten des Arbeitsverhältnisses vor Eröffnung des Verfahrens aus öffentlichen Mitteln durch die Bundesagentur für Arbeit bezahlt. Tatsächlich orientiert sich in der Praxis die Eröffnung des Verfahrens bei noch tätigen Betrieben oft an dieser „Insolvenzgeldfrist", um Zeit für Restrukturierungsmaßnahmen zu gewinnen oder einen poten-

---

490 *Stephan*, in: HK-InsO, Art. 102 EGInsO § 4 Rn. 6; *Smid*, EuInsVO, Art. 102 EGInsO § 4 Rn. 3.

491 Vgl. auch *Wimmer*, in: FS Kirchhof, 520, 526; kritisch hinsichtlich der Europarechtskonformität des Art. 102 § 4 EGInsO dagegen *Weller*, IPRax 2004, 412, 417.

tiellen Investor zu suchen. Vorstellbar ist nun folgende Situation: Das insolvente Unternehmen hat bis einen Monat vor Eröffnung eines Hauptinsolvenzverfahrens im Ausland den Lohn bezahlt. Zwei Wochen nach Eröffnung des ausländischen Verfahrens wird ein weiteres Hauptinsolvenzverfahren in Deutschland eröffnet. Die Agentur für Arbeit orientiert sich in Unkenntnis des ausländischen Verfahrens am Zeitpunkt des Eröffnungsbeschlusses in Deutschland und bezahlt den Lohn für die letzten sechs Wochen. Aufgrund des Prioritätsprinzips kommt es jedoch nur auf das in England eröffnete Hauptinsolvenzverfahren an, so dass die Agentur für Arbeit zwei Wochen zu viel bezahlt hat. Fraglich erscheint, ob hier ebenfalls von einer ex nunc Wirkung der Verfahrensbeendigung ausgegangen werden kann. Zwar überzeugt dies im Hinblick auf Vertrauensschutz der Angestellten, die in Erwartung des Insolvenzausfallgeldes weiter ihre Arbeitskraft zur Verfügung gestellt haben. Allerdings geht die ex nunc Wirkung einseitig zu Lasten der Agentur für Arbeit, die als außenstehende Dritte aufgrund der gesetzlichen Regelung mit dem Insolvenzrisiko belastet wird. Gleichwohl überzeugt dieses Ergebnis angesichts einer der Rechtssicherheit dienenden Einheitlichkeit der Rechtsfolgen. Zudem entspricht dies auch den nationalen Wertungen im Insolvenzrecht. Dass man sich, wie dargestellt, bei der Eröffnung des Verfahrens an der Insolvenzgeldfrist orientiert, stellt eine übliche und vom Gesetzgeber akzeptierte Verfahrensweise dar. Der zeitlich früher ergangene Eröffnungsbeschluss in England führt für die Agentur für Arbeit daher zu einer rein zufälligen Besserstellung. Im Gegensatz zu den Angestellten kann sich die Agentur für Arbeit daher nicht auf Vertrauensschutz berufen.

Zu entscheiden bleibt schließlich noch, wie es sich hinsichtlich der im Inland bereits begründeten Masseverbindlichkeiten verhält. Im Interesse der Massegläubiger erscheint es überzeugend, sie gemäß § 209 InsO analog zu berichtigen. Andernfalls verlieren sie aufgrund der Regelung in Art. 4 II lit. g EuInsVO möglicherweise ihre Vorzugsstellung.[492]

cc) Rechtsschutzmöglichkeit nach englischem Recht

(1) Court orders

Im Falle eines winding up by the court richtet sich der Rechtsschutz nach r. 7.47 Insolvency Rules 1986. Hiernach kann ein Gericht den Eröffnungsbeschluss nochmals überprüfen (*review*), aufheben (*rescind*) oder abändern (*vary*). Dem Gericht steht bei der Überprüfung also ein sehr weiter Maßstab zu. Ihrem Wortlaut nach bezieht sich die Regelung zwar lediglich auf windig up orders. In der Entscheidung *Cornhill Insurance plc. v Cornhill Financial Services Ltd.*[493] wurde

[492] So *Wimmer*, in: FS Kirchhof, 520, 527.

[493] [1992] BCC 818.

r. 7.47 Insolvency Rules 1986 jedoch auch auf administration orders für anwendbar erklärt.

Das appeal nach r. 7.47 Insolvency Rules 1986 ist sowohl gegen die order an sich statthaft, als auch gegen die Entscheidung über die Ablehnung eines appeals.[494] Ferner handelt es sich bei dem appeal nach r. 7.47 Insolvency Rules 1986 um ein echtes Rechtsmittel, so dass keine erneute[495] Anhörung der Verfahrensbeteiligten erfolgt.[496]

Die Einlegung eines Rechtsmittels beim High Court ist immer zulässig[497], beim Court of Appeal bedarf es hingegen einer gerichtlichen Erlaubnis[498] (*leave of the court*).[499]

(a) Beschwerdebefugnis

Anders als im deutschen Recht wird der Kreis der Beschwerdebefugten nicht näher definiert. Da es hierzu keine gesicherte Rechtsprechung gibt, lässt sich dieser auch nur schwierig ermitteln.

Im Gesetz finden sich aber gewisse Anhaltspunkte. So sind im Falle eines winding up vor Eröffnung des Verfahrens sämtliche Beteiligten anzuhören.[500] Allerdings ist auch hier der anzuhörende Personenkreis nicht genauer festgelegt. Jedoch lassen sich aus einer anderen gesetzlichen Regelung Rückschlüsse ziehen. Der petitioner muss unter anderem[501] der company[502] und nun auch ausdrücklich dem Verwalter eines Hauptinsolvenzverfahren[503] i.S.d. EuInsVO eine Kopie seines Antrags zustellen. Sind diese Personen nun zu benachrichtigen, liegt es nahe, auch ein Anhörungsrecht dieses Personenkreises anzunehmen. Dies folgt aus der Tatsache, dass die Benachrichtigung der genannten Personen auch dazu dient, sich beim petitioner für die Anhörung anzumelden. Sind diese Personen anzuhören, ist es nur konsequent, ihnen auch ein Beschwerderecht zu gewähren.

---

494 *Sealy/Milman*, Annotated Guide to the Insolvency Legislation, r. 7.47 (General Note); *Re S N Group plc.* [1993] BCC 808.

495 Wie im deutschen Recht sind vor Eröffnung eines winding up oder einer administration order die Beteiligten zu hören, vgl. s. 125 Insolvency Act 1986 bzw. s. .

496 *Sealy/Milman*, Annotated Guide to the Insolvency Legislation, r. 7.47 (General Note).

497 *Re Busytoday Ltd.* [1992] BCC 480.

498 Midrome Ltd. v Shaw [1993] BCC 659.

499 Vgl. r. 7.47 (2) Insolvency Rules 1986.

500 Vgl. s. 125 (1) Insolvency Act 1986.

501 Für die vorliegende Frage nicht weiter von Bedeutung ist, dass der petitioner gemäß r. 4.10 (1)-(3) Insolvency Rules 1986 darüber hinaus einem gegebenenfalls bestellten Verwalter eine Kopie des Antrags zustellen muss.

502 Vgl. r. 4.8 Insolvency Rules 1986.

503 Vgl. r. 4.10 (3A) Insolvency Rules 1986.

Für den Fall, dass dem Verwalter eines im Ausland bereits *eröffneten* Hauptinsolvenzverfahrens eine Kopie des Antrags zugestellt wird, ist die Eröffnung eines zweiten Hauptinsolvenzverfahrens in England grundsätzlich ausgeschlossen (Artt. 16, 17 EuInsVO). Erfolgt gleichwohl eine Eröffnung, steht dem ausländischen Verwalter, nach dem eben Gesagten, nicht nur rechtliches Gehör sondern auch eine Beschwerdebefugnis zu. Aber auch hier kann dies nicht für den vorläufigen Verwalter gelten, da, wie dargestellt[504], das Prioritätsprinzip seine Wirkung erst nach tatsächlicher Verfahrens*eröffnung* entfaltet.

Daneben steht im englischen Recht ausdrücklich auch dem Antragsteller rechtliches Gehör zu. Dies ist anders als nach deutschem Recht (§ 34 I InsO) nicht nur dann der Fall, wenn der Antrag abgelehnt wird. Geht man konsequenterweise davon aus, dass auch ihm ein Beschwerderecht zusteht, stellt sich auch im Falle der Verfahrenseröffnung in England die Frage, ob darüber hinaus einem Gläubiger, der im Ausland den Antrag auf Eröffnung eines Hauptinsolvenzverfahrens gestellt hat, ein Beschwerderecht zusteht. Davon ist, wie dargestellt[505], aufgrund der ratio der EuInsVO auszugehen.[506]

Bei Eröffnung einer administration wird dem Antragsteller, der company, den directors und, im Falle der Eröffnung eines Hauptinsolvenzverfahren i.S.d. EuInsVO, dem ausländischen Verwalter rechtliches Gehör gewährt.[507] Daher kann mit der gleichen Argumentation wie im Falle eines winding up von einer Beschwerdebefugnis des Schuldners bzw. seiner directors, des ausländischen Hauptinsolvenzverwalters und desjenigen Gläubigers, der im Ausland einen Antrag gestellt hat, ausgegangen werden.

(b) Frist

Der Antrag auf Aufhebung der court order muss innerhalb von sieben Tagen nach dem Eröffnungsbeschluss eingereicht werden.[508] Diese sehr knapp bemessene Frist überzeugt aber nur dann, wenn die beschwerdebefugten Personen von der Eröffnung in entsprechender Weise Kenntnis genommen haben. Für den Fall, dass sich in Deutschland eine Niederlassung befindet, ist auf Art. 21 II EuInsVO, Art. 102 § 5 II EGInsO hinzuweisen, wonach die öffentliche Bekanntmachung der Eröffnung eines Hauptinsolvenzverfahrens zwingend vorgeschrieben ist.

---

504 Siehe oben B. I. 2. b).

505 Hierzu ausführlich B. II. 6. b) bb) (1) (c).

506 Dazu auch *Schilling/J. Schmidt*, EWiR Art. 16 1/06, 15, 16.

507 R. 2.12 (1) (a), (b), (c), (g) Insolvency Rules 1986.

508 Vgl. r. 7.47 (4) Insolvency Rules 1986. „*Appear*" bedeutet in diesem Zusammenhang „*have a right of audience*"; vgl. *Re Piccadilly Property Management Ltd.* [2000] BCC 44, S. 50.

(c) Begründetheit

Wie bei einer Beschwerde gegen die Eröffnung eines Hauptinsolvenzverfahrens in England, kann der Schuldner im umgekehrten Fall auch in England die Eröffnungsentscheidung hinsichtlich Beachtung des Prioritätsprinzips, Vorliegen eines Eröffnungsgrunds und der internationalen Zuständigkeit überprüfen. Dagegen ist die Beschwerde des Verwalters des ausländischen Hauptinsolvenzverfahrens nur bei einem Verstoß gegen das Prioritätsprinzip begründet.

Fraglich ist, ob der antragstellende ausländische Gläubiger neben der Verletzung des Prioritätsprinzips auch die fälschliche Inanspruchnahme der internationalen Zuständigkeit im Wege eines *appeals* geltend machen kann. Eine dahingehende Entscheidung der englischen Gerichte wäre angesichts des Gedankens des gegenseitigen Vertrauens nach Erwägungsgrund (22) jedenfalls wünschenswert.

(d) Rechtsfolge

Hat das *appeal* Erfolg, ist das Verfahren einzustellen. Bereits durch den Verwalter vorgenommene Geschäfte müssen aufgrund von Verkehrsschutz und Rechtssicherheit bestehen bleiben. Vor Einstellung sind jedoch die Masseforderungen zu begleichen.

(2) Arrangement

Ein arrangement zwischen company und Gläubigern kann gemäß s. 6 Insolvency Act 1986 abgelehnt werden.[509] Beschwerdebefugt ist gemäß s. 6 (2) (a), (aa) Insolvency Act 1986 unter anderem jeder, dem auf den *meetings* im Rahmen des *arrangements* ein Wahlrecht zusteht. Das sind sowohl sämtliche Gläubiger[510] als auch alle Gesellschafter[511]. Nicht genannt wird der Schuldner selber und der ausländische Insolvenzverwalter eines Hauptinsolvenzverfahrens. Allein überzeugend ist es aber auch hier, auch den beiden letztgenannten eine Rechtsschutzmöglichkeit zu gewähren.

Die Frist ist gemäß s. 6 (3) Insolvency Act 1986 großzügig bemessen. So muss innerhalb von 28 Tagen nach Bekanntgabe der Eröffnung eines arrangements gegen die Entscheidung vorgegangen werden. Wurde jemand von der Entscheidung entgegen der Vorschriften nicht benachrichtigt, endet für in die Frist erst 28 Tage nach Kenntniserlangung.

Hinsichtlich des Prüfungsumfangs und der Rechtsfolgen kann auf die bezüglich der *court orders* gemachten Ausführungen verwiesen werden.

---

509 Dagegen bietet s. 7 (3) Insolvency Act 1986 keine Möglichkeit, das arrangement aufzuheben. Hiernach können Gläubiger jedoch gegen einzelne Entscheidungen des *supervisors* vorgehen.

510 R. 1.17 Insolvency Rules 1986.

511 R. 1.18 Insolvency Rules 1986.

c) Gemeinschaftsrechtliche Maßnahmen

Im Fall *Parmalat* hat sich der Supreme Court of Ireland im Wege eines Vorabentscheidungsverfahrens gemäß Art. 234 EG an den EuGH gewandt.[512] Aufgrund der Dauer eines solchen Verfahrens wird es sich jedoch in den meisten Fällen nicht um ein probates Mittel zur Lösung von Kompetenzkonflikten handeln. Wie eingangs bereits festgestellt, kommt erschwerend hinzu, dass sich aufgrund der Modifikation gemäß Art. 68 Abs. 1 EG nur letztinstanzliche Gerichte an den EuGH wenden können.

Ferner kommt ein Vertragsverletzungsverfahren gemäß Art. 226 in Betracht.[513] Die Inanspruchnahme der internationalen Zuständigkeit unter Missachtung der Regeln der EuInsVO stellt eine Verletzung des Gemeinschaftsrechts dar. Ein Vertragsverletzungsverfahren bedarf allerdings eines Antrags der Kommission oder eines Mitgliedstaates (Art. 227 EG). Sinn und Zweck eines solchen Verfahrens ist es, den gegen das Gemeinschaftsrecht verstoßenden Mitgliedstaat zu veranlassen, die Vertragsverletzung zu beseitigen. Aufgrund der Unabhängigkeit der nationalen Gerichte und des Gewaltenteilungsgrundsatzes wird die Regierung des Mitgliedstaates jedoch keinen Einfluss auf das Verfahren nehmen können.

d) Ergebnis

Während die EuInsVO und der EG-Vertrag nur in engem Maße die Möglichkeit einer Überprüfung der internationalen Zuständigkeit im Falle eines Hauptinsolvenzverfahren i.S.d. EuInsVO bieten, ermöglicht der innerstaatliche Instanzenzug durchaus effektive Möglichkeiten gegen ein solchen Verfahren vorzugehen. Im deutschen Recht erweitert Art. 102 § 3 I 3 EGInsO den Anwendungsbereich des § 34 II InsO um die Beschwerdebefugnis des ausländischen Insolvenzverwalters. Gleiches ist, wie dargestellt, auch für das englische Recht anzunehmen. Allerdings beschränkt sich der Prüfungsumfang auf die Einhaltung des Prioritätsprinzips. Dies gilt allerdings nicht für den Schuldner. Diesem muss die Überprüfung des Vorliegens eines Insolvenzgrunde, der Beachtung des Prioritätsprinzips und der internationalen Zuständigkeit zustehen.

Im Falle eines deutschen Hauptinsolvenzverfahrens sollte der deutsche Insolvenzverwalter, um die 2-Wochen-Frist nach § 569 I 1 ZPO in Lauf zu setzen, die Eröffnung eines Hauptinsolvenzverfahrens Deutschland in allen in Betracht kommenden Mitgliedstaaten öffentlich bekannt machen. Im Falle von ausländischen Niederlassungen ist zudem zu prüfen, ob nicht ohnehin eine öffentliche Be-

---

512 Supreme Court of Ireland, Urt. v. 27.7.2004 (*Eurofood*), ZIP 2004, 1969 = NZI 2004, 505 = DZWIR 2005, 60 m.Anm. *Smid*, DZWIR 2005, 64; *Herweg/Tschauner*, EWiR 2004, Art. 26 EuInsVO 1/04, 973.

513 Dazu *Duursma/Duursma-Kepplinger*, DZWIR 2004, 447, 452.

kanntmachung auf der Grundlage von Art. 21 Abs. 2 EuInsVO in dem jeweiligen Mitgliedstaat vorgeschrieben ist.

Dass bei einer Einstellung des deutschen Hauptinsolvenzverfahrens die Handlungen des deutschen Insolvenzverwalters wirksam bleiben, ist europarechtskonform und entspricht den Erfordernissen der Rechtssicherheit und des Verkehrsschutzes.

De lege ferenda erscheint es interessengerecht, auch demjenigen Gläubiger die Beschwerdebefugnis zu gewähren, der bei einem anderen Gericht bereits vor Eröffnung eines Hauptinsolvenzverfahrens einen Antrag zur Eröffnung eines Hauptinsolvenzverfahrens gestellt hat. In diesem Fall sollte folgerichtig auch das Vorliegen der internationalen Zuständigkeit überprüft werden.

7. Möglichkeit der Eröffnung eines Sekundärinsolvenzverfahrens

Liegt ein ordre public-Verstoß nicht vor und hat auch innerstaatlicher Rechtsschutz keinen Erfolg, so bleibt noch die Möglichkeit, im Inland ein Sekundärinsolvenzverfahren zu eröffnen, sofern sich das im Inland belegene Vermögen als Niederlassung i.S.v. Art. 2 lit. h EuInsVO qualifizieren lässt.[514]

Dabei ist die Eröffnung eines Sekundärinsolvenzverfahrens bei genauer Betrachtung des Art. 3 II 1 EuInsVO dann keinesfalls selbstverständlich, wenn sich nach Ansicht des eröffnenden Gerichts der Mittelpunkt der hauptsächlichen Interessen eigentlich im Inland befindet. Dieser setzt seinem Wortlaut nach nämlich voraus, dass der Schuldner den Mittelpunkt seiner hauptsächlichen Interessen im Gebiet eines anderen Mitgliedstaates hat. Einer solchen Auffassung steht jedoch zum einen der Grundsatz der Anerkennung (Art. 16 I EuInsVO) entgegen, wonach die Gerichte der übrigen Mitgliedstaaten die internationale Zuständigkeit des Gerichts des Hauptverfahrens anzuerkennen haben und damit gleichzeitig die Entscheidung des ausländischen Gerichts nicht mehr in Frage stellen dürfen. Zum anderen läuft eine solche, streng am Wortlaut haftende, Auffassung dem Sinn und Zweck eines Sekundärverfahrens zuwider. Dieses verfolgt nämlich in erster Linie den Zweck, die lokalen Gläubiger zu schützen.[515] Ihnen sowie allen sonstigen Antragsberechtigten (Art. 29 EuInsVO) werden auf diese Weise verfahrens- und materiellrechtlich in Bezug auf die im Inland belegenen Vermögensgegenstände die Rechte gewährleistet, die sie bei Eröffnung eines inländischen Hauptinsolvenzverfahrens hätten.[516] Dadurch können sie sich vor den Folgen aus der An-

---

514 Da davon ausgegangen wird, dass ein Hauptverfahren bereits eröffnet wurde, interessiert hier nicht die Möglichkeit in einem Mitgliedsstaat auch ein territoriales Verfahren in Form eines Partikularverfahrens zu eröffnen (Art. 3 Abs. 4 EuInsVO).

515 *Virgós/Schmit*, in: Stoll (Hrsg.), Vorschläge und Gutachten (1997), Nr. 32 f.; *Lüke*, ZZP (111) 1998, 275, 298; *Kolmann*, Kooperationsmodelle, S. 327; *Duursma-Kepplinger-D/DK/Ch*, EuInsVO, Art. 27 Rn. 9.

516 *Duursma-Kepplinger-D/DK/Ch*, EuInsVO, Art. 27 Rn. 10; *Smid*, EuInsVO, Art 27 Rn. 3.

wendung der lex concursus des Mitgliedstaates, in dem das Hauptverfahren eröffnet wurde, schützen.[517] Dies ergibt sich aus der Wirkung bei Eröffnung eines Sekundärverfahrens. Gemäß Art. 28 EuInsVO gelangt das Insolvenzrecht des Mitgliedstaats zur Anwendung, in dessen Gebiet das Sekundärinsolvenzverfahren eröffnet wird. Art. 28 EuInsVO stellt damit die Parallelnorm zu Art. 4 EuInsVO dar.[518]

Virgós/Schmit halten diese Möglichkeit für diejenigen Gläubiger für sinnvoll, die nicht mit der Anerkennung ihrer Rechte (oder ihres Vorrangs) in dem in einem anderen Vertragsstaat durchgeführten Verfahren rechnen können. Gleiches gilt für Gläubiger, die sich nicht auf die Anwendung der Rechtsvorschriften eines anderen Vertragsstaates verlassen können (z.B. kleinere Gläubiger, die mit der inländischen Niederlassung eines in einem anderen Vertragsstaat ansässigen Unternehmens nur Inlandsgeschäfte getätigt haben usw.).[519]

a) Insolvenzfähigkeit

Im Falle eines Sekundärverfahrens richtet sich die Frage der Insolvenzfähigkeit nach den gleichen Grundsätzen wie im Hauptverfahren.[520] Insoweit kann auf die oben gemachten Ausführungen verwiesen werden (B. II. 3).

b) Internationale Zuständigkeit gemäß Art. 3 Abs. 2 EuInsVO

Voraussetzung für die Eröffnung eines Sekundärverfahrens ist zunächst das Bestehen einer Niederlassung in diesem Mitgliedstaat (Art. 3 Abs. 2 Satz 2 EuInsVO). Dabei deckt sich der Niederlassungsbegriff nicht mit dem vom EuGH im Rahmen seiner Rechtsprechung zur sekundären Niederlassungsfreiheit (Artt. 43, 48 EG) vertretenen Begriff, wonach Auslandsgesellschaften sämtliche Geschäfte über eine „Zweigniederlassung“ ausführen können.[521]

Frühere Entwürfe[522] ließen noch den Gerichtsstand des bloßen Vermögens zu. Auch das deutsche autonome Insolvenzrecht ermöglicht mit § 354 Abs. 1 InsO die Eröff-

---

517 Sehr anschaulich *Hanisch*, in: Stoll (Hrsg.) 1997, Vorschläge und Gutachten, 202, 204 der darauf hinweist, dass es sich bei der Anerkennung von Inlandswirkungen ausländischer Insolvenzverfahren immer auch um einen „Sprung ins Dunkle“ handelt.

518 Vgl. bezogen auf das EuInsÜ *Virgós/ Schmit*, in: Stoll (Hrsg.), Vorschläge und Gutachten (1997), Nr. 225 („Es handelt sich hier eigentlich nur um eine Wiederholung des Artikel 4,...“.).

519 *Virgós/Schmit*, in: Stoll (Hrsg.), Vorschläge und Gutachten (1997), Nr. 32.

520 MüKo-*Reinhart*, IntInsR, Art. 4 EuInsVO Rn. 3; *Eidenmüller*, in: Eidenmüller, Ausländische Kapitalgesellschaften im deutschen Recht, § 9 Rn. 19.

521 Siehe zuletzt EuGH v. 30.9.2003, Rs. C-167/01 – (*Inspire Art*) = AG 2003, 680 = DB 2003, 2219, 2221 Rn. 95 ff. = NJW 2003, 3331, 3333 Rn. 95 ff.

522 So z.B. Art. 1 Abs. 2 der Vorentwürfe des BMJ von 1989, abgedruckt in: Stoll (Hrsg.), Stellungnahmen und Gutachten (1992), S. 1 ff. bzw. 146 ff.; kritisch hierzu *Thieme*, in: Stoll (Hrsg.), Stellungnahmen und Gutachten (1992), 212, 217 f. Ebenfalls noch enthalten in Art. 2 Abs. 2 des Vorentwurfs von 1992, abgedruckt in ZIP 1992, 1197 ff.

nung eines Partikularverfahrens sofern der Schuldner im Inland *sonstiges Vermögen* hat.[523] Als Kompromiss mit den Staaten, die den Vermögensgerichtsstand auf europäischer Ebene für erforderlich hielten, ist der Begriff der Niederlassung in Art. 2 lit. h EuInsVO nun denkbar weit definiert.[524] Hiernach erfasst eine Niederlassung jeden Tätigkeitsort, an dem der Schuldner einer wirtschaftlichen Aktivität von nicht vorübergehender Art nachgeht, die den Einsatz von Personal und Vermögenswerten voraussetzt. Damit weicht der Niederlassungsbegriff der EuInsVO von dem sehr eng zu fassenden Niederlassungsbegriff[525] des Art. 5 Nr. 5 EuGVÜ ab.[526] So kommt es auch nicht auf die Weisungsgebundenheit der Außenstelle vom Schuldner an.[527]

Eine im Hafen von Saint-Tropez vor Anker liegende Yacht mit eigener Crew bzw. eine Finca auf Mallorca mit eigenem Hauspersonal wird kaum als Niederlassung zu qualifizieren sein. Zwar ist Gewinnerzielung keine Voraussetzung[528], auch mag das Vorliegen eines gewissen zeitlichen Moments und eines gewissen Organisationsgrads[529] hier noch konstruierbar sein, doch wird es regelmäßig an der Wirtschaftlichkeit der dort vorgenommenen Aktivitäten fehlen. Auch allein das Führen eines Bankkontos in England begründet für eine griechische Gesellschaft noch keine Niederlassung.[530] Ferner vermag auch der Besitz von Lagerräumen die Annahme einer Niederlassung nicht rechtfertigen.[531] Zudem stellt das OLG Wien in seinem Beschluss vom 9.11.2004[532] völlig zu Recht klar, dass das Personal nicht mit dem Gemeinschuldner des Hauptverfahrens identisch sein darf. Dadurch entstünde die Gefahr, die Wirkung des Hauptverfahrens (Artt. 16, 17 EuInsVO) zu untergraben. Denn der Mittelpunkt des Gemeinschuldners sollte sich dort befinden, wo das Hauptinsolvenzverfahren stattfindet. Ist ein Gericht jedoch der Meinung, der Gemeinschuldner sei Personal der Niederlassung, widerspricht es damit dem Gericht

---

523 Für eine Belegenheit von sonstigem Vermögen als Zuständigkeitsgrund zumindest als Drittstaatenregelung *Hanisch*, in: Stoll (Hrsg.) 1997, Vorschläge und Gutachten, 202, 208 f. Kritisch *Liersch*-Braun, InsO, § 354 Rn. 6.

524 *Balz*, ZIP 1996, 948, 949; *Virgós/ Schmit*, in: Stoll (Hrsg.), Vorschläge und Gutachten (1997), Nr. 70; *Lüke*, ZZP (111) 1998, 275, 299.

525 Vgl. zum Niederlassungsbegriff im EuGVÜ *Kropholler*, Europäisches Zivilprozessrecht, Art. 5 Rn. 88. *Thieme*, IJVO 1995/ 1996, 83 f. äußert sich aufgrund der kumulativen Voraussetzungen „Personal" und „Vermögen" kritisch, ob Art. 2 lit. h EuInsVO im Ergebnis wirklich enger ist.

526 *Leible/Staudinger*, KTS 2000, 533, 546 insb. Fn. 96.

527 *Lüke*, ZZP (111) 1998, 275, 299.

528 *Virgós/Schmit*, in: Stoll (Hrsg.), Vorschläge und Gutachten (1997), Nr. 71.

529 *Virgós/Schmit*, in: Stoll (Hrsg.), Vorschläge und Gutachten (1997), Nr. 71; *Leible/Staudinger*, KTS 2000, 533, 547.

530 *Wessels*, International jurisdiction on open insolvency proceedings in Europe, in particular against (groups of) companies, S. 11.

531 *Leible/Staudinger*, KTS 2000, 533, 547.

532 OLG Wien, NZI 2005, 56, 60 m.Anm. *Paulus*.

des Hauptinsolvenzverfahrens. Dies kommt aber einer Nichtanerkennung letzteren gleich.[533]

Vergegenwärtigt man sich den der Vorschrift zugrunde gelegten Gedanken, ist leicht zu verstehen, was genau von dem Begriff der Niederlassung erfasst sein soll. Hiernach sollen nämlich auf ausländische wie inländische Unternehmen dieselben insolvenzrechtlichen Regeln angewendet werden, sofern sie auf demselben Markt tätig sind.[534] Dadurch können die inländischen Gläubiger, die mit der inländischen Niederlassung eines ausländischen Unternehmens kontrahieren, auf die Anwendung inländischen Insolvenzrechts vertrauen.[535]

Für die vorliegend interessierende Fallgestaltung einer englischen Limited mit Verwaltungssitz in Deutschland sind folgende Fallgestaltungen denkbar.

Häufig ist eine englische Limited als Holding-Gesellschaft anzutreffen, die (möglicherweise neben anderen Töchtern) eine Tochter-GmbH in Deutschland hat. Hier stellt sich die Frage, ob die deutsche GmbH als Niederlassung der englischen Limited qualifiziert werden kann. Dabei geht es um die Frage, ob auch eine *selbständige* Niederlassung eine Niederlassung i.S.v. Art. 2 lit. h EuInsVO sein kann. Dies ist nach ganz herrschender Meinung nicht der Fall.[536] Denn der Besitz der Anteile an der Tochter ist bloßes Vermögen, dessen Vorhandensein alleine ein Sekundärverfahren aber gerade nicht rechtfertigt. Ferner steht dies auch im Einklang mit dem Willen der Verordnung. Könnten nämlich sämtliche Töchter und Enkelinnen in einem Konzern als Niederlassungen der Mutter qualifiziert werden, wäre man von einem Konzerninsolvenzrecht nicht weit entfernt. Denn würde man kein Sekundärverfahren eröffnen, müsste man im Umkehrschluss die Töchter und Enkel in das Hauptverfahren einbeziehen. Einen Konzerninsolvenzgerichtsstand wollte die EuInsVO jedoch gerade nicht ermöglichen. Hiernach soll für jeden der betroffenen Schuldner mit eigener Rechtspersönlichkeit die internationale Zuständigkeit eigens festgestellt werden.[537]

Anders verhält es sich, wenn man – wie von der EuInsVO gewollt – die Tochter-GmbH isoliert betrachtet. Das AG Köln zeigt, dass in dieser Konstellation das in Deutschland belegene Vermögen der Tochter-GmbH ohne weiteres als Niederlas-

533 Die Entscheidung des OLG Wien begrüßend auch *Paulus*, NZI 2005, 62 f.; siehe auch *Moss*, Insolvency Intelligence 2005, 18 (9), 141.

534 *Virgós/ Schmit*, in: Stoll (Hrsg.), Vorschläge und Gutachten (1997), Nr. 71; *Kolmann*, Kooperationsmodelle, S. 329.

535 Vgl. zum Niederlassungsbegriff i.S.v. Art. 2 lit. c EuInsVO auch *Prütting*, in: Breitenbücher/Ehricke, Insolvenzrecht 2003, 59, 63 f.

536 Ganz h.M., siehe nur *Gottwald*, Grenzüberschreitende Insolvenzen, S. 21 f.; *P. Huber*, ZZP 114 (2001), 133, 142 f.; *Ehricke*, EWS 2002, 101, 104 ff.; *Eidenmüller*, IPRax 2001, 2, 4 Fn. 17; *ders.*, NJW 2004, 3455, 3458; *Duursma/ Duursma-Kepplinger*, DZWIR 2003, 447, 448. Einschränkend dagegen *Paulus*, EWS 2002, 497, 500 f.

537 *Virgós/Schmit*, in: Stoll (Hrsg.), Vorschläge und Gutachten (1997), Nr. 76.

sung i.S.v. Art. 2 lit. h EuInsVO qualifiziert werden kann.[538] Auch das AG Düsseldorf eröffnet im Fall *Daisytek* für alle drei deutschen GmbHs ein Sekundärverfahren, welches neben das in England eröffnete Hauptverfahren trat.[539] Das erstaunt zwar zunächst angesichts des satzungsmäßigen Sitzes, der ebenfalls in Deutschland zu finden ist. Dessen Vorliegen spricht eher für die Annahme eines selbständigen Unternehmens, da andernfalls die eigentliche Gesellschaft zur Niederlassung von sich selbst wird. Die Eröffnung von Sekundärverfahren am satzungsmäßigen Sitz ist jedoch eine Konsequenz daraus, dass es für das Hauptverfahren vorrangig auf den Mittelpunkt der hauptsächlichen Interessen ankommt (Art. 3 Abs. 1 Satz 1 EuInsVO). Ein Verbot der Eröffnung eines Sekundärverfahrens am satzungsmäßigen Sitz hätte der Gesetzgeber in der EuInsVO ausdrücklich regeln müssen.

Auch vermögen Zweifel an der Zulässigkeit der Eröffnung eines Sekundärverfahrens nicht zu überzeugen, wonach das Hauptverfahren durch das Sekundärverfahren ausgehöhlt zu werden droht.[540] Bedenken hatten hier wohl die französischen Richter an der Cour d' appel de Versailles im Fall *Daisytek*, wenn sie feststellen, dass ein Sekundärverfahren in der vorliegenden Konstellation befremden würde (*est étranger au présent litige*)[541]. Diese Aussage erstaunt, denn die EuInsVO hält die Möglichkeit eines Sekundärverfahrens gerade zum Schutz der lokalen Gläubiger bereit. In der dem Urteil der Cour d'appel zugrunde liegenden vergleichbaren Konstellation werden jedoch regelmäßig die meisten Gläubiger und möglicherweise das gesamte Vermögen im Mitgliedstaat der Eröffnung des Sekundärverfahrens sein. Dann wäre es aber widersprüchlich, in solchen Fällen den lokalen Gläubigern gerade nicht die Anwendung nationalen Rechts durch ein nationales Gericht zu ermöglichen. Überdies wird es in dieser Konstellation selten ausländische Gläubiger geben, deren Vertrauen in das Hauptverfahren enttäuscht werden kann.

Mit der soeben beschriebenen Situation einer deutschen GmbH vergleichbar ist nun der Fall einer englischen Limited mit tatsächlichem Verwaltungssitz in Deutschland. Auch hier wird man ohne weiteres ein Sekundärverfahren in Deutschland eröffnen können, sofern nicht ohnehin das Hauptverfahren in Deutschland zu eröffnen ist.[542] Wie dargestellt steht dem die Tatsache, dass sich dann für das Hauptverfahren kaum noch Vermögen findet, nicht entgegen. Fraglich ist aber auch hier der umgekehrte Fall, wenn in Deutschland das Hauptverfahren eröffnet wurde

---

538 AG Köln, Urt. v. 23.1.2004, ZInsO 2004, 216 = NZI 2004, 151 = ZIP 2004, 1220. A.A. offenbar Cour d'appel Versailles v. 4.9.2003 (dazu sogleich).

539 AG Düsseldorf, Beschl. v. 12.3.2004, ZIP 2004, 623, 625, dem Antrag wird am 7. April 2004 stattgegeben.

540 Im Ansatz erwägend *Sabel*, NZI 2004, 126, 127.

541 Cour d'appel Versailles v. 4.9.2003, auf S. 8 des Urteils. Abrufbar im Original unter www.iiiglobal.org/country/european_union/Daisytek_CA_Versailles_French.pdf.

542 Vgl. etwa auch *Paulus*, ZIP 2003, 1725, 1728; *U. Huber*, in: FS Gerhardt, 397, 412; AG Köln, Urt. v. 23.1.2004, ZInsO 2004, 216 = NZI 2004, 151 = ZIP 2004, 1220.

und ein Sekundärverfahren in England eröffnet werden soll. Ganz deutlich wird das Problem im Falle einer klassischen Briefkastengesellschaft. Hier befindet sich regelmäßig weder Personal noch Vermögen im Land des satzungsmäßigen Sitzes. Selbst nach dem weit gefassten Art. 2 lit. h EuInsVO wird man daher nicht von einer Niederlassung sprechen können. Da sich hier weder Vermögen noch Gläubiger befinden, wird ein Sekundärverfahren auch keinen Sinn ergeben.

c) *Antragsrecht zur Eröffnung eines Sekundärverfahrens gemäß Art. 29 EuInsVO*

Ein Sekundärverfahren wird lediglich auf Antrag eröffnet. Dies gilt auch im Falle eines positiven Kompetenzkonfliktes. Das später eröffnete Verfahren ändert sich nicht automatisch in ein Sekundärverfahren um.[543] Bei Vorliegen der Eröffnungsvoraussetzungen *muss* das Gericht dem Antrag auf Eröffnung eines Sekundärverfahrens stattgeben.[544] Anders als in England verlangt das deutsche Insolvenzrecht jedoch, dass die Kosten des Verfahrens durch die Masse gedeckt sein müssen. Gemäß Art. 30 EuInsVO i.V.m. § 26 InsO kann das deutsche Gericht daher die Eröffnung des Verfahrens davon abhängig machen, dass der Antragsteller einen Vorschuss oder Sicherheit für die Verfahrenskosten leistet.

aa) *Antragsrecht nach Art. 29 lit. a EuInsVO*

Antragsberechtigter ist nach Art. 29 lit. a EuInsVO der Verwalter des Hauptinsolvenzverfahrens.[545] Damit handelt es sich um ein originäres Antragsrecht, während Art. 29 lit. b EuInsVO aufgrund des in Art. 4 Abs. 1 EuInsVO enthaltenen Verweises auf das Recht der Mitgliedstaaten lediglich Klarstellungsfunktion zukommt.[546] Mit „Verwalter" kann hier nur der endgültig bestellte Verwalter gemeint sein, denn ein Sekundärinsolvenzverfahren setzt zwangsweise ein in einem anderen Mitgliedstaat anerkanntes Hauptinsolvenzverfahrens voraus (Art. 27 Satz 1 EuInsVO). Für dessen Anerkennung kommt es, wie dargestellt, nach überzeugender Ansicht auf den Zeitpunkt des Eröffnungsbeschlusses an.[547] Von da ab handelt es sich aber nicht mehr um einen vorläufigen Verwalter.

Fraglich ist, ob der Verwalter eines Sekundärinsolvenzverfahrens einen Antrag auf Eröffnung eines weiteren Sekundärverfahrens stellen kann. Hiergegen spricht aber

---

543 A.A. offenbar *Smid*, EuInsVO, Art. 3 Rn. 19.

544 Dies ist trotz des irreführenden Wortlauts in Art. 27 EuInsVO der Fall, vgl. klarstellend *U. Huber*, in: FS Gerhardt, 397, 413.

545 So beantragt der Insolvenzverwalter des englischen Hauptverfahrens im Fall *Daisytek* in Deutschland ein Sekundärverfahren, vgl. AG Düsseldorf, Beschl. v. 12.3.2004, ZIP 2004, 623, 625. Dem Antrag wird am 7. April 2004 stattgegeben. Siehe auch den (hilfsweise bejahten) Antrag der englischen Joint Administrators beim AG Köln v. 23.1.2004, NZI 2004, 151.

546 *Staak*, NZI 2004, 480, 483.

547 Siehe oben B. I. 2. b).

die Funktion des Sekundärverfahrens, wonach primär die lokalen Gläubiger geschützt werden sollen. Deren Interessen werden nicht speziell vom Verwalter eines anderen Sekundärverfahrens wahrgenommen. Ferner soll es ein Sekundärverfahren dem Verwalter des Hauptverfahrens erleichtern, das im Inland belegene Vermögen zu erfassen, wenn sich die dortigen Rechtsverhältnisse beispielsweise als besonders kompliziert darstellen.[548] Nichts spricht dafür, diese Möglichkeit auch dem Verwalter eines Sekundärinsolvenzverfahrens zu bieten. Art. 29 lit. a EuInsVO berechtigt somit nur den endgültigen Hauptinsolvenzverwalter, einen Antrag zu stellen.

Gemäß Art. 29 lit. b EuInsVO ist jede andere Person oder Stelle antragsberechtigt, der das Antragsrecht nach dem Recht des Mitgliedstaats zusteht, in dessen Gebiet das Sekundärinsolvenzverfahren eröffnet werden soll. Hier könnte man zwischen zwei Zeitpunkten unterscheiden. So könnte nämlich das Antragsrecht des Schuldners vor Eröffnung eines Hauptverfahrens anders zu beurteilen sein als nach dessen Eröffnung. Problematisch ist, ob der Schuldner *nach* Eröffnung eines Hauptverfahrens überhaupt noch befugt sein kann, ein Sekundärverfahren zu eröffnen. Denn die Verwaltungs- und Verfügungsbefugnis über das gesamte Vermögen des Schuldners ist nach Eröffnung des Hauptinsolvenzverfahrens auf den Hauptverwalter übergegangen. Welche Rechte der Übergang umfasst, richtet sich gemäß Art. 4 Abs. 2 lit. c EuInsVO nach der lex concursus des Hauptverfahrens.[549]

Da für die vorliegende Arbeit nur ein Sekundärverfahren – also ein nationales Verfahren, das *nach* dem Hauptverfahren eröffnet wird – interessiert, kann auf eine solche Differenzierung verzichtet werden. Abgestellt wird daher im Folgenden auf den Zeitpunkt nach der Eröffnung eines Hauptverfahrens.[550]

bb) Antragsrecht nach Art. 29 lit. b EuInsVO

Gemäß Art. 29 lit. b EuInsVO kann jede Person oder Stelle, der das Antragsrecht nach dem Recht des Mitgliedstaats zusteht, in dessen Gebiet das Sekundärverfahren eröffnet werden soll, einen Antrag stellen.

---

548 *Kolmann*, Kooperationsmodelle, S. 327.

549 Ebenso *Kolmann*, Kooperationsmodelle, S. 336; *Duursma-Kepplinger*-DK/ D/ Ch, EuInsVO, Art. 29 Rn. 8. Insoweit nicht schlüssig AG Köln v. 23.1.2004, NZI 2004, 151, 153. Zwar erstaunt zunächst die Tatsache, dass sich das Antragsrecht hinsichtlich eines Sekundärverfahrens nach der lex fori concursus secundariae bestimmt, aber gleichzeitig die Befugnis, einen Antrag zu stellen, wieder durch die lex concursus des Hauptverfahrens eingeschränkt werden kann. Doch entspricht dies der von der Verordnung gewollten Unterordnung des Sekundärverfahrens. Zudem soll ein Sekundärverfahren primär die Gläubiger und nicht den Schuldner schützen. Bleibt man also bei dem der Arbeit zugrunde liegenden Fall einer englischen Limited, gilt das gleiche. Auch hier geht mit Eröffnung des Insolvenzverfahrens die Befugnis über das Vermögen zu verfügen auf den Verwalter über (vgl. etwa im Falle der administration s. 59 ff. Insolvency Act 1986).

550 Im Ergebnis werden die folgenden Ausführungen gleichzeitig zeigen, dass eine Differenzierung ohnehin nichts ändern würde.

(1) Deutschland

Nach deutschem Recht kommen als Antragsrecht sowohl § 13 InsO als auch § 354 InsO in Betracht. Dies führt zu Verwirrung, denn nach § 13 I 2 InsO sind sowohl die Gläubiger als auch der Schuldner, nach § 354 I InsO jedoch nur Gläubiger antragsberechtigt.

Für die Frage, ob dem Schuldner ein Antragsrecht zusteht, kommt es daher zunächst darauf an, auf welche Norm im deutschen Recht abzustellen ist.[551] § 13 InsO steht in Teil zwei der Insolvenzordnung und regelt allgemein das Antragsrecht für ein deutsches Insolvenzverfahren. Dagegen findet man § 354 I InsO innerhalb der Regelungen des autonomen internationalen Insolvenzrechts. Das autonome internationale Insolvenzrecht der Mitgliedstaaten gelangt neben der EuInsVO ergänzend zur Anwendung.[552] Die EuInsVO spricht sich weder für, noch gegen ein Antragsrecht des Schuldners nach Eröffnung eines Hauptverfahrens aus. Dies kann indes gerade kein Argument für ein Antragsrecht des Schuldners sein[553], sondern spricht vielmehr für einen Rückgriff auf das autonome internationale Insolvenzrecht. Hier regelt § 354 InsO als lex specialis zu § 13 InsO das Antragsrecht.[554] Daran ändert der Wortlaut von § 354 I InsO nichts, der nur von einem Partikularverfahren spricht.[555] Vielmehr macht die Formulierung in § 356 I 2 InsO deutlich, dass die §§ 354 f. InsO für Partikular- und Sekundärverfahren gemeinsam und §§ 356 ff. InsO allein *ergänzend* für das Sekundärverfahren gelten.

Neben Wortlaut und Systematik spricht aber auch die ratio der Artt. 27 ff. EuInsVO gegen ein Antragsrecht des Schuldners. Denn das Sekundärverfahren soll die lokalen Gläubiger schützen und dem Hauptverwalter die Arbeit erleichtern. Um Schuldnerschutz geht es indes nicht.[556]

---

551 Diese Frage geht mit einer weiteren Frage einher, deren Bedeutung nicht überschätzt werden kann. Denn zu klären gilt es, ob der Schuldner in Deutschland trotz Eröffnung eines Hauptverfahrens noch einen Antrag auf Eröffnung eines Sekundärverfahrens stellen muss, um einer Insolvenzverschleppungshaftung zu entgehen (dazu unten B. III. 3. a) dd) (1). Die Unsicherheit darüber war Ursache für den Kompetenzkonflikt im Fall *Daisytek*. Die Anträge bei AG Düsseldorf wurden nur gestellt, um einer Insolvenzverschleppungshaftung in Deutschland zu entgehen. Gleiches gilt für die Antragstellung im Fall *EMBIC* vor dem AG Mönchengladbach, der entgegen dem Willen der Antragsteller zu der Eröffnung eines Hauptinsolvenzverfahrens führte; vgl. Beschl. v. 27.4.2004, ZInsO 2004, 563 = NZI 2004, 383 m.Anm. *Lautenbach* = ZIP 2004, 1064 m.Anm. *Bähr/Riedemann*; siehe auch *Kebekus*, EWiR Art. 3 EuInsVO 7/04, 705.

552 *Pannen/Riedemann*, NZI 2004, 301.

553 So aber *Liersch*, NZI, 2004, 271, 272; *ders.* in Braun, InsO, § 354 Rn. 23.

554 So auch *Eidenmüller*, NJW 2004, 3455, 3458.

555 So aber AG Köln v. 23.1.2004, NZI 2004, 151, 153, dass daher § 354 Abs. 1 InsO nicht auf Sekundärverfahren anwenden will.

556 So im Ergebnis auch *Hanisch*, in: Stoll (Hrsg.) 1997, Vorschläge und Gutachten, 202, 214. Ebenso *Eidenmüller*, IPRax 2001, 2, 13; *ders.*, NJW 2004, 3455, 3458.

Das Antragsrecht für die Eröffnung eines Sekundärinsolvenzverfahrens i.S.v. Art. 3 III 1 EuInsVO ist somit in § 354 I InsO geregelt.[557] Da dem Schuldner somit ohnehin kein Antragsrecht zusteht, kommt es auch nicht auf die eingangs aufgeworfene Frage an, ob ein Hauptverfahren bereits eröffnet wurde.

Fraglich ist allerdings, ob die lex fori concursus secundariae auch das Antragsrecht der Gläubiger einschränken kann.[558] Eine derartige, zeitweilig vorgesehene Bestimmung hat sich auf der Ebene der EuInsVO nicht durchgesetzt. Diskutiert wurde, dass beispielsweise nur Gläubiger, die in dem Sekundärverfahren eine günstigere rechtliche Position als im Hauptverfahren hätten, die Eröffnung eines Sekundärverfahrens beantragen können. Erwägungsgrund (18) betont, dass eine Beschränkung von der EuInsVO nicht geregelt wird. Gleichzeitig wird eine Einschränkung aber auch nicht untersagt, so dass sie in gewissen Grenzen grundsätzlich möglich sein muss.[559]

Eine solche Regelung findet sich zwar im autonomen deutschen internationalen Insolvenzrecht (§ 354 Abs. 2 InsO), allerdings nur, soweit sich im Eröffnungsstaat keine Niederlassung befindet. Damit gelangt § 354 Abs. 2 InsO für Sekundärverfahren im Sinne der EuInsVO nicht zur Anwendung (Art. 3 II EuInsVO). Eine Beschränkung ergibt sich allerdings aus § 14 Abs. 1 InsO. Hiernach ist der Antrag eines Gläubigers nur zulässig, wenn der Gläubiger ein rechtliches Interesse an der Eröffnung des Insolvenzverfahrens hat und seine Forderung und den Eröffnungsgrund glaubhaft macht. Zwar wäre es wünschenswert gewesen, dies im deutschen autonomen internationalen Insolvenzrecht ausdrücklich zu wiederholen,[560] doch auch ohne eine Wiederholung muss dies gelten. Während nämlich § 354 Abs. 1 InsO im Hinblick auf das Antragsrecht als lex specialis dem § 13 Abs. 1 InsO vorgeht, besteht für § 14 Abs. 1 InsO keine speziellere Regelung, so dass diese Norm über die Verweisung in Art 29 lit. b EuInsVO zur Anwendung gelangt. Bei § 14 InsO handelt es sich um eine besondere Zulässigkeitsvoraussetzung, die in Deutschland antragstellende Gläubiger erfüllen müssen. Dies überzeugt auch rechtspolitisch, denn das Hauptverfahren verschleppende Gläubigerquerschüsse müssen verhindert werden.

---

557 So nun auch *Paulus* (allerdings ohne genaue Begründung) in: FS Kreft, 469, 475; *Eidenmüller*, NJW 2004, 3455, 3458; in der Tendenz auch *Sabel*, NZI 126, 128. A.A. AG Köln v. 23.1.2004, NZI 2004, 151, 153. Ebenso, allerdings vor Einführung des § 354 InsO *Balz*, ZIP 1996, 946, 953 Fn. 35, der kein Bedürfnis für eine Einschränkung des Schuldnerantragsrechts sieht; ferner *Lüke*, ZZP 111 (1998), 275, 302 der in Fn. 168 aber bereits Präferenz gegen eine Antragsbefugnis des Schuldners zu erkennen gibt; *Paulus*, NZI 2001, 505, 514; auch *Duursma-Kepplinger*-DK/D/Ch, EuInsVO, Art. 29 Rn. 8, die jedoch darauf hinweist, dass das Antragsrecht des Schuldners nach Eröffnung des Hauptverfahrens aufgrund des Übergangs der Verfügungsbefugnis auf den Hauptverwalter ohnehin regelmäßig entfällt.

558 So aber *Thieme*, IJVO 1995/1996, 87 f.

559 *Thieme*, IJVO 1995/1996, 87 f.; *Kolmann*, Kooperationsmodelle, S. 336.

560 *Hanisch*, in: Stoll (Hrsg.) 1997, Vorschläge und Gutachten, 202, 213.

Soweit Art. 29 lit. b EuInsVO auf das deutsche Recht verweist, steht somit im Ergebnis gemäß § 354 I InsO sämtlichen Gläubigern, die ein Interesse i.S.v. § 14 I InsO geltend machen können, ein Antragsrecht zu. Nicht antragsberechtigt zur Eröffnung eines Sekundärverfahrens bleibt aber der Schuldner.

(2) England

Anders als in Deutschland gibt es im englischen Recht kein Regelinsolvenzverfahren (dazu ausführlich oben B I.). Daher richtet sich die Antragsbefugnis nach der jeweiligen für das Sekundärverfahren gewählten Verfahrensart. Gemäß Art. 3 III EuInsVO muss es sich bei einem Sekundärverfahren um ein Liquidationsverfahren handeln. Hierunter fallen gemäß Art. 2 lit. c EuInsVO i.V.m. Anhang C im Falle der Insolvenz einer Gesellschaft nur das winding up by the court.

Im Falle des winding up sind die company, die directors, einzelne oder mehrere Gläubiger und nachschusspflichtige Gesellschafter antragsberechtigt.[561] Mit Eröffnung des Hauptverfahrens in Deutschland ist gemäß § 80 InsO allerdings das Verwaltungs- und Verfügungsrecht über die Insolvenzmasse vom Schuldner auf den Insolvenzverwalter übergegangen. Damit steht im Falle eines Sekundärverfahrens in England sowohl der Gesellschaft, als auch ihren Geschäftsführern kein Antragsrecht mehr zu. Antragsbefugt bleiben also allein die Gläubiger.

d) Insolvenzgrund

Eine wichtige Einschränkung gilt jedoch für die Voraussetzungen der Insolvenzreife in einem Sekundärverfahren. Aus Art. 27 S. 1 EuInsVO ergibt sich, dass bei einem bereits eröffneten Hauptinsolvenzverfahren die Insolvenz des Schuldners in einem Mitgliedstaat, in dem ein Sekundärverfahren eröffnet werden soll, nicht mehr geprüft wird. Dies spielt besonders bei der Frage eine Rolle, ob ein Schuldner in Mitgliedstaaten einer Niederlassung gesondert einen Insolvenzantrag stellen muss, um einer Insolvenzverschleppungshaftung zu entgehen (dazu unten III. 3 a) dd) (1)).

e) Passivmasse

Umstritten[562] ist, welche Gläubiger im Sekundärverfahren teilnahmeberechtigt sind. Die wohl herrschende Meinung[563] geht von einer unbeschränkten Teilnahmeberechtigung aller Gläubiger aus und stützt sich dabei auf Art. 32 Abs. 1 EuInsVO. Eine Gegenansicht stellt dagegen auf die lex fori concursus secundariae ab, in der dann eine Beschränkung der Passivmasse geregelt werden kann.[564] Gefordert wird,

561 Vgl. s. 124, 124A Insolvency Act 1986.

562 Zum Streit eingehend *Kolmann*, Kooperationsmodelle, S. 342 ff.

563 *Balz*, ZIP 1996, 948, 953; *Gottwald*, Grenzüberschreitende Insolvenzen, S. 27 f.; *Lüke*, ZZP 111 (1998), 275, 300 ff.; *Wimmer*, ZIP 1998, 982, 987.

564 *Thieme*, ILVO 1995/1996, 86.

die Teilnahmeberechtigung in einem Partikularverfahren am Inlandsbezug der jeweiligen Forderung zu orientieren. Der Streit ist in der hier zugrunde gelegten Fallgestaltung einer englischen Limited mit Verwaltungssitz in Deutschland von nur geringer Bedeutung. Zunächst sehen weder das deutsche noch das englische Recht eine derartige Einschränkung vor. Weiter wird bei Forderungen ausländischer Gläubiger einer solchen Gesellschaft regelmäßig von einem ausreichenden Inlandsbezug auszugehen sein.

f) *Wirkung*

Auch Sekundärinsolvenzverfahren werden automatisch anerkannt (Art. 17 Abs. 1 EuInsVO a.E. und Art. 17 Abs. 2 Satz 1 EuInsVO). Gemäß Art. 3 Abs. 2 Satz 2 und Art. 27 Satz 3 EuInsVO beschränkt sich die Wirkung auf das in dem Gebiet des Mitgliedstaates belegene Vermögen des Schuldners, in dem das Sekundärverfahren eröffnet wird. Was alles zu dem *im Gebiet dieses Mitgliedstaats belegenen Vermögen* zählt, ist nun entscheidend für die Frage inwieweit das Sekundärverfahren geeignet ist, die Wirkungen des Hauptverfahrens abzufedern. Art. 2 lit. g erster Spiegelstrich EuInsVO definiert für körperliche Gegenstände den Mitgliedstaat, in dessen Gebiet der Gegenstand belegen ist, als den maßgeblichen Mitgliedstaat. Für Gegenstände oder Rechte, bei denen das Eigentum oder die Rechtsinhaberschaft in ein öffentliches Register eingetragen werden muss, ist nach Art. 2 lit. g zweiter Spiegelstrich EuInsVO der Mitgliedstaat, unter dessen Aufsicht das Register geführt wird, maßgeblich. Nach Art. 2 lit. g dritter Spiegelstrich EuInsVO schließlich kommt es für Forderungen auf den Mitgliedstaat an, in dessen Gebiet der zur Leistung verpflichtete Dritte den Mittelpunkt seiner hauptsächlichen Interessen hat. Forderungen gegen ausländische Schuldner werden daher regelmäßig in die Insolvenzmasse des Hauptinsolvenzverfahrens fallen. Gleiches gilt für Vermögen in Drittstaaten und Beteiligungen an ausländischen Gesellschaften.[565] Eine Beschränkung enthält allerdings Art. 12 EuInsVO, wonach Gemeinschaftspatente und -marken oder jedes andere durch Gemeinschaftsvorschriften begründete ähnliche Recht nur in ein Hauptverfahren miteinbezogen werden können. Für die Belegenheit unerheblich ist jedoch, ob das Vermögen im Zusammenhang mit der wirtschaftlichen Aktivität der Niederlassung steht.[566]

Wird daher im Falle einer klassischen Briefkastengesellschaft das Hauptverfahren in demjenigen Staat eröffnet, in welchem die Gesellschaft lediglich ihren satzungsmäßigen Sitz hat, stellt ein rechtzeitig eröffnetes Sekundärverfahren einen geeigneten Schutz für die Gläubiger dar. Denn das Vermögen i.S.v. Art. 27 Satz 3 i.V.m. Art. 2 lit. g EuInsVO wird sich hier regelmäßig im Mitgliedstaat des tatsächlichen Verwaltungssitzes befinden. Damit unterfällt es gerade der Wirkung des Sekundärverfahrens.

---

565 *U. Huber*, in: FS Gerhardt, 397, 413.

566 *Virgós/Schmit*, in: Stoll (Hrsg.), Erläuternder Bericht, Nr. 71.

Zumindest missverständlich sind in der Literatur zu findende Ausführungen, wonach die Eröffnung eines Sekundärinsolvenzverfahrens es ausländischen Gläubigern angeblich ermöglichen soll, in die dinglichen Rechte der inländischen Gläubiger einzugreifen.[567]

Der Grund für eine solche Auffassung liegt wohl in Art. 5 Abs. 1 EuInsVO, wonach dingliche Rechte eines Gläubigers oder eines Dritten an Gegenständen des Schuldners, die sich zum Zeitpunkt der Eröffnung des Verfahrens im Gebiet eines anderen Mitgliedstaates befinden, von der Eröffnung des Verfahrens nicht berührt werden. Daraus wird offenbar der Schluss gezogen, dass dies dann bei Eröffnung eines Sekundärinsolvenzverfahrens nicht mehr der Fall sei. Eine zu dieser Folgerung veranlassende Regelung kennt das deutsche Insolvenzrecht indes nicht. Steht in Deutschland jemandem beispielsweise das Recht auf Befriedigung durch Zwangsvollstreckung (§ 1147 BGB) aufgrund einer Hypothek zu, so kann er daran nicht durch die Eröffnung eines (Sekundär-)Insolvenzverfahrens in Deutschland gehindert werden. Denn gemäß § 47 InsO steht ihm das Recht zur Aussonderung aus der Masse zu. Daher ist die genannte Auffassung – jedenfalls in ihrer pauschal gefassten Weise – nicht richtig.

Zu beachten ist weiter folgendes. Zwar hindert die Eröffnung eines Sekundärverfahrens die Wirkungserstreckung des Hauptverfahrens. Wie der Fall *Daisytek* zeigt, stellt dies allerdings keinen Grund dar, die Vollstreckbarkeitserklärung der administration order zu versagen.[568] Es kommt also neben der räumlichen auch auf die zeitliche Wirkung des Sekundärverfahrens an. Maßgeblicher Zeitpunkt für die Ermittlung der Aktivmasse des Sekundärverfahrens ist grundsätzlich dessen Eröffnung. Dies ist gemäß der Legaldefinition in Art. 2 lit. f EuInsVO der Zeitpunkt, in dem die Eröffnungsentscheidung wirksam wird. Es handelt sich somit um eine ex-nunc-Suspendierung der lex fori concursus generalis zu Gunsten der lex fori concursus secundariae in Bezug auf diese Vermögenswerte.[569] Wird das Sekundärverfahren jedoch – aus welchen Gründen auch immer – wieder einge-

---

567 So aber *Sabel*, NZI 2004, 126, 127; unklar auch *Paulus*, ZIP 2002, 729, 735.

568 Vgl. OLG Düsseldorf, Beschl. v. 9.7.2004, ZIP 2004, 1514, 1515 („Zwar ist die Wirkungserstreckung der Eröffnung des Hauptinsolvenzverfahrens durch das britische Gericht auf das Inlandsvermögen der Schuldnerin gehindert (Art. 3 Abs. 1 EuInsVO). Dies führt aber nicht zu einer Verweigerung der Vollstreckbarkeitserklärung der Administration Order des High Court of Justice in Leeds (...). Denn zum einen ist die (...) Einschränkung der Wirkungserstreckung in Art. 26 EuInsVO nicht aufgeführt. Zum anderen erscheint es aus Gründen des Gläubigerschutzes gerechtfertigt, dass die Wirkung des Hauptinsolvenzverfahrens sich – sollte das Hindernis Sekundärverfahren entfallen – wiederum auf das Schuldnervermögen im gesamten EU-Raum erstreckt (vgl. auch Art. 17 Abs. 1 EuInsVO –"solange")."). Vgl. hierzu Anm. *Pannen/Riedemann*, Art. 16 EuInsVO 1/05, 177.

569 *Balz*, ZIP 1996, 948, 949, 952; *Virgós/ Schmit*, in: Stoll (Hrsg.), Erläuternder Bericht, Nr. 156; *Leible/Staudinger*, KTS 2000, 533, 562; *Kolmann*, Kooperationsmodelle, S. 340 f.; *Duursma/Duursma-Kepplinger*, DZWIR 2003, 447, 451; *Smid*, EuInsVO, Art. 27 Rn. 28.

stellt, fällt das Vermögen wieder unter den Beschlag des Hauptinsolvenzverfahrens.

Werden Gegenstände kurz vor Eröffnung des Verfahrens verschoben, so berechtigt dies den Verwalter des Sekundärverfahrens zur Anfechtung (Art. 13 EuInsVO), werden sie nach Eröffnung des Verfahrens verschoben, kann er gemäß Art. 18 Abs. 2 Satz 1 EuInsVO eingreifen.[570]

Allerdings wird eine Ausnahme von dem Zeitpunkt der Verfahrenseröffnung zugelassen. Es ist nämlich dann sinnvoll, auf den Zeitpunkt der Antragsstellung abzustellen, sobald vom Gericht *vor* Eröffnung des Verfahrens Sicherungsmaßnahmen getroffen wurden. Könnte die Masse des Sekundärverfahrens durch Verbringung von Gegenständen ins Ausland wirksam geschmälert werden, wären die Sicherungsmaßnahmen sinnlos. Ein juristisches Argument hierfür liefert Art. 18 Abs. 1 EuInsVO, wonach der Hauptverwalter seine Befugnisse in einem anderen Mitgliedstaat nur ausüben darf, solange in dem anderen Staat nicht ein weiteres Insolvenzverfahren eröffnet ist oder *eine gegenteilige Sicherungsmaßnahme auf einen Antrag auf Eröffnung eines Insolvenzverfahrens hin ergriffen worden ist.*[571]

g) *Einflussnahmemöglichkeiten des Hauptverwalters*

Ferner sind die weitreichenden Einflussnahmemöglichkeiten des Hauptinsolvenzverwalters auf das Sekundärverfahren zu beachten.[572] Dabei ist es für eine effiziente Koordination der beiden Verfahren durchaus sinnvoll, wenn der Hauptinsolvenzverwalter gleichzeitig auch als Verwalter des Sekundärverfahrens eingesetzt wird. Dadurch kann ein möglicher „Machtkampf" zwischen Haupt- und Sekundärinsolvenzverwalter um die Befugnis zur Verwertung der schuldnerischen Vermögenswerte umgangen werden.[573] Ferner spricht dafür, dass Sprachprobleme sowie Zeitverluste aufgrund erforderlicher Absprachen entfallen. Derartige „synergetische Effekte"[574] wirken sich schließlich auch Kosten senkend auf grenzüberschreitende Insolvenzverfahrens aus. Zu beachten ist auch, dass die Entscheidung über die Eröffnung eines Sekundärinsolvenzverfahrens als Sanierungsverfahren in der Hand einer Person liegt. Andernfalls stünde dem Hauptinsolvenzverwalter gemäß Art. 34 I UA 1 EuInsVO nur ein Vorschlagsrecht für einen Sanierungsplan zu. Oftmals wird auch aus wirtschaftlicher Sicht eine einheitliche Verwertung der Vermögenswerte der Masse des Hauptinsolvenzverfahrens und des Sekundärinsolvenzverfahrens sinnvoller sein.

---

570 *Smid*, EuInsVO, Art. 27 Rn. 28.

571 Eingehend hierzu *Kolmann*, Kooperationsmodelle, S. 341. Vgl. auch den Klarstellungsbeschluss des High Court Birmingham, Beschl. v. 11.5.2005 (*Rover II*), NZI 2005, 515 m.Anm. *Penzlin/Riedemann*, NZI 2005, 517.

572 Zur Kooperation der Verwalter untereinander *Ehricke*, WM 2005, 397.

573 *Mayer-Löwy/Poertzgen*, ZInsO 2004, 195, 196 f.

574 *Sabel*, NZI 2004, 126, 128.

Zu prüfen ist jedoch, ob einer Personenidentität von Haupt- und Sekundärinsolvenzverwalter die Systematik der EuInsVO entgegensteht. So können nämlich gemäß Art. 32 Abs. 2 EuInsVO beide Verwalter im jeweils anderen Verfahren wie Gläubiger ihre Forderungen anmelden und dabei für die Gläubiger auftreten. Daraus wird der Schluss gezogen, dass zwischen den Verwaltern keine Personenidentität bestehen darf, um zwangsläufig auftretende Interessenkonflikte zu vermeiden.[575] Zwar spricht das Vorhandensein von Regelungen hinsichtlich der Kooperations- und Unterrichtungspflichten (Artt. 31 ff. EuInsVO) dafür, dass der Gesetzgeber nicht von einer Personenidentität als Regelfall ausgegangen ist. Daraus kann aber nicht gefolgert werden, dass der Gesetzgeber diese Konstellation ausschließen wollte.[576] Im Gegenteil kann aus dieser Regelung m. E. sogar erst recht geschlossen werden, dass Personalidentität zwischen Haupt- und Sekundärinsolvenzverwalter möglich sein muss. Mangels Abstimmungsschwierigkeiten stellt dies vielmehr den Idealfall einer koordinierten Abwicklung eines Haupt- und Sekundärinsolvenzverfahrens dar. Auch leuchtet das Argument des Auftretens von Interessenkonflikten nicht ein. Der par conditio creditorum-Grundsatz ist in der EuInsVO fest verankert. Damit ist der Insolvenzverwalter im Falle einer Personenidentität sowohl den Gläubigern im Haupt- als auch im Sekundärinsolvenzverfahren verpflichtet. Verletzt er seine Pflichten gegenüber einem dieser Gläubiger, macht er sich schadensersatzpflichtig.

Werden für Haupt- und Sekundärinsolvenzverfahren unterschiedliche Verwalter bestellt, wird für einen möglichst effizienten Informationsaustausch nach Art. 31 Abs. 1 EuInsVO die Einrichtung eines Internet-Chatrooms vorgeschlagen.[577] Die zentrale Vorschrift zur Koordinierung des Haupt- mit dem Sekundärverfahren ist Art. 31 Abs. 2 EuInsVO[578], wonach die Verwalter zur Zusammenarbeit verpflichtet sind. Diese findet, wie dargestellt[579], richtigerweise auch auf die Gerichte Anwendung.

Nach Art. 31 Abs. 3 EuInsVO hat der Verwalter des Sekundärverfahrens dem Hauptverwalter zu gegebener Zeit Gelegenheit zu geben, Vorschläge zur Verwertung der Masse des Sekundärverfahrens zu unterbreiten. Entscheidend für die Einflussnahmemöglichkeit des Hauptverwalters ist nun, inwieweit die Vorschläge des Hauptverwalters für den Sekundärverwalter verbindlich sind. Für eine Verbindlichkeit der Vorschläge spricht, dass die Regelung andernfalls neben Art. 31 Abs. 1 und 2 EuInsVO nur wenig Neues brächte. Denn zum unverbindlichen In-

---

575 *Lüke*, ZZP 111 (1998), 275, 304; kritisch hinsichtlich einer Personenidentität der Verwalter auch *Sabel*, NZI 2004, 126, 128. A.A. (allerdings ohne Begründung) *Hirte/Mock*, ZIP 2005, 474, 478; *Mayer-Löwy/Poertzgen*, ZInsO 2004, 195, 197.

576 So aber *Lüke*, ZZP 111 (1998), 275, 304; tendenziell auch *Sabel*, NZI 2004, 126, 128.

577 *Paulus*, ZIP 2002, 729, 735; *Staak*, NZI 2004, 480, 481.

578 *Trunk*, Internationales Insolvenzrecht, S. 363; *Fritz/ Bähr* DZWIR 2001, 221, 232; *Staak*, NZI 2004, 480, 482.

579 Vgl. oben B. I. 1. b)

formationsaustausch sind die Verwalter schon hiernach verpflichtet.[580] Zudem steht dem Hauptverwalter nach Art. 33 Abs. 1 EuInsVO das Recht zu, die Verwertung im Sekundärverfahren zeitweise auszusetzen.[581] Dieses Recht wird der Hauptverwalter regelmäßig dann in Anspruch nehmen, wenn das Schuldnerunternehmen saniert werden soll, und der Verwalter die vom Sekundärverfahren erfassten Massegegenstände benötigt. Zwar wird diese Befugnis gemäß Satz 2 wieder eingeschränkt, wenn die Aussetzung offensichtlich für die Gläubiger des Hauptinsolvenzverfahrens nicht von Interesse ist. Dennoch spricht die Zusammenschau von Artt. 31 und 33 EuInsVO dafür, die Vorschläge des Hauptverwalters dann als verbindlich anzusehen, wenn sie den lokalen Gläubigern nicht zum Nachteil gereichen.

Schließlich steht dem Hauptverwalter gemäß Art. 34 EuInsVO ein Vorschlagsrecht zur Beendigung des Sekundärverfahrens zu. Sofern die Interessen der lokalen Gläubiger dem nicht entgegenstehen, ist auch hier von einem verbindlichen Vorschlagsrecht auszugehen. Der Hauptverwalter hat damit die Möglichkeit, auch liquidationsabwendende Maßnahmen wie beispielsweise einen Vergleich oder eine Sanierung vorzuschlagen, soweit das nach der lex fori concursus secundariae möglich ist. Die Bedeutung dieser Regelung ist im Hinblick auf die Insolvenzabwicklung eines Konzerngefüges nicht zu unterschätzen. Wird dadurch doch dem Verwalter des Hauptverfahrens trotz Zersplitterung des Verfahrens durch Sekundärverfahren die Möglichkeit geboten, diese Teile in eine Sanierung mit einzubeziehen.

h) Mögliche Verfahrensarten

aa) Sekundärverfahren als Sanierungsverfahren

Ausweislich des Wortlauts in Art. 3 Abs. 3 Satz 2 EuInsVO muss es sich bei jedem Sekundärinsolvenzverfahren um ein Liquidationsverfahren handeln. Ein solches stellt gemäß Art. 2 lit. c EuInsVO ein Insolvenzverfahren dar, das zur Liquidation des Schuldnervermögens führt. Der Grund hierfür liegt in der Gefahr, dass das Beenden des Sekundärinsolvenzverfahrens durch liquidationsabwendende Maßnahmen die Leitfunktion des Hauptinsolvenzverfahrens in Frage stellen würde.[582]

Dies bedeutet, dass gerade in dem der Arbeit zugrunde liegenden Fall eine Sanierung nicht unwesentlich erschwert wird. Befindet sich praktisch sämtliches Vermögen im Staat der Niederlassung, so wird der Gesellschaft durch die Liquidation der Niederlassung für die Sanierung dringend benötigtes Kapital entzogen. Hierbei ist jedoch Art. 34 Abs. 1 UA 1 EuInsVO zu beachten. Der Hauptverwalter kann danach

580 *Staak*, NZI 2004, 480, 483.

581 Interessant hierzu LG Leoben/Österreich, Beschl. v. 31.8.2005 (*Collins & Aikmann*), ZIP 2005, 1930 = NZI 2005, 646 m.Anm. *Paulus*.

582 *Smid*, EuInsVO, Art. 34 Rn. 1.

auch für das Sekundärverfahren die Sanierung vorschlagen. Dennoch wird die Entscheidung des Gesetzgebers, grundsätzlich nur ein Liquidationsverfahren vorzusehen, in großen Teilen der Literatur bedauert.[583] Immer lauter werden die Stimmen, die entgegen des Wortlauts von Art. 3 III EuInsVO grundsätzlich die Möglichkeit eines Sanierungsverfahrens befürworten.[584] So wünschenswert eine solche Änderung auch sein mag, de lege lata lässt sie sich jedenfalls mit dem Gesetz nicht begründen. Denn die EuInsVO verfolgt damit konsequent ihre Entscheidung, keine Regelungen hinsichtlich eines Konzerninsolvenzrechts zu treffen. Ihr liegt gerade nicht die Vorstellung zugrunde, dass Niederlassungen getrennt von der Gesellschaft überleben können. Dann macht aber auch eine isolierte Sanierung keinen Sinn.

De lege lata kann eine Sanierung der Niederlassung daher nur auf Vorschlag des Hauptverwalters erfolgen.

bb) Anordnung der Eigenverwaltung

Das AG Köln eröffnet am 27.1.2004 ein Sekundärverfahren über das Vermögen einer deutschen GmbH in Form der Eigenverwaltung nach den §§ 270 ff. InsO.

Dem Fall liegt folgende typische Situation zugrunde. Nachdem sich das englische Gericht für die Eröffnung des Verfahrens über die englische Mutter und deren englische Tochtergesellschaft für international zuständig erklärt hat, eröffnet es mit der gewohnt weiten Auslegung des Mittelpunkts der hauptsächlichen Interessen auch ein Hauptverfahren über die deutsche Tochter-GmbH. Beide Unternehmen fertigen als Zulieferer der Automobilindustrie hochwertige Kunststoffkomponenten. Die Produktionsstätte der deutschen GmbH mit Sitz in Köln befindet sich ebendort.

Am 19.12.2003 waren M und T zu joint administrators der beiden englischen Gesellschaften ernannt worden. Mit Schriftsatz vom 31.12.2003 beantragt der alleinige Geschäftsführer der deutschen GmbH die Eröffnung eines Insolvenzverfahrens. Am 12.1.2004 wurden Sicherungsmaßnahmen gemäß §§ 21, 22 Abs. 2 InsO angeordnet und X zum vorläufigen Insolvenzverwalter bestellt. Mit Schreiben vom 20./21.1.2004 beantragten auch die joint administrators die Eröffnung eines Sekundärverfahrens und die Anordnung der Eigenverwaltung. Am 21.1.2004 stellte zusätzlich der deutsche Geschäftsführer einen Antrag auf Anordnung der Eigenverwaltung. Am 23.1.2004 wurde den Anträgen stattgegeben und X zum Sachwalter i.S.v. § 270 I InsO ernannt.

Dabei ist folgendes zu beachten: Wird bei rein nationalen Sachverhalten die Eigenverwaltung angeordnet, so bleibt der Schuldner gemäß § 270 Abs. 1 S. 1 InsO berech-

---

583 Kritisch hinsichtlich der Regelung des Art. 3 Abs. 3 EuInsVO schon *Gottwald*, Grenzüberschreitende Insolvenzen, S. 43 f.; *Lüke*, ZZP 111 (1998), 275, 300 m.w.N.; *Kolmann*, Kooperationsmodelle, S. 331 f.; *Eidenmüller*, IPRax 2001, 2, 13; *Paulus*, EWS 2002, 497, 502; *ders.*, ZIP 2002, 729, 730; *ders.*, EWiR 2004, 493, 494; *ders.*, in: FS Kreft, 469, 470 ff. A.A. *Hanisch*, in: Stoll (Hrsg.) 1997, Vorschläge und Gutachten, 202, 214.

584 Zuletzt in aller Deutlichkeit *Paulus*, in: FS Kreft, 769, 470 ff.

tigt, die Insolvenzmasse zu verwalten und über sie zu verfügen. Anders ist die Lage aber, wenn in einem anderen Mitgliedstaat bereits ein Hauptverfahren eröffnet wurde. In diesem Fall ist die Verwaltungs- und Verfügungsbefugnis nach dem Recht dieses Mitgliedstaats bereits auf den Verwalter des Hauptverfahrens übergegangen. Konsequenterweise überträgt daher das AG Köln den Joint Administrators die Verwaltung der Insolvenzmasse unter Aufsicht des deutschen Sachwalters. Wie soeben dargestellt, ist dies aufgrund der Personenidentität zwischen Haupt- und Sekundärinsolvenzverwalter und den dadurch entstehenden synergetischen Effekten zu begrüßen.

i) Ergebnis

Durch die Eröffnung eines Sekundärinsolvenzverfahrens steht inländischen Gläubigern grundsätzlich ein geeignetes Mittel zur Verfügung, Nachteile zu entschärfen, die sich für sie aus der Tatsache ergeben, dass das Hauptinsolvenzverfahren im Ausland stattfindet. Dies geschieht zum einen durch die Anwendung des Insolvenzrechts des Mitgliedstaates in dem das Sekundärverfahren eröffnet wird. Was allerdings alles unter das Insolvenzrecht fällt, ist damit noch nicht gesagt und kann an dieser Stelle noch nicht beantwortet werden. Die genaue abmildernde Wirkung des Sekundärverfahrens lässt sich daher erst nach den im Teil III. gemachten Ausführungen abschätzen.

Ferner verhindert die Eröffnung eines Sekundärinsolvenzverfahrens die Verbringung von Vermögensgegenständen in den ausländischen Verfahrensstaat und erleichtert die Forderungsanmeldung für inländische Gläubiger im ausländischen Hauptinsolvenzverfahren. Unbedenklich ist, dass sich die Möglichkeit der Eröffnung eines Sekundärinsolvenzverfahrens dem Schuldner selbst nicht eröffnet, da ihm aus diesem auch kein ersichtlicher Vorteil erwächst.

Für die Gläubiger des Hauptinsolvenzverfahrens können sich durch die Anwendung des Rechts des Staates in dem das Sekundärverfahren stattfindet die gleichen Vorteile ergeben, sofern sie ihre Forderungen ebenfalls angemeldet haben. Entgegen einer anderen Ansicht hat die Eröffnung eines Sekundärinsolvenzverfahrens aber – jedenfalls nach englischem und deutschem Recht – nicht zur Folge, dass in dingliche Rechte inländischer Gläubiger eingegriffen werden kann.

Die weitreichenden Einflussnahmemöglichkeiten des Hauptinsolvenzverwalters auf das Sekundärinsolvenzverfahren bieten die Möglichkeit einer bestmöglichen Kombination beider Verfahren. Aufgrund zahlreicher Synergieeffekte wird dies durch Personenidentität von Haupt- und Sekundärinsolvenzverwalter verstärkt, die entgegen anderer Ansicht nicht zu Interessenkonflikten führt und daher ohne Bedenken zulässig ist. Hier bietet sich im Falle eines deutschen Sekundärinsolvenzverfahrens die Eigenverwaltung nach den §§ 270 ff. InsO an.

8. Ergebnis zu II.

Aufgrund der Rechtsprechung des EuGH zur EG-Niederlassungsfreiheit (Artt. 43, 48 EG) und der damit einhergehenden Rechtsformwahlfreiheit ist mit einem vermehrten Auftreten von englischen Limiteds mit Verwaltungssitz in Deutschland zu rechnen. Dies führt unweigerlich dazu, dass deutsche Insolvenzgerichte in Zukunft nahezu täglich mit Verfahren über derartige Gesellschaften konfrontiert werden. In diesen Fällen ist ohne weiteres von einem ausreichenden innereuropäischen Auslandsbezug auszugehen, so dass der Anwendungsbereich der EuInsVO eröffnet ist. Ebenso ist eine englische Limited mit Verwaltungssitz nunmehr grundsätzlich als insolvenzfähig anzuerkennen.

Richtigerweise ist regelmäßig das deutsche Insolvenzgericht in diesen Fällen international zuständig, da der Mittelpunkt der hauptsächlichen Interessen i.S.v. Art. 3 I EuInsVO in der Regel mit dem Verwaltungssitz identisch sein wird. Dabei ist darauf zu achten, dass nach dem Willen des Gesetzes bei konzernverbundenen Unternehmen der Mittelpunkt der hauptsächlichen Interessen nicht ohne weiteres am Sitz der Muttergesellschaft anzusiedeln ist. Vielmehr ist für jede einzelne Gesellschaft eines Konzerns ihr Mittelpunkt eigens zu ermitteln. Dies kann zu dem – in der Praxis regelmäßig unerwünschten – Ergebnis führen, dass sämtliche Gesellschaften eines Konzerns an unterschiedlichen abgewickelt werden.

Wird das Hauptinsolvenzverfahren eröffnet, ist es ab dem Zeitpunkt des Eröffnungsbeschlusses von sämtlichen Gerichten anzuerkennen. Dies gilt auch dann, wenn die Eröffnung nicht am Mittelpunkt der hauptsächlichen Interessen erfolgte. Die einzige Möglichkeit, dem Verfahren im Inland die Anerkennung zu verweigern, stellt der nur in sehr engen Ausnahmen zulässige ordre public-Vorbehalt dar (Art. 26 EuInsVO). Eine weitere, bislang wenig erforschte Möglichkeit, gegen die Eröffnung eines Hauptinsolvenzverfahrens vorzugehen, bietet der innerstaatliche Instanzenzug. Hier können der ausländische Verwalter im Falle der Eröffnung eines weiteren Hauptinsolvenzverfahrens unter Missachtung der Artt. 16, 17 EuInsVO dem Prioritätsprinzip Geltung verschaffen. Gleiches gilt für den Schuldner selbst, dem darüber hinaus sogar die Möglichkeit einzuräumen ist, die internationale Zuständigkeit des eröffnenden Gerichts zu überprüfen. Wünschenswert wäre es, de lege lata dies auch dem antragstellenden Gläubiger zu ermöglichen.

Hat das Vorgehen nach innerstaatlichem Recht Erfolg, so ist das ausländische Verfahren zwar einzustellen, doch bleiben die bislang vom Insolvenzverwalter getätigten Geschäfte wirksam.

Ist die Eröffnung eines ausländischen Hauptinsolvenzverfahrens hinzunehmen, bietet die Eröffnung eines Sekundärinsolvenzverfahrens im Inland dem Grunde nach die Möglichkeit, unerwünschte Folgen abzufedern. Inwieweit dies effektiv möglich ist, ist jedoch erst nach einer Überprüfung der materiellrechtlichen Folgen der Eröffnung von Haupt- und Sekundärinsolvenzverfahren ersichtlich (dazu der folgende Teil III.).

III. Materiellrechtliche Fragen

Wie soeben festgestellt wurde, führt die – richtigerweise restriktiv zu handhabende – Anwendung des Art. 3 Abs. 1 EuInsVO im Falle der Insolvenz einer Scheinauslandsgesellschaft in Form einer englischen Limited grundsätzlich zu einer deutschen internationalen Zuständigkeit. Gleiches gilt für die Fälle, in denen die Limited als Holding oder Mutter in einem deutschen Konzern fungiert. Gemäß Art. 4 EuInsVO gelangt sodann deutsches Insolvenzrecht zur Anwendung. Damit entsteht jedoch folgendes Problem: Versteht man die Rechtsprechung des EuGH zur Niederlassungsfreiheit dahingehend, dass auf europäische Auslandsgesellschaften vorrangig das Gesellschaftsrecht des Gründungsstaates anzuwenden ist, hätte dies für das Insolvenzverfahren in Deutschland zur Folge, dass Insolvenz- und Gesellschaftsstatut auseinander fallen.

Dann stellt sich jedoch die Frage, ob das in Erwägungsgrund (4) deutlich gemachte Ziel, ein forum shopping zu vermeiden, auf diese Weise überhaupt erreicht werden kann. Denn eine Verbesserung der Rechtsstellung könnte der Schuldner möglicherweise gerade dadurch erreichen, dass Insolvenz- und Gesellschaftsstatut auseinander fallen. Zwar stellt die Limited abstrakt das englische Pendant zur deutschen GmbH dar[585], doch unterscheiden sich beide Gesellschaftsformen gravierend in Art und Weise der Verwirklichung des Gläubigerschutzes. Findet im gleichen Fall das Hauptverfahren dagegen in England statt, harmonisieren Insolvenz- und Gesellschaftsrecht. Mittels einer synoptischen Darstellung beider Konstellationen soll ermittelt werden, ob die deutsche internationale Zuständigkeit im Insolvenzverfahren über eine englische Limited mit Verwaltungssitz in Deutschland zu einem für die Gläubiger befriedigenden Ergebnis führt.

1. Hauptverfahren in England

Im Falle eines in England stattfindenden Hauptverfahrens über eine englische Limited sind auf kollisionsrechtlicher Ebene kaum Besonderheiten zu beachten. Die Frage nach dem anwendbaren Gesellschaftsrecht stellt sich aufgrund Übereinstimmung von Gründungsstatut mit Insolvenzstatut nicht. Gemäß Art. 4 EuInsVO gelangt englisches Insolvenzrecht zur Anwendung. Im Folgenden soll auf das englische Gesellschaftsrecht eingegangen werden, wobei der Fokus auf die im Rahmen eines Insolvenzverfahrens relevanten Rechtsinstitute gelegt wird. Zu prüfen ist, ob daneben auch individuelle Gläubigeransprüche nach deutschem Recht gegen persönliche Haftungssubjekte geltend gemacht werden können.

---

585 Vgl. BayObLG v. 21.3.1986 – BReg. 3 Z 148/85, GmbHR 1986, 305 m.w.N.

a) *Kapitalregeln im englischen Gesellschaftsrecht*

Die für eine englische Limited[586] geltenden Kapitalregeln unterscheiden sich stark von denjenigen einer deutschen GmbH. Dem deutschen Recht vergleichbare Prinzipien der Kapitalaufbringung und -erhaltung liegen dem englischen Gesellschaftsrecht nicht zugrunde[587]; es folgt dem Grundsatz des summenmäßig fest bestimmten Anteils.

aa) *Kapitalaufbringungsregeln im englischen Recht*

Das englische *share capital*[588] entspricht dem genehmigten Kapital einer Aktiengesellschaft: Auch hier kann die Satzung den Vorstand ermächtigen, das Grundkapital bis zu einem bestimmten Nennbetrag durch Ausgabe neuer Aktien zu erhöhen.[589] Zu unterscheiden ist das *share capital* vom tatsächlich gezeichneten Kapital, dem *issued share capital.* Nur Letzteres bildet in Wirklichkeit die Haftungssubstanz der company. Im Gegensatz zur public company ist jedoch bei einer Limited eine bestimmte Höhe des Stammkapitals keine Gründungsvoraussetzung, theoretisch genügt ein britisches Pfund, also ca. € 1,40. Dass Gesellschaften mit einem solch niedrigen Stammkapital jedoch nicht nur in Theorie denkbar sind, sondern auch am realen Wirtschaftsleben teilnehmen, zeigt ein Blick in den Jahresbericht des englischen Wirtschaftsministeriums: Von allen im Jahr 2004 registrierten Limiteds hatten über 70% ein gezeichnetes Kapital von weniger als 100 Pfund.[590]

---

586 Siehe hierzu auch *Micheler*, ZGR 2004, 324; *Eidenmüller*, in: Eidenmüller, Ausländische Kapitalgesellschaften im deutschen Recht, § 10; *Schall*, ZIP 2005, 965, 969; *Fleischer*, in: *Fleischer*, in: Lutter, Europäische Auslandsgesellschaften in Deutschland, S. 56 ff.; *ders.*, WM 2004, 157 ff.; *Neuling*, Deutsche GmbH und englische private company. Siehe ferner zur Aufarbeitung des englischen Gesellschaftsrechts insb. Haftungsrechts in der deutschen Literatur *Habersack/Verse*, ZHR 2004, 174; *Lanzius*, ZInsO 2004, 296; *Lieder*, DZWIR 2005, 399; *Gräfe*, DZWIR 2005, 410.

587 *Kallmeyer*, DB 2004, 636, 637 fragt hier nach dem Vorteil: Entscheidend für die Belastung der Gründer seien nicht so sehr die strengen Vorschriften der Kapitalaufbringung, als vielmehr die Vorschriften der Vermögensbindung. In dieser sei jedoch die deutsche GmbH liberaler als die Limited. Bei der deutschen GmbH könnten Rücklagen aufgelöst und ausgeschüttet werden, solange das Stammkapital nicht durch Verlustvortrage gemindert sei und demgemäß die Auszahlungssperre des § 30 Abs. 1 GmbHG eingreife. Auf diese Weise könne jederzeit eine Überkapitalisierung korrigiert werden, wenn nur das Stammkapital nicht überhöht festgesetzt wurde. Ganz anders bei der Limited. Während des Lebens der Limited dürften nur erwirtschaftete Gewinne nach Verrechnung mit Verlustvorträgen ausgeschüttet werden. Daraus würden sich bei der Limited eine wesentlich stärkere Vermögensbindung und damit eine Ausweitung des unternehmerischen Risikos der Gesellschafter ergeben als bei der deutschen GmbH.

588 Synonyme Begriffe sind authorised capital und nominal capital.

589 *Triebel/Hodgson/Kellenter/Müller*, Englisches Handels- und Wirtschaftsrecht, 237 ff.

590 Companies annual report by the department of trade: Table A7 Analysis of companies on the register at 31 March 2004 by issued share capital.

Dennoch ist der haftungsbeschränkende Charakter einer Limited seit 1897 etabliert.[591] Die Haftungsbeschränkung trotz minimalen Stammkapitals wird in der englischen Literatur mit betriebs- und volkswirtschaftlichen Argumenten verteidigt.[592] Im Hinblick auf die Gläubiger wird auf die Möglichkeit hingewiesen, selbständig Vorsichtsmaßnahmen zu ergreifen.[593]

Die Regeln der Kapitalaufbringung sind relativ lax.[594] Mit Übernahme eines Gesellschaftsanteils schuldet der Gesellschafter der company die Pflicht zur Leistung einer Einlage. Wirksamkeitserfordernis für den Vertrag zur Übernahme eines Anteils ist die sogenannte *consideration*, eine Gegenleistung[595]. Sie kann – anders als im deutschen Recht – auch in einer Arbeits- oder Dienstleistung bestehen. Ebenso ist im englischen Recht eine Aufrechnung ausdrücklich zulässig.[596] In Bezug auf Kapitalerbringung in Form von Sacheinlagen besteht zudem nur unzureichender Schutz. Sobald Anteile gegen Sacheinlagen ausgegeben werden, stehen im Falle einer Limited ausreichend Möglichkeiten für Missbrauch offen. Es findet keine Werthaltigkeitskontrolle vergleichbar § 9 c Abs. 1 Satz 2 GmbHG, statt.[597] Der Gläubiger einer Limited muss die Überbewertung einer Sacheinlage vor Gericht geltend machen. Bei einer Verurteilung muss dann der Schuldner den gesamten Wert in bar an die Gesellschaft bezahlen und erhält gegebenenfalls seine Sacheinlage zurück.[598]

---

591 Siehe *Salomon v. Salomon* [1897] A.C. 22.

592 Vgl. *Cheffins*, Company Law, S. 499 ff.

593 Vgl. *Cheffins*, Company Law, S. 501 f.: „.. creditors can take precautionary measures ..". Beispielsweise könne sich der Gläubiger durch Bürgschaften, Eigentumsvorbehalt u.Ä. absichern. Zudem könnten aufgrund des erhöhten Haftungsrisikos Preisnachlässe ausgehandelt werden bzw. die Zinsen dem Risiko angepasst werden. Indem er sich zudem Informationen über seinen Schuldner beschafft, könne er das Risiko abschätzen. So kann der Gläubiger die Kapitalausstattung der Gesellschaft der Bilanz entnehmen. Angemerkt sei hier jedoch, dass der Gläubiger sich hierfür am *issued capital* orientieren muss. Insofern stellt sich jedoch die Frage, inwieweit sich diese Möglichkeiten in der Praxis vom Gläubiger durchsetzen lassen werden. Gerade die Möglichkeit, sich über seinen Schuldner eingehend zu informieren, erscheint sehr vage. Dies um so mehr, als zum Beispiel das englische Register den tatsächlichen Wert einer Sacheinlage nicht nachprüft (mehr dazu sogleich). Hiergegen wird argumentiert, Gläubiger vertrauten nicht auf das Stammkapital als Haftungsmasse, sondern vielmehr auf das restliche Firmenvermögen (*Pennington*, Company Law, S. 150).

594 *Fleischer*, DStR 2000, 1015, 1016.

595 Der Begriff consideration lässt sich nicht in die deutsche Rechtsterminologie übersetzen. Am ehesten geben die Begriffe Gegenleistung und Entgelt den Inhalt wieder, vgl. *Neuling*, Deutsche GmbH und englische private company, S. 146 Fn. 43.

596 s. 738 (2) Companies Act 1985.

597 Lediglich bei *public companies* muss gemäß s. 103 (1) and s. 108 (1) Companies Act 1985 bei Sacheinlagen ein unabhängiges Expertengutachten vorgelegt werden. Auch s. 99 (2) Companies Act 1985, wonach Arbeits- und Dienstleistungen als Sacheinlagen unzulässig sind, findet auf die Limited keine Anwendung.

598 Ooregum Gold Mining Co. Of India v. Roper [1892] AC 125, 148.

Doch Fälle einer Verurteilung sind in der Rechtsprechung rar. Der Grund hierfür liegt in der *consideration doctrine*.[599] Hiernach wird die Werthaltigkeit einer Sacheinlage zur Verhandlungssache zwischen Gesellschaft und Gesellschafter. Den allgemeinen Grundsätzen im Vertragsrecht entsprechend, muss die Einlageleistung lediglich einen wirtschaftlichen Wert verkörpern, sie muss aber nicht vollwertig sein. Die Rechtsprechung nimmt vielmehr erst dann eine Differenzhaftung des Gesellschafters an, wenn die Bewertung in Schädigungsabsicht durchgeführt wurde.[600]

Schließlich kennt das englische Recht kein dem § 7 Abs. 2, 3 GmbHG vergleichbares Mindesteinzahlungsgebot. Vielmehr unterliegt die Fälligkeit der Einlagezahlung ebenfalls der Privatautonomie.

bb) Kapitalerhaltungsregeln im englischen Recht

Besteht jedoch ein gewisses *issued share capital*, sind auch im englischen Recht gewisse Kapitalerhaltungsvorschriften vorgesehen.[601] Nach s. 135 Companies Act 1985 bedarf die Herabsetzung des *share capitals* einer gerichtlichen Bestätigung. Unter bestimmten Voraussetzungen können Gläubiger der Kapitalherabsetzung widersprechen.[602]

Seit *Trevor v. Whitworth* steht außerdem fest, dass die company nicht ihr eigener Gesellschafter sein kann.[603] Dieses grundsätzliche Verbot des Rückerwerbs von Aktien fand in s. 143 (1) Companies Act 1985 seinen gesetzlichen Niederschlag. Hiervon gibt es allerdings Ausnahmen. So sieht s. 162 (1) Companies Act 1985 vor, dass eine company unter der Voraussetzung eigene Aktien erwerben darf, dass dies im Gesellschaftsvertrag ausdrücklich geregelt ist, und wenn beim Erwerb das Kapital der company erhalten bleibt bzw. eine Kapitalreserve gebildet wird. Dies ist aber nur möglich, sofern der Erwerb aus dem Gewinn der company finanziert wird.

Aufgrund eines außerordentlichen Beschlusses kann eine Limited jedoch mit eigenem Kapital Anteile zurückkaufen.[604] Dieser Beschluss muss im Amtsblatt veröffentlicht werden. Außerdem müssen die Geschäftsführer versichern, dass die Gesellschaft auch nach dem Rückerwerb in der Lage sein wird, ihre Verbindlichkeiten zu

---

599 Instruktiv hierzu *Neuling*, Deutsche GmbH und englische private company, S. 147, 148.

600 *Re Wragg Ltd.* [1897] 1 Ch 796.

601 Instruktiv hierzu auch *Micheler*, ZGR 2004, 324-347; *Ebert/Levedag*, GmbHR 2003, 1337, 1343 f.; *Schumann*, DB 2004, 743, 744; *Schall*, ZIP 2005, 965, 969; *Fleischer*, in: Lutter, Europäische Auslandsgesellschaften in Deutschland, S. 49, 57 ff.; *Neuling*, Deutsche GmbH und englische private company.

602 Vgl. s. 136, 137 Companies Act 1985.

603 *Trevor v. Whitworth* [1887] 12 App. Cas. 409.

604 Vgl. ss. 171, 173 (2) Companies Act 1985.

erfüllen.[605] Gläubiger und Gesellschafter die dem Beschluss nicht zugestimmt haben, können innerhalb von fünf Wochen bei Gericht dessen Aufhebung beantragen.[606]

Weiter darf gemäß s. 263 (1) Companies Act 1985 die Gesellschaft bei Gewinnausschüttungen das gezeichnete Kapital nicht antasten. Zahlungen an die Gesellschafter dürfen nur aus dem erwirtschaften Gewinn erfolgen. S. 263 (3) Companies Act 1985 definiert den auszuschüttenden Gewinn als den gesamten realisierten Gewinn abzüglich aller bisherigen realisierten Verluste. Dieses Verbot erstreckt sich auch auf verdeckte Gewinnausschüttungen, deren fallgruppenspezifische Auffächerung aber noch nicht weit gediehen ist.[607] Unzulässige Ausschüttungen sind nach s. 277 Companies Act 1985 zurückzuzahlen.

Einen gesetzlichen Mindestschutz bieten schließlich noch die Möglichkeit eines Durchgriff auf das Gesellschaftervermögen über s. 239 Insolvency Act 1986, soweit Vermögensgegenstände der später insolventen Gesellschaft von der Gesellschaft unterhalb ihres Verkehrswerts veräußert oder übertragen wurden.

Über die gesetzlichen Regelungen hinaus kennt auch die englische Rechtsprechung das Verbot der sogenannten verdeckten Einlagenrückgewähr. In *Re Halt Garage*[608] sah das Gericht in der Bezahlung eines directors der seit vier Jahren krankheitsbedingt nicht mehr für die Gesellschaft tätig wurde, keine echte Gehaltszahlung mehr. Da für die Zahlungen keine Gegenleistung erbracht wurde, sah es darin vielmehr eine verdeckte Einlagenrückgewähr, die zurückzuzahlen war. In *Aveling Barford Ltd. v. Perion Ltd.*[609] hat eine Gesellschaft ein Grundstück unter Wert an eine andere Gesellschaft verkauft, deren einziger Gesellschafter dadurch begünstigt werden sollte. Dieser verkaufte nämlich sodann das Grundstück zum wahren Verkehrswert. *J. Hoffmann* sah darin eine verdeckte Einlagenrückgewähr, die an die ursprüngliche Gesellschaft zurückzuzahlen war.

Diese relativ strikten Kapitalerhaltungsregeln dienen dem Schutz des Vertrauens in die beim Handelsregister einzusehenden Angaben über das *issued capital.* Jeder Gläubiger, der auf Kredit leistet, soll für einen Ausfall nur sich selber verantwortlich machen können.[610] Zusammenfassend wird man daher sagen können, dass das Stammkapital nach englischem Recht nicht die Funktion haben kann, die dem Stammkapital nach deutschem GmbH-Recht zukommt. Die Funktion des

---

605 Vgl. s. 173 (3), (4) Companies Act 1985.

606 Vgl. s. 176 (1) Companies Act 1985.

607 *Fleischer*, DStR 2000, 1015, 1016.

608 [1982] 3 All ER 1016.

609 [1989] BCLC 626.

610 *Goulding*, Company Law, S. 143 („... (the creditor) only has himself to blame."). Damit ähnelt das englische Gläubigerschutzrecht dem vom EuGH vertretenen Informationsmodell. Näher dazu unten B. III. 2. a) cc) (3) (c).

Gläubigerschutzes ist vielmehr sekundär, primär ist darin eine Grundlage für die Beteiligung von Investoren zu sehen.

b) Organisation einer Limited

Die Limited besteht aus der Gesellschafterversammlung (general meeting)[611] und dem bzw. den Geschäftsführern (board of directors)[612]. Zudem muss jede Limited einen Sekretär (secretary) berufen und einen Rechnungsprüfer (auditor) bestellen.[613] Aufgabe des secretarys ist es, die Geschäftsunterlagen, die Korrespondenz mit dem Gesellschaftsregister sowie die Protokolle bei Gesellschafterversammlungen zu führen.

Die Gesellschafterversammlung ist das oberste Willensbildungsorgan der Gesellschaft. Sie hat alle Befugnisse, die nicht durch Satzung den Geschäftsführern zugewiesen sind und Befugnisse, die das Gesetz ausschließlich ihr vorbehält. Im Hinblick auf die Geschäftsführung stehen ihr Entscheidungen zu, welche die Geschäftsführer nicht aufgrund ihrer eigenen Befugnisse treffen können. Weisungen kann die Generalversammlung den Geschäftsführern nur im Rahmen ihrer satzungsmäßigen Befugnisse erteilen. Schließlich bestimmt die Generalversammlung die Besetzung des board of directors. Die Bestellung ist publizitätspflichtig. So hat jede Limited an ihrem satzungsmäßigen Sitz ein Verzeichnis der Geschäftsführer zu führen. Die Kompetenzverteilung zwischen directors und general meeting richtet sich ausschließlich nach der Satzung. Mittels der weitgehenden Satzungsautonomie ergibt sich daher ein starker Einfluss der Gesellschafter (members) auf die Leitung des Unternehmens.

Das board of directors einer englischen Limited kann aus einem oder mehreren Mitgliedern bestehen. Diese müssen nicht von Rechts wegen zugleich Gesellschafter sein, jedoch wird bei *private companies* in der Praxis häufig verlangt, dass die directors mit einem bestimmten Minimum als Anteilseigner am Gesellschaftskapital beteiligt sind. Häufig werden sie sogar deren Mehrheitsgesellschafter sein.[614] Ebenso wie die Geschäftsführer einer GmbH verwalten die directors die Gesellschaft und vertreten sie nach außen.[615]

Der Begriff des directors ist sehr viel weiter als der des deutschen Geschäftsführers. So kennt das englische Recht neben dem eigentlichen director noch die Figur des „de jure directors", des „shadow directors" sowie des „de facto directors". Da das

---

611 S. 366 (1) Companies Act 1985

612 S. 282 (3) Companies Act 1985

613 S. 283 (1) Companies Act 1985

614 *Behrens*, Die GmbH im internationalen und europäischen Recht, Rn. GB/ NI/ EI 24 (S. 862 f.).

615 Zur Unterscheidung zwischen Vertretung im Innen- und Außenverhältnis siehe *Behrens*, Die GmbH im internationalen und europäischen Recht, Rn. GB/NI/EI 25 (S. 864 f.).

englische Gesellschaftsrecht bei der Haftung in erster Linie auf die directors zurückgreift, ist die weite Fassung des Begriffs von hoher praktischer Bedeutung.

Der de jure director ist der von der Gesellschafterversammlung ernannte Geschäftsführer. Hierbei muss zwischen executive and non-executive (de jure) director unterschieden werden. Der executive director ist von der Gesellschaft fest angestellt und bezieht ein festes Gehalt. Ein non-executive director wird dagegen aufgrund gewisser Expertisen oder aufgrund seines öffentlichen Ansehens eingestellt.[616] Trotz seiner regelmäßig geringen Rolle hinsichtlich der tatsächlichen Geschäftsführung werden an ihn die gleichen Maßstäbe wie an einen executive director gestellt.

Eine immer wichtigere Rolle spielt der shadow director. Hierunter versteht man eine Person, nach deren Weisungen der Geschäftsführer gewöhnlich handelt.[617] Dabei sollen aber ausdrücklich nicht solche Personen miteinbezogen werden, die bloße Fachauskünfte geben oder innerhalb einer Geschäftsbeziehung Ratschläge erteilen. In Betracht kommt dennoch ein noch sehr weiter Personenkreis. So ist Organschaft keine Voraussetzung, vielmehr können auch juristische Personen directors einer Gesellschaft sein, also z.B. Mutter-Gesellschaften oder Banken.[618] Nach neuester Rechtsprechung reicht es für die Annahme eines shadow directors aus, wenn jemand in maßgeblichen Teilbereichen Empfehlungen erteilt und diese regelmäßig befolgt werden.[619] Der Anwendungsbereich wurde damit stark erweitert. Damit können in Zukunft zum Beispiel auch im Ausland lebende Personen erfasst werden, sofern sie die gesamten Anteile der Gesellschaft halten und vor Ort ein board of directors eingesetzt haben. Nimmt er entsprechend Einfluss, wird er als shadow director gesehen.

Zunehmend an Bedeutung gewinnt auch die Figur des de facto directors, also einer Person, die zwar nicht zum Geschäftsführer ernannt wurde, aber ebenfalls wie ein director die Geschäfte führt.[620] Als maßgeblich erscheinen hier zwei Kriterien[621]: Einmal kommt es darauf an, ob er sich den Anschein gibt, dieselbe Verantwortung wie ein director zu tragen.[622] Anders als ein shadow director tritt der de facto director also auch nach außen auf. Zudem soll sein tatsächlicher Einfluss auf die Geschäftsleitung entscheidend sein.

c) Haftung

Wie bei der deutschen GmbH ist die Haftung bei einer Limited grundsätzlich beschränkt. Dies beruht auf dem in *Salomon v. Salomon* entwickelten Trennungs-

616 *Griffin*, Personal Liabiliy and Disqualification of Company Directors, S. 4.

617 Vgl. die Definitionen in s. 251 Insolvency Act 1986 und s. 6 (3) CDDA 1986.

618 *Bourne*, Company Law, 118.

619 Secretary of State for State Trade and Industry v. Deverell [2001] 40 Ch.D. 340, 354.

620 Re Hydrodan (Corby) Ltd. [1994] BCC 161.

621 *Habersack/Verse*, ZHR 2004, 174, 193.

622 Re Kaytech International plc. [1999] BCLC 351.

prinzip (*Salomon principle*).[623] In dem dieser Jahrhundertentscheidung zugrunde liegenden Fall gründete der Schuhfabrikant *Salomon* eine Limited und verkaufte ihr sein einzelkaufmännisches Unternehmen zu einem überhöhten Preis. Als Entgelt erhielt er Gesellschaftsanteile und Schuldverschreibungen der Gesellschaft. Als die neu gegründete Gesellschaft binnen Jahresfrist Konkurs anmelden musste, klagten die ungesicherten Gläubiger gegen *Salomon* auf Schadensersatz und behielten in den ersten beiden Instanzen Recht.[624] Das House of Lords hob die Entscheidung jedoch wegen Missachtung der Selbständigkeit der juristischen Person (separate legal personality) auf.

Es gibt jedoch sowohl gesetzliche als auch von der Rechtsprechung entwickelte Ausnahmen vom *Salomon principle*.[625] So greift das Trennungsprinzip selbstverständlich vor der wirksamen Entstehung einer Limited noch nicht ein. Vielmehr gilt hier das Verbot einer Vorbelastung.[626] Für gleichwohl entstandene Verbindlichkeiten haftet der Handelnde persönlich. Aufgrund des schnellen Gründungsverfahrens spielt die Haftung für Verbindlichkeiten der „Vorgesellschaft“[627] anders als bei einer GmbH jedoch kaum eine Rolle.

Ab Bestehen der Limited als Haftungssubjekt werden die wichtigsten Fälle der Durchgriffshaftung unter „piercing the corporate veil“ diskutiert. Hier ist zwischen Innen- und Außenhaftung der Gesellschafter bzw. der Geschäftsführer und der Phase, in welcher der Haftungsfall eintritt, zu unterscheiden.

aa) piercing the veil nach Common Law (fraud exception)

Aufgrund des *Salomon principle* haftet grundsätzlich nur das Gesellschaftsvermögen bzw. können die members bis zum Nennwert der von ihnen gezeichneten Anteile in Anspruch genommen werden.[628] Dabei ist die beschränkte Haftung der members nicht positiv im Gesetz geregelt, sondern wird im Gesellschaftsvertrag festgelegt (*liability clause*).[629] Im Gegensatz zum deutschen GmbH-Recht hat der Gründer keine Haftung wegen Unterkapitalisierung zu befürchten, da es schon an einer Verpflichtung zur Aufbringung eines gesetzlichen Mindestkapitals fehlt. Da keine Prüfung der Werthaltigkeit von Sacheinlagen stattfindet, kommt auch eine

---

623 Salomon vs. Salomon [1897] A.C. 22.

624 *Broderip v. Salomon* [1895] 2 Ch 323.

625 Überblick bei Bourne, Company Law, S. 21 f.

626 Vgl s. 36C Companies Act 1985.

627 Das englische Recht kennt das Rechtsinstitut der „Vorgesellschaft“ sogar überhaupt nicht. Eine englische Limited entsteht erst mit der Registrierung beim englischen Companies House. Vorher ist sie in rechtlicher Hinsicht ein völliges Nullum. Ausführlich zur Haftung und den Rechtsverhältnissen einer „deutschen“ Limited im Gründungsstadium *J. Schmidt*, RIW 2005, 827.

628 Vgl. s. 1 (2) (a), (b) Companies Act 1985 und s. 74 (1), 74 (2) (d) Insolvency Act 1986.

629 Vgl. s. 2 (3) Companies Act 1985.

Haftung nach den Grundsätzen über die verschleierte Sacheinlage nicht in Betracht.

Anknüpfungspunkt einer Außenhaftung des Gesellschafters muss vielmehr ein selbständiger Verpflichtungsgrund in der Person des Gesellschafters sein. Als die klassischen Fälle eines piercing the veil in Form von fraud exception gelten *Gilford motor company v. Horne*[630] und *Jones v. Lipman*[631].

Im ersten Fall war es *Mr. Horne*, einem ehemaligen Mitarbeiter der *Gilford motor company*, vertraglich verboten, mit Kunden seiner ehemaligen Arbeitgeberin zu kontrahieren. Um diese Wettbewerbsklausel zu umgehen, gründete er im Namen seiner Frau eine Limited und warb zahlreiche Kunden der *Gilford motor company* ab. Hier war der Court of appeal der Ansicht, dass die Gesellschaft allein aus dem Grund gegründet worden sei, um das Wettbewerbsverbot zu umgehen und ließ einen Durchgriff zu.[632]

Im Fall *Jones v. Lipman* verpflichtete sich *Mr. Lipman* mittels eines Kaufvertrags zur Übereignung eines Grundstücks. Nach einem Sinneswandel suchte *Mr. Lipman* sich einer Übereignung dadurch zu entziehen, indem er das Grundstück einer eigens zu diesem Zweck gegründeten Gesellschaft übertrug.[633] *J. Russell* zog den Fall *Gilford motor company v. Horne* heran und sah in der Gesellschaft einen bloßen Deckmantel (mere cloak), die den einzigen Zweck verfolgte eine Übereignung zu umgehen.[634] Im Wege eines „umgekehrten Durchgriffs" wurde die Gesellschaft daher neben Jones zur Übereignung verurteilt.

Später wird deutlich, dass maßgeblich für einen Durchgriff das Vorliegen einer Täuschungsabsicht ist. Dies stellte der Court of appeal bereits im Fall *Hilton v. plustile ltd.*[635] klar. Hier waren sich der spätere Kläger und die Beklagte zunächst einig, dass der Kläger über eine hierzu gegründete Gesellschaft auftreten soll, um dadurch den Rent Act 1977 zu umgehen. Später wollte der Kläger die gewählte Konstruktion nicht mehr gelten lassen und berief sich auf die Gesetzesumgehung. Da hier der Kläger über alle Umstände voll informiert war und damit nicht getäuscht werden konnte, sah das Gericht keinen Anlass für ein piercing of the veil. Noch deutlicher wurde der Court of appeal in *Adams v. Cape*[636]. Zu unterscheiden sind hiernach der Fall der wirtschaftlichen Einheit (single economic unit), der Fall der Vertretung (agency) und der Betrugsfall (mere sham). Der Court of

630 [1933] Ch 935 = [1933] All ER 109.

631 [1962] 1 All ER 442 = [1962] 1 W.L.R. 832.

632 [1933] Ch 935 = [1933] All ER 109: „(...) the company was formed as a device, a stratagem, in order to mask the effective carrying on of business of *Mr. Horne*").

633 [1962] 1 All ER 442 = [1962] 1 W.L.R. 832.

634 [1962] 1 All ER 442 = [1962] 1 W.L.R. 832: „(The company is) a mask which (Mr. Lipman) holds before his face in an attempt to avoid recognition by the eye of equity".

635 [1988] 3 All ER 1051 = [1988] 132 SJ 1638.

636 *Adams v. Cape* [1990] Ch 433.

appeal zieht sodann den Fall *Jones v. Lipman* heran und betont, dass lediglich bei Vorliegen einer mere sham, also einer Täuschung, ein Durchgriff anzuerkennen ist.[637] Daran fehlt es, wenn beiden Parteien die Umstände von Anfang an bekannt sind.[638]

Im Fall *Creasey v Breachwood Motors Ltd*[639] klagte der ehemalige Geschäftsführer auf Schadensersatz wegen Unwirksamkeit seiner Kündigung. Um einer Haftung zu entgehen, übertrug die frühere Arbeitgeberin sämtliches Vermögen auf eine neu gegründete Gesellschaft. In diesem Verhalten sah das Gericht genügend Anlass für ein piercing the veil. Allerdings stellte der Court of appeal in seiner Entscheidung *Ord v. Belhaven Pubs ltd.*[640] klar, dass eine Verlagerung der Vermögenswerte alleine für einen Durchgriff nicht ausreicht. Im Rahmen einer Neustrukturierung aufgrund finanzieller Schwierigkeiten wurden innerhalb eines Konzerns die Vermögenswerte der *Belhaven Pubs ltd.* auf die Muttergesellschaft *Ascot Estates* übertragen. Das Ehepaar *Ord* erhob einige Zeit später Klage gegen *Belhaven Pubs ltd.* wegen Schadensersatz aus Pachtvertrag. Dabei lehnte der Court of appeal einen Durchgriff auf das Vermögen der *Ascot Estates* ab, da die Vermögensverlagerung nicht in betrügerischer Absicht erfolgte. Diese zurückhaltende Rechtsprechung bei Konzernverflechtungen hält der Court of appeal auch in absoluten Extremfällen aufrecht. In der Entscheidung *Re Polly Peck* gewährte die Muttergesellschaft der mit einem Stammkapital in Höhe von 25.000 SFr. ausgestatteten Tochtergesellschaft ein Darlehen in Höhe von 700 Millionen SFr. Die bloße Unterkapitalisierung ließ *J. Walker* jedoch nicht ausreichen, um einen Durchgriff zu begründen.

Zusammenfassend bleibt festzustellen, dass ein Durchgriff nach Common Law nur in sehr engen Grenzen möglich ist. Möglich ist ein Durchgriff nur, wenn das Gericht vom Vorliegen einer „mere facade“ überzeugt ist. Hierfür reicht aber nicht das Vorliegen einer krassen Unterkapitalisierung oder das Auftreten einer Gesellschaft als Strohmann. Voraussetzung muss zudem stets auch eine Täuschungsabsicht seitens des Schädigers sein.

---

637 *Adams v. Cape* [1990] Ch 433 („Since it was not a mere facade concealing the true facts it was not appropriate to pierce the corporate veil."). Vgl. auch *Woolfson v. Strathclyde Regional Council* [1978] S. L.T. 159.

638 *Adams v. Cape* [1990] Ch 433 („The decision in Jones v. Lipman [1962] 1 W.L.R. 832 (..) was one case where the proven motive of the individual defendant clearly had a significant effect on the decision of Russell J.") Anders sahen es die Richter jedoch im vorliegenden Fall: „The judge's finding of fact quoted above as to the motives of Cape behind the new arrangements is accepted (no doubt welcomed) by the plaintiffs, so far as it goes.".

639 [1992] B.C.C. 638 = [1993] B.C.L.C. 480.

640 [1998] B.C.C. 607 = [1998] 2 B.C.L.C. 447.

bb) Haftung der directors auf Gläubigerinteressen nach Common Law[641]

Ist die Limited solvent, ergibt sich die Haftung der directors aus allgemeinen Grundsätzen: Der director haftet für sorgfältige Geschäftsführung. Dabei wird – anders als im deutschen Recht (§ 43 GmbHG) – ein sehr subjektiver Sorgfaltsmaßstab zugrunde gelegt. Zu unterscheiden sind die fiduciary duties und die Common Law duties of care and skill. Zu den fiduciary duties zählt die Pflicht, in gutem Glauben (bona fide) und im besten Interesse der Gesellschaft zu handeln. An einem objektiven Maßstab bemisst sich dagegen die proper purpose–Doktrin.[642] Hiernach hat ein director die Pflicht, seine Rechtsmacht nur zu Zwecken zu gebrauchen, die ihm durch den Gesellschaftsvertrag übertragen wurden. Die Common Law duties of care and skill beinhalten allgemeine Sorgfaltspflichten. Die neuere Rechtsprechung stellt hier auf die Sorgfalt eines durchschnittlichen Direktors in entsprechender Position ab.[643]

Verschlechtert sich die wirtschaftliche Lage der Gesellschaft, stellt die jüngere Rechtsprechung[644] die Gläubigerinteressen bei der Bemessung der Pflichten eines directors in den Vordergrund.[645] Es gilt jedoch das für die Gesellschafter Gesagte: Grundsätzlich haften die Geschäftsführer einer Limited nur gegenüber der Gesellschaft, Fälle einer Außenhaftung der directors sind im englischen Recht selten. Eine persönliche Haftung kommt selbstverständlich bei Missbrauch der Vertretungsmacht in Betracht[646] oder wenn der director dem Vertragspartner eine persönliche Haftung vorspiegelt.

Bedeutung kommt der aufgezeigten Common Law Haftung vor allem deshalb zu, da sie auch dann greift, wenn später kein Insolvenzverfahren eröffnet wird. Im Falle eines Insolvenzverfahrens stehen nämlich gesetzlich geregelte Haftungstatbestände zu Verfügung. Über s. 213 Insolvency Act 1986 (fraudulent trading) und

641 Instruktiv zur Geschäftsführerhaftung *Griffin*, Personal Liabiliy and Disqualification of Company Directors. Siehe zur Haftung nach den director's fiduciary duties als Gläubigerschutzinstrument auch *Gräfe*, DZWIR 2005, 410.

642 Bishopsgate Investment Management Ltd. v. Maxwell [1993] BCC 120, 140.

643 *Griffin*, Personal Liabiliy and Disqualification of Company Directors, S. 10.

644 Kinsela v. Russell Kinsela Pty Ltd. [1986] 10 ACLR 395, 401; West Mercia Safetywear Ltd. v. Dodd [1988] BCLC 250, 252; Gwyer v. London Wharf (Limehouse) Ltd. [2002] All ER (D) 226; Brady v. Brady [1986] AC 755, 778; Yokong Line Ltd. Of Korea v. Rendsburg Investments Corporation of Liberia [1998] 1 WLR 294, 311.

645 *Kinsela v. Russell Kinsela Pty Ltd.* [1986] 10 ACLR 395, 401 („But where a company is insolvent the interests of the creditors intrude. They become prospectively entitled, through the mechanism of liquidation, to displace the power of the shareholders and directors to deal with the company's assets. It is in a practical sense their assets and not the shareholders' assets that, through the medium of the company, are under the management of the directors pending either liquidation, return to solvency, or the imposition of some alternative administration.").

646 West London Commercial Bank Ltd. v. Kitson [1884] 13 Q.B.D. 360.

s. 214 Insolvency Act 1986 (wrongful trading) hat der Insolvenzverwalter die Möglichkeit, die directors zur Zahlung in die Insolvenzmasse zu verpflichten.

cc) Haftung wegen fraudulent trading

Aufgrund seiner relativ geringen Bedeutung in der Praxis wird hier auf die Haftung wegen fraudulent trading (s. 213 IA 1986) nur kurz eingegangen. In der Rechtsprechung finden sich hierzu kaum Fälle. Der Grund hierfür liegt an den strengen subjektiven Tatbestandsvoraussetzungen. Neben der objektiven Voraussetzung, dass ein winding up-Verfahren eingeleitet wurde, setzt s. 213 (1) IA 1986 nämlich voraus, dass der director die Geschäfte mit Schädigungsabsicht von Gläubigerinteressen (with intend to defraud creditors) oder sonstigen betrügerischen Zwecken (for any fraudulent purpose) die Geschäfte weiter geführt hat.

Die Spruchpraxis stellt an diese Voraussetzung sehr hohe Anforderungen. In *Re White&Osmond (Parkstone) Ltd.* hat sich die sogenannte sunshine-doctrine herausgebildet: Hiernach wird eine Betrugsabsicht selbst dann nicht angenommen, wenn die directors ungeachtet aller Schwierigkeiten glaubten, die Wolken verschwänden und die Sonne komme wieder zum Vorschein.[647] In dem jüngst ergangenen Urteil *Morphites v. Bernasconi*[648] hatten die directors der Speditionsfirma TMC eine neue Gesellschaft unter denselben Initialen gegründet, um der Forderung eines Gläubigers zu entgehen. Wegen der Haftungsgefahr aus s. 217 IA 1986 wurde die alte Gesellschaft ein Jahr weitergeführt. Damit der Gläubiger nicht zwischenzeitlich einen Insolvenzantrag stellt, wurde ihm eine Teilzahlung angekündigt, die – wie von Anfang an geplant – nie erfüllt wurde. Der Court of Appeal stellte jedoch in seiner Entscheidung vom 5.3.2003 klar, dass ein einziger Betrug zu Lasten eines einzelnen Gläubigers nicht ausreicht, um die persönliche Haftung aus fraudulent trading zu begründen. Zudem widersprach er der Vorinstanz, die ein punitive element in den zu zahlenden Schadensersatz aufnehmen wollte.

dd) Haftung wegen wrongful trading[649]

Zunächst ist hervorzuheben, dass ausschließlich der Insolvenzverwalter den Anspruch aus wrongful trading geltend machen kann.

Das entscheidende Tatbestandsmerkmal für die Annahme eines wrongful tradings ist, dass der director bereits zu einem Zeitpunkt vor Eröffnung des Insolvenzver-

---

647 *Re White&Osmond (Parkstone) Ltd.*, unveröffentlicht aber zitiert in *R. v. Grantham*, [1984] 3 All ER 166, 170.

648 (2003) 2 BCLC 53; siehe dazu Anm. *Leyens*, EWiR Sec. 213 Insolvency Act 1/04, 79.

649 Ausführlich zum wrongful trading *Habersack/Verse*, ZHR 2004, 174; *Hirt*, ECFR 2004, 71; *Fletcher*, The Law Of Insolvency, Rn. 27.017 ff. Siehe ferner auch *Eidenmüller*, Ausländische Kapitalgesellschaften im deutschen Recht, § 10 Rn. 67 f.; *Schall*, ZIP 2005, 965, 967 f.; *Fleischer*, in: Lutter, Europäische Auslandsgesellschaften in Deutschland, S. 49, 61 ff.; *Lieder*, DZWIR 2005, 399, 408.

fahrens wusste oder hätte wissen müssen, dass keine vernünftige Aussicht mehr bestand, die insolvenzbedingte Liquidation abzuwenden (s. 214 (2) (b) Insolvency Act 1986). Bei der Beurteilung dieser Frage hat das Gericht sowohl einen objektiven als auch einen subjektiven Maßstab anzuwenden. Einmal ist auf die Fachkenntnis, Fähigkeit und Erfahrung abzustellen, die von einem director in seiner Position vernünftigerweise zu erwarten sind (s. 214 (4) (a) Insolvency Act 1986). Zusätzlich ist aber auch etwaiges Sonderwissen des jeweiligen directors zu berücksichtigen (s. 214 (4) (b) Insolvency Act 1986). Bei der Beurteilung dieser Kriterien zieht *J. Knox* in einem der ersten Urteile zum wrongful trading zudem die Größe des Unternehmens hinzu. So kann von dem director eines kleinen Unternehmens nicht das Gleiche erwartet werden, wie von den directors großer Konzerne, denen ausgefeilte Prüfungsmöglichkeiten zur Verfügung stehen.[650]

In der Rechtsprechung sind zwei Falltypen zu unterscheiden: Einfacher zu beurteilen sind diejenigen Fälle, in welchen der director in betrügerischer Absicht handelt, indem er beispielsweise durch fingierte Rechnungen Bilanzen manipuliert[651] oder sich persönlich am Firmenvermögen bereichert.[652] Hier kommt man ohne weiteres zu einer Verurteilung wegen wrongful trading. Schwieriger verhält es sich in Fällen in denen directors in guter Absicht und im Glauben die Firma noch retten zu können handeln. Genau diese Fälle sollten aber durch die Einführung des wrongful tradings als erweiterter Tatbestand des fraudulent tradings erfasst werden.[653] Schwierig ist es insbesondere, den Zeitpunkt zu bestimmen, an dem der director die Aussichten richtig hätte einschätzen müssen. Anders als im deutschen Recht (Zahlungsunfähigkeit bzw. dreiwöchige Frist, vgl. § 64 Abs. 1 GmbHG) schweigt hierzu das Gesetz. Die Bestimmung des maßgeblichen Zeitpunktes ist in den meisten bislang zum wrongful trading entschiedenen Fällen der Hauptstreitpunkt.[654]

In *Re Produce Marketing* wurden die directors im Februar 1987 von den auditors darüber unterrichtet, dass die Firma insolvent sei. Erst im Oktober haben sie einen Insolvenzantrag gestellt. Hier war das Gericht der Meinung, dass unter Berücksichtigung ihrer Funktion als Geschäftsführer und unterstellt, sie entsprächen den Minimalanforderungen an einen director, die directors hätten erkennen müssen, dass eine Insolvenz unvermeidbar gewesen sei.[655]

---

650 Re Produce Marketing Consortium [1989] BCLC 520.

651 Official Receiver v. Doshi [2001] 2 BCLC 235.

652 *Re Purpoint Ltd* [1991] BCLC 491.

653 Jacobs, International Banking Law 1989, 269 f.

654 Re Produce Marketing Consortium [1989] BCLC 520; Re DKG Contractors Ltd [1990] BCC 903; Re Purpoint Ltd [1991] BCC 121; Re Continental Assurance Co. [2001] BPIR 733.

655 Re Produce Marketing Consortium [1989] BCLC 520 ff.

In *Re DKG Contractors Ltd.* wurde der maßgebliche Zeitpunkt erst gut zwei Monate nach Eintritt der Zahlungsunfähigkeit angenommen.[656] Ebenso wurde bei *Re Purpoint Ltd.* der Zeitpunkt erst lange nachdem die Gesellschaft bereits zahlungsunfähig war angenommen.[657] *Habersack/Verse* weisen an dieser Stelle darauf hin, dass die englischen Gerichte dem Eintritt der Überschuldung bei der Bestimmung des maßgeblichen Zeitpunktes kaum Bedeutung beimessen. Vielmehr bedarf es des Hinzutretens weiterer Umstände, die auf einen negativen Verlauf der Unternehmung hinweisen.[658]

Die jüngere Rechtsprechung zeigt jedoch weiterhin unternehmerfreundliche Tendenzen: In *Re Continental Assurance*[659] konnte der Richter keinen Verstoß der directors gegen ihre Sorgfaltspflichten erkennen. Zwar war das Gericht davon überzeugt, dass seit Juli 1991 Überschuldung gegeben war. Zudem hat das zur Verfügung stehende Kapital nicht dem vom englischen Wirtschaftsminister festgelegten branchentypischen Standard entsprochen. Dennoch haben die directors erst im Dezember 1991 dazu aufgerufen, keine neuen Geschäfte mehr aufzunehmen und Rat von Insolvenzspezialisten aufgesucht. Damit, so *Park J.*, haben die directors alles Notwendige getan, was man von einem durchschnittlichem Laien verlangen könne. Spezielle Kenntnisse der Buchführung – wenn auch branchentypische – könnten von einem einfachen director nicht verlangt werden. Überdies müsse das Fehlen einer Rettungschance für den director offensichtlich gewesen sein, um die Haftung wegen wrongful trading auszulösen.[660]

Stellt das Gericht fest, dass der director wusste oder hätte wissen müssen, dass eine Insolvenz unvermeidbar war, steht ihm eine Einwendung zu. Er muss beweisen, dass er ab dem soeben ermittelten maßgeblichen Zeitpunkt sämtliche Maßnahmen ergriffen hat, um den Gläubigerausfall zu minimieren (s. 214 (3) Insolvency Act 1986). Die entscheidende Frage liegt hierbei darin, welche Maßnahmen dem director abverlangt werden können. Hierzu kann immer noch nicht auf englische Gerichtsentscheidungen zurückgegriffen werden.[661] In der Literatur behilft man sich mit der Auflistung von Beispielen.[662] So soll der director eine Gläubigerversammlung einberufen um über den Stand der Dinge zu unterrichten, einen administrator ernennen und regelmäßig Sitzungen abhalten um den Zustand der company zu prüfen. Bei der Beurteilung der Einrede hat das Gericht wieder den in s. 214 (4) Insolvency Act 1986 bestimmten Maßstab anzuwenden. Gelingt dem

656 *Re DKG Contractors* Ltd [1990] BCC 903, 904.

657 *Re Purpoint Ltd* [1991] BCLC 491, 498.

658 *Habersack/Verse*, ZHR 2004, 174, 185.

659 Re Continental Assurance Co. [2001] BPIR 733.

660 Re Continental Assurance Co. [2001] BPIR 733, 769.

661 Bei seiner Recherche ist der Verfasser auf keine einzige Gerichtsentscheidung gestoßen, die sich hierzu detailliert äußert. Dies kann daran liegen, dass es in den wenigsten Fällen tatsächlich zu einer Verurteilung kommt.

662 Vgl. *Keay/Walton*, Insolvency Law, 528.

director der Beweis seiner Einwendung nicht, so kann er sich auch nicht gemäß der allgemeinen Regelung in s. 727 Companies Act 1985 darauf berufen, dass er nach bestem Gewissen gehandelt habe.[663]

Ist der Tatbestand erfüllt, wird der director zu einer Zahlung an die company in der Höhe verurteilt, die das Gericht für angemessen hält. Dies ist durchaus wörtlich zu nehmen, denn die Praxis zeigt, dass dem Gericht ein breiter Spielraum zusteht. Die Höhe der Zahlung muss sich nicht an der Höhe des durch das Handeln des directors hervorgerufenen Verlustes der Gläubiger orientieren.[664] Gleichwohl bildet der Schaden bei der Berechnung in der Regel den Ausgangspunkt, denn die order soll einen kompensatorischen und keinen poenalen Zweck verfolgen.[665] Hiervon wird dann der nicht kausal durch das wrongful trading verursachte Schaden abgezogen.[666] Zudem soll das Verschulden des jeweiligen directors eine Rolle spielen. Hat ein director grob fahrlässig gehandelt, soll er mehr zahlen müssen als jemand, der mit guten Absichten, jedoch blauäugig gehandelt hat.[667] Daher kommt es bei mehren directors regelmäßig zu unterschiedlichen Zahlungen.[668]

Die Zahlung ist an die Gesellschaft zu entrichten und wird vom Insolvenzverwalter treuhänderisch zur Verteilung an die ungesicherten Gläubiger entgegengenommen. Die gesicherten Gläubiger kommen nicht in den Genuss der Zahlung.[669] Eine wie von der deutschen Rechtsprechung vertretene Differenzierung zwischen Alt- und Neugläubigern findet nicht statt. Gläubiger aus der Zeit vor dem wrongful trading werden in gleicher Weise berücksichtigt.[670] Das kommt daher, dass der Insolvenzverwalter die Ansprüche aus s. 214 Insolvency Act 1986 im Auftrag der Gläubiger und nicht im Auftrag der company geltend macht.[671] Kritisiert wird daran, dass die Zahlung auf diese Weise nicht nur denjenigen Gläubigern, die tatsächlich vom wrongful trading geschädigt wurden, zugute kommt.

---

663 Re Produce Marketing Consortium Ltd. (Halls v. David&Anor.) [1989] 5 BCC 399; Re Brian D Pierson (Contractors) Ltd [1999] BCC 26.

664 Vgl. *Official Receiver v. Doshi* [2001] 2 BCLC 235, hier wurde Mr. Doshi zu einer Zahlung von 1,3 Mio. £verurteilt, obwohl ein Schaden von über 2 Mio. £festgestellt wurde; vgl. auch *Re Produce Marketing Consortium Ltd.* [1989] 5 BCC 569, 598; *Cohen v Selby* [2000] 1 BCLC 176.

665 *Re Produce Marketing Consortium Ltd.* [1989] 5 BCC 569, 597. Siehe hierzu auch *Morphites v. Bernasconi* [2003] 2 BCLC 53: zwar geht es hier um Schadensersatz bei *fraudulent trading*, doch muss die ausdrückliche Ablehnung eines *punitive elements* durch den Court of Appeal wohl erst recht auch für *wrongful trading* gelten.

666 Re Produce Marketing Consortium Ltd. [1989] 5 BCC 569, 597.

667 Re Produce Marketing Consortium Ltd. [1989] 5 BCC 569, 598.

668 Vgl. nur *Re Brian D Pierson (Contractors) Ltd.* [1999] BCC 26, wo von dem geschäftsführenden Ehepaar der Ehemann zu einer Zahlung von £210.000 und die Ehefrau zu einer Zahlung von £50.000 verurteilt wurden.

669 Re Produce Marketing Consortium Ltd. [1989] 5 BCC 569, 598.

670 *Keay/Walton*, Insolvency Law, 530.

671 *Keay/Walton*, Insolvency Law, 530.

Hintergrund der einheitlichen Betrachtung dürfte sein, dass das Verfahren nicht durch aufwändige Beweisaufnahmen verkompliziert werden sollte.[672]

ee) *Misfeasance proceedings*

Während die Haftung nach wrongful trading und fraudulent trading im deutschen Schrifttum bereits einige Beachtung gefunden hat, schweigt es hinsichtlich der Haftung wegen Untreue (misfeasance proceedings) gemäß s. 212 Insolvency Act 1986. Dies mag daran liegen, dass s. 212 Insolvency Act 1986 an sich keinen eigenen Haftungstatbestand bietet, sondern lediglich einen Prozessanspruch darstellt[673]. Es handelt sich um ein summary remedy, also eine Art prozessualen Gesamtanspruch zur schnelleren und kostengünstigeren Geltendmachung verschiedenster Pflichtverletzungen.[674] Der Anspruch dient in erster Linie dem Schutz der company und kommt damit zumindest mittelbar den Gläubigern zugute.[675] Voraussetzung ist, dass die company einen Vermögensverlust erleidet. Daher kann der Anspruch nach s. 212 Insolvency Act 1986 nur auf Antrag und im Namen der company geltend gemacht werden. Antragsbefugt sind aber auch einzelne Gläubiger oder Gesellschafter, selbst wenn sie nicht von der Klage profitieren. S. 212 Insolvency Act 1986 ist allerdings nicht in Fällen anwendbar, in denen die Gesellschaft lediglich einen Zahlungsanspruch gegen einen Gesellschafter hat.[676]

Zunächst setzt auch s. 212 Insolvency Act 1986 voraus, dass sich die Gesellschaft im Verfahren des winding up befindet. Anspruchsgegner können officers of the company[677], liquidators (Insolvenzverwalter), administrators und administrative receivers sein. Weiter sollen hierunter auch all diejenigen Personen fallen, die irgendwie sonst an der Gründung oder der Unternehmensleitung teilgenommen haben (s. 212 (1) (a-c) Insolvency Act 1986).

Weitere Tatbestandsvoraussetzung ist gemäß s. 212 (2) Insolvency Act 1986 der eigennützige Missbrauch von Vermögenswerten der company (misfeasance) oder ein ähnlicher Verstoß gegen seine Treuepflichten (fiduciary or other duties). Dieser weit gefasste Pflichtenbereich wurde, wie bereits erwähnt, von der Rechtsprechung zunächst mit sehr subjektiven Kriterien bemessen. Es wurde auf den Sorgfaltsmaßstab abgestellt, der von einer Person mit vergleichbarem Fachwissen und mit gleicher Erfahrung zu erwarten ist.[678] Die neuere Rechtsprechung wendet seit

---

672 *Habersack/Verse*, ZHR 2004, 174, 196.

673 Re Forest of Dean Coal Mining Co. [1878] 10 Ch.D. 450.

674 *Palmer's Company Law*, Volume 2, Rn. 8.545.

675 Re Hill's Waterfall Estate and Gold Mining Company [1896] 1 Ch. 947.

676 Re Etic Ltd. [1928] Ch. 861.

677 Hierunter fallen gemäß s. 744 Companies Act 1985 *directors* (auch *shadow directors* und *de facto directors* vgl. *Coventry and Dixon's Case* [1880] 14 Ch.D. 660), *managers* und *secretaries*. In *Re London and General Bank* [1895] 2 Ch 166 wurde auch ein *auditor* miteinbezogen.

678 Re City Equitable Fire Insurance Co. [1925] Ch 407.

Re D'Jan of London Ltd. dagegen hinsichtlich der Tatbestandsmerkmale einen objektiven Maßstab an und stützt sich dabei auf die in s. 214 (4) Insolvency Act 1986 gefundene Formulierung.[679] In einer jüngst ergangenen Entscheidung wurden daher zwei Schmuckhändler, Vater und Sohn, gemäß 212 Insolvency Act 1986 haftbar gemacht. Als directors einer Limited kauften sie im Ausland wertvollen Schmuck auf Kredit und transportierten diesen persönlich zum Verkauf nach Frankreich, ohne die Ware entsprechend zu versichern. Unterwegs ging der Schmuck verloren. *J. Smith* war der Meinung, dass ein dem Maßstab des 214 (4) Insolvency Act 1986 genügender director seine ungesicherten Gläubiger keinesfalls das Risiko eines vollständigen Verlusts der einzigen Haftungssubstanz aufgelastet hätte.

Relativ einfach gestalten sich Fälle, in denen sich jemand persönlich am Firmenvermögen bedient. Trotz des strengeren Maßstabs sind die Gerichte allerdings nach wie vor sehr zögerlich hinsichtlich bloßer Managementfehler. Hier wird der Tatsache Rechnung getragen, dass ein Unternehmer immer ein gewisses kaufmännisches Risiko eingehen muss. So sieht *J. Warner* den Tatbestand als noch nicht verwirklicht, wenn einer von zwei Geschäftsführern den anderen Teil von Entscheidungen ausschließt und dabei Firmenvermögen zu seinem eigenen Vorteil missbraucht.[680]

Schwierigkeiten können allerdings auftreten, wenn vor der liquidation eine Pflichtverletzung von der Gesellschafterversammlung beschlossen wurde. Fraglich ist, ob der gemeinsame Beschluss den eigentlichen Missetäter gleichsam reingewaschen hat. In Fällen, in denen es nicht um Missbrauch ging, wurde dies in der Tat angenommen.[681] Jedenfalls ist s. 212 Insolvency Act 1986 dann einschlägig, wenn die company insolvent war und dann erst der Beschluss erfolgte.[682]

Gemäß s. 212 (3) Insolvency Act 1986 kann das Gericht sodann auf Antrag des official receivers, des Insolvenzverwalters oder eines Gläubigers nach seinem Dafürhalten dazu verurteilen, Schadensersatz nebst Zinsen zu leisten. Bei der Bemessung der Art und Höhe des zu leistenden Schadensersatzes inklusive Zinsen steht dem Gericht ein großer Ermessensspielraum zu. Als Berechnungsgrundlage kommt einmal der Verlust, den die company erleidet, andererseits der Betrag, der dem Täter zufließt, in Betracht. Letzteres soll dann gelten, wenn die company selber niemals den Betrag hätte verlangen können, es sich für sie also nur um einen rein hypothetischen Schaden handelt.[683]

---

679 Re D'Jan of London Ltd. [1993] BCC 646.

680 *Griffin*, Personal Liabiliy and Disqualification of Company Directors, S. 29; *Re Elgindata* [1991] BCLC 959.

681 *Griffin*, Personal Liabiliy and Disqualification of Company Directors, S. 30; Multinational Gas &Petrochemical Co. v. Multinational Gas & Petrochemical Services Ltd [1983] Ch 258.

682 West Mercia Safetywear Ltd v. Dodd [1988] BCLC 250.

683 *Griffin*, Personal Liabiliy and Disqualification of Company Directors, S. 25.

Anders sah es allerdings aus, als ein director für die Vergabe eines Auftrags auf Kosten seiner company heimlich eine Provision einstrich und diese auf seinem Privatkonto verbuchte, welches wiederum als Kreditsicherheit der Gesellschaft diente. Indem der director die Schuld aus seinem Konto bezahlte, sobald er als Sicherungsgeber in die Pflicht genommen wurde, konnte die Mehrheit der Richter keinen Schaden der company mehr feststellen. Zwar lag eine Pflichtverletzung vor, doch sei der Gesellschaft das Geld auf indirektem Weg wieder zugeflossen.[684]

Hinsichtlich der an die company zu zahlenden Summe steht dem Richter ein eigenes Ermessen zu. In *V.G.M. Holdings*[685] musste ein director nur soviel zurückzahlen, dass sämtliche Gläubiger schadlos gehalten wurden. Nicht mitgerechnet wurde aber der Betrag, den der Beklagte selber als Gläubiger der company hätte geltend machen können.

Anders als beim fraudulent bzw. wrongful trading steht dem Anspruchsgegener gemäß s. 727 Companies Act 1985 die Einwendung zu, nach bestem Gewissen gehandelt zu haben. Hierbei wendet die Rechtsprechung teilweise wieder einen sehr subjektiveren Maßstab an.[686] In *Re D'Jan of London*[687] hielt der director 99% der Gesellschaftsanteile. Da die Gesellschaft zum damaligen Zeitpunkt zudem auch noch solvent war, habe der director nur sein eigenes Vermögen gefährdet. Dies führte nach Meinung des Richters zu einer erfolgreichen Einwendung gemäß s. 727 Companies Act 1985.

ff) Keine Insolvenzverschleppungshaftung nach deutschem Recht

Nach der Rechtsprechung des BGH können sowohl Neu- als auch Altgläubiger ihre Ansprüche gegen den Geschäftsführer wegen Insolvenzverschleppungshaftung gemäß § 823 II BGB i.V.m. § 64 I GmbHG im Wege der Außenhaftung und getrennt von einem Insolvenzverfahren geltend machen.[688] Es stellt sich daher die Frage, ob ein Gläubiger neben dem Hauptverfahren in England vor einem deutschen Gericht aus Insolvenzverschleppungshaftung gegen den director der Limited vorgehen könnte.

Geht man beispielsweise von einer Limited mit Verwaltungssitz in Deutschland aus, deren director seinen Wohnsitz in München hat, ist nämlich folgende Kon-

---

684 Re Derek Randall Enterprises Ltd. [1990] BCC 749.

685 [1942] Ch. 235.

686 Vgl. *LJ. Hoffmann* in *Re D'Jan of London* [1993] BCC 646: S. 727 Companies Act 1985 lent itself to a subjective consideration of the directors conduct.

687 [1993] BCC 646.

688 *Lutter/ Kleindiek*, in: Lutter/ Hommelhoff, GmbHG, § 64 Rn. 52, 53; Hachenburg/ *Ulmer*, GmbHG, § 64 Rn. 56; instruktiv dazu *Fritsche/ Lieder*, DZWIR 2004, 93, 94 f. A.A. *Altmeppen/ Wilhelm*, NJW 1999, 673 ff.; *Altmeppen*, ZIP 2001, 2201, 2205 ff.; *K. Schmidt*, in: Scholz, GmbHG, § 64 Rn. 32. Anders ist dies freilich im Falle der Haftung nach § 64 II GmbHG, hier steht der Anspruch unstreitig nur der Gesellschaft zu; vgl. *Fritsche/ Lieder*, DZWIR 2004, 93, 94 f.

stellation denkbar: Ein Gläubiger reicht trotz Eröffnung des englischen Verfahrens als Hauptinsolvenzverfahren vor dem LG München I Klage gegen den director zur Geltendmachung von Schadensersatzansprüchen gemäß § 823 II BGB i.V.m. § 64 I GmbHG analog[689] ein. Da es sich bei dem Beklagten um den director einer englischen Limited handelt, muss das deutsche Gericht zunächst prüfen, ob es überhaupt international zuständig ist (§ 5 I InsO). Dabei stellt sich die Frage, ob sich im vorliegenden Fall die internationale Zuständigkeit nach Art. 2 EuGVVO oder Art. 3 EuInsVO bemisst. Ein Rückgriff auf autonomes internationales Recht kommt nicht in Betracht, denn ausweislich des Willens des europäischen Gesetzgebers soll zwischen dem Anwendungsbereich der EuInsVO und des EuGVVO keine Lücke bestehen.[690] Das hängt von der Vorfrage ab, ob das Verfahren wegen Insolvenzverschleppungshaftung unter den Anwendungsbereich gemäß Art. 1 EuGVVO oder Art. 1 EuInsVO zu subsumieren ist.

Im Falle von Einzelverfahren, die im Zusammenhang mit dem Insolvenzverfahren stehen, ist dies nicht ohne weiteres ersichtlich. Als zivilrechtliches Verfahren fällt die erhobene Klage grundsätzlich in den Anwendungsbereich des Art. 1 I EuGVVO. Der Anwendungsbereich enthält in Art. 1 II lit. b EuGVVO allerdings eine Ausnahme für Konkurse, Vergleiche und ähnliche Verfahren. Gemeint sind damit die eigentlichen Insolvenzverfahren.[691] Bei der Frage, ob darunter auch Einzelverfahren zu subsumieren sind, geht es letztlich um die Wirkung der europäischen vis attractiva concursus, also der Konzentrationswirkung von Haupt- bzw. Sekundärinsolvenzverfahren nach der EuInsVO. Diese ist mittels autonomer Auslegung zu ermitteln.[692] In der Entscheidung *Gourdain/ Nadler*[693] hat der Gerichtshof klargestellt, dass Einzelverfahren, die sich auf ein Insolvenzverfahren beziehen, „nur dann von der Anwendung des Übereinkommens ausgeschlossen (sind), wenn sie unmittelbar

---

689 Zur analogen Anwendung des § 64 I GmbHG auf die directors einer englischen Limited mit Verwaltungssitz in Deutschland siehe ausführlich unten B. III. 2. c) dd) (1).

690 *Virgós/ Schmit*, in: Stoll (Hrsg.), Vorschläge und Gutachten (1997), Nr. 195. Anders noch vor Inkrafttreten der EuInsVO BGH NJW 1990, 990 = IPRax 1991, 183 = ZZP 105 (1992), 212 m.Anm. *Taupitz*. Hier focht der Verwalter eine Arrestpfändung durch eine niederländische Gesellschaft mit Sitz in Rotterdam mit einer Klage vor dem LG Bremen an. Während die Vorinstanzen, gestützt auf das damals geltende EuGVÜ, die deutsche internationale Zuständigkeit für diese Klage verneinte, erklärte der BGH das EuGVÜ für nicht anwendbar und beurteilte die Frage nach autonomem deutschen Recht. Mittels des Gerichtsstands des Vermögens (§ 23 ZPO) gelangte der BGH zur Zuständigkeit des deutschen Gerichts.

691 Vgl. *Geimer/ Schütze*, Europäisches Zivilverfahrensrecht, Art. 1 Rn. 129; *Kropholler*, Europäisches Zivilprozessrecht, Art. 1 Rn. 31.

692 So für die Frage nach dem Ausnahmetatbestand des damaligen Art. 1 Abs. 2 Nr. 2 EuGVÜ: EuGH v. 22.2.1979, Rs. 133/78 – (*Gourdain/Nadler*), Slg. 1979, 733 (1. Leitsatz und Rn. 3) = RIW 1979, 273 = KTS 1979, 268 = NJW 1979, 1772; ergangen auf Vorlage von BGH RIW 1978, 684.

693 EuGH Rs. 133/78 – (*Gourdain/Nadler*), Slg. 1979, 733 (2. Leitsatz) = RIW 1979, 273 = KTS 1979, 268 = NJW 1979, 1772; ergangen auf Vorlage von BGH RIW 1978, 684.

aus diesem Verfahren hervorgehen und sich eng innerhalb des Rahmens eines Konkurs- oder Vergleichsverfahrens (...) halten." Daher hat der EuGH im Falle der französischen *action en comblement du passif*[694] gegen den faktischen Leiter einer im Konkurs befindlichen französischen Gesellschaft entschieden, dass diese vom Ausnahmetatbestand des Art. 1 II lit. b EuGVVO erfasst sei.

Beim Verfassen der EuInsVO hat sich der Verordnungsgeber ausdrücklich an der Rechtsprechung des EuGH in Sachen *Gourdain/ Nadler* orientiert.[695] Während zwar in Art. 1 I i.V.m. Art. 2 lit. a EuInsVO nur von „Insolvenzverfahren" in Form von Gesamtverfahren die Rede ist, soll sich die EuInsVO nach Erwägungsgrund (6) auf Vorschriften beschränken, die die Zuständigkeit für die Eröffnung von Insolvenzverfahren und für Entscheidungen regeln, die *unmittelbar aufgrund des Insolvenzverfahrens ergehen und in engem Zusammenhang damit stehen.* Die gleiche Formulierung enthält auch Art. 25 I UA 2 EuInsVO, der die Anerkennung und Vollstreckbarkeit für Entscheidungen regelt, die *unmittelbar aufgrund des Insolvenzverfahrens ergehen und in engem Zusammenhang damit stehen.*

Überzeugend ist es daher, die Vorfrage nach der Anwendbarkeit der EuInsVO positiv zu beantworten. Hinsichtlich der internationalen Zuständigkeit ist damit jedoch noch nichts gesagt. Während zwar der Wortlaut hinsichtlich der Anerkennung und Vollstreckbarkeit ausdrücklich Einzelverfahren einbezieht (Art. 25 I UA 2 EuIns-VO), findet sich in der EuInsVO für diese Verfahren jedoch keine ausdrückliche Regelung der internationalen Zuständigkeit. Art. 3 I EuInsVO bezieht sich auf „Insolvenzverfahren", also nur auf *Gesamt*verfahren (Art. 2 lit. a EuInsVO). Es fragt sich daher, ob im Falle von Einzelverfahren eine entsprechende Anwendung von Art. 3 I EuInsVO gerechtfertigt ist. Dies entspricht jedenfalls am ehesten dem in Erwägungsgrund (6) deutlich gemachten Ziel des Verordnungsgebers und scheint angesichts der Regelung in Art. 25 I UA 2 EuInsVO nur konsequent. Art. 25 I UA 2 a.E. EuInsVO betont nämlich, dass die Anerkennung und Vollstreckung solcher Einzelverfahren auch dann gilt, wenn diese Entscheidungen *von einem anderen Gericht* getroffen werden. Aus der systematischen Stellung ergibt sich, dass damit nur die Gerichte desjenigen Staates gemeint sein können, in dem auch das Ge-

---

694 Hierbei handelt es sich um eine der deutschen Insolvenzverschleppungshaftung vergleichbare Regelung, nun normiert in Art. L 624-3 Abs. 1 Code de Commerce. Darin heißt es: „Lorsque le redressement judiciaire ou la liquidation judiciaire d'une personne morale fait apparaître une insuffisance d'actif, le tribunal peut, en cas de faute de gestion ayant contribué à cette insuffisance d'actif, décider que les dettes de la personne morale seront supportées, en tout ou en partie, avec ou sans solidarité, par tous les dirigeants de droit ou de fait, rémunérés ou non, ou par certains d'eux." Für einen Überblick vgl. etwa *Ehricke*, Das abhängige Konzernunternehmen in der Insolvenz, S. 528 ff.; (kursorisch auch) *Habersack/ Verse*, ZHR 2004, 174, 202 ff. m.w.N.

695 *Virgós/ Schmit*, in: Stoll (Hrsg.), Vorschläge und Gutachten (1997), Nr. 195.

samtverfahren stattfindet.[696] Dies bedeutet aber gleichzeitig, dass sich bei diesen Einzelverfahren die internationale Zuständigkeit immer aus Art. 3 I EuInsVO ergibt. Daher überzeugt es, Art. 3 I EuInsVO analog auf diese Einzelverfahren anzuwenden.[697]

Die Herausforderung besteht nun darin, diejenigen Einzelverfahren zu bestimmen, die aufgrund des Insolvenzverfahrens ergehen *und* in engem Zusammenhang mit ihm stehen (vgl. Erwägungsgrund (6)). Die Einzelverfahren müssen also eine kumulative Bedingung erfüllen.

Zumindest hinsichtlich der ersten Bedingung treten im Falle der Insolvenzverschleppungshaftung auf den ersten Blick Zweifel auf. Fraglich ist nämlich, ob diese tatsächlich aufgrund des Insolvenzverfahrens ergeht. Dies ist auf den ersten Blick nicht der Fall. Denn eine Besonderheit der deutschen Insolvenzverschleppungshaftung ist, dass sie getrennt von einem Hauptinsolvenzverfahren geltend gemacht werden kann. Anders verhält es sich, wie dargestellt, beispielsweise bei der wrongful trading-rule. Diese kann ausweislich ihres Tatbestandes nur in Verbindung mit einem winding up erfolgen, so dass diese daher zweifelsfrei unter die vis attractiva concursus fällt.[698]

Aber auch im Falle der Insolvenzverschleppungshaftung kann die Bedingung bejaht werden. Um sich nämlich wegen Insolvenzverschleppungshaftung schadensersatzpflichtig zu machen, wird gemäß § 64 I GmbHG vorausgesetzt, dass der Geschäftsführer ein Insolvenzverfahren hätte einleiten müssen. Nur aufgrund dieser Tatsache, dass grundsätzlich ein Insolvenzverfahren stattzufinden hat, ist das Verfahren wegen Insolvenzverschleppungshaftung möglich. Damit lässt sich auch ein enger Zusammenhang mit dem Insolvenzverfahren nicht bestreiten.

Freilich wirkt diese Argumentation konstruiert, denn letztlich handelt es sich bei der Insolvenzverschleppungshaftung um einen Grenzfall, dessen Einordnung der Verordnungsgeber nicht entschieden hat. Die Entscheidung obliegt somit der Rechtsprechung.[699] Dennoch ist es alleine überzeugend, im Falle der Insolvenzverschleppungshaftung von einer analogen Anwendung des Art. 3 I EuInsVO auszugehen. Hierfür spricht zunächst, dass der EuGH für die mit der Insolvenzverschleppungshaftung vergleichbare *action en comblement du passif* ausdrücklich entschieden hat, dass diese unter den Ausnahmetatbestand des damaligen Art. 1 II Nr. 2

---

696 *Virgós/Schmit*, in: Stoll (Hrsg.), Vorschläge und Gutachten (1997), Nr. 194; *Trunk*, Internationales Insolvenzrecht, S. 362; *Eidenmüller*, IPRax 2001, 2, 7 Fn. 39; *Haubold*, IPRax 2002, 157, 160; a.A. *Schollmeyer*, IPRax 1998, 29, 34 Fn. 54.

697 Für eine Analogie ausdrücklich auch *Haubold*, IPRax 2002, 157, 160; (wohl auch) *Kropholler*, Europäisches Zivilprozessrecht, Art. 1 Rn. 35; tendenziell auch *Leipold*, in: FS Ishikawa, 221, 239, der die Frage im Ergebnis offen lässt. A.A. *Schlosser*, EU-Zivilprozessrecht, Art. 1 Rn. 21, 21a; *Geimer/Schütze*, Europäisches Zivilverfahrensrecht, Art. 1 Rn. 131.

698 Vgl. *M/F/I*, The EC Regulation on Insolvency Proceedings, 8.50.

699 *Haubold*, IPRax 2002, 157, 162 f.

EuGVÜ (heute Art. 1 II lit. b EuGVVO) fällt. Ebenso müsste er sich, wie gerade erläutert, auch im Falle der englischen wrongful trading-rule für eine analoge Anwendung des Art. 3 I EuInsVO entscheiden. Daher ist – insbesondere angesichts einer zwingend autonomen Auslegung – kaum zu erwarten, dass sich der EuGH im Falle der deutschen Insolvenzverschleppungshaftung anders entscheiden würde. Die analoge Anwendung des Art. 3 I EuInsVO leuchtet aber auch angesichts folgender Überlegung ein: Würde man ein Einzelverfahren wegen Insolvenzverschleppungshaftung in Deutschland neben einem ausländischen Hauptinsolvenzverfahren als zulässig erachten, müsste sich das Gericht als Nächstes die Frage nach der kollisionsrechtlichen Behandlung des Anspruchs stellen. Da die Insolvenzverschleppungshaftung richtigerweise[700] insolvenzrechtlich zu qualifizieren ist, kommt als Kollisionsnorm nur Art. 4 EuInsVO in Betracht. Art. 4 EuInsVO setzt aber die Eröffnung eines Hauptverfahrens in Deutschland voraus. Aufgrund des Prioritätsprinzips ist dies mit der Eröffnung eines solchen in England nicht mehr möglich. Eine Inanspruchnahme wegen Insolvenzverschleppungshaftung nach deutschem Recht scheidet also aus. Möchte das deutsche Gericht nun aufgrund der Verweisung des Art. 4 EuInsVO die englische wrongful trading-rule zur Anwendung bringen, missachtet es die Wirkung der Artt. 16, 17 EuInsVO, da die Forderungen hieraus bereits unter den Vermögensbeschlag des englischen Hauptverfahrens fallen.

Die Zulassung eines Einzelverfahrens wegen Insolvenzverschleppungshaftung in Deutschland würde daher zu dem unbefriedigenden Ergebnis führen, dass dieses zwar möglicherweise zulässig, aber niemals begründet wäre. Daher scheint es sinnvoll, die vis attractiva concursus auch auf die deutsche Insolvenzverschleppungshaftung zu beziehen.[701]

gg) Keine Durchgriffshaftung nach deutschem Recht

Im Falle eines Hauptverfahrens in England stellt sich weiter die Frage, inwieweit Gläubigern noch die Möglichkeit offen steht, nach im deutschen Recht anerkannten Durchgriffshaftungen, namentlich dem existenzvernichtenden Eingriff, der Haftung wegen materieller Unterkapitalisierung und der Haftung wegen Vermögensvermischung vorzugehen.

Dies scheint wie im Falle der Insolvenzverschleppungshaftung, nicht schon deshalb ausgeschlossen, weil das Insolvenzverfahren in England stattfindet. Denn für die Existenzvernichtungshaftung[702] hat der BGH im *KBV*-Urteil ausdrücklich

700 Dazu ausführlich unten B. III. 2. b) dd).

701 A.A. *Haubold*, IPRax 2002, 157, 162 f.

702 Entwickelt in BGH, Urteil v. 17.9.2001, BGHZ 149, 10 = ZIP 2001, 1874 = GmbHR 2001, 1036 – *Bremer Vulkan*; fortgeführt und präzisiert in BGH, Urteil v. 24.6.2002, BGHZ 151, 181 = NJW 2002, 3524 = NZG 2002, 914 = GmbHR 2002, 902 = ZIP 2002, 1578 – (*KBV*). Dazu ausführlich unten B. III. 2. b) cc).

festgestellt, dass die Gläubiger „außerhalb des Insolvenzverfahrens“ grundsätzlich berechtigt sein müssen, „ihre Forderungen unmittelbar gegen die Gesellschafter geltend zu machen“.[703]

Auch liegt es bei den genannten Durchgriffstatbeständen anders als bei der Insolvenzverschleppungshaftung schon deshalb näher, ein Einzelverfahren neben dem Hauptinsolvenzverfahren zuzulassen, da diese richtigerweise[704] gesellschaftsrechtlich zu qualifizieren sind und weder „aufgrund des Insolvenzverfahrens ergehen“, noch „in einem besonders engem Zusammenhang“ mit ihm stehen. Damit ist eine analoge Anwendung von Art. 3 I EuInsVO nicht gerechtfertigt.

In der dieser Arbeit zugrunde gelegten Konstellation einer englischen Limited mit Verwaltungssitz in Deutschland scheidet die Geltendmachung dieser Durchgriffshaftungen aber aus einem anderen Grunde aus, und zwar auf der Ebene der Begründetheit. Ihre Anwendung lässt sich nämlich nicht mit der Rechtsprechung des EuGH zur EG-Niederlassungsfreiheit (Artt. 43, 48 EG) in Einklang bringen.[705] Während also im Falle eines Hauptinsolvenzverfahrens über eine deutsche GmbH in England ein deutsches Einzelverfahren wegen einer der genannten Durchgriffshaftungen zulässig und begründet sein könnte, ist es im Falle einer Auslandsgesellschaft zwar möglicherweise zulässig, aber immer unbegründet.

bb) Keine Anwendbarkeit der Regeln über das eigenkapitalersetzende Gesellschafterdarlehen nach deutschem Recht

Hinsichtlich der der Regeln über das eigenkapitalersetzende Gesellschafterdarlehen ist zunächst zwischen den BGH-Regeln und den Novellenregeln zu differenzieren (dazu ausführlich unten B III. 2. b) bb)).

Bezüglich der gesellschaftsrechtlich zu qualifizierenden[706] BGH-Regeln gilt insoweit das Gleiche wie zur Existenzvernichtungshaftung gesagte. Da die BGH-Regeln mangels Vereinbarkeit mit der Niederlassungsfreiheit keine Anwendung finden[707], wäre eine entsprechende Klage immer unbegründet.

Anders verhält es sich mit den insolvenzrechtlich[708] zu qualifizierenden Novellenregeln. Die Frage, ob in diesem Fall ein Einzelverfahren in Deutschland möglich ist, muss verneint werden. Nach Erwägungsgrund (6) sollen von der EuInsVO solche Verfahren erfasst sein, die aufgrund des Insolvenzverfahrens ergehen und in engem Zusammenhang mit ihm stehen. Diese kumulative Bedingung ist im Falle der Novellenregeln gegeben. Ihre Anwendung setzt ein Insolvenzverfahren voraus

703 BGH, Urteil v. 24.6.2002, BGHZ 151, 181, 187.
704 Ausführlich unten B. III. 2. b) cc).
705 Ausführlich unten B. III. 2. c) cc).
706 Dazu ausführlich unten B. III. 2. b) bb).
707 Dazu ausführlich unten B. III. 2. c) bb) (3) (a).
708 Dazu ausführlich unten B. III. 2. b) bb).

und ein enger Zusammenhang mit ihm lässt sich ohne weiteres bejahen. Ein Einzelverfahren in Deutschland scheidet damit aus.

ii) Anwendbarkeit zivilrechtlicher Haftungstatbestände nach deutschem Recht

Unberührt von einem englischen Hauptinsolvenzverfahren bleiben jedoch zivilrechtliche Haftungstatbestände (etwa §§ 823 II BGB i.V.m. 263 StGB, § 826 BGB, §§ 280 I i.V.m. 241 II , 311 III BGB) soweit sie mit der Niederlassungsfreiheit vereinbar sind.[709] Hier besteht keinerlei Zusammenhang zum Insolvenzverfahren, so dass sie im Wege von Einzelverfahren in Deutschland geltend gemacht werden können.

jj) Haftung wegen Nichteintragung einer Zweigniederlassung

Kein Zusammenhang mit dem englischen Hauptinsolvenzverfahren besteht auch bei einer Inanspruchnahme des Geschäftsführers wegen einer Nichteintragung einer Zweigniederlassung in Deutschland. Auch hier ist ein Einzelverfahren vor einem deutschen Gericht ohne weiteres möglich.

d) Disqualifizierung von directors

Ein wichtiges Gläubigerschutzmittel bietet schließlich die Disqualifizierung von directors nach dem Company Directors Disqualification Act von 1986 (CDDA 1986).[710] Auch hier gilt ein sehr weiter Begriff des directors: Erfasst sind sowohl der shadow director[711] (s. 6 (3) CDDA 1986) als auch der de facto director[712].

In ss. 2-5 CDDA 1986 hält das Gesetz mehrer Tatbestände bereit, bei deren Vorliegen das Gericht eine entsprechende order erlassen kann. S. 2 CDDA 1986 kommt bei Vorliegen einer Straftat in Betracht. S. 3 CDDA 1986 ist einschlägig bei wiederholtem Verstoß gegen Publizitätspflichten. Gemäß s. 4 CDDA 1986 kann ein order bei Bestrafung des directors nach s. 458 CA 1986 (punishment for fraudulent trading) ergehen.

Den in der Praxis wichtigsten Fall regelt s. 6 CDDA 1986.[713] Hiernach muss das Gericht eine order erlassen, wenn sich der director einer insolvent gewordenen Gesellschaft aufgrund seines bisherigen Verhaltens als „unfit" herausgestellt hat. Der Zeitpunkt, wann dabei von Insolvenz auszugehen ist, wird in s. 6 (2) CDDA 1986 gere-

709 Dazu unten B. III. 2. c) ee).

710 Siehe hierzu auch *Lanzius*, ZInsO 2004, 296 ff.; *Schall*, ZIP 2005, 965, 969; *Fleischer*, in: Lutter, Europäische Auslandsgesellschaften in Deutschland, S. 49, 67 f.; rechtsvergleichend *Fleischer*, WM 2004, 157, 160 ff.

711 Secretary of State for State Trade and Industry v Deverell (2001) 40 Ch.D. 340.

712 Re Hydrodan (Corby) Ltd. (1994) BCC 161.

713 Vgl. Statistik bei *Höfling*, Das englische internationale Gesellschaftsrecht, S. 186. Im Zeitraum 2001-2002 wurden insgesamt 1.929 Disqualifizierungen registriert, vgl. *Griffin*, Insolvency Lawyer 2002, 33.

gelt. Das soll dann der Fall sein, wenn die Gesellschaft zu einer Zeit in liquidation geht, in der das Betriebsvermögen nicht mehr ausreicht, die Verbindlichkeiten zu zahlen und die Insolvenzverfahrenskosten zu tragen (s. 6 (2) (a) IA 1986), eine administration order erlassen wurde (s. 6 (2) (b) IA 1986) oder ein administration receiver ernannt wurde (s. 6 (2) (c) IA 1986). Unschädlich ist es jedoch, wenn im Falle von s. 6 (2) (a) IA 1986 das Entgelt für den Insolvenzverwalter als zu hoch angesetzt wird.[714]

Die entscheidende Frage im Falle der director's disqualification besteht darin, zu bestimmen, wann ein director „unfit" ist, eine Gesellschaft zu leiten. Beispiele für das Vorliegen von „unfitness" sind in s. 9 CDDA 1986 i.V.m. Schedule 1 aufgelistet. Der Wortlaut (in particular) in s. 9 (1) CDDA 1986 lässt dabei erkennen, dass die Aufzählung nicht abschließend ist. Die Schedule 1 unterscheidet zwischen in allen Fällen anwendbaren Gründen (Part 1) und zwischen nur in Insolvenzfällen anwendbaren Gründen (Part 2).

Bei den in Part 1 genannten Eigenschaften geht es um Verstöße gegen fiduciary duties und andere director's duties gegenüber der company. Weiter können unter dem Insolvency Act 1986 anfechtbare Rechtshandlungen, sowie das Maß der Verantwortlichkeit des directors an der Insolvenz der Gesellschaft eine order begründen.

Part 2 nennt u.a. das Maß der Verantwortung an der Insolvenz des Unternehmens oder Fehlinvestitionen als Indiz.

Aufgrund des zwingenden Charakters (shall make a disqualification) ist die Rechtsprechung seit der Einführung von s. 6 CDDA 1986 relativ berechenbar geworden. In der früheren Rechtsprechung kam es nämlich oft zu überraschenden Ergebnissen.[715] So ergingen trotz anhaltender Verstöße gegen Rechnungslegungs- und Publizitätspflichten in vielen Fällen keine orders gegen die Geschäftsführer.[716] Heute muss das Gericht eine order auch dann erlassen, wenn eine disqualification eigentlich nicht mehr notwendig wäre, da weitere Verstöße keinesfalls zu erwarten sind.[717]

Weitgehender Spielraum steht den Gerichten aber bei der Bestimmung der unfitness zu. Ob das Maß an Verantwortung des Geschäftsführers für die Begründung einer order ausreicht, ist letztlich Frage des Einzelfalls. In der Rechtsprechung finden sich hierzu zahlreiche Entscheidungen.[718] Hieraus lassen sich zwei Arten von

---

714 Official Receiver v. Moore, Re Gower Enterprises Ltd. (1995) BCC 293.

715 *Fletcher*, The Law of Insolvency, 27-039.

716 Re Civica Investments Ltd. (1983) BCLC 456; Re Arctic Engineering Ltd. (No. 2) (1986) 1 WLR. 686; Re Bath Glass Ltd. (1988) 4 BCC 130.

717 Re Grayant Building Services Ltd., Secretary of State for Trade and Industry v. Gray (1995) BCC 554 (CA).

718 Überblick bei Lanzius, ZInsO 2004, 296, 298.

„unfitness" ablesen: Einerseits „lack of commercial morality", andererseits „total incompetence".[719]

Erlässt der secretary of state eine order darf der Adressat ohne Erlaubnis des Gerichts für eine bestimmte Zeit weder als director, noch als liquidator, noch als manager of a company's property tätig werden, sowie auch nicht direkt oder indirekt an der Gründung oder Leitung einer Gesellschaft beteiligt sein (s. 1 (1) CDDA 1986). Die Zeitspanne reicht von 15 Jahren für besonders schwere Fälle bis zu 2 Jahren (s. 6 (4) CDDA 1986). In der Rechtsprechung hat sich folgende (wenig konkrete) Abstufung herausgebildet[720]: Hiernach soll eine disqualification für über zehn Jahre nur in besonders gravierenden Fällen erfolgen. Dies kann beispielsweise der Fall sein, wenn gegen dieselbe Person schon einmal ein order erlassen wurde. Eine disqualification zwischen zehn und fünf Jahren soll in schweren Fällen ergehen, die noch nicht gravierend sind. In Fällen in welchen aufgrund des zwingenden Charakters eine disqualification ergehen muss, die aber verhältnismäßig wenig schwerwiegend sind, soll die disqualification zwei bis fünf Jahre betragen.

Die disqualification wird gemäß s. 18 (2) CDDA 1986 dem Registeramt gemeldet und kann von jedermann eingesehen werden (s. 18 (4) CDDA 1986).

e) Staatsaufsicht als Gläubigerschutzinstrument

Gläubigerschutz wird im englischen Recht auch durch das Instrument der Sonderprüfung und mittels Staatsaufsicht gewährleistet. Das Wirtschaftsministerium in Großbritannien kann eine oder mehrere Personen (inspectors) mit der Durchführung einer Sonderprüfung (inspection) der Geschäftsführung der Gesellschaft beauftragen. Bei den inspectors handelt es sich meist um angesehene Juristen und/oder Wirtschaftsprüfer. Jedoch ist in der Praxis ein Trend zu konstatieren, der weggeht von der Einsetzung von inspectors hin zur Untersuchung direkt durch das Wirtschaftsministerium.[721]

Eine inspection kann dann vorgenommen werden, wenn die Vermutung besteht, dass die Gesellschaft mit Gläubigerbenachteiligungsabsicht geführt wurde. Das Gleiche gilt, wenn ein hinreichend begründeter Antrag von der Gesellschaft oder einer Mehrheit der Gesellschafter gestellt wird, s. 432 (2), (3) Companies Act 1985. Eine Sonderprüfung muss erfolgen, wenn sie aufgrund einer entsprechenden gerichtlichen Verfügung erlangt wurde, s. 432 (1) Companies Act 1985. Die Befugnisse der inspectors sind sehr weitreichend.[722] So kann der Wirtschaftsminister verlangen,

---

719 *Höfling*, Das englische internationale Gesellschaftsrecht, S. 190.

720 Re Sevenoaks Stationers (Retail) Ltd. (1990) BCC 765.

721 *Eidenmüller*, in: Eidenmüller, Ausländische Kapitalgesellschaften im deutschen Recht, § 10 Rn. 78.

722 Vgl. im Einzelnen zur Funktion und den sehr weitreichenden Befugnissen der inspectors ss. 431-453 Companies Act 1985.

dass ihm relevante Dokumente ausgehändigt werden.[723] Auf seinen Antrag hin kann ein Richter in besonderen Fällen auch die Durchsuchung der Geschäftsräume anordnen.[724] Bestätigen sich die Vermutungen der inspectors, kann dies zivil- und strafrechtliche Konsequenzen für die directors sowie ihre disqualification zur Folge haben. Im Extremfall kann die Gesellschaft gemäß s. 460 Companies Act 1986 aufgelöst werden.[725]

Hat nun die Gesellschaft ihren Verwaltungssitz im Ausland, gestaltet sich die Staatsaufsicht schwieriger. Im Ausland kann das Wirtschaftsministerium seine Aufsichts- und Eingriffsbefugnisse aufgrund des völkerrechtlichen Territorialitätsprinzips nämlich nicht mehr ausüben.[726] Zwar wird zu Recht darauf hingewiesen, dass die Staatsaufsicht nicht gänzlich leer läuft[727], da beispielsweise eine in England verfügte Auflösung gemäß s. 460 Companies Act 1985 die Gesellschaft auch im Sitzstaat treffen würde. Doch kann der verminderte Einfluss einer Staatsaufsicht bei Sitz der englischen Gesellschaft nicht geleugnet werden. So ist die Durchführung einer inspection im Ausland zwar rechtlich möglich, denn mit dem Einverständnis des jeweiligen Staates können dort auch ausländische Staaten Hoheitsakte vornehmen. In der Praxis ist dies angesichts des enormen Aufwands jedoch kaum vorstellbar.[728] Zumindest wird die Schwelle zur Durchführung einer inspection im Ausland höher liegen als im Inland. Im Ergebnis ist vielmehr davon auszugehen, dass eine solche inspection im Ausland, wenn überhaupt, nicht im gleichen Maße wie in England stattfinden wird.

Damit bleibt festzuhalten, dass sich die Gesellschaft durch Verlegung des Verwaltungssitzes ins Ausland der Staatsaufsicht zumindest teilweise entziehen kann. Obwohl dieses Phänomen aufgrund der in England geltenden Gründungstheorie schon früher bekannt war, sieht das englische Recht hierzu kein Korrelat vor.

---

723 *Eidenmüller*, in: Eidenmüller, Ausländische Kapitalgesellschaften im deutschen Recht, § 10 Rn. 75.

724 S. 448 Companies Act 1985; *Eidenmüller*, in: Eidenmüller, Ausländische Kapitalgesellschaften im deutschen Recht, § 10 Rn. 76.

725 *Eidenmüller*, in: Eidenmüller, Ausländische Kapitalgesellschaften im deutschen Recht, § 10 Rn. 77. Ferner weist *Eidenmüller* darauf hin, dass zwischen 2001 und 2002 immerhin etwa 71 Gesellschaften dieses Schicksal widerfuhr.

726 *Grossfeld*, IPRax 1986, 145, 146; *Knobbe-Keuk*, ZHR 154 (1990), 325, 347; *Kieninger*, ZGR 1999, 724, 742 f.; *Bayer*, BB 2003, 2357, 2366; *Altmeppen*, NJW 2004, 97, 99 Fn. 21; *Wachter*, GmbHR 2004, 88, 96.

727 Vgl. *Eidenmüller*, in: Eidenmüller, Ausländische Kapitalgesellschaften im deutschen Recht, § 10 Rn. 72 Fn. 209.

728 Zu denken sei hier neben hohen Reisekosten und sprachlichen Schwierigkeiten auch an das Erfordernis die Genehmigung der deutschen Behörden einzuholen.

f) Zusammenfassung

Findet das Hauptinsolvenzverfahren in England statt, ist grundsätzlich trotz grenzüberschreitenden Sachverhalts ausschließlich englisches Recht zur Anwendung berufen.

Einzelverfahren in Deutschland wegen Insolvenzverschleppungshaftung, Existenzvernichtungshaftung, Haftung wegen materieller Unterkapitalisierung, Haftung wegen Vermögensvermischung und die Regeln über das eigenkapitalersetzenden Gesellschafterdarlehen sind nicht zulässig. Möglich sind dagegen Einzelverfahren wegen zivilrechtlicher Haftungstatbestände und die Inanspruchnahme wegen Nichteintragung einer Zweigniederlassung.

2. Hauptverfahren in Deutschland

a) Anwendbarkeit deutschen Sachrechts im Allgemeinen

Bei Sachverhalten mit Auslandsberührung stellt sich die Frage nach dem zur Anwendung kommenden Sachrecht. Dieses bestimmt sich nach dem internationalen Privatrecht der betroffenen Staaten. Die Insolvenz einer in Deutschland tätigen englischen Limited ist als internationaler Insolvenzfall Gegenstand des internationalen Insolvenzrechts. Daneben ist aufgrund der dem deutschen Recht unbekannten ausländischen Gesellschaftsform jedenfalls auch das internationale Gesellschaftsrecht betroffen.

Da es sich bei der englischen Limited um eine europäische Auslandsgesellschaft handelt, sind jedoch Besonderheiten zu beachten. Bei Sachverhalten innerhalb der Europäischen Union müssen sich die Vorschriften des internationalen Privatrechts als nationale Regelungen am ranghöheren Gemeinschaftsrecht messen lassen.[729] Dabei kommen grundsätzlich sämtliche Bestimmungen des Primär- und Sekundärrechts als Prüfungsmaßstab in Betracht. Für das Kollisionsrecht hat sich die Diskussion vor allem auf die Grundfreiheiten sowie das allgemeine Diskriminierungsverbot des Art. 12 EG konzentriert.[730]

Zu beachten ist jedoch, dass sich der Gemeinschaftsrechtsverstoß regelmäßig nicht aus der Kollisionsregel an sich ergibt. Vielmehr führt häufig erst die Anwendung der Sachnorm zu einem europarechtswidrigen Ergebnis. In diesen Fällen ist wie folgt vorzugehen: Entweder lässt sich mittels Auslegung ein europarechtskonformes Ergebnis finden oder es muss auf die Anwendung der sachrechtlichen Vorschrift verzichtet werden.

---

729 EuGH, Urteil v. 15.7.1964, Rs. 6/64, Slg. 1964, 1251 ff., 1269 ff. – (*Costa/ENEL*); BVerfG, Urteil v. 22.10.1986, BVerfGE 73, 229 f. – (*Solange II*).

730 Für einen ausführlichen Diskussionsstand hinsichtlich der Vereinbarkeit kollisionsrechtlicher Bestimmungen mit den Grundfreiheiten und dem Diskriminierungsverbot siehe MüKo-*Sonnenberger*, IPR, Einl. Rn. 145 ff.

Um dies feststellen zu können, ist wie folgt vorzugehen: Zunächst ist das europäische internationale Kollisionsrecht in den Fokus zu nehmen (siehe sogleich unter aa)-cc)). Hier sind vor allem die neueren Entwicklungen im internationalen Gesellschaftsrecht aufgrund der Rechtsprechung des EuGH zur EG-Niederlassungsfreiheit (Art. 43, 48 EG) einer genaueren Untersuchung zu unterziehen (siehe unter cc)).

Die Darstellung schließt mit einer Stellungnahme, anhand der das Programm zum weiteren Vorgehen bei der Überprüfung der Anwendbarkeit einzelner Haftungsinstrumente auf europäische Auslandsgesellschaften aufgezeigt wird (siehe unter cc) (3) (c)).

aa) Bestimmung des Vertrags- und Deliktsstatuts

Im Bereich des vertraglichen und außervertraglichen Schuldrechts findet man die einschlägigen Kollisionsregeln in Artt. 27 ff. EGBGB und Artt. 38 ff. EGBGB. Das Vertragsrecht unterliegt gemäß Art. 27 I EGBGB der Parteiautonomie. Regelmäßig wird es sich daher bereits aus dem Vertrag selber ergeben. Andernfalls unterliegt es gemäß Art. 28 I EGBGB dem Recht des Staates, mit dem der Sachverhalt die engste Verbindung aufweist. Im Falle einer ausschließlich in Deutschland tätigen Limited wird damit regelmäßig nur deutsches vertragliches Schuldrecht in Frage kommen.

Sofern es sich um außervertragliches Schuldrecht handelt, kann man auf die Kollisionsregel des Art. 40 EGBGB zurückgreifen und wird damit in der Regel zu deutschem Sachrecht kommen. Danach unterliegen nämlich Ansprüche aus unerlaubter Handlung grundsätzlich dem Recht des Staates, in dem der Ersatzpflichtige gehandelt hat.

Vertragliches und außervertragliches Schuldrecht lassen sich damit in der Regel unproblematisch zuweisen. Allerdings ist auch hier stets das ranghöheren Gemeinschaftsrecht zu beachten.[731]

bb) Bestimmung des Insolvenzstatuts

Prima facie auf sicherem Boden befindet man sich bei der Bestimmung des Insolvenzstatuts (lex fori concursus). Nach Art. 4 Abs. 1 EuInsVO unterliegt das Insolvenzverfahren und seine Wirkung, soweit nichts anderes bestimmt ist, dem Recht des Staates, in dem das Verfahren eröffnet worden ist. Was davon alles erfasst sein soll, ist in Art. 4 Abs. 2 EuInsVO aufgelistet. Diese Liste ist nach dem Wortlaut des Gesetzes nicht abschließend („insbesondere").

731 EuGH, Urteil v. 15.7.1964, Rs. 6/64, Slg. 1964, 1251 ff., 1269 ff. – (*Costa/ENEL*); BVerfG, Urteil v. 22.10.1986, BVerfGE 73, 229 f. – (*Solange II*).

Bei Art. 4 EuInsVO handelt es sich um eine einheitliche Kollisionsnorm, die direkt auf das anzuwendende Sachrecht verweist. Die ganz herrschende Meinung geht nämlich davon aus, dass es sich hierbei um eine Sachnorm- und um keine Gesamtverweisung handelt.[732] Nationales Kollisionsrecht ist infolgedessen nicht mehr anwendbar, so dass Rück- und Weiterverweisungen ausscheiden. Gleiches muss für Art. 28 EuInsVO gelten, der hinsichtlich des anwendbaren Rechts in einem Sekundärinsolvenzverfahren zwar missverständlicher Weise nur von „den Rechtsvorschriften" des Mitgliedstaats spricht. Wegen Erwägungsgrund (23) bestehen jedoch keine Zweifel, dass auch Art. 28 EuInsVO direkt in das Sachrecht verweist. Denn Erwägungsgrund (23) betont, dass durch die EuInsVO für den Insolvenzbereich einheitliche Kollisionsnormen sowohl für Haupt- als auch für Partikularverfahren gleichermaßen formuliert werden sollten.

Die entscheidende Frage ist nun, was alles unter den Begriff „Insolvenzrecht" i.S.v. Art. 4 Abs. 1 EuInsVO fällt. Eine Verweisung auf das gesamte Sachrecht scheidet selbstverständlich aus, der Wortlaut in Art. 4 Abs. 1 EuInsVO lässt eine derart extensive Auslegung nicht zu. Ganz so eindeutig ist der Wortlaut bezüglich des Art. 28 EuInsVO zwar nicht, der nur auf „die Rechtsvorschriften" des Eröffnungsstaats eines Sekundärinsolvenzverfahrens verweist, doch kann insoweit wieder auf Erwägungsgrund (23) verwiesen werden. Art. 4 Abs. 2 EuInsVO wird hinsichtlich des Begriffs des Insolvenzrechts etwas konkreter. Hiernach soll das Recht des Staates der Verfahrenseröffnung regeln, unter welchen Voraussetzungen das Insolvenzverfahren eröffnet wird und wie es durchzuführen und zu beenden ist. Um eine einheitliche Anwendung in den Mitgliedstaaten zu erreichen, darf darunter aber nicht allgemein das verstanden werden, was die einzelnen leges concursi der Mitgliedstaaten in ihrem Insolvenzrecht regeln. Vielmehr gilt der Grundsatz der autonomen einheitlichen Auslegung von Gemeinschaftsrecht. Um einen gemeinsamen Nenner zu erreichen, ist eine funktionell-teleologische Qualifikation sachgerecht (dazu sogleich unten b).[733] Allerdings wird eine Norm aufgrund insolvenzrechtlicher Qualifikation nicht niederlassungsfreiheitsneutral.[734] Auch wenn mit Art. 4 EuInsVO ein ausdrücklicher Anwendungsbefehl besteht, die Anwendbarkeit dagegen im Falle des Gesellschaftsrechts erst im Einzelnen zu ermitteln ist, müssen

---

732 *Fritz/Bähr* DZWIR 2001, 221, 226, *P. Huber*, ZZP 114 (2001), 133, 151; *Leible/Staudinger*, KTS 2000, 544, 549; *Virgós/Schmit*, Erläuternder Bericht, Nr. 87; *Taupitz*, ZZP 1998, 315, 329.

733 Als sehr problematisch werden ferner die Ausnahmen von der Grundregel des Art. 4 EuInsVO empfunden. So enthalten die Art. 5-15 EuInsVO Einschränkungen der Grundregel, spezielle Kollisionsnormen oder Sonderanknüpfungen. Da sich hierbei im Falle der Insolvenz einer englischen Limited keine Besonderheiten ergeben, wird hierauf im Rahmen dieser Arbeit nicht weiter eingegangen. Vgl. zur parallelen Problematik beim EuInsÜ etwa *Gottwald*, Grenzüberschreitende Insolvenzen, S. 31 ff.; *Taupitz*, ZZP 1998, 315, 329 ff.; zur EuInsVO *P. Huber*, ZZP 114 (2001), 133, 150 ff.

734 Kritisch zur kollisionsrechtlichen Diskussion daher *Schön*, ZHR 168 (2004), 268, 293; *K. Schmidt*, ZHR 168 (2004), 493, 499.

sämtliche auf eine EU-Auslandsgesellschaft zur Anwendung kommenden Haftungstatbestände mit der Niederlassungsfreiheit (Artt. 43, 48 EG) im Einklang stehen.[735] Das folgt schon aus der Tatsache, dass es sich bei Art. 4 EuInsVO um europäisches Sekundärrecht handelt, das mit europäischem Primärrecht im Einklang stehen muss.[736] Entgegen einer anderen Auffassung kann von der Vereinbarkeit von Gläubigerschutzinstrumenten mit der EG-Niederlassungsfreiheit jedoch nicht schon aufgrund der kollisionsrechtlichen Verweisung gemäß Art. 4 EuInsVO ohne weiteres ausgegangen werden.[737] Dies ergibt sich aus der nicht abschließenden, abstrakt gehaltenen Liste in Art. 4 Abs. 2 EuInsVO und den Unterschieden in den nationalen Insolvenzordnungen der Mitgliedstaaten. Der Gesetzgeber konnte beim Verfassen der EuInsVO trotz wohl abgewogener und jahrzehntelanger Vorbereitungen die genaue Reichweite der Kollisionsnorm nicht vorhersehen. Deutlich wird dies in Erwägungsgrund (11): Hiernach geht die Verordnung „von der Tatsache aus, dass aufgrund der großen Unterschiede im materiellen Recht ein einziges Insolvenzverfahren mit universaler Geltung für die Gemeinschaft nicht realisierbar ist. Die ausnahmslose Anwendung würde vor diesem Hintergrund häufig zu Schwierigkeiten führen." Dies bedeutet gleichzeitig, dass ein zurückhaltender Umgang mit Art. 4 EuInsVO geboten ist.[738] Dafür spricht auch, dass der Gesetzgeber ihm wichtige Sonderanknüpfungen in den Artt. 5 ff. EuInsVO ausdrücklich aufgezählt hat. Andererseits macht die Existenz der Möglichkeit eines Sekundärverfahrens auch deutlich, dass nicht sämtliche Sonderanknüpfungen durch die Artt. 5 ff. EuInsVO abgedeckt sind. Ein Sekundärverfahren soll es dem Gläubiger nämlich ermöglichen, in den Genuss der Anwendung des ihm vertrauten nationalen Sachrechts zu kommen. Diese zusätzliche Option wäre aber überflüssig, hätte der Gesetzgeber die Sonderanknüpfungen der Artt. 5 ff. EuInsVO als ausreichend erachtet. Dies bedeutet, dass über die Artt. 5 ff. EuInsVO hinaus mittels des Anwendungsbefehls in Artt. 28, 4 EuInsVO die Anwendung weiterer, die Gläubiger schützender, Rechtsinstitute nationalen Rechts zulässig sein muss.

Zudem darf die Praxis einzelner Gerichte, den Mittelpunkt der hauptsächlichen Interessen gemäß Art. 3 I 1 EuInsVO entgegen dem Willen des Gesetzes weit aus-

---

735 Ganz herrschende Meinung, vgl. nur etwa *Forsthoff*, DB 2002, 2471, 2476 f.; *Schanze/Jüttner*, AG 2003, 661, 665 f.; *Eidenmüller*, ZIP 2002, 2233, 2242 Fn. 63; *Eidenmüller/Rehm*, ZGR 2004, 159, 166; *Behrens*, IPRax 2004, 20, 25; *Spindler/Berner*, RIW 2004, 7 f.,9 f.; *Borges*, ZIP 2004, 733, 740; *Brand*, JR 2004, 89, 93; *Behrens*, IPRax 2004, 20, 23; *Ulmer*, KTS 2004, 291, 292. Ausführlich dazu nun *Eidenmüller*, in: Eidenmüller, Ausländische Kapitalgesellschaften im deutschen Recht, § 3 Rn. 8 f.

736 Vgl. *Streinz*, Europarecht, Art. 3 Rn. 10, 12 f.

737 So aber *Ulmer*, NJW 2004, 1201, 1207; ausführlich nochmals *ders.*, KTS 2004, 291, 296 („Soweit die Kollisionsnorm des Art. 4 EuInsVO sich auf Gläubigerschutzinstrumente des Rechts des Zuzugsstaats erstreckt, kann ihrer Anwendung auf Scheinauslandsgesellschaften und die hinter ihnen stehenden Personen daher nicht mit dem Einwand der Niederlassungsfreiheit entgegengetreten werden."). Ähnlich *Fischer*, ZIP 2004, 1477, 1480.

738 Ähnlich *Hirte/Mock*, ZIP 2005, 474, 476.

zulegen, kein Argument für eine restriktive Auslegung des Art. 4 EuInsVO sein.[739] Dies hieße, dem Gesetzgeber das Wort im Munde umzudrehen, denn, wie Teil II der vorliegenden Arbeit ausführlich dargestellt, steht eine weite Auslegung des Art. 3 I EuInsVO im Widerspruch zum Willen des Gesetzes.

Man wird daher nicht umhinkommen, die Vereinbarkeit der Anwendung insolvenzrechtlicher Gläubigerschutzinstrumente im Einzelfall sorgfältig auf ihre Vereinbarkeit mit der EG-Niederlassungsfreiheit (Artt. 43, 48 EG) zu überprüfen.

cc) Bestimmung des Gesellschaftsstatuts

Im Gegensatz zum internationalen Gesellschaftsrecht vieler anderer Staaten[740] findet sich im deutschen IPR keine gesetzliche Regelung zur Bestimmung der für die Rechtsverhältnisse der Gesellschaft maßgeblichen Rechtsordnung (Personalstatut). Sie steht im Spannungsverhältnis einer kontroversen Diskussion, die sich im Wesentlichen auf den Streit zwischen Sitz- und Gründungstheorie reduzieren lässt.

(1) Traditionelles deutsches internationales Gesellschaftsrecht

(a) Sitztheorie

In Deutschland folgen Rechtsprechung[741] und überwiegende Teile der Literatur[742] der Sitztheorie. Diese knüpft an den tatsächlichen Sitz der Gesellschaft an. Als solcher gilt vorrangig der Sitz der Verwaltung.[743] Denn der Sitz ist der „Mittelpunkt, von dem die Tätigkeit der juristischen Person ausgeht"[744]. Neben einer wirksamen, nach den Vorschriften des Gründungsstaates erfolgten, Gründung wird für die Erlangung der Rechtsfähigkeit zudem vorausgesetzt, dass die Gesellschaft auch ihren Verwaltungssitz im Gründungsstaat hat. Denn der Sitztheorie liegt die Annahme eines einheitlichen Gesellschaftsstatutes zugrunde. Sie gilt damit für Gesellschaften mit Verwaltungssitz im Inland ebenso wie für solche mit Verwaltungssitz im Ausland. Eine Gesellschaft ausländischen Rechts kann im Inland nicht wirksam gegründet werden.[745] Dem am meisten betroffenen Staat wird damit ein Wächteramt darüber verschafft, welche Gesellschaftsformen in seinem

---

739 So aber *Hirte/Mock*, ZIP 2005, 474, 476.

740 Übersicht bei MüKo-*Kindler*, IntGesR, Rn. 381.

741 BGH v. 30.1.1970, V ZR 139/68, BGHZ 53, 181, 183; BGH, Urteil v. 5.11.1980, VIII ZR 230/79, BGHZ 78, 318, 334; BGH, Urteil v. 21.3.1986, V ZR 10/85, BGHZ 97, 269, 271 = GmbHR 1986, 351; BGH, Urteil v. 8.10.1991, XI ZR 64/90, ZIP 1991, 1582 = GmbHR 1992, 107; v. 30.3.2000, VII ZR 370/98, DB 2000, 1114 = GmbHR 2000, 715; BGH, Urteil v. 1.7.2002, II ZR 380/00, NJW 2002, 3539 f.; zuletzt BGH, Urteil v. 29.1.2003, VIII ZR 155/02, IPRax 2003, 265. Ebenso BFH v. 13.11.1991, I B 72/91, BStBl. II 1992, 263, 720 = GmbHR 1992, 315; BayObLG v. 7.5.1992, 3Z BR 14/92, NJW-RR 1993, 43 = GmbHR 1992, 529.

742 Siehe ausführlich zum Meinungsstand MüKo-*Kindler*, IntGesR, Rn. 264 insb. Fn. 343-345.

743 BGHZ 97, 269, 272.

744 *Kegel*, IPR § 17 II 1 (S.502).

745 MüKo-*Kindler*, IntGesR, Rn. 312.

Hoheitsbereich zugelassen sind.[746] Er kann dadurch die Umgehung gesellschaftsrechtlicher Standards durch ausländisches, möglicherweise „laxeres"[747] Recht verhindern.

Die Sitztheorie stellt Schutzinteressen in den Vordergrund[748]: Die Rechtsstellung von Arbeitnehmern und Gläubigern nach inländischem Recht soll nicht durch sogenannte Scheinauslandsgesellschaften gefährdet werden können.[749] Für Scheinauslandsgesellschaften hat die Sitztheorie nämlich weitreichende Konsequenzen.[750] Sofern sie wirksam im Ausland gegründet wird, jedoch ihren effektiven Verwaltungssitz nach Deutschland verlegt, wird sie ungeachtet der Frage, ob der Gründungsstaat die Sitzverlegung gestattet, jedenfalls infolge des nach der Sitztheorie anwendbaren deutschen Gesellschaftsstatuts mit seinem numerus clausus der Gesellschaftsformen nicht anerkannt.[751] Dies hat nach mehrheitlicher Auffassung neben der Versagung von Rechts- und Parteifähigkeit auch die Haftung der tatsächlichen und faktischen Entscheidungsträger zur Folge.[752]

Eine Modifikation hat die Sitztheorie in Deutschland in ihrer letzten Fassung durch den II. Zivilsenat des BGH mit seiner Entscheidung vom 1.7.2002[753] erhalten. Hiernach soll eine im Ausland gegründete Kapitalgesellschaft auch nach Verlegung ihres tatsächlichen Verwaltungssitzes nach Deutschland grundsätzlich anerkannt werden, zwar nicht als Kapitalgesellschaft, aber als rechtsfähige Personengesellschaft.[754] Folge bliebe damit jedoch eine unbeschränkte persönliche Haftung der Gesellschafter für die Gesellschaftsverbindlichkeiten (§ 128 HGB analog bzw. § 714 BGB) und eine Handelndenhaftung (§§ 11 Abs. 2 GmbHG, 41 Abs. 1 S. 2 AktG analog).[755]

---

746 Staudinger-*Großfeld*, IntGesR, Rn. 41.

747 MüKo-*Kindler*, IntGesR, Rn. 314.

748 BGH, BB 2000,1106 (Vorlagebeschluss an den EuGH).

749 *Bayer*, BB 2003, 2357, 2358.

750 Ausführlich zu den Konsequenzen *Weller*, Europäische Rechtsformwahlfreiheit und Gesellschafterhaftung, S. 17 ff.

751 *Weller*, Europäische Rechtsformwahlfreiheit und Gesellschafterhaftung, S. 18.

752 Vgl. im Einzelnen *Weller*, Europäische Rechtsformwahlfreiheit und Gesellschafterhaftung, S. 19 f.

753 BGHZ 151, 204 = NJW 2002, 3539 = BB 2002, 2031 m.Anm. *Gronstedt*.

754 Damit galt diese Rechtssprechung nur für sogenannte „inländische Auslandsgesellschaften". Nicht erfasst sollten die sogenannten „originären Scheinauslandsgesellschaften" sein, also solche Gesellschaften, die von Anfang an alleine im Ausland gegründet, aber in Deutschland geschäftlich tätig wurden (zur Terminologie vgl. Fn. 22).

755 *Eidenmüller*, in: Eidenmüller, Ausländische Kapitalgesellschaften im deutschen Recht, § 1 Rn. 6.

(b) Gründungstheorie

Nach der Gründungstheorie richtet sich das Personalstatut einer Kapitalgesellschaft nach dem Gründungsrecht.[756] Ist die Gesellschaft nach dem Recht eines Staates einmal wirksam gegründet, so ist sie aus Sicht der Gründungstheorie bis zur Grenze des ordre public als rechtsfähig anzuerkennen.[757] Hintergrund der Entwicklung der Gründungstheorie im 18. Jahrhundert war das Bedürfnis Englands als Kolonialmacht, Gesellschaften mit überseeischen Wirtschaftsaktivitäten einen effektiven Schutz zu gewähren.[758] Denn nach der Gründungstheorie ist es möglich, eine Gesellschaft nach dem heimischen Recht zu inkorporieren und sie gleichzeitig am Ort der tatsächlichen Geschäftstätigkeit dem Schutz dieses Rechts zu unterstellen. Genau hierin liegen jedoch die Bedenken gegen die Gründungstheorie. Denn gerade durch die ihr innewohnende Rechtswahlfreiheit birgt sie die Gefahr von Manipulationen, indem sie die Gründung ausländischer Briefkastenfirmen (*overseas-companies*, *pseudo-foreign-companies*) unter Umgehung inländischer Normativbestimmungen gestattet.[759]

(2) Rechtsprechung des EuGH zur EG-Niederlassungsfreiheit (Artt. 43, 48 EG)

Geht es um Auslandsgesellschaften aus einem EG-Mitgliedstaat, müssen die Anknüpfungsmomente des autonomen internationalen Privatrechts aufgrund des Anwendungsvorrangs europäischen Gemeinschaftsrechts[760] mit der EG-Niederlassungsfreiheit (Artt. 43, 48 EG) vereinbar sein. Hier hat sich der EuGH mit den Urteilen *Daily Mail*, *Centros*, *Überseering* und zuletzt *Inspire Art* zur Niederlassungsfreiheit von Auslandsgesellschaften geäußert.

(a) Daily Mail[761]

Die in England eingetragene *Daily Mail and General Trust PLC* (folgend *Daily Mail*) wollte ihren Verwaltungssitz in die Niederlande verlegen („Wegzug"). Motiv war die Umgehung einer Besteuerung der aus dem Wertzuwachs resultierenden stillen Reserven nach britischem Recht bei einem späteren Verkauf großer Anteile. Die erforderliche Genehmigung der englischen Finanzbehörde wurde abgelehnt.

Der EuGH befand in seinem Urteil vom 27.9.1988, dass Artt. 43 und 48 EG (damals Artt. 52 und 58 EWGV) „beim derzeitigen Stand des Gemeinschaftsrechts den Ge-

756 *Eidenmüller*, in: Eidenmüller, Ausländische Kapitalgesellschaften im deutschen Recht, § 1 Rn. 1.

757 *Weller*, Europäische Rechtsformwahlfreiheit und Gesellschafterhaftung, S. 24.

758 MüKo-*Kindler*, IntGesR, Rn. 265 f.

759 MüKo-*Kindler*, IntGesR, Rn. 8.

760 EuGH, Urteil v. 15.7.1964, Rs. 6/64, Slg. 1964, 1251 ff., 1269 ff. – (*Costa/ENEL*); BVerfG, Urteil v. 22.10.1986, BVerfGE 73, 229 f. – (*Solange II*).

761 EuGH v. 27.9.1988 – Rs. 81/87 – (*Daily Mail*), Slg. 1988, 5483 =NJW 1989, 2186 = JZ 1989, 385 = IPRax 1989, 381.

sellschaften nationalen Rechts kein Recht (gewähren), den Sitz ihrer Geschäftsleitung unter Bewahrung ihrer Eigenschaft als Gesellschaft des Mitgliedstaates ihrer Gründung in einen anderen Mitgliedstaat zu verlegen".[762] Die Niederlassungsfreiheit werde vielmehr durch die Errichtung von Agenturen, Zweigniederlassungen und Tochtergesellschaften verwirklicht (Art. 52 Abs. 1 S. 2 EWGV), sowie durch die Neugründung in einem anderen Mitgliedstaat.[763] Im Übrigen sei jedoch für die Existenz einer Gesellschaft nur die Rechtsordnung maßgeblich, nach der sie gegründet wurde. Jenseits der nationalen Rechtsordnung, die ihre Gründung und ihre Existenz regelt, habe eine Gesellschaft keine Realität.[764]

(b) Centros[765]

Die Entscheidung in Sachen *Centros* behandelt den umgekehrten Fall, nämlich den Zuzug einer Gesellschaft. Der *Centros ltd.* (folgend *Centros*), eine am 18.5.1992 in England und Wales eingetragenen „private limited company", wurde von der dem dänischen Handelsministerium unterstehenden Erhvervsog Selskabsstyrelsen (Zentralverwaltung für Handel und Gesellschaften) die Eintragung einer Zweigniederlassung in Dänemark verweigert. Dies begründete die dänische Behörde damit, dass *Centros* in Wahrheit beabsichtige, unter Umgehung der nationalen Vorschriften, insbesondere über die Einzahlung eines Mindestkapitalbetrags von 200.000 DRK, in Dänemark nicht eine Zweigniederlassung, sondern einen Hauptsitz zu errichten. Tatsächlich hatte *Centros* seit seiner Errichtung im Vereinigten Königreich keinerlei Geschäftstätigkeit entfaltet, was von den Antragstellern auch nie bestritten wurde. Anders als in *Daily Mail* geht es also formal nur um den Anwendungsbereich der sekundären Niederlassungsfreiheit, Art. 43 Abs. 1 Satz 2 EG (damals Art. 52 Abs. 1 Satz 2 EG).

Der EuGH stellt in seinem Urteil vom 9.3.1999 fest, dass die Eintragungsverweigerung gegen die Niederlassungsfreiheit verstößt. Zunächst erklärt er entgegen der Auffassung der dänischen Regierung Art. 52 EGV a.F. für anwendbar. Denn nach ständiger Rechtsprechung umfasst die Niederlassungsfreiheit das Recht zur Errichtung von Unternehmen und zur Ausübung der Unternehmertätigkeit. Der satzungsmäßige Sitz sei geeignet, die Zugehörigkeit zur Rechtsordnung eines Mitgliedstaates zu bestimmen. Verweigert nun ein Mitgliedstaat die Eintragung einer Zweigniederlassung, so werde das Unternehmen in der Wahrnehmung seines Niederlassungsrechtes aus Artt. 52, 58 EGV gehindert. Weiter stellt der EuGH fest,

762 EuGH v. 27.9.1988 – Rs. 81/87 – (*Daily Mail*) Rn. 24.

763 Schlussanträge von Genaralanwalt *Darmon* v. 7.6.1988, Slg. 1988, 5483, 5500 Rn. 6.

764 EuGH v. 27.9.1988 – Rs. 81/87 – (*Daily Mail*) Rn. 19.

765 EuGH v. 9.3.1999, Rs. C-212/97 – (*Centros*), Slg. 1999, I-1459 =DStR 1999, 772 =NJW 1999, 2027 =EWS 1999, 140 =JZ 1999, 669 =AG 1999, 226 =DB 1999, 625 =EuZW 1999, 216 m.Anm. *Freitag* =RIW 1999, 447 m.Anm. *Cascante* =BB 1999, 809 (Ls.) m.Anm. *Sedemund/Hausmann* = ZIP 1999, 438 m. Bspr. Roth, = NZG 1999, 298 m.Anm. Leible = EWiR 1999, 259 (*Neye*).

dass eine Umgehung des nationalen Rechts über die Errichtung von Gesellschaften mit beschränkter Haftung an sich keine missbräuchliche Ausnutzung der Niederlassungsfreiheit darstellt. Eine zulässige Einschränkung der Niederlassungsfreiheit könne aus Gründen des Allgemeininteresses erfolgen. Hier macht der EuGH zwar deutlich, dass auch Gläubigerschutzinteressen einen solchen Grund darstellen könnten. Vorliegend seien sie aber nicht einschlägig: Hierzu fehle es bereits an der Geeignetheit. Denn eine Eintragung in Dänemark wäre ohne weiteres erfolgt, wenn die Gesellschaft in England eine Geschäftstätigkeit ausgeübt hätte. In diesem Falle wären die dänischen Gläubiger ebenso gefährdet. Der EuGH weist sodann darauf hin, dass den Gläubigern aufgrund des Auftretens der Gesellschaft als solche englischen Rechts bekannt sei, dass die Gesellschaft nicht inländischem Haftungsrecht unterliegt. Diesbezüglich seien sie durch die 4. und 7. Publizitätsrichtlinien[766] hinreichend geschützt. Zudem fehle es an der Erforderlichkeit. Eine mildere Maßnahme stelle die Möglichkeit dar, sich eine Sicherheit einräumen zu lassen. Schließlich stellt der Gerichtshof jedoch fest, dass es dem Mitgliedstaat zusteht, alle geeigneten Maßnahmen zu treffen, um Betrügereien zu verhindern oder zu verfolgen.

Bemerkenswert ist, dass der EuGH die *Daily Mail* Entscheidung nicht erwähnt, auf welche die deutschen Vertreter der Sitztheorie sich zur Rechtfertigung des Zuzugsverbots stützten. Infolgedessen wurde *Centros* häufig lediglich als Ausnahmefall gewertet, der sich nur auf Staaten beziehen könne in denen man – wie in Dänemark – der Gründungstheorie folgt.

(c) Überseering[767]

Nach dem *Überseering*-Urteil konnten sich jedoch auch diese Staaten der neuen Rechtsprechung des EuGH nicht mehr versperren.

Konkret ging es um den Fall der Anerkennung von Rechts- und Parteifähigkeit der in den Niederlanden gegründeten und dort auch registrierten Kapitalgesellschaft *Überseering BV* (im Folgenden *Überseering*), deren Gesellschaftsanteile von zwei in Deutschland ansässigen Personen erworben wurden. Der BGH beurteilte in seiner bisherigen Rechtsprechung die Frage, ob eine Gesellschaft rechtsfähig ist, nach demjenigen Recht, das am Ort ihres tatsächlichen Verwaltungssitzes gilt (Sitztheorie). Die Sitzverlegung führe zu einem Statutenwechsel, daher unterliege die Gesellschaft nunmehr deutschem Gesellschaftsrecht, habe aber die hier gelten-

766 4. gesellschaftsrechtliche Richtlinie vom 25.7.1978 (Jahresabschlussrichtlinie) – 78/ 660/ EWG; 7. gesellschaftsrechtliche Richtlinie vom 13.6.1983 (Richtlinie über den konsolidierten Abschluss) – 83/349/EWG; beides abgedruckt bei *Lutter*, Europäisches Unternehmensrecht, S. 147 ff.

767 EuGH v. 5.11.2002, Rs. C-208/00 – (*Überseering*), Slg. 2002, I-9919 = IStR 2002, 809 = BB 2002, 2402 = NJW 2002, 3614 = ZIP 2002, 2037 = RIW 2002, 945 = EWS 2002, 569 = AG 2002, 37 = GmbHR 2002, 1137.

den Gründungsvorschriften nicht erfüllt und daher keine Rechts- und Parteifähigkeit erlangt. Angesichts des *Centros*-Urteils kamen ihm aber Zweifel bezüglich der Europarechtskonformität seiner bisherigen Rechtsprechung.

In seiner Antwort nimmt der EuGH erstmalig Bezug auf *Daily Mail*, indem er den Unterschied des vorliegenden Falles zu dem damals zu entscheidenden Sachverhalt klarstellt: Anders als im Ausgangsverfahren sei es dort nicht darum gegangen, wie ein Mitgliedstaat eine in einem anderen Mitgliedstaat wirksam gegründete Gesellschaft zu behandeln habe, die im ersten Mitgliedstaat von ihrer Niederlassung Gebrauch macht.

Sodann stellt er fest, dass die Weigerung der deutschen Gerichte, der *Überseering BV* die Rechts- und Parteifähigkeit zuzusprechen, eine Beschränkung der Niederlassungsfreiheit darstelle. Sie genieße aufgrund der Artt. 43 und 48 EG das Recht, als Gesellschaft niederländischen Rechts in Deutschland von ihrer Niederlassungsfreiheit Gebrauch zu machen.[768] Bezugnehmend auf *Daily Mail* betont er weiter, dass ihre Existenz untrennbar mit ihrer Eigenschaft als Gesellschaft niederländischen Rechts zusammenhänge, da sie jenseits der nationalen Rechtsordnung, die ihre Gründung und Existenz regelt, keine Realität habe.

Eine Rechtfertigung aus zwingenden Gründen des Gemeinwohls, wie der Schutz der Gläubigerinteressen, der Minderheitsgesellschafter, der Arbeitnehmer oder auch des Fiskus sei vorliegend nicht gegeben. Zwar sei eine Rechtfertigung unter bestimmten Umständen und unter Beachtung besonderer Voraussetzungen möglich, doch komme die Absprechung der Rechts- und Parteifähigkeit einer Negierung der Niederlassungsfreiheit gleich.[769]

(d) Inspire Art[770]

In seiner Entscheidung in Sachen *Inspire Art* vom 30.9.2003 führt der Gerichtshof diese Rechtsprechung fort und dehnt sie aus. *Inspire Art*, eine nach englischem Recht gegründete company limited by shares (folgend *Inspire Art*), hat unmittelbar nach ihrer Gründung eine Zweigniederlassung in Amsterdam eröffnet und schließlich nur dort ihre Geschäftstätigkeit ausgeübt.

Die Handelskammer von Amsterdam verlangte von *Inspire Art* ihre Eintragung im niederländischen Handelsregister mit dem Zusatz „formal ausländische Gesellschaft" und diese Bezeichnung im Geschäftsverkehr zu führen. Unter einer formal ausländischen Gesellschaft versteht man nach dem Wet op de formeel buiten-

---

768 EuGH v. 5.11.2002, Rs. C-208/00 – (*Überseering*) Rn. 80.

769 EuGH v. 5.11.2002, Rs. C-208/00 – (*Überseering*) Rn. 93.

770 EuGH v. 30.9.2003, Rs. C-167/01 – (*Inspire Art*) = AG 2003, 680 = DB 2003, 2219 = NJW 2003, 3331 = NZG 2003, 1064 = BB 2003, 2195, = RIW 2003, 957 = EWS 2003, 513 = AG 2003, 680 = GmbHR 2003, 1260 m.Anm. *Meilicke*.

landse vennotschappen vom 17.12.1997 (WFBV)[771] eine Kapitalgesellschaft, die nach einem anderen als dem niederländischen Recht gegründet wurde, ihre Tätigkeit vollständig oder nahezu vollständig in den Niederlanden ausübt und daneben keine tatsächliche Bindung an den Staat hat, nach dessen Recht sie gegründet wurde.

Das mit dem Rechtsstreit befasste Kantongerecht Amsterdam legte dem EuGH die Frage nach der Vereinbarkeit der WFBV mit der Niederlassungsfreiheit gemäß Artt. 43, 48 EG vor.

Wie bereits in *Centros*, betont der EuGH, dass es für die Anwendung der Vorschriften über die Niederlassungsfreiheit ohne Bedeutung sei, dass eine Gesellschaft in einem Mitgliedstaat nur errichtet wurde, um sich in einem zweiten Mitgliedstaat niederzulassen, in dem die Geschäftstätigkeit im Wesentlichen oder ausschließlich ausgeübt werden soll.[772] Er wiederholt außerdem, dass der Umstand, dass eine Gesellschaft in einem Mitgliedstaat nur gegründet wurde, um in den Genuss vorteilhafterer Rechtsvorschriften zu kommen, keinen Missbrauch darstelle.[773] Bei der Suche nach Rechtfertigungsgründen wendet der Gerichtshof entsprechend seiner ständigen Rechtsprechung seinen Vier-Kriterien-Test an. Nationale Maßnahmen, die in die Niederlassungsfreiheit eingreifen, müssen in nicht diskriminierender Weise angewandt werden, sie müssen aus zwingenden Gründen des Allgemeininteresses gerechtfertigt sein, sie müssen zur Erreichung des verfolgten Ziels geeignet sein und sie dürfen nicht über das hinausgehen, was zur Erreichung des verfolgten Ziels erforderlich ist.[774]

Hinsichtlich der Geeignetheit weist der EuGH wiederholt darauf hin, dass die *Inspire Art* als Gesellschaft des englischen Rechts auftritt und ihre potentiellen Gläubiger daher hinreichend darüber unterrichtet seien, dass sie anderen Rechtsvorschriften als denen unterliegt, die in den Niederlanden die Gründung von Gesellschaften mit beschränkter Haftung regeln, u.a., was die Vorschriften über das Mindestkapital und die Haftung der Geschäftsführer betrifft. Ausreichenden Schutz biete diesbezüglich die 4. und 11. Publizitätsrichtlinie.[775] Der EuGH führt dazu aus, dass Art. 12 der elften Richtlinie die Mitgliedstaaten dazu verpflichtet, „geeignete Maßregeln für den Fall anzudrohen, dass die erforderliche Offenlegung der Zweigniederlassungen im Aufnahmestaat unterbleibt"[776]. Weiter, so der Gerichtshof, sind „die Mitgliedstaaten nach ständiger Rechtsprechung dann, wenn

[771] Staatsblad 1997 Nr. 697.

[772] EuGH v. 30.9.2003, Rs. C-167/01 – (*Inspire Art*) Rn. 95.

[773] EuGH v. 30.9.2003, Rs. C-167/01 – (*Inspire Art*) Rn. 96.

[774] EuGH v. 30.9.2003, Rs. C-167/01 – (*Inspire Art*) Rn. 133.

[775] 4. gesellschaftsrechtliche Richtlinie vom 25.7.1978 (Jahresabschlussrichtlinie) – 78/660/EWG; abgedruckt bei *Lutter*, Europäisches Unternehmensrecht, S. 147 ff.; 11. gesellschaftsrechtliche Richtlinie vom 22.12.1989 (Zweigniederlassungsrichtlinie) – 89/666/EWG; abgedruckt bei *Lutter*, Europäisches Unternehmensrecht, S. 269 ff.

[776] EuGH v. 30.9.2003, Rs. C-167/01 – (*Inspire Art*) Rn. 61.

eine Bestimmung des Gemeinschaftsrechts für den Fall ihrer Verletzung keine Sanktionsbestimmung enthält (...) verpflichtet (...), alle geeigneten Maßnahmen zu treffen, um die volle Wirksamkeit des Gemeinschaftsrechts zu gewährleisten"[777]. Dieser Verpflichtung ist jedoch in den Grenzen des Art. 10 EG nachzukommen. Der Gerichtshof betont nämlich, dass „Verstöße gegen das Gemeinschaftsrecht nach ähnlichen sachlichen und verfahrensrechtlichen Regeln geahndet werden wie nach Art und Schwere gleiche Verstöße gegen nationales Recht, wobei die Sanktion jedenfalls wirksam, verhältnismäßig und abschreckend sein muss"[778].

Missbräuchen im Einzelfall könne daher nach wie vor begegnet werden. Der Gerichtshof wiederholt aber, dass der Umstand, dass eine Gesellschaft in dem Mitgliedstaat, in dem sie ihren Sitz hat, keine Tätigkeit entfaltet und ihre Tätigkeit ausschließlich oder hauptsächlich im Mitgliedstaat ihrer Zweigniederlassung ausübt, noch kein solches missbräuchliches und betrügerisches Verhalten darstelle.[779]

(3) Auswirkung der Rechtsprechung des EuGH auf das deutsche internationale Gesellschaftsrecht

Mit seinen Urteilen konnte der EuGH nicht unmittelbar Einfluss auf den Streit im deutschen internationalen Gesellschaftsrecht zwischen Gründungs- und Sitztheorie nehmen, denn Kollisionsrecht ist nationales Recht. Aufgrund seines Auslegungsmonopols hinsichtlich des Gemeinschaftsrechts (Art. 234 Abs. 3 EG) vermag er aber, die Reichweite der Niederlassungsfreiheit (Artt. 43, 48 EG) zu bestimmen. Diese muss aufgrund des Anwendungsvorrangs europäischen Gemeinschaftsrechts[780] vor nationalen Regelungen von den nationalen Gerichten eingehalten werden.

Ebenso wie bereits im *Centros*-Urteil trifft der EuGH in *Inspire Art* ausschließlich Aussagen zur Reichweite der sekundären Niederlassungsfreiheit (Art. 43 Abs. 1 Satz 2 EG). Kollisionsrechtliche Aussagen zur Ermittlung der gesellschaftsrechtlichen Behandlung hat der EuGH nicht getroffen. In *Centros* spricht der Gerichtshof nur von der Zugehörigkeit der Gesellschaft zu einem Mitgliedstaat. Diese kann aber, so der EuGH, alternativ vom satzungsmäßigen Sitz, ihrer Hauptverwaltung oder ihrer Hauptniederlassung abhängen.[781] In *Überseering* wird der Gerichtshof nicht viel deutlicher: Zwar stellt er fest, dass die *Überseering BV*, die in den Niederlanden wirksam gegründet worden ist und dort ihren satzungsmäßigen Sitz hat, das Recht genießt, als *Gesellschaft niederländischen Rechts* (im Original nicht kursiv, scil.) in Deutschland von ihrer Niederlassungs-

[777] EuGH v. 30.9.2003, Rs. C-167/01 – (*Inspire Art*) Rn. 62.

[778] EuGH v. 30.9.2003, Rs. C-167/01 – (*Inspire Art*) Rn. 62.

[779] EuGH v. 30.9.2003, Rs. C-167/01 – (*Inspire Art*) Rn. 139.

[780] EuGH, Urteil v. 15.7.1964, Rs. 6/64, Slg. 1964, 1251 ff., 1269 ff. – (*Costa/ENEL*); BVerfG, Urteil v. 22.10.1986, BVerfGE 73, 229 f. – (*Solange II*).

[781] EuGH v. 9.3.1999, Rs. C-212/97 – (*Centros*) Rn. 20.

freiheit Gebrauch zu machen.[782] Auf die zweite Vorlagefrage des BGH in Sachen *Überseering*, ob es die Niederlassungsfreiheit für Gesellschaften gebiete, die Rechtsfähigkeit und die Parteifähigkeit nach dem Recht des Gründungsstaates zu beurteilen, bejaht er dies ohne genauere Ausführungen: Die Mitgliedstaaten sind verpflichtet, die Rechts- und damit die Parteifähigkeit zu achten, die diese Gesellschaft *nach dem Recht ihres Gründungsstaats* (im Original nicht kursiv, scil.) besitzt.[783] Ob damit das gesamte Gründungsstatut zur Anwendung gelangen soll, wird vom Gerichtshof nicht präzisiert.

In *Inspire Art*[784] stellt der EuGH zunächst klar, dass der Umstand, eine Gesellschaft sei in einem Mitgliedstaat nur deshalb gegründet worden, um in den Genuss *vorteilhafter Rechtsvorschriften* (im Original nicht kursiv, scil.) zu kommen, keinen Missbrauch darstellt.[785] Darüber hinaus betont er, dass bereits das Auftreten der Gesellschaft als solche ausländischen Rechts die Gläubiger ausreichend darüber informiere, dass sie *anderen Rechtsvorschriften* als denen *unterliege* (im Original nicht kursiv, scil.), die im Inland die Gründung von Gesellschaften regeln, u.a., was die Vorschriften über das Mindestkapital und die Haftung der Gesellschafter betrifft.[786] Ob damit nur diejenigen Rechtsvorschriften gemeint sind, welche unmittelbar die Gründung und die Gesellschafterhaftung betreffen, wird nicht weiter ausgeführt.

Die Rechtsprechung des EuGH gibt Raum zu unterschiedlicher Deutung. Einige Autoren gingen bereits nach *Centros*[787] davon aus, dass der Gerichtshof der Sitztheorie „den Garaus"[788] gemacht habe. Nach *Überseering* werden die Plädoyers für einen einheitlichen Wechsel zur Gründungsanknüpfung immer zahlreicher.[789] Folgte man in Deutschland bislang weitgehend der Sitztheorie, geht nun spätestens seit dem Urteil in Sachen *Inspire Art* die wohl herrschende Lehre[790] und Rechtsprechung[791] grundsätzlich von der Gründungstheorie aus. Gleichwohl ist es dem

---

782 EuGH v. 5.11.2002, Rs. C-208/00 – (*Überseering*) Rn. 80.

783 EuGH v. 5.11.2002, Rs. C-208/00 – (*Überseering*) Rn. 95.

784 EuGH v. 30.9.2003, Rs. C-167/01 – (*Inspire Art*) = AG 2003, 680 = DB 2003, 2219 = NJW 2003, 3331 = NZG 2003, 1064 = BB 2003, 2195, = RIW 2003, 957 = EWS 2003, 513 = AG 2003, 680 = GmbHR 2003, 1260 m.Anm. *Meilicke*.

785 EuGH v. 30.9.2003, Rs. C-167/01 – (*Inspire Art*) Rn. 96.

786 EuGH v. 30.9.2003, Rs. C-167/01 – (*Inspire Art*) Rn. 135.

787 EuGH v. 9.3.1999, Rs. C-212/97 – (*Centros*).

788 So *Meilicke*, DB 1999, 627. Gleicher Ansicht etwa *Behrens*, IPRax 1999, 323 ff.; *Sedemund/Hausmann*, BB 1999, 810.

789 *Behrens*, IPRax 2003, 193 ff.; *Eidenmüller*, ZIP 2002, 2233, 2238 f.; *Meilicke*, GmbHR 2003, 793 ff.; *Triebel*, BB 2003, Heft 36, Die Erste Seite.

790 Zur herrschenden Literatur siehe sogleich unter (b).

791 Jeweils bezogen auf die Anerkennung der Rechtsfähigkeit und/oder die Möglichkeit einer Eintragung im Handelsregister etwa: BGHZ 154, 185, 190 = NJW 2003, 1461, 1462 = ZIP 2003, 718, 720 (*Überseering*); dieser Rechtsprechung des VII. Zivilsenats hat sich nun auch der II. Zivilsenat des BGH in seinem Urteil vom 14.3.2005 (NJW 2005, 1648 = BB 2005,

EuGH entgegen der Ansicht mancher Autoren[792] auch nach *Inspire Art* nicht gelungen, endgültig Klarheit zu schaffen. So sind nach wie vor einige (wenige) Verfasser der Ansicht, bis auf die Anerkennung der Rechts- und Parteifähigkeit von Scheinauslandsgesellschaften habe sich nichts geändert, und beharren ansonsten auf der Fortgeltung der Sitztheorie.[793]

Im Folgenden soll der aktuelle Meinungsstand dargestellt werden. Wohl wissend, dass die einzelnen Ansichten im Detail divergieren, wird eine Zweiteilung in Anhänger der Sitztheorie und Anhänger der Gründungstheorie eingehalten.

(a) Beibehaltung der Sitztheorie

Noch nach *Centros*[794] war ein nicht unbedeutender Teil der Literatur davon überzeugt, dass Staaten in denen die Sitztheorie galt gar nicht von der Rechtsprechung des EuGH betroffen seien.[795] Begründet wurde dies damit, dass für den betreffenden Schauplatz des Urteils – nämlich Dänemark – die Gründungstheorie galt. Zudem hatte man erst vor kurzem das Urteil des EuGH in Sachen *Daily Mail*[796] als Triumph der Sitztheorie gefeiert.[797] Hierzu hatte der EuGH in *Centros* auch nicht Stellung genommen und sich insbesondere nicht von seiner damaligen Ansicht distanziert. Mit *Überseering*[798] sind solche Stimmen weitestgehend verklungen. Dennoch wurde noch von einem bedeutenden Teil der Literatur geleugnet, dass das Urteil weitergehende Konsequenzen als die bloße Anerkennung der Rechts- und Parteifähigkeit hat.[799] Mit *Inspire Art* ist die Zahl derer, die noch an die Weitergeltung der Sitztheorie glauben und diese auch aufrechterhalten wollen,

---

1016 = DB 2005, 1047 m.Anm. *Ressos* = DStR 2005, 839 = GmbHR 2005, 630 = ZInsO 2005, 541 = ZIP 2005, 805) angeschlossen. Siehe ferner auch OGH IPRax 2000, 418, 421 f. = NZG 2000, 36, 38 f.; BayObLG, GmbHR, 2003, 299; OLG Celle IPRax 2003, 245, 246 = GmbHR 2003, 532, 533; OLG Naumburg GmbHR 2003, 533 (LS); OLG Zweibrücken BB 2003, 864, 865; AG Düsseldorf, Beschl. v. 12.3.2004 (*Daisytek*), ZIP 2004, 623 = NZG 2004, 426 = EuZW 2004, 307 = NZI 2004, 269; LG Berlin, NZG 2004, 1014, 1015; KG, NZG 2004, 49; KG, DB 2005, 1158.

792 Siehe etwa *Spindler/Berner*, RIW 2003, 949, 954 f. (*Inspire Art* bringt „endgültig Klarheit über die Frage und den Umfang des maßgeblichen Gesellschaftsstatuts (...)").

793 So ausdrücklich *Altmeppen*, NJW 2004, 97; bekräftigt in *Altmeppen/Wilhelm*, DB 2004, 1083; in der Tendenz auch *Kindler*, NZG 2003, 1086.

794 EuGH v. 9.3.1999, Rs. C-212/97 – (*Centros*).

795 *Ebke*, JZ 1999, 656, 660 f.; *Kindler*, NJW 1999, 1993, 1996; *W.-H. Roth*, ZGR 2000, 311, 326 f.

796 EuGH v. 27.9.1988, Rs. C-81/87 – (*Daily Mail*).

797 Statt vieler *Großfeld/König*, RIW 1992, 433, 435.

798 EuGH v. 5.11.2002, Rs. C-208/00 – (*Überseering*).

799 *Großerichter*, DStR 2003, 159, 165 f.; *Hirte*, EWS 2002, 573; *Kindler*, NJW 2003, 1073. „Für nicht erledigt" halten auch (noch) *Leible/Hoffmann*, RIW 2002, 925 die Sitztheorie, sprechen sich jedoch dann für eine einheitliche Anwendung der Gründungstheorie mit gewissen „Einschränkungen" aus (S. 935 f.).

stark geschrumpft. Im Wesentlichen ist es *Altmeppen*[800], der in einem Aufsehen erregenden Artikel ein Plädoyer für die Beibehaltung der Sitztheorie im Einklang mit der Rechtssprechung des EuGH hält. Er stellt die These auf, die EuGH-Rechtssprechung zur Anerkennung inländischer Scheinauslandsgesellschaften beschränke sich auf das Gebot an die Behörden und Gerichte des Zuzugsstaats, die Wirksamkeit der ausländischen Gründung nicht in Frage zu stellen.[801] Konkret soll das gesamte deutsche Gesellschaftsrecht anwendbar bleiben. Lediglich für diejenigen Vorschriften, welche unmittelbar mit der Gründung der Gesellschaft verbunden sind, soll zwingend das Gesellschaftsrecht des Gründungsstaates maßgeblich sein.

Sein Hauptargument gegen die Anwendbarkeit des gesamten englischen Gesellschaftsrechts ist die naturgemäß fehlende fachliche Kompetenz der deutschen Richter im ausländischen Recht.[802] Als weiteren gewichtigen Einwand führt *Altmeppen* an, dass bestimmte Schutzstandards des jeweils einschlägigen Auslandsrechts, darunter beispielsweise die im englischen Recht bestehende Staatsaufsicht, unvermeidlich leer laufen.[803] In Übereinstimmung mit dem übrigen Schrifttum hebt *Altmeppen* hervor, dass gegen Gesellschafter einer EU-ausländischen Kapitalgesellschaft, deren Gründungsrecht keine Pflicht zur Aufbringung einer dem deutschen Stammkapital vergleichbaren Vermögensmasse kennt, auch nicht Erstattungsansprüche wegen Schmälerung dieser Masse bestehen können. *Altmeppen* sieht die wesentliche Bedeutung der §§ 30, 31 GmbHG allerdings vielmehr in der Ausschüttungssperre bezüglich des der Gläubigerbefriedigung gewidmeten Vermögens. Wirkliche Relevanz kommt den §§ 30, 31 GmbHG daher erst in der Zone der Überschuldung zu, wenn die Auszahlungen zu Lasten des das Fremdkapital deckenden Vermögens gehen. Auch auf diese Fälle hält er §§ 30, 31 GmbHG für unmittelbar anwendbar.[804] Genauso wie Gesellschafter einer deutschen GmbH müssten auch Gesellschafter ausländischer Kapitalgesellschaften verschuldensunabhängig auf Beseitigung der Überschuldung haften. Ebenso knüpfen die Kapitalersatzregeln (§§ 32a, 32b GmbHG; §§ 39, 135 InsO) nicht an ein bestimmtes Grund- oder Stammkapital an und seien daher auf eine EU-ausländische GmbH anwendbar.

Auch die von der Rechtsprechung entwickelten Regeln der Existenzvernichtungshaftung sollen ohne weiteres auch für in Deutschland sitzende Kapitalgesellschaften aus dem EU-Ausland gelten. Denn diese Haftung folge unmittelbar aus dem

---

800 *Altmeppen*, NJW 2004, 97; *Altmeppen/ Wilhelm*, DB 2004, 1083; siehe aber auch *Ulmer*, NJW 2004, 1201.

801 *Altmeppen*, NJW 2004, 97, 100.

802 Für „baren Unsinn" hält *Altmeppen* die Vorstellung, dass deutsche Richter künftig neben dem deutschen Gesellschaftsrecht standardmäßig zugleich nicht nur das englische Gesellschaftsrecht, sondern dasjenige aller 25 Mitgliedsstaaten der EU studieren müssen (NJW 2004, 97, 98).

803 *Altmeppen*, NJW 2004, 97, 99.

804 *Altmeppen*, in: Roth/Altmeppen, GmbHG, § 30 Rn. 17 m.w.N.

Funktionsprinzip einer Kapitalgesellschaft. Dieses bestehe darin, dass eine Kapitalgesellschaft auf Grund ihrer rechtlichen Verselbständigung von ihren Mitgliedern die Funktion der alleinigen Haftungsträgerin im Verhältnis zu den Gläubigern übernehme. Daraus folge, dass die für die Gläubigerbefriedigung benötigte Masse nicht zur Disposition der Gesellschafter, geschweige denn der Disposition der Geschäftsführer stehe.

Der Geschäftsführer einer deutschen GmbH haftet gemäß §§ 823 Abs. 2 BGB i.V.m. 64 GmbHG wegen Insolvenzverschleppung. Die Pflicht zur Stellung eines Insolvenzantrags ist im GmbH-Recht geregelt (§ 64 GmbHG). Gleichwohl soll nach *Altmeppen* diese Vorschrift für Geschäftsführer EU-ausländischer Kapitalgesellschaften gleichermaßen gelten. Grund hierfür sei, dass sich die von einer insolventen Kapitalgesellschaft ausgehende Gefahr gerade in Deutschland verwirkliche. Deutsche Gläubiger hätten einen Anspruch darauf, in der Weise geschützt zu werden, wie es hier zu Lande geltendes Recht sei, auf das die Gläubiger zu Recht vertrauten.

Zusammengefasst hat eine zugezogene Limited nach dieser Ansicht, abgesehen von den Vorschriften betreffend Entstehung, Verfassung, Erlöschen und Umwandlung, keinen Anspruch darauf, im Zuzugsstaat nach dem Recht ihres Gründungsstaats behandelt zu werden. Vielmehr bleibt es bei der Anwendung deutschen GmbH-Rechts.

(b) Anwendung der Gründungstheorie

Die herrschende Meinung folgt grundsätzlich der Gründungstheorie. Es wird jedoch versucht, in Form restriktiv zu handhabender Rechtfertigungsmöglichkeiten[805] oder in Form von Sonderanknüpfungen[806] deutsche Gläubigerschutzregeln zur Anwendung zu bringen.

Ein Teil der herrschenden Lehre versucht dabei mittels einer nicht-gesellschaftsrechtlichen Qualifikation der Gläubigerschutzregeln, diese (vermeintlich) dem Anwendungsbereich der Niederlassungsfreiheit mittels deliktsrechtlicher bzw. insolvenzrechtlicher Qualifikation zu entziehen.[807]

---

805 So etwa *Behrens*, IPRax 2004, 20, insb. 24 f.; *ders.*, IPRax 2003, 199; *Eidenmüller*, JZ 2004, 24, insb. 26 ff; *Hirte*, GmbHR 2003, R 421; *Kleinert/Probst*, DB 2003, 2217, 2218; *Meilicke*, GmbHR 2003, 793, 804 ff.; *ders.*, GmbHR 2003, 1271, 1273; *Sandrock*, ZVglRWiss 2003, 447, 469 ff.; *ders.*, BB 2004, 897 ff.; *Spindler/Berner*, RIW 2003, 949, 954 f.; *dies.*, RIW, 2004, 7, 8 ff.

806 So etwa *Bayer*, BB 2003, 2357, 2362 ff insb. 2364 („ergänzende Anwendung inländischer Rechtsvorschriften"); (wohl auch) *Geyrhalter/Gänßler*, DStR 2003, 2167, insb. 2171; *Paefgen*, DB 2003, 487, 488 f.; *Riegger*, ZGR 2004, 510, 517; *Weller*, DStR 2003, 1800, insb. 1803 f; *Zimmer*, NJW 2003, 3585, 3591; *Schumann*, DB 2004, 743, 745 f.; *Horn*, NJW 2004, 893, insb. 898 ff.; *Ziemons*, ZIP 2003, 1913, 1917 Fn. 35.

807 So z.B. *Hirte*, EWS 2002, 573, 574; *Kindler*, NZG 2003, 1086, 1090; *Ziemons*, ZIP 2003, 1913, 1917 Fn. 35; *Wilhelm*, ZHR 167 (2003), 520, 540; (noch) *Weller*, DStR 2003, 1800,

Der mittlerweile überwiegende Teil der herrschenden Lehre prüft dagegen – unabhängig von der jeweiligen Qualifikation – sämtliches Sachrecht am Maßstab der vom EuGH in seiner Entscheidungstrilogie entwickelten Rechtsprechung zur Niederlassungsfreiheit.[808,809] Gleichwohl setzen sich die Verfasser in der Regel intensiv mit den Qualifikationsfragen der einzelnen Haftungsinstitute auseinander. Ein jüngst gemachter Vorschlag nimmt dagegen einen funktionalen Vergleich ausländischen und inländischen Rechts vor.[810]

Bei der Überprüfung der Anwendbarkeit der einzelnen Gläubigerschutzinstrumente deutschen Rechts wird hinsichtlich des Schutzbereiches der Niederlassungsfreiheit nun mehrheitlich[811] geprüft, ob eine gewisse teleologische Reduktion des Schutzbereichs mit der Folge einer leichter zugänglichen Rechtfertigung

---

1804; *Bayer*, BB 2003, 2357, 2364 f.; (wohl auch) *Geyrhalter/Gänßler*, DStR 2003, 2167, 2171; *Kersting/Schindler*, RdW 2003, 621, 625; *Meilicke*, GmbHR 2003, 1271, 1272; *Paefgen*, DB 2003, 487, 488 f.; *Zimmer*, NJW 2003, 3585, 3591; *Hausmann*, in: Reithmann/Martiny (Hrsg.), Internationales Vertragsrecht, Rn. 2291c; *Riegger*, ZGR 2004, 510, 517; *Schumann*; DB 2004, 743, 745 f.; *Ulmer*, NJW 2004, 1201, 1209 f.; *Horn*, NJW 2004, 893, 899; *Fischer*, ZIP 2004, 1477, 1478 f.; *U. Huber*, in: FS Gerhardt, 397, 419; *ders.*, in: Lutter, Europäische Auslandsgesellschaften in Deutschland, S. 185 ff.

808 So bereits *Eidenmüller*, ZIP 2002, 2233, 2242 Fn. 63; *ders.*, JZ 2004, 24, 27; *ders.*, in: Eidenmüller, Ausländische Kapitalgesellschaften im deutschen Recht, § 3 Rn. 8; *Eidenmüller/Rehm*, ZGR 2004, 159, 166; *Schulz/Sester*, EWS 2002, 545, 551; *Zimmer*, NJW 2003, 3585, 3591 f.; *Schanze/Jüttner*, AG 2003, 661, 665; *Spindler/Berner*, RIW 2004, 7, 10; *Brand*, JR 2004, 89, 93; *Behrens*, IPRax 2004, 20, 25 f.; *Borges*, ZIP 2004, 733, 740; *Sandrock*, ZVglRWiss 2003, 447, 458 ff.; *Schön*, ZHR 168 (2004), 268, 292; *Kieninger*, ZEuP 2004, 685, 696 ff.; *Bitter*, WM 2004, 2190, 2191; *Weller*, Europäische Rechtsformwahlfreiheit und Gesellschafterhaftung, S. 200; *Goette*, DStR 2005, 197, 199; *Hirte/Mock*, ZIP 2005, 474, 475 ff.; *Forsthoff*, in: Hirte/Bücker, Grenzüberschreitende Gesellschaften, § 2 Rn. 36 ff.; *Fleischer*, in: Lutter, Europäische Auslandsgesellschaften in Deutschland, S. 97 f. Wohl auch *Forsthoff*, DB 2002, 2471, 2477; *Paefgen*, DB 2003, 487, 488 f.

809 Unklar ist, wie der BGH diese Problematik sieht. In seiner Entscheidung BGH, Urt. v. 14.3.2005, NJW 2005, 1648 = BB 2005, 1016 = DB 2005, 1047 m.Anm. *Ressos* = DStR 2005, 839 = GmbHR 2005, 630 = ZInsO 2005, 541 = ZIP 2005, 805 verneint er zunächst eine Haftung der Beklagten nach § 11 II GmbHG analog mangels Vereinbarkeit mit der EG-Niederlassungsfreiheit (Artt. 43, 48 EG). Abschließend stellt er jedoch fest, dass es der Klägerin unbenommen bliebe, u.a. auf dem Wege des deutschen Deliktsrechts (§§ 823 ff. BGB) vorzugehen (vgl. unter III. der Entscheidungsgründe). Siehe zudem auch die Stellungnahme von *VorsRiBGH Röhricht*, wiedergegeben im *Winter*-Bericht, Der Konzern 2004, 171, 172; sowie *Röhricht*, ZIP 2005, 505 ff.

810 *Schall*, ZIP 2005, 965, 970 ff.

811 So etwa *Randelzhofer/Forsthoff*, in: Grabitz/Hilf, Das Recht der Europäischen Union Band I: EUV/EGV, Art. 43 EGV Rn. 89 ff., 100 ff.; *Habersack*, Europäisches Gesellschaftsrecht, Rn. 28; *Forsthoff*, DB 2002, 2471, 2477; *Eidenmüller*, JZ 2004, 24, 26 f.; *Eidenmüller/Rehm*, ZGR 2004, 159, 167 f.; *Eidenmüller*, in: Eidenmüller, Ausländische Kapitalgesellschaften im deutschen Recht, § 3 Rn. 14 m.w.N.; *ders.*, NJW 2005, 1618; *Weller*, Europäische Rechtsformwahlfreiheit und Gesellschafterhaftung, S. 201 ff.; *Schanze/Jüttner*, AG 2003, 661, 666 f.; *Spindler/Berner*, RIW, 2004, 7, 10 f.; *Fleischer*, in: Lutter, Europäische Auslandsgesellschaften in Deutschland, S. 98 ff.; offen lassend *Brand*, JR 2004, 89, 93. Gegen eine Übertragung *Tietje*, in: Ehlers, Europäische Grundrechte und Grundfreiheiten, § 10 Rn. 54.

angezeigt ist. Dies erfolgt mittels Übertragung der *Keck*-Rechtsprechung des EuGH[812] zur Warenverkehrsfreiheit. In seinem Urteil in Sachen *Keck und Mithouard* hat der EuGH nämlich entschieden, dass bloße Verkaufsmodalitäten (vertriebsbezogene Beschränkungen) nicht als verbotene Maßnahmen gleicher Wirkung i.S.v. Art. 28 EG einzustufen sind, sofern sie

> „.. für alle betroffenen Wirtschaftsteilnehmer gelten, die ihre Tätigkeit im Inland ausüben, und sofern sie den Absatz der inländischen Erzeugnisse und der Erzeugnisse aus anderen Mitgliedstaaten rechtlich wie tatsächlich in der gleichen Weise berühren"[813].

Dann, so der EuGH, seien die entsprechenden Regeln nämlich – anders als produktionsbezogene Vorschriften – nicht geeignet, „.. den Marktzugang für diese Erzeugnisse zu versperren oder stärker zu behindern, als sie dies für inländische Erzeugnisse (tun)"[814].

Diese Grundsätze bezüglich der Warenverkehrsfreiheit werden nun mehr oder weniger vage auf die Niederlassungsfreiheit übertragen. Teilweise[815] wird davon ausgegangen, dass Regelungen des allgemeinen Verkehrsrechts keine Beschränkung der Niederlassungsfreiheit darstellen. Erst wenn sie trotz ihrer uniformen Wirkung zu einer *wesentlichen Behinderung des Marktzutritts* führen, bedürfen sie in der Rückausnahme der gemeinschaftsrechtlichen Rechtfertigung. Dies soll etwa bei allen quasigesellschaftsrechtlichen Regelungen der Fall sein.[816] Nach einer weiteren Ansicht[817] soll dies erst dann angenommen werden, wenn die Regelungen den Marktzugang *versperren* oder im Vergleich mit inländischen Gesellschaften *rechtlich oder tatsächlich signifikant erschweren*. Vermutet werden soll dies stets bei *korporativ wirkenden* Normen. Die Schwierigkeit liegt dabei in der Bestimmung der Reichweite der korporativen Wirkung. Teilweise[818] steht man auf dem Standpunkt, auch zeitlich später einsetzende Maßnahmen können unter Umständen in die korporative Sphäre hinüberwirken. Demgegenüber wird die Auffassung[819] vertreten, sofern es um die Knüpfung von Haftungsfolgen an Tatbestände, wie etwa der Entziehung von Gesellschaftsvermögen, geht, sei nicht die Kategorie des Marktzugangs sondern des Marktrückzugs betroffen. Begründet wird diese Auffassung damit, dass Gesellschafter, die in existenzvernichtender Weise ihrer Gesellschaft deren zur Gläubigerbefriedigung benötigtes Vermögen entziehen, nicht mehr werbend tätig sein wollen, sondern die Gesellschaft „auf kaltem

---

812 EuGH verb. Rs. C-267/91 – (*Keck/Mithouard*) Slg. 1993, I-6097 = EuZW 1993, 770.

813 EuGH verb. Rs. C-267/91 – (*Keck/Mithouard*) Slg. 1993, I-6097 Rn. 16.

814 EuGH verb. Rs. C-267/91 – (*Keck/Mithouard*) Slg. 1993, I-6097 Rn. 17.

815 *Schanze/Jüttner*, AG 2003, 661, 667 f.

816 *Spindler/Berner*, RIW, 2004, 7, 11.

817 *Eidenmüller*, in: Eidenmüller, Ausländische Kapitalgesellschaften im deutschen Recht, § 3 Rn. 16.

818 *Fleischer*, in: Lutter, Europäische Auslandsgesellschaften in Deutschland, S. 99 f.

819 *Weller*, Europäische Rechtsformwahlfreiheit und Gesellschafterhaftung, S. 204 ff.

Wege“ vom Markt nehmen wollen. Daher seien daran geknüpfte Haftungsfolgen der Abwicklungsphase zuzuordnen. Konsequenz dieser Auffassung ist, dass in diesen Fällen nicht der strenge Maßstab des Vier-Kriterien-Tests zur Anwendung gelangt, sondern wie bei Tätigkeitsausübungsregeln nur ein Diskriminierungsverbot gilt.[820]

Unabhängig dieser Unterschiede zwischen den Vertretern der herrschenden Meinung werden für die Übertragung der Keck-Grundsätze weitgehend die gleichen überzeugenden Argumente angeführt. So wird argumentiert, dass ohne des *Keck*-Filters eine Auslandsgesellschaft praktisch geltend machen könnte, durch jedes das Wirtschaftsleben regelnde Gesetz in seiner Niederlassungsfreiheit beschränkt zu sein.[821] Dies würde jedoch zu einer Generalüberprüfung der nationalen Rechtsordnungen der EG-Mitgliedstaaten durch die Niederlassungsfreiheit führen. Eine derart weitgehende Überprüfung ist aber im Falle der Niederlassungsfreiheit schon deshalb nicht angezeigt, da diese gegenüber der Warenverkehrsfreiheit mit einer viel intensiveren Integration in die Volkswirtschaft eines bestimmten Mitgliedstaats verbunden ist.[822] Schließlich wird darauf hingewiesen, dass ein zu extensiver Beschränkungsbegriff zu einer unangemessenen Homogenisierung der nationalen Rechte der Gemeinschaft führen würde.[823] Als Argument für eine weniger weitgehende Auslegung des Marktzutrittskriteriums wird sodann die jüngere EuGH-Rechtsprechung herangezogen.[824] Die dort vom EuGH gemachten Ausführungen werden so zusammengefasst, dass sich eine Regelung nur dann der strikten Rechtfertigungsnotwendigkeit am Maßstab zwingender Allgemeininteressen stellen muss, wenn sie die Entscheidung desjenigen, der von der Kapitalverkehrsfreiheit Gebrauch machen möchte, potentiell beeinflussen kann.[825]

Stellt die Anwendung nationalen Rechts nun eine Beschränkung der Niederlassungsfreiheit dar, bedarf sie der Rechtfertigung. Der EuGH hat hier drei mögliche Wege aufgezeigt, die in der Literatur unterschiedlich behandelt werden.

---

820 *Weller*, Europäische Rechtsformwahlfreiheit und Gesellschafterhaftung, S. 206 ff.

821 *Eidenmüller/Rehm*, ZGR 2004, 159, 167.

822 *Randelzhofer/Forsthoff*, in: Grabitz/Hilf, Das Recht der Europäischen Union Band I: EUV/EGV, vor Art. 39-55 EGV Rn. 101 ff.; *Eidenmüller*, in: Eidenmüller, Ausländische Kapitalgesellschaften im deutschen Recht, § 3 Rn. 16.

823 *Schanze/Jüttner*, AG 2003, 661, 667; ähnlich *Eidenmüller*, in: Eidenmüller, Ausländische Kapitalgesellschaften im deutschen Recht, § 3. Rn. 13.

824 Vgl. EuGH Rs. C-98/01 (*Kommission/Vereinigtes Königreich*) Rn. 47 (noch nicht in der öffentlichen Sammlung veröffentlicht, abrufbar unter www.curia.eu.int); EuGH Rs. C-463/00 (*Kommission/Spanien*) Rn. 61 (noch nicht in der öffentlichen Sammlung veröffentlicht, abrufbar unter www.curia.eu.int).

825 *Eidenmüller*, in: Eidenmüller, Ausländische Kapitalgesellschaften im deutschen Recht, § 3. Rn. 13.

Zwei der Möglichkeiten bestehen nach der ständigen Rechtsprechung[826] des EuGH im Missbrauchseinwand einerseits und im Einwand betrügerischen Verhaltens andererseits.[827] In *Centros*[828] betont er, dass die Mitgliedstaaten alle geeigneten Maßnahmen treffen dürfen, um Betrügereien zu verhindern oder zu verfolgen. In *Inspire Art*[829] stellt der EuGH jedoch klar, dass der Umstand, eine Gesellschaft sei in einem Mitgliedstaat nur deshalb gegründet worden, um in den Genuss *vorteilhafter Rechtsvorschriften* (im Original nicht kursiv, scil.) zu kommen, keinen Missbrauch darstellt.[830]

Aufgrund dieser kryptischen Vorgaben, ist es in der Literatur bislang nicht gelungen, allgemein gültige Aussagen zu diesen zwei Rechtfertigungsmöglichkeiten zu finden. Vielmehr bleiben sie daher bewusst ausgeblendet[831] oder es beläuft sich auf die Anführung einzelner Beispielsfälle. So wird ein Anwendungsbereich des Betrugseinwands bei der Umgehung von Tätigkeitsverboten wie etwa § 6 II 3, 4 GmbHG gesehen.[832] Teilweise wird in der Literatur[833] vergleichend das Urteil des EuGH in Sachen *TV 10*[834] herangezogen. Hier hatte es der EuGH als missbräuchlich angesehen, dass eine Hörfunk- und Fernsehanstalt sich in einem anderen Mitgliedstaat niederlässt, um dort für das Gebiet des ersten Staates bestimmte Dienstleistungen zu erbringen und sich dadurch den Verpflichtungen entzieht, die sich aus inländischen Rechtsvorschriften ergeben.[835] Einigkeit besteht jedoch darin, dass sich diese Grundsätze nicht auf die EG-Niederlassungsfreiheit übertragen lassen. Ein generell-abstrakter Missbrauchs- oder Betrugseinwand kommt nicht in Betracht: Würde man versuchen, damit die Anwendung einer Durchgriffshaftung

---

826 Vgl. EuGH v. 9.3.1999, Rs. C-212/97 – (*Centros*) Rn. 24 m.w.N. Vom EuGH offen gelassen und im Ergebnis auch nicht entscheidend ist die Frage, ob es sich hierbei um eine tatbestandliche Einschränkung oder um eine Rechtfertigungsmöglichkeit handelt. Dazu *Fleischer*, JZ 2003, 865, 872 m.w.N.; *Spindler/Berner*, RIW 2004, 7, 8; *Brand*, JR 2004, 89, 92; *Eidenmüller*, in: Eidenmüller, Ausländische Kapitalgesellschaften im deutschen Recht, § 3 Rn. 75.

827 Zur dogmatischen Unterscheidung zwischen Missbrauchs- und Betrugseinwand *Schön*, in: FS Wiedemann, 1271, 1277 ff.; *Fleischer*, JZ 2003, 865, 869 f.

828 EuGH v. 9.3.1999, Rs. C-212/97 – (*Centros*) Rn. 38.

829 EuGH v. 30.9.2003, Rs. C-167/01 – (*Inspire Art*) = AG 2003, 680 = DB 2003, 2219 = NJW 2003, 3331 = NZG 2003, 1064 = BB 2003, 2195, = RIW 2003, 957 = EWS 2003, 513 = AG 2003, 680 = GmbHR 2003, 1260 m.Anm. *Meilicke*.

830 EuGH v. 30.9.2003, Rs. C-167/01 – (*Inspire Art*) Rn. 96.

831 *Ulmer*, NJW 2004, 1201, 1203 f. („Für die generelle Frage nach den [...] verbleibenden Gläubigerschutzmöglichkeiten führt [der Betrugseinwand] nicht weiter. Er bleibt daher im Folgenden außer Betracht.").

832 *Eidenmüller/Rehm*, ZGR 2004, 159, 179; *Schanze/Jüttner*, AG 2003, 661, 669.

833 Vgl. etwa *Fleischer*, JZ 2003, 865, 873; *Sandrock*, ZVglRWiss 2003, 447, 463; *Brand*, JR 2004, 89, 92; *Eidenmüller*, in: Eidenmüller, Ausländische Kapitalgesellschaften im deutschen Recht, § 3 Rn. 86 f.

834 EuGH Rs. C-23/93 (*TV 10*), Slg. 1994, I-4795.

835 EuGH Rs. C-23/93 (*TV 10*), Slg. 1994, I-4795, Rn. 21.

über den Missbrauchstatbestand zu rechtfertigen, käme dies einer Beschränkung der vom EuGH vertretenen Rechtsformwahlfreiheit gleich.[836] Im Ergebnis ist man sich daher einig, dass Betrugs- und Missbrauchseinwand immer eine Frage des Einzelfalls sein werden.[837] Eine exemplarische Prüfung wird in der Literatur häufig anhand des jüngst vom AG Hamburg[838] zu entscheidenden Falles vorgenommen. Darin hatte das Amtsgericht kürzlich eine Durchgriffshaftung wegen rechtsmissbräuchlicher Auslandsgründung zugelassen. Im konkreten Fall waren der Geschäftsbetrieb einer deutschen GmbH und einer englischen Limited untrennbar miteinander verknüpft. Dabei diente die GmbH dazu, sämtliche Aufträge entgegen zu nehmen, während die Limited – mit £100 Stammkapital – ausschließlich die Funktion hatte, Material einzukaufen und die Mehrzahl der Arbeitnehmer zu beschäftigen (sog. Aschenputtelgesellschaft).

Zunächst besteht innerhalb der herrschenden Lehre Übereinstimmung, dass entgegen der Auffassung des AG Hamburg allein die Tatsache der fehlenden tatsächlichen Kapitalausstattung einer Gesellschaft bei gleichzeitiger Haftungsbeschränkung der Gesellschafter keinen Rechtsmissbrauch darstellen kann. Bleibt also nur der vom AG Hamburg ebenfalls beschrittene Weg, die Betriebsaufspaltung als Missbrauchstatbestand zu werten. Dabei findet das Amtsgericht teilweise Zustimmung in der Literatur.[839] Andere[840] verneinen an dieser Stelle den Zusammenhang zwischen Betriebsaufspaltung einerseits und Auslandsgründung andererseits verneint. Denn die gleiche Konstellation sei auch mit zwei in Deutschland gegründeten GmbHs vorstellbar. Die Tatsache, dass die „Aschenputtelgesellschaft" zusätzlich über kein ausreichendes Stammkapital verfügt, reiche nach der Rechtsprechung des EuGH für sich genommen gerade nicht aus, um einen Missbrauchstatbestand zu begründen.

---

836 Vgl. etwa *Bayer*, BB 2003, 2357, 2364; *Behrens*, IPRax 2004, 20, 25; *Schanze/Jüttner*, AG 2003, 661, 669; *Spindler/Berner*, RIW 2003, 949, 954; *dies.*, RIW 2004, 7, 9; *Eidenmüller/Rehm*, ZGR 2004, 159, 179 f.; *Kieninger*, ZEuP 2004, 685, 699. Siehe auch die Schlussanträge von Generalanwalt *Alber*, v. 30.1.2003 –Rs. C-167/01 – (*Inspire Art*), NZG 2003, 262, 273 Rn. 117.

837 Vgl. EuGH v. 30.9.2003, Rs. C-167/01 – (*Inspire Art*) 2. Leitsatz; *Bayer*, BB 2003, 2357, 2364; *Fleischer*, JZ 2003, 865, 873; *Sandrock*, ZVglRWiss 2003, 447, 462 f.; *Brand*, JR 2004, 89, 92.

838 AG Hamburg, Beschl. v. 14.5.2003, NJW 2003, 2835 = ZIP 2003, 1008 = NZG 2003, 732 = EuZW 2003, 773 = NZI 2003, 442 m.Anm. *Mock/Schildt*; *Brenner*, EWiR Art. 3 EuInsVO 4/03, 925. Aus englischer Sicht (sehr kritisch) *Griffiths/Tschentscher*, Insolvency Intelligence 17 (2004), 57, 61.

839 Im Ergebnis dem AG Hamburg zustimmend *Bayer*, BB 2003, 2357, 2364 Fn. 124; *Kindler*, NZG 2003, 1086, 1090 Fn. 60; *Sandrock*, ZVglRWiss 2003, 447, 463; *Brand*, JR 2004, 89, 92.

840 *Griffiths/Tschentscher*, Insolvency Intelligence 17 (2004) 57, 61; *Mock/Schildt*, NZI 2003, 442, 444 f.; *Weller*, DStR 2003, 1800, 1803; *ders.*, IPRax 2003, 520, 523 f.; *Brand*, JR 2004, 89, 92; *Eidenmüller*, in: Eidenmüller, Ausländische Kapitalgesellschaften im deutschen Recht, § 3 Rn. 102.

Die dritte Möglichkeit einer Rechtfertigung bemisst sich an dem vom EuGH entwickelten Vier-Kriterien-Test.[841] Zur Wiederholung: Hiernach müssen nationale Maßnahmen, die in die Niederlassungsfreiheit eingreifen, in *nicht diskriminierender* Weise angewandt werden, sie müssen aus *zwingenden Gründen des Allgemeininteresses* gerechtfertigt sein, sie müssen zur Erreichung des verfolgten Ziels *geeignet* sein und sie dürfen nicht über das hinausgehen, was zur Erreichung des verfolgten Ziels *erforderlich* ist.[842]

Eine Diskriminierung liegt nach ständiger Rechtsprechung des EuGH immer dann vor, wenn unterschiedliche Vorschriften auf gleichartige Situationen angewandt werden oder wenn dieselbe Vorschrift auf unterschiedliche Situationen angewandt wird. Dies gilt auch für sogenannte verdeckte oder verschleierte Diskriminierungen, die zwar nicht aus einer Anknüpfung an die Staatsgehörigkeit resultieren, aber aufgrund des besonderen Zusammenhangs primär Ausländer betreffen.[843]

Die Frage nach dem geeigneten Mittel lässt der EuGH offen. Ganz allgemein erkennt er Gläubigerschutzgründe zwar grundsätzlich als zwingende Gründe des Gemeinwohls an.[844] Wie schon in *Centros*, schließt sich der EuGH aber auch in *Inspire Art* nicht ausdrücklich[845] den Zweifeln des jeweiligen Generalanwalts[846, 847] an der Geeignetheit der Kapitalschutzregeln an.[848] Mangels abschlägiger Beurteilung durch den EuGH kann damit von Geeignetheit ausgegangen werden.[849]

---

841 EuGH , Slg. 1995, I-4165 – (*Gebhard*), Rn. 37: EuGH v. 9.3.1999, Rs. C-212/97 – (*Centros*) Rn. 34; EuGH v. 5.11.2002, Rs. C-208/00 – (*Überseering*) Rn. 84; EuGH v. 30.9.2003, Rs. C-167/01 – (*Inspire Art*) Rn. 133.

842 EuGH v. 30.9.2003, Rs. C-167/01 – (*Inspire Art*) Rn. 133.

843 EuGH – Rs C-107/94, Slg. 27.6.1996, I-3089, Rn. 38, 40, 49 – (*Asscher*).

844 Der EuGH möchte die Gläubiger nicht schutzlos lassen, vgl. nur die Ausführungen in EuGH v. 9.3.1999, Rs. C-212/97 – (*Centros*) Rn. 32-38. Der EuGH gibt lediglich zu erkennen, dass die Mindestkapitalvorschriften nicht die einzige (richtige) Möglichkeit eines Gläubigerschutzes sein kann, vgl. EuGH v. 30.9.2003, Rs. C-167/01 – (*Inspire Art*) Rn. 135.

845 Zu vermuten ist allerdings (schon aufgrund der personellen Besetzung) eine eher skeptische Einstellung des EuGH hinsichtlich der Konzeption „Gläubigerschutz durch Kapitalaufbringung und –erhaltung", vgl. eingehend hierzu *Bayer*, BB 2003, 2357, 2364.

846 Generalanwalt *La Pergola*, Slg. 1999, I-1461, Rn. 21, in Sachen *Centros*.

847 Generalanwalt *Alber*, Schlussanträge v. 30.1.2003 –Rs. C-167/01 – (*Inspire Art*), NZG 2003, 262, 273 Rn. 141 ff.

848 EuGH v. 30.9.2003, Rs. C-167/01 – (*Inspire Art*) Rn. 135.

849 Die Geeignetheit des Mindestkapitalerfordernisses als Gläubigerschutzinstrument ist stark umstritten. Dagegen spricht sich die von der Kommission eingesetzte Expertengruppe im *Report of the High Level Group of Company Law Experts on a Modern Regulatory Framework for Company Law in Europe* vom 4.11.2002, S. 87 (sog. Winter-Bericht) aus. Vgl. Zusammenfassung auf S. 14, Einzelheiten auf S. 82 ff. insb. S. 87 des Berichts; abrufbar unter www.europa.eu.int/Comm/Internal_market/en/company/company/modern. Dem schließen sich an: etwa *Meilicke*, GmbHR 2003, 793, 808; *Sandrock*, ZVglRWiss 102 (2003), 447, 470 ff. Für Geeignetheit: Die *Group of German Experts on Corporate Law* in ihrer Stel-

Als Knackpunkt in der Diskussion um die Anwendbarkeit deutschen Sachrechts hat sich inzwischen die Frage nach der Erforderlichkeit herausgebildet. Erforderlich ist die Anwendung deutschen Sachrechts nur, wenn der gleiche Schutz nicht mittels milderer Maßnahmen verwirklicht werden kann.

Hierzu gehen die Auffassungen der einzelnen Vertreter der herrschenden Meinung weit auseinander. *Ulmer*[850] argumentiert insoweit wie folgt: Entweder das ausländische Recht bleibe hinter dem deutschen Recht in substantiell erheblicher Weise zurück, dann sei die Anwendung des deutschen Rechts erforderlich, um die Schutzlücke zu schließen und damit gerechtfertigt. Oder die Anwendung des deutschen Rechts stelle schon deswegen keine Beschränkung der Niederlassungsfreiheit dar, weil das Gründungsrecht gleichwertige Sanktionen vorsehe.

Mehrheitlich[851] werden jedoch Ausführungen des EuGH zum Kriterium der Erforderlichkeit im Sinne eines sogenannten Informationsmodells verstanden. Hiernach seien die Gläubiger durch das Auftreten einer Gesellschaft als Auslandsgesellschaft hinreichend darüber unterrichtet, dass diese anderen Rechtsvorschriften unterliegt.[852] Zudem könnten sich die Gläubiger auf die Publizitätsregelungen der vierten Richtlinien über den Jahresabschluss[853] sowie der elften Richtlinie[854] über die Offenlegung von Zweigniederlassungen berufen.[855] Diese Transparenz soll es den Gläubigern offensichtlich ermöglichen, in eigener Verantwortung das Risiko ihrer Geschäftsbeziehungen auszuloten. Eine Ansicht[856] zieht hier anschaulich einen Vergleich zu der vom EuGH zur Warenverkehrsfreiheit entwickelten Figur

---

lungnahme zum Winter-Bericht, ZIP 2003, 863, 873 f. Ebenso ausdrücklich *Bayer*, BB 2003, 2357, 2364.

850 *Ulmer*, NJW 2005, 1201, 1208 f.

851 Siehe zum Informationsmodell *Merkt* RIW 2003, Heft 12, Die Erste Seite; *ders.*, RIW 2004, 1, 6; *Mankowski*, RIW 2003, Editorial Heft 12; *Grundmann*, DStR 2004, 232; *Eidenmüller*, JZ 2004, 24, 27; *ders.*, in: Eidenmüller, Ausländische Kapitalgesellschaften im deutschen Recht, § 3 Rn. 33 ff.; *Fleischer*, in: Lutter, Europäische Auslandsgesellschaften in Deutschland, S. 103 f.

852 EuGH v. 9.3.1999, Rs. C-212/97 – (*Centros*) Rn. 36; EuGH v. 30.9.2003, Rs. C-167/01 – (*Inspire Art*) Rn. 135.

853 4. gesellschaftsrechtliche Richtlinie vom 25.7.1978 (Jahresabschlussrichtlinie) – 78/660/EWG; abgedruckt bei *Lutter*, Europäisches Unternehmensrecht, S. 147 ff.

854 11. gesellschaftsrechtliche Richtlinie vom 22.12.1989 (Zweigniederlassungsrichtlinie) – 89/666/EWG; abgedruckt bei *Lutter*, Europäisches Unternehmensrecht, S. 269 ff.

855 EuGH v. 9.3.1999, Rs. C-212/97 – (*Centros*) Rn. 36. Siehe ferner die Mitteilung der Kommission an den Rat und das Europäische Parlament, Modernisierung des Gesellschaftsrechts und Verbesserung der Corporate Governance in der Europäischen Union – Aktionsplan vom 21.5.2003, KOM(2003)284, endg., abrufbar unter www.europa.eu.int; abgedruckt in NZG-Sonderbeilage 13/2003; und zuvor Report of the High Level Group of Company Law Experts on a Modern Regulatory Framework for Company Law in Europe vom 4.11.2002, abrufbar unter www.europa.eu.int, in Auszügen auch abgedruckt in ZIP 2003, 836.

856 *Eidenmüller*, in: Eidenmüller, Ausländische Kapitalgesellschaften im deutschen Recht, § 3 Rn. 35.

des „mündigen Verbrauchers".[857] Allerdings ist die deutsche Literaturmeinung von der Allgemeingültigkeit des vom EuGH verfolgten Modells wenig überzeugt. So wird vielfach eine differenzierte Betrachtung vorgeschlagen[858]: Hatte ein Gläubiger im Vorfeld gar keine objektive Möglichkeit, sich zu informieren, sollen Ausnahmen gelten. Teilweise wird die Einführung weitergehender Schutzmechanismen zu Gunsten dieser Gläubiger verlangt.[859]

(c) Stellungnahme

Die von *Altmeppen* vertretene Fortgeltung der Sitztheorie bei bloßer Anerkennung der Rechts- und Parteifähigkeit ist nicht haltbar. Entgegen dieser Auffassung ergibt sich zumindest aus dem Urteil in Sachen *Inspire Art* eindeutig, dass die Niederlassungsfreiheit Auslandsgesellschaften einen Anspruch einräumt, im Zuzugsstaat über die Anerkennung der Rechts- und Parteifähigkeit hinaus nach ihrem Gründungsrecht behandelt zu werden. Die Aussage des EuGH, dass europäische Auslandsgesellschaften *anderen Rechtsvorschriften* als denen *unterliege* (im Original nicht kursiv, scil.), die im Inland die Gründung von Gesellschaften regeln, u.a., was die Vorschriften über das Mindestkapital und die Haftung der Gesellschafter betrifft[860], kann nicht anders verstanden werden.

Nicht überzeugend ist bereits das Hauptargument *Altmeppens*, der EuGH könne schon deshalb nicht im Sinne der Gründungstheorie verstanden werden, da es für einen deutschen Richter unmöglich wäre, 25 unterschiedliche europäische Rechtsordnungen zu kennen.

Richtig ist an diesem Argument sicherlich, dass profunde Kenntnisse in den Rechtsordnungen sämtlicher EG-Mitgliedstaaten von keinem Richter erwartet werden können. Die Realität hat *Altmeppens* Ansicht jedoch bereits überholt: Angesichts einer stetigen Internationalisierung der heutigen Gesellschaft ist der Umgang mit ausländischen Rechtsordnungen bei Gericht längst tägliches Geschäft. Dabei kann zunehmend auf Ergebnisse aus der rechtsvergleichenden Wissenschaft zurückgegriffen werden, die gerade in Bezug auf das englische Gesellschaftsrecht

---

[857] Vgl. etwa EuGH Rs. C-220/98 – (*Esteé Lauder Cosmetics*), Slg. 2000, I-117, Rn. 27 („mutmaßliche Erwartung eines durchschnittlich informierten, aufmerksamen und verständigen Durchschnittsverbrauchers").

[858] So etwa *Forsthoff*, DB 2003, 2471, 2477; *Zimmer*, NJW 2003, 3585, 3591 f.; *Schanze/Jüttner*, AG 2003, 661, 663; *Spindler/Berner*, RIW 2003, 949, 954; *dies.*, RIW 2004, 7, 10; *Borges*, ZIP 2004, 733, 740; *Brand*, JR 2004, 89, 93 *Eidenmüller*, in: Eidenmüller, Ausländische Kapitalgesellschaften im deutschen Recht, § 3 Rn. 39 ff. *ders.*, JZ 2004, 24, 25.

[859] Dafür etwa *Grundmann*, ZGR 2001, 783, 819 f.; *Eidenmüller*, ZIP 2002, 2232, 2236; *Schanze/Jüttner*, AG 2003, 30, 34; *Behrens*, IPRax 2004, 20, 25; *Brand*, JR 2004, 89, 94; (de lege ferenda) *Wagner*, in: FS Gerhardt, 1043. Strikt dagegen *Sandrock*, ZVglRWiss 162 (2003), 447, 478; *Mülbert/Birke*, EBOR 3 (2002), 695, 714 f.

[860] EuGH v. 30.9.2003, Rs. C-167/01 – (*Inspire Art*) Rn. 135.

eine Blütezeit erlebt.[861,862] Die Tatsache, dass der deutsche Richter nun regelmäßig mit EU-ausländischen Rechtsordnungen konfrontiert wird, ist daher kein Argument gegen die herrschende Meinung.

Soweit *Altmeppen* argumentiert, dass die englische Staatshaftung nicht mehr greife, sobald eine Gesellschaft ihren Verwaltungssitz ins Ausland verlegt, trifft dies nur teilweise zu. Wie bereits ausgeführt[863], trifft eine Auflösung gemäß s. 460 Companies Act 1986 die englische Gesellschaft auch in Deutschland. Zwar kann eine geminderte Effizienz aufgrund einer kaum durchführbaren *inspection* im Ausland nicht geleugnet werden. Für ein Argument zu Gunsten der Fortgeltung der Sitztheorie reicht dies jedoch keinesfalls aus. Die bis ins 18. Jahrhundert[864] hineinreichende Erfahrung der englischen Richter mit der Gründungstheorie spricht für sich. Da in der Spruchpraxis kein Ausgleichsmechanismus im Falle einer teilweisen Entziehung der Staatsaufsicht entwickelt wurde, rührt daher offensichtlich keine ernsthafte Gefahr.

Der Ansatz *Altmeppens* vermag somit nicht zu überzeugen; richtigerweise ist mit der herrschenden Meinung bei EU-Auslandsgesellschaften das Gründungsrecht zugrunde zu legen.

Als nächstes soll die Bedeutung der von der herrschenden Meinung fast[865] ausnahmslos vorgenommenen Qualifikation einer Prüfung unterzogen werden. Wie sich dabei zeigen wird, kommt der komplizierten und in vielen Fällen auch nicht eindeutig zu lösenden Qualifikationsfrage nach dem hier vertretenen Ansatz *im Ergebnis* keine Bedeutung zu.

Dies ergibt sich aus zwei Gründen. *Erstens*: Soweit versucht wird, bestimmte Haftungsinstitute über den Weg einer delikts- oder insolvenzrechtlichen Qualifikation der Niederlassungsfreiheit zu entziehen, vermag dies rechtsdogmatisch nicht zu überzeugen. Ein Grund für eine Art „Niederlassungsfreiheitsresistenz" von delikts- und insolvenzrechtlichem Sachrecht ist nicht ersichtlich.[866] Da es in gleicher Weise geeignet ist, eine Gesellschaft in ihrer Niederlassungsfreiheit zu beschränken, muss dessen Anwendung ebenfalls gerechtfertigt sein. Der einzige Unterschied besteht in der rechtsdogmatischen „Aufhängung" des anzuwendenden Sachrechts. Geht man im europäischen Gesellschaftsrecht mit der herrschenden

---

861 Siehe nur Fn. 586, ferner *Vorpeil*, RIW 2005, 850.

862 Ähnlich optimistisch etwa *Sandrock*, BB 2004, 897, 900 f. („...wir (haben) glücklicherweise Hunderte hochqualifizierter und polyglotter junger deutscher juristischer Berufsanfänger ausgebildet, denen die Beschäftigung mit fremden Rechten kein Buch mit sieben Siegeln mehr ist.").

863 Vgl. oben B. III. 1. e).

864 MüKo-*Kindler*, IntGesR, Rn. 265 f.

865 Eine Ausnahme bildet *Schall*, ZIP 2005, 965, 974 ff.

866 Vgl. nur EuGH, Urt. v. 15.7.1964, Rs. 6/64, Slg. 1964, 1251 ff., 1269 ff. – (*Costa/ENEL*); BVerfG, Urt. v. 22.10.1986, BVerfGE 73, 229 f. – (*Solange II*).

Meinung von einem Vorrang des Gründungsrechts aus, so können gesellschaftsrechtlich zu qualifizierende Sachnormen lediglich in Form rechtfertigungsbedürftiger Sonderanknüpfungen zur Anwendung gelangen. Delikts- und insolvenzrechtlich zu qualifizierende Haftungstatbestände bedürfen dagegen keiner Sonderanknüpfung, sondern gelangen grundsätzlich über Art. 4 EuInsVO bzw. Art. 40 EGBGB direkt zur Anwendung. Ihre Anwendbarkeit scheidet aber ebenfalls aus, wenn sie einen nicht gerechtfertigten Eingriff in die Niederlassungsfreiheit darstellen.[867]

Zweitens: Der Qualifikation kommt nach dem hier vertretenen Ansatz auch nach der Eröffnung eines Hauptinsolvenzverfahrens gemäß Art. 3 I EuInsVO nur theoretische Bedeutung zu. Denn trotz der Zäsurwirkung[868] aufgrund der Eröffnung eines Hauptinsolvenzverfahrens ändern unterschiedliche Qualifikationen im Ergebnis nichts. Dies erklärt sich wie folgt: Der Qualifikationsfrage könnte dann Bedeutung zukommen, wenn das Hauptinsolvenzverfahren im Ausland eröffnet wurde. Ist dies nämlich der Fall, scheidet die Anwendung deutschen Insolvenzrechts wegen des aus Art. 4 EuInsVO folgenden lex fori Grundsatzes aus. Einem Rekurs auf deutsches Insolvenzrecht ist ohne Eröffnung eines Sekundärinsolvenzverfahrens der Weg abgeschnitten.[869] An dieser Stelle, könnte man meinen, entscheidet eine gesellschafts- oder deliktsrechtliche Qualifikation über das Schicksal der Anwendbarkeit einer Norm. Die bereits gemachten Ausführungen[870] zur Möglichkeit gesellschaftsrechtliche Institute im Wege von in Deutschland stattfindenden Einzelverfahren neben einem englischen Hauptinsolvenzverfahren zur Anwendung zu bringen, zeigen jedoch anderes.[871] Nach der hier vertretenen Auffassung bleibt nämlich trotz gesellschafts- oder deliktsrechtlicher Qualifikation der Rückgriff ins nationale Recht verwehrt. Nicht die Frage der internationalprivatrechtlichen Qualifikation sondern die Frage der Vereinbarkeit mit der EG-Niederlassungsfreiheit ist also im Ergebnis die entscheidende Weichenstellung.

Als Zwischenergebnis bleibt daher festzuhalten, dass der Frage der Qualifikation nationaler Gläubigerschutzinstrumente nach dem hier vertretenen Ansatz auch dann keine Bedeutung zukommt, wenn das Insolvenzverfahren im Ausland statt-

---

867 Wie sich oben gezeigt hat, ist die Qualifikation hinsichtlich der umgekehrten Frage nach der Anwendbarkeit deutschen Sachrechts im Falle eines Hauptinsolvenzverfahrens in England durchaus von Bedeutung, vgl. B. III. 1. c) gg)-ii).

868 Art. 4 EuInsVO gilt nun zugunsten des Mitgliedstaates in dem das Hauptinsolvenzverfahren eröffnet wird.

869 Dieser entscheidende Punkt wird von der herrschenden Meinung nicht ausreichend deutlich herausgearbeitet. Klarzustellen ist daher: In den „sicheren Hafen" (*Ulmer*, NJW 2004, 1201, 1207; ähnlich *Lieder*, DZWIR 2005, 399, 404; *Wienberg/Sommer*, NZI 2005, 353, 356 f.) des Insolvenzrechts, kann man nur einlaufen, wenn dieser mittels Eröffnung eines Insolvenzverfahrens auch „fahrbar" wird.

870 Siehe oben B. III. 1. c) gg)-ii).

871 Dies trifft natürlich nicht für vertragliche, quasivertragliche und außervertragliche Schuldverhältnisse zu. Hier wird die Qualifikation aber ohnehin nicht zu qualifizieren sein.

findet. Zwar ist dann der Weg hier nicht schon aus kollisionsrechtlichen Gründen versperrt, eine Anwendung kommt jedoch mangels Vereinbarkeit mit der EG-Niederlassungsfreiheit nicht in Betracht.

Zu folgen ist der herrschenden Lehre angesichts der genannten Argumente jedoch in der Übertragung der *Keck*-Grundsätze auf die Niederlassungsfreiheit. Dies hat bei konsequenter Anwendung zur Folge, dass lediglich marginale Beschränkungen der Warenverkehrsfreiheit, die für inländische und ausländische Gesellschaften unterschiedslos gelten, von der rigiden Rechtfertigungsnotwendigkeit am Maßstab zwingender Allgemeininteressen beziehungsweise des Art. 30 EG auszunehmen sind. Zu berücksichtigen ist aber die dargestellte, zunehmend strenge Handhabung der *Keck*-Rechtsprechung hinsichtlich der Marktszutrittsregelungen durch den EuGH. So ist zu erwarten, dass der Gerichtshof im Interesse eines effektiven Schutzes der Grundfreiheiten und eines funktionierenden Binnenmarktes auch im Rahmen der Niederlassungsfreiheit einen strengen Maßstab anlegt. Dieser Maßstab ist unabhängig davon zugrunde zu legen, wann Haftungsfragen zeitlich greifen – ob schon während der Tätigkeit einer Gesellschaft oder erst in der Phase des Rückzugs aus dem Wirtschaftsleben. Denn das entscheidende Kriterium für eine Einordnung als Marktzutrittsregelung muss sein, ob eine Regelung geeignet ist, den Niederlassenden von einer Entscheidung für einen Standort abzubringen. Dies ist bei Haftungsfragen stets der Fall.

Sofern eine Regelung nach der Keck-Rechtsprechung eine Marktzutrittsregelung darstellt, erfordert ihre Anwendbarkeit, wie gezeigt, eine Rechtfertigung am Vier-Kriterien-Test des EuGH. Soweit hier die Meinungen über das Kriterium der Erforderlichkeit auseinander gehen, kann dem dargestellten Ansatz *Ulmers* nicht gefolgt werden. Hiergegen lässt sich nämlich einwenden, dass es gerade ein legitimes Ausnützen der Niederlassungsfreiheit darstellt, eine Scheinauslandsgesellschaft zu gründen, um sich dadurch dem inländischen Gesellschaftsrecht zu entziehen und in den Genuss ***vorteilhafter Rechtsvorschriften***[872] zu gelangen. Würde man nun diese für den Gründer vorteilhaften Gläubigerschutzinstrumente als Argument für die Anwendbarkeit inländischen Rechts heranziehen, würde man die Rechtsprechung des EuGH zur EG-Niederlassungsfreiheit in sein Gegenteil umkehren. Im Ergebnis ist der EuGH so zu verstehen, dass, wenn das Gründungsstatut eine Regelung ähnlichen Inhalts kennt oder aber bestimmte Sachverhalte gerade nicht regeln will, diese Entscheidung des jeweiligen Gesetzgebers eines Mitgliedstaates nicht umgangen werden darf. Vielmehr muss dann vermutet werden, dass eine Regelung des Sachverhalts oder eine Regelung anderen Inhalts eben gerade nicht erforderlich ist. Vielmehr handelt es sich um Eigenschaften der jeweiligen Gesellschaftsform, die sich Unternehmer aufgrund der Rechtsformwahlfreiheit zu Nutzen machen können.

---

872 EuGH v. 30.9.2003, Rs. C-167/01 – (*Inspire Art*) Rn. 96.

Die herrschende Meinung fasst die Aussagen des EuGH zur Erforderlichkeit daher zutreffend unter dem sogenannten Informationsmodell zusammen. Vermag dieses Modell des Gläubigerschutzes auch nicht zu überzeugen, so muss es jedoch im Sinne einer europarechtskonformen Anwendung nationalen Sachrechts auf europäische Auslandsgesellschaften in seiner ganzen Konsequenz respektiert werden. Zwar mag dies nach deutschem Verständnis von Gläubigerschutzmechanismen schwer fallen. Wie jedoch der Blick auf das englische Recht zeigt, hat eigenverantwortlicher Gläubigerschutz auf der Basis des Informationsmodells andernorts bereits Tradition. Man sollte sich daher hüten, sich aufgrund einer verengten nationalen Sichtweise dem vom EuGH offensichtlich eingeschlagenen Weg zu versperren. Auch vermag die Kritik am unzureichenden Schutz gegenüber deliktisch Geschädigten nicht zu überzeugen. Da es sich um das Gebiet des Gesellschaftsrechts handelt, sind unerträgliche Ergebnisse bereits schwer vorstellbar. Sofern es um die hier primär gegenständlichen Ansprüche etwa wegen Insolvenzverschleppung, existenzvernichtendem Eingriff oder sonstiger Durchgriffstatbestände geht, ist das Informationsmodell hinzunehmen. Denn auch hier hatte der Gläubiger die Möglichkeit, sich seinen Geschäftspartner auszusuchen und sich über ihn zu informieren.

Die Grenzen des Informationsmodells sind aber an anderer Stelle erreicht: Die Anwendung deutschen Sachrechts muss nämlich dann in Betracht kommen, wenn das Gründungsstatut zwar Regelungen vorsieht, diese aber aufgrund der besonderen grenzüberschreitenden Konstellation nicht zur Anwendung gelangen. Die Rechtsprechung des EuGH schnürt diese Möglichkeit jedoch denkbar eng. Für die Annahme einer Schutzlücke soll es noch nicht ausreichen, wenn das Ziel mittels anderer Schutzmechanismen erreicht werden kann.[873] Bleibt gleichwohl eine Schutzlücke, so überzeugt es, anhand eines funktionalen Vergleichs das deutsche sachrechtliche Äquivalent zu ermitteln. Dabei wird man freilich selten vollständige Deckungsgleichheit feststellen können, was vom EuGH jedoch auch nicht verlangt wird.[874] Zu denken ist hier etwa an Regelungen wie das wrongful trading oder das fraudulent trading die ausschließlich im Falle eines winding up in England zum Zuge kommen. Findet das Verfahren dagegen in Deutschland statt, ist zu prüfen, ob dem im Wege eines Rückgriffs auf deutsches Sachrecht begegnet werden muss.

b) *Qualifikation der relevanten deutschen Sachnormen*

Die herrschende Meinung beschäftigt sich nun mit den Qualifikationsfragen des zur Anwendung zu bringenden Sachrechts. Auch wenn dieses Vorgehen nach dem hier vertretenen Ansatz im Ergebnis nicht von Bedeutung ist, sollen aus Gründen

---

873 EuGH v. 6.6.1996 – Rs. C-101/94, Slg. 1996, I-2691, 2725 – Kommission/Italien, Rn. 17.

874 EuGH v. 28.3.1996 – Rs. C-222/94, Slg. 1996, I-1905, Rn. 16-20 – (*Guiot*).

der Vollständigkeit im Folgenden die wichtigsten Strömungen dieser Diskussion dargestellt werden.

Der Begriff der Qualifikation kommt von *Bartin*, der zusammen mit *Kahn* das Qualifikationsproblem entdeckte. Im IPR versteht man hierunter primär die Subsumption unter den Tatbestand einer (geschriebenen oder gewohnheitsrechtlich geltenden) Kollisionsnorm. Hierbei kommt es auf den „Charakter" des zu subsumierenden Gegenstandes an.[875] Vereinfacht gesagt geht es um den Anwendungsbereich der Kollisionsnormen.

Die Qualifikation ist als ein Gesamtprozess zu betrachten[876]: Zunächst bedarf es der Bestimmung der Kollisionsnorm; steht diese fest, stellt sich als nächstes die Frage, welche Sachnormen berufen sind. Erst hier ist darauf einzugehen, unter welche Kollisionsnorm die vorliegend interessierenden deutschen Gläubigerschutzvorschriften fallen. Dies ist mittels einer funktionell-teleologischen[877] Auslegung zu ermitteln; maßgeblich ist dabei nach herrschender Lehre[878] die lex fori. Dabei geht man wie folgt vor: Zunächst sind die einzelnen Rechtsgebiete in Bezug auf ihren Regelungsgehalt abzustecken. Sodann ist zu prüfen, welchem Regelungsgehalt die jeweilige Norm selber entspricht. Dabei kommt es nur auf Sinn und Zweck der Norm – losgelöst von seinem Standort im Gesetz – an.

Bei einer funktionell-teleologischen Betrachtung einer Sachnorm kann jedoch die Zuordnung zu genau einer Kollisionsnorm zuweilen schwierig sein, weil die Sachnorm mehrere Zwecke gleichzeitig verfolgt. Sie liegt dann zugleich im Anwendungsbereich mehrerer Kollisionsnormen; dieses Phänomen bezeichnet man als Mehrfachqualifikation.[879] Allerdings ist zu beachten, dass es sich dabei um eine ultima ratio handelt.[880] Nur, wenn es nicht möglich ist, den funktionell-teleologischen Schwerpunkt der Norm zu ermitteln, darf man auf die Mehrfachqualifikation zurückgreifen.

Sinn und Zweck der Insolvenzordnung ist die gemeinschaftliche Befriedigung aller Gläubiger (§ 1 InsO). Das Insolvenzrecht dient damit der Haftungs*realisierung*, es geht also um die Frage, *wie* die Gläubiger befriedigt werden können.[881] Dagegen ist die Frage, *ob* einem Gläubiger Ansprüche zustehen, regelmäßig schuldrechtlicher Natur. Dabei ist es aber möglich, dass ein Anspruch gerade aufgrund eines Verstoßes gegen eine in einem Gesellschaftsrecht verankerte Pflicht verstößt. Derlei Ansprüche sind dem Gesellschaftsstatut zu unterstellen.[882]

---

875 *Kropholler*, IPR, § 15 (S. 110).

876 MüKo-*Sonnenberger*, IPR, Einl. Rn. 444 ff.

877 *Kropholler*, IPR, § 17 (S. 122 ff.).

878 MüKo-*Sonnenberger*, IPR, Einl. Rn. 459 m.w.N.; *Zimmer*, IntGesR, S. 32 Fn. 25 m.w.N.

879 Hierzu zuletzt eingehend *Kindler*, in: FS Jayme, 409.

880 *v.Bar/Mankowski*, IPR, Band I, § 7 Rn. 178.

881 *Trunk*, Internationales Insolvenzrecht, S. 5 f.

882 *Zimmer*, IntGesR, 292 f.

aa) Gesellschaftsrechtliche Qualifikation der Kapitalaufbringungs- und erhaltungsregeln

Die zentrale Gläubigerschutzbestimmung zur Erhaltung des Stammkapitals stellt § 30 GmbHG dar. Das darin enthaltene Verbot der Auszahlung von zur Erhaltung des Stammkapitals erforderlichen Vermögens knüpft direkt an die Gesellschafterstellung der GmbH an. § 31 GmbHG bietet bei Verstößen gegen das Auszahlungsverbot die Anspruchsgrundlage und ist systematisch mit § 30 GmbHG als eine Einheit zu betrachten. Beide Normen müssen daher gleich als Vorschriften *genuin gesellschaftsrechtlichen Ursprungs*[883] betrachtet werden. Ihr gemeinsamer Sinn und Zweck ist auf Erhaltung des Stammkapitals gerichtet. Ein Anspruch aus § 31 GmbHG besteht nur aufgrund der Besonderheiten des die Haftung beschränkenden Charakters einer GmbH. Zu Recht wird zwar verschiedentlich[884] auf einen gewissen insolvenzrechtlichen Gehalt der §§ 30, 31 GmbHG hingewiesen. So betont *Altmeppen*, wie bereits dargestellt[885], dass die besondere Bedeutung der in den §§ 30, 31 GmbHG angeordneten Rückgewährpflicht angesichts der geringen Höhe des gesetzlich vorgeschriebenen Mindeststammkapitals einer GmbH nicht in der Erstattung des entzogenen Stammkapitals sondern in der Ausschüttungssperre bezüglich des der Gläubigerbefriedigung gewidmeten Vermögens liege.[886] Der Schwerpunkt dieser Regelungen liege in der Beseitigung einer konkreten Rechtshandlung, durch die einer insolvenzreifen Gesellschaft Vermögenswerte zu Gunsten ihrer Gesellschafter und zu Lasten ihrer zur Befriedigung der Gesellschaftsgläubiger benötigten Vermögensmasse entzogen worden sind.[887]

Trotz dieser unbestrittenen Nähe zum insolvenzrecht ist man sich im Ergebnis in der Literatur einig, dass die Kapitalaufbringungs- und erhaltungsregeln gesellschaftsrechtlich zu qualifizieren sind.[888] Auch in der Rechtssprechung wurde bereits vom Reichsgericht[889] eine gesellschaftsrechtliche Qualifikation vertreten und erst jüngst vom BGH[890] bestätigt.

---

883 *H.-P. Westermann*, in: Scholz, GmbHG, § 30 Rn. 1.

884 *Altmeppen*, NJW 2004, 97, 102; *Schön*, Der Konzern 2004, 162, 168; *Röbricht*, ZIP 2005, 505, 511 f.

885 Siehe oben B. III. 2. a) (3) (a).

886 *Altmeppen*, in: Roth/Altmeppen, GmbHG, § 30 Rn. 17 m.w.N.

887 *Röbricht*, ZIP 2005, 505, 512; ähnlich *Ulmer*, NJW 2004, 1201, 1209.

888 So auch *Behrens*, Die GmbH im internationalen und europäischen Recht, IPR, Rn. 40; *Zimmer*, Internationales Gesellschaftsrecht, S. 292; *Leible*, in: Michalski, GmbHG, Syst. Darst. 2, Rn. 104; *Großfeld*, in: Staudinger, IntGesR, Rn. 259; MüKo-*Kindler*, IntGesR, Rn. 450; *Westermann*, in: Scholz, GmbHG, Einl. Rn. 96; *Ulmer*, NJW 2004, 1201, 1208; *Eidenmüller*, in: Eidenmüller, Ausländische Kapitalgesellschaften im deutschen Recht, § 4 Rn. 10; *Fleischer*, in: Lutter, Europäische Auslandsgesellschaften in Deutschland, S. 79 f.; *Röbricht*, ZIP 2005, 505, 511; *Lieder*, DZWIR 2005, 399, 407.

889 RGZ 73, 366, 367.

890 BGHZ 148, 167, 168.

bb) Differenzierte Qualifikation der Regeln über das eigenkapitalersetzende Gesellschafterdarlehen

Stark umstritten ist dagegen die Einordnung der Regeln über das eigenkapitalersetzende Gesellschafterdarlehen. Bevor die unterschiedlichen Ansätze dargestellt und einer Bewertung unterzogen werden, soll kurz auf das im deutschen Recht geltende System des „zweistufigen Kapitalschutzes" eingegangen werden.[891]

Danach ist zwischen den sogenannten BGH-Regeln[892] zum eigenkapitalersetzenden Gesellschafterdarlehen und den sogenannten Novellenregeln zu unterscheiden.

Die BGH-Regeln beruhen in erster Linie auf einer analogen Anwendung der §§ 30, 31 GmbHG. Sie binden eigenkapitalersetzende Gesellschafterdarlehen nur soweit, wie sie verlorenes Stammkapital oder eine über diesen Verlust hinaus bestehende Überschuldung abdecken.[893,894]

Anders als bei den BGH-Regeln tritt bei den Novellenregeln die Eröffnung eines Insolvenzverfahrens als Voraussetzung hinzu.[895] Kernstück der Novellenregeln in der seit Inkrafttreten der Insolvenzrechtsreform gültigen Fassung sind die beiden Bestimmungen des § 39 I Nr. 5 InsO und des § 135 InsO. Die übrigen Bestimmungen der Novellenregeln (§§ 32a, b GmbHG) haben im Verhältnis dazu nur ergänzenden Charakter. Dies ist Folge der Tatsache, dass die Novellenregeln nicht aus einem Guss entstanden sind, sondern dass die ursprüngliche, speziell auf die GmbH bezogene Regelung der GmbH-Novelle von 1980 später durch die allgemeine Regelung der Insolvenzordnung überlagert worden ist.[896] Solange über das Vermögen der Gesellschaft nicht das Insolvenzverfahren eröffnet ist, unterliegen die eigenkapitalersetzenden Gesellschafterdarlehen keiner Bindung und dürfen ohne Einschränkung an den Gesellschafter als Darlehensgeber zurückgezahlt werden. Wird jedoch über das Gesellschaftsvermögen die Insolvenz eröffnet, so sind die Gesellschafter mit ihren eigenkapitalersetzenden Gesellschafterdarlehen in *voller Höhe* gemäß § 39 I

---

891 Vgl. zum zweistufigen Schutzsystem die Übersicht mit Beispiel bei *Lutter/Hommelhoff*, in: Lutter/Hommelhoff, GmbHG, § 32a/b Rn. 10 ff.; eingehend auch *U. Huber*, in: Lutter, Europäische Auslandsgesellschaften in Deutschland, S. 132-143.

892 Entwickelt in BGHZ 31, 258; BGHZ 67, 171; BGHZ 76, 326, 330 f. = ZIP 1980, 361. Grundlegend dann BGHZ 90, 370 = ZIP 1984, 698; seither ständige Rspr.

893 BGHZ 76, 335.

894 Ist daher eine 25.000 Euro-GmbH mit 15.000 € überschuldet, so sind nach den BGH-Regeln 50.000 € eigenkapitalersetzendes Gesellschafterdarlehen lediglich in Höhe von 40.000 € gebunden; denn nur insoweit wird der Eigenkapitalersatz benötigt, um das Stammkapital vollständig zu decken. Die restlichen 10.000 € sind frei, können allerdings unter Umständen den Novellen-Regeln unterliegen (*Lutter/ Hommelhoff*, in: Lutter/ Hommelhoff, GmbHG, § 32a/b Rn. 11).

895 Vgl. zum Folgenden *Lutter/ Hommelhoff*, in: Lutter/ Hommelhoff, GmbHG, § 32a/ b Rn. 13 f.

896 Vgl. *Lutter*, in: Lutter, Europäische Auslandsgesellschaften in Deutschland, S. 138 f.

Nr. 5 InsO im Insolvenzverfahren nachgeordnet und erhalten daher regelmäßig keine Quote. Dies liegt daran, dass die eigenkapitalersetzenden Gesellschafterdarlehen in der Insolvenz wie Eigenmittel der Gesellschaft behandelt werden. Sie sollen in vollem Umfang ausschließlich zur Befriedigung der außenstehenden Gesellschaftsgläubiger zur Verfügung stehen. Daher sind die Inhaber von eigenkapitalersetzenden Gesellschafterdarlehen auf das verwiesen, was nach Verteilung der Masse unter die Fremdgläubiger eventuell noch übrig bleibt.[897]

Der Großteil der Literatur verfolgt hinsichtlich der Qualifikation der Regeln über das eigenkapitalersetzende Gesellschafterdarlehen eine Einheitslösung, wonach entweder das Gesellschaftsrecht[898], das Insolvenzrecht[899] oder beides[900] maßgeblich sein soll. Gegen eine differenzierte Betrachtung wird in erster Linie angeführt, dass dadurch ein einheitlicher Lebenssachverhalt auseinander gerissen werde.[901] Vielmehr seien sowohl die §§ 39 Abs. 1 Nr. 5, 135 InsO als auch die BGH-Regeln gesellschaftsrechtlicher Natur. Die entscheidenden Gründe für eine gesellschaftsrechtliche Qualifikation seien die Funktion beider Regeln als besondere Kapitalschutzpflichten der Gesellschafter. Während es im Falle der BGH-Regeln um die Pflicht der Gesellschafter gehe, die Gesellschaft mit dem entsprechenden Stammkapital zu führen, hätten die Gesellschafter nach den Novellenregeln darüber hinaus die Pflicht, sich zu überlegen, ob sie in Krisenzeiten ein Insolvenzverfahren einleiten oder Eigenkapital nachschießen. Kapitalschutzpflichten der Gesellschafter beträfen jedoch den Kernbereich des Gesellschaftsrechts. Damit seien auch in beiden Fällen die Regeln über das eigenkapitalersetzende Gesellschafterdarlehen gesellschaftsrechtlich zu qualifizieren.

Eine Einheitslösung überzeugt jedoch nicht. Zu Recht werden zwar die BGH-Regeln mit der soeben genannten Begründung gesellschaftsrechtlich qualifiziert. Die §§ 39 Abs. 1 Nr. 5, 135 InsO sind jedoch ohne weiteres dem Insolvenzrecht zuzuordnen. Dagegen sprechen auch nicht die Regelungen der §§ 32a, b GmbHG, denn diese haben neben den §§ 39 Abs. 1 Nr. 5, 135 InsO lediglich einen ergän-

---

897 BGH GmbHR 1995, 516.

898 Vgl. etwa *Trunk*, Internationales Insolvenzrecht, S. 192 f.; *Müller*, NZG 2003, 414, 417; *Zimmer*, NJW 2003, 3585, 3589; *Prütting*, in: Breitenbücher/Ehricke, Insolvenzrecht 2003, 59, 83 f.; *Schumann*, DB 2004, 743, 748; *Altmeppen*, NJW 2004, 97, 103; *Altmeppen/Wilhelm*, DB 2004, 1083, 1088; *Eidenmüller*, in: Eidenmüller, Ausländische Kapitalgesellschaften im deutschen Recht, § 9 Rn. 42.

899 Für insolvenzrechtliche Qualifikation etwa *Haas*, NZI 2002, 457, 466; *Ulmer*, NJW 2004, 1201, 1207; *Kindler*, NZG 2003, 1086, 1090; *Weller*, IPRax 2003, 520, 524.

900 *Kindler*, NZG 2003, 1086, 1090, nach dem deutsches Kapitalersatzrecht sowohl dann anwendbar sein soll, wenn deutsches Gesellschaftsrecht, als auch dann, wenn deutsches Insolvenzrecht kollisionsrechtlich zur Anwendung berufen ist.

901 *Meilicke*, GmbHR 2003, 1271, 1272; *Wachter*, GmbHR 2004, 88, 101 Fn. 99; *Paefgen*, ZIP 2004, 2253, 2261; ähnlich *Zimmer*, NJW 2003, 3585, 3589, der aber in den §§ 39 Abs. 1 Nr. 5, 135 InsO dem Grunde nach insolvenzrechtliche Regelung erkennt.

zenden Charakter.[902] Entscheidend für eine differenzierte Betrachtungsweise ist, dass es in der Praxis, wie eingangs dargestellt, zu Unterschieden kommen kann, je nachdem, ob man sich auf die BGH-Regeln stützt oder auf die Novellenregeln. Ein Divergenzfall[903] ist beispielsweise dann denkbar, wenn die einjährige Anfechtungsfrist gemäß § 135 InsO verstrichen ist, nicht aber die fünfjährige Verjährungsfrist gemäß § 31 V GmbHG. Hier lässt sich der Rückzahlungsanspruch nur noch auf die Rechtsprechungsregeln stützen.

Damit ist zunächst festzuhalten, dass hier mit *U. Huber*[904] hinsichtlich der Qualifikation der BGH-Regeln und der Novellenregeln richtigerweise einer differenzierten Betrachtungsweise gefolgt wird.

Größtenteils wird auch von den Vertretern der Einheitslösung nicht bezweifelt, dass die §§ 39 Abs. 1 Nr. 5, 135 InsO an sich insolvenzrechtlicher Natur sind.[905] Jedoch wird sodann wie folgt argumentiert[906]: Zwar unterstehe der Rang der Forderungen im Insolvenzverfahren und die Anfechtbarkeit von Rechtshandlungen dem Insolvenzrecht, jedoch sei die Qualifikation des eigenkapitalersetzenden Gesellschafterdarlehens als Vorfrage zu behandeln. Diese sei aber mit der ganz herrschenden Meinung gesellschaftsrechtlich zu qualifizieren.

Gegen die Einordnung der Frage nach dem Charakter des eigenkapitalersetzenden Gesellschafterdarlehens als Vorfrage bestehen jedoch Bedenken.[907] Zu Recht ist *U. Huber* nämlich der Ansicht, die §§ 39 Abs. 1 Nr. 5, 135 InsO sind anzuwenden, wenn ein Gesellschafter einer zahlungsunfähigen oder überschuldeten oder aus sonstigen Gründen kreditunwürdigen Gesellschaft ein Darlehen gewährt, und über das Vermögen dieser Gesellschaft später in Deutschland das Insolvenzverfahren eröffnet wird. Die Vorfrage, ob dieses Darlehen eigenkapitalersetzenden Charakter hat, stellt sich dabei gar nicht. Diese beruht nämlich auf dem Missverständnis, dass es bei „Eigenkapital" im Sinne der §§ 39 Abs. 1 Nr. 5, 135 InsO um „Stammkapital"

---

902 *U. Huber*, in: Lutter, Europäische Auslandsgesellschaften in Deutschland, S. 170.

903 Vgl. hierzu *U. Huber*, in: Lutter, Europäische Auslandsgesellschaften in Deutschland, S. 140.

904 *U. Huber*, in: Lutter, Europäische Auslandsgesellschaften in Deutschland, S. 140 f.; ähnlich *Lieder*, DZWIR 2005, 399, 407.

905 Vgl. etwa *Zimmer*, NJW 2003, 3585, 3589 („Die Anfechtung zählt zu den in Art 4 II EuInsVO ausdrücklich angeführten Materien, unterliegt also zweifellos der auf Mittelpunkt der hauptsächlichen Interessen des Schuldners rekurrierenden Anknüpfung der Verordnung."); *Eidenmüller*, in: Eidenmüller, Ausländische Kapitalgesellschaften im deutschen Recht, § 9 Rn. 42 („Zweifellos gehören der Rang der Forderungen im Insolvenzverfahren und die Anfechtbarkeit von Rechtshandlungen zu den Materien, welche der *lex fori concursus* unterstehen (vgl. Art. 4 Abs. 2 S. 2 lit. i und m EuInsVO)."); *Prütting*, in: Breitenbücher/Ehricke, Insolvenzrecht 2003, 59, 83 f.; *Müller*, NZG 2003, 414, 417; siehe zum insolvenzrechtlichen Charakter der Novellenregeln auch *Röhricht*, ZIP 2005, 505, 512 f.

906 *Eidenmüller*, in: Eidenmüller, Ausländische Kapitalgesellschaften im deutschen Recht, § 9 Rn. 42.

907 *U. Huber*, in: Lutter, Europäische Auslandsgesellschaften in Deutschland, S. 171.

im Sinne des GmbH-Rechts geht.[908] Der Begriff des „Eigenkapitals“ ist hier jedoch vielmehr in einem materiellen, wirtschaftlichen Sinne zu verstehen, und zwar als Gegensatz zum Fremdkapital.[909] Führt der Gesellschafter einer Auslandsgesellschaft also Eigenkapital in Form eines Darlehens zu, kommt es daher hinsichtlich der Anwendbarkeit der §§ 39 Abs. 1 Nr. 5, 135 InsO nicht auf die Vorfrage nach der Qualifikation des eigenkapitalersetzenden Gesellschafterdarlehens an.[910]

Damit geht es allein um die Frage, ob die §§ 39 Abs. 1 Nr. 5, 135 InsO insolvenzrechtlicher Natur sind. Dies ist, wie dargestellt, der Fall. Soweit es aber um die BGH-Regeln geht, sind diese ohne weiteres als gesellschaftsrechtlich zu qualifizieren.

cc) Qualifikation der Durchgriffshaftungstatbestände

Ein ebenfalls uneinheitliches Bild präsentiert sich angesichts der Qualifikation der unterschiedlichen Durchgriffstatbestände. Hier wird regelmäßig zwischen drei unterschiedlichen Fallgruppen, namentlich der Existenzvernichtungshaftung, der Haftung wegen materieller Unterkapitalisierung und der Haftung wegen Vermögensvermischung unterschieden.

(1) Gesellschaftsrechtliche Qualifikation der Existenzvernichtungshaftung

Im Folgenden geht es um die Qualifikation der vom BGH im Jahr 2001 anlässlich des *Bremer Vulkan*-Urteils[911] entwickelten und im *KVB*-Urteil[912] weiter präzisierten Haftung wegen Existenzvernichtung.[913]

Eine solche kommt dann in Betracht, wenn ein tatsächlicher Missbrauch der Rechtsform der GmbH vorliegt. Im *Bremer Vulkan*-Urteil führt der BGH wie folgt aus[914]:

> „Der Schutz einer abhängigen GmbH gegenüber Eingriffen ihres Alleingesellschafters (..) beschränkt sich auf die Erhaltung ihres Stammkapitals im Sinne der §§ 30 f. GmbHG, für die im Rahmen des § 43 III GmbHG auch ihre Ge-

---

908 Nach *U. Huber*, in: Lutter, Europäische Auslandsgesellschaften in Deutschland, S. 176 f.

909 Zur Gleichstellung von Fremdmitteln mit haftendem Kapital grundlegend *K. Schmidt*, Gesellschaftsrecht, § 18 III 4.

910 Eine andere, hier jedoch nicht weiter zu erörternde Frage ist es, ob eine Auslandsgesellschaft überhaupt eine „Gesellschaft“ i.S.v. §§ 39 Abs. 1 Nr. 5, 135 InsO sein kann. Vorliegend geht es jedoch nur um die Qualifikation der Regeln über das eigenkapitalersetzende Gesellschafterdarlehen und nicht um deren Anwendbarkeit an sich (dazu sogleich unten B. III. 2. c) bb) (3).

911 BGH, Urteil v. 17.9.2001, BGHZ 149, 10 = ZIP 2001, 1874 (*Bremer Vulkan*).

912 BGH, Urteil v. 24.6.2002, BGHZ 151, 181 = NJW 2002, 3524 = NZG 2002, 914 = GmbHR 2002, 902 = ZIP 2002, 1578 (*KBV*).

913 Zum Ganzen instruktiv etwa *Altmeppen*, ZIP 2002, 1553; *Schrell/Kirchner*, BB 2003, 1451; *Lutter/Hommelhoff*, in: Lutter/Hommelhoff, GmbHG, § 13 Rn. 15 ff.

914 BGH, Urteil v. 17.9.2001, BGHZ 149, 10, 16.

schäftsführer haften, und die Gewährleistung ihres Bestandschutzes in dem Sinne, dass ihr Alleingesellschafter bei Eingriffen in ihr Vermögen und ihre Geschäftschancen angemessene Rücksicht auf ihre seiner Disposition entzogenen Belange zu nehmen hat. An einer solchen angemessenen Rücksichtnahme auf die Eigenbelange der GmbH fehlt es dann, wenn diese infolge der Eingriffe ihres Alleingesellschafters ihren Verbindlichkeiten nicht mehr nachkommen kann (BGHZ 122, 123, 130 – TBB). Zu einer Haftung des Alleingesellschafters für die Verbindlichkeiten der von ihm beherrschten GmbH führt aber auch ein solcher bestandsvernichtender Eingriff nur dann, wenn sich die Fähigkeit der GmbH zur Befriedigung ihrer Gläubiger nicht schon durch die Rückführung entzogenen Stammkapitals gemäß § 31 GmbHG wiederherstellen lässt."

Das ein Jahr später folgende *KVB*-Urteil lautet sodann[915]:

„Entziehen die Gesellschafter unter Außerachtlassung der gebotenen Rücksichtnahme auf [die] Zweckbindung des Gesellschaftsvermögens der Gesellschaft durch offene oder verdeckte Entnahmen Vermögenswerte und beeinträchtigen sie dadurch in einem ins Gewicht fallenden Ausmaß die Fähigkeit der Gesellschaft zur Erfüllung ihrer Verbindlichkeiten, so liegt darin, wie der Senat schon früher entschieden hat (vgl. BGHZ 122, 123 – *TBB*), ein Missbrauch der Rechtsform der GmbH, der zum Verlust des Haftungsprivilegs führen muss, soweit nicht der der GmbH durch den Eingriff insgesamt zugefügte Nachteil schon nach §§ 30, 31 GmbHG vollständig ausgeglichen werden kann oder kein ausreichender Ausgleich in das Gesellschaftsvermögen erfolgt. (...) Das gilt auch und erst recht bei Vorliegen einer Unterbilanz. Außerhalb des Insolvenzverfahrens müssen die Gläubiger, soweit sie von der Gesellschaft keine Befriedigung erlangen können, deshalb grundsätzlich berechtigt sein, ihre Forderungen unmittelbar gegen die Gesellschafter geltend zu machen (...)."

Stark umstritten ist nun, wie die vom BGH entwickelten Haftungsgrundsätze internationalprivatrechtlich zu qualifizieren sind. Aus den soeben dargestellten Ausführungen des BGH leitet die wohl herrschende Meinung[916] eine gesellschaftsrechtliche Qualifikation der Existenzvernichtungshaftung ab. Dies erfolgt mit überzeugenden Argumenten: Teleologisch stehe die Existenzvernichtungshaftung in untrennbarem Zusammenhang mit der Zweckbindung des Gesellschaftsvermögens und dem Haftungsprivileg des § 13 Abs. 2 GmbHG.[917] Systematisch sei sie sowohl mit den Kapi-

---

915 BGH, Urteil v. 24.6.2002, BGHZ 151, 181 187.

916 Vgl. etwa *Ulmer*, JZ 2002, 1049, 1050 f.; *ders.* NJW 2004, 1201, 1207; *ders.*, KTS 2004, 291, 304; *Eidenmüller*, ZIP 2002, 2233, 2242; *ders.*, in: Eidenmüller, Ausländische Kapitalgesellschaften im deutschen Recht, § 4 Rn. 21; *Meilicke*, GmbHR 2003, 1271, 1272; *Schön*, ZHR 168 (2004), 268, 292; *Spindler/Berner*, RIW, 2004, 7, 11; *Schumann*, DB 2004, 743, 748 f.; *Lehmann*, GmbHR 2005, 978, 981; *Forsthoff/Schulz*, in: Hirte/Bücker, Grenzüberschreitende Gesellschaften, § 15 Rn. 68 ff.; der wohl herrschenden Meinung schließt sich auch das AG Segeberg, Urt. v. 24.3.2005, ZInsO 2005, 558 an. Ebenfalls zu einer gesellschaftsrechtlichen Qualifikation kommt die sog. „Passauer Schule" über eine analoge Anwendung der §§ 43 Abs. 3 GmbHG, § 93 Abs. 5 Satz 2, 3 AktG, vgl. *Altmeppen*, ZIP 2002, 1553, 1562 m.w.N.; siehe auch *Altmeppen*, MJW 2004, 97, 101 f.; *Altmeppen/Wilhelm*, DB 2004, 1083, 1088.

917 Vgl. *Spindler/Berner*, RIW, 2004, 7, 11; *Fleischer*, in: Lutter, Europäische Auslandsgesellschaften in Deutschland, S. 89.

talerhaltungsvorschriften der §§ 30, 31 GmbHG als auch mit den Liquidationsregeln der §§ 72 ff. GmbHG eng verwoben.[918] Dogmatisch bilde die Existenzvernichtungshaftung einen Unterfall der klassischen Durchgriffshaftung, die seit jeher dem Gesellschaftsstatut zugeschlagen wird.[919] Funktional gehe sie über den durch die Insolvenzanfechtung vermittelten Gläubigerschutz hinaus, weil sie sich nicht in einem Anspruch auf Rückgängigmachung einzelner anfechtbarer Rechtshandlungen erschöpft, sondern eine umfassende Gesellschafterhaftung anordnet.[920]

In der Literatur wird jedoch – teilweise im Wege der Mehrfachqualifikation[921] – neben einer gesellschaftsrechtlichen auch eine deliktsrechtliche[922] bzw. insolvenzrechtliche[923] Qualifikation vertreten.

Für eine deliktsrechtliche Qualifikation wird angeführt, dass es sich bei der Existenzvernichtungshaftung dem Charakter nach um einen schuldrechtlichen Anspruch handele, bei dem es durchweg um den Ersatz reiner Vermögensschäden geht. Sanktioniert werde die Ausnutzung einer legitimen Rechtsstellung zur Gläubigerschädigung. Dabei handele es sich um die Verletzung einer qualifizierten Verkehrspflicht. Zudem wird im Bestandsinteresse der GmbH ein absolutes Recht der Gläubiger gesehen.[924] Gegen eine deliktsrechtliche Qualifikation lässt sich jedoch anführen, dass es sich nicht um eine jedermann treffende Haftung handelt, sondern die Haftung vielmehr an der Gesellschafterstellung anknüpft.[925]

Eher lassen sich jedoch neben einer gesellschaftsrechtlichen Qualifikation Anhaltspunkte für eine insolvenzrechtliche Qualifikation finden. Für eine insolvenzrechtliche Qualifikation spricht bereits, dass dieser nach der Vorstellung des BGH eine insolvenzbereinigende Funktion zukommt.[926] Zudem wird argumentiert, die

---

918 *Ulmer*, KTS 2004, 291, 303; *Fleischer*, in: Lutter, Europäische Auslandsgesellschaften in Deutschland, S. 89.

919 *Fleischer*, in: Lutter, Europäische Auslandsgesellschaften in Deutschland, S. 89 f.

920 *Ulmer*, KTS 2004, 291, 304.

921 *Weller*, Europäische Rechtsformwahlfreiheit und Gesellschafterhaftung, S. 274 f.; *Kindler*, NZG 2003, 1086, 1090; eine solche erwägend, im Ergebnis jedoch offen lassend *Borges*, ZIP 2004, 733, 741; *Zimmer*, NJW 2003, 3585, 3588 f.; *Fleischer*, in: Lutter, Europäische Auslandsgesellschaften in Deutschland, S. 90.

922 *Bayer*, BB 2003, 2357, 2365; *Schanze/Jüttner*, AG 2003, 661, 669 f.; *Westermann*, NZG 2002, 1129, 1134; *Zimmer*, NJW 2003, 3585, 3588 f.; *Ulmer*, NJW 2004, 1201, 1204 ff.; (bzgl. einer Durchgriffshaftung wegen materieller Unterkapitalisierung) *Kindler*, in: FS Jayme, 409, 410 ff.

923 So etwa *Weller*, IPRax 2003, 207, 210; *ders.*, Europäische Rechtsformwahlfreiheit und Gesellschafterhaftung, S. 247 ff., 282; *Haas*, NZI aktuell Heft 12/2003, V, VI; *G.H. Roth*, NZG 2003, 1081, 1085; *Zimmer*, NJW 2003, 3585, 3588 f.; *Röhricht*, ZIP 2005, 505, 514 ff.; *Dierksmeier*, BB 2005, 1516, 1520; *Lieder*, DZWIR 2005, 399, 406.

924 *Schanze/Jüttner*, AG 2003, 661, 669 f.

925 Vgl. *Eidenmüller*, in: Eidenmüller, Ausländische Kapitalgesellschaften im deutschen Recht, § 4 Rn. 21.

926 *Nassall*, ZIP 2003, 968, 972; *Fleischer*, in: Lutter, Europäische Auslandsgesellschaften in Deutschland, S. 89.

Existenzvernichtungshaftung verlange tatbestandlich einen insolvenzauslösenden oder insolvenzvertiefenden Vermögenseingriff[927] und mache die Anspruchsentstehung damit von der materiellen Insolvenz abhängig.[928] Außerdem würden existenzvernichtende Eingriffe oftmals erst in der (nahezu) insolventen Gesellschaft erfolgen, so dass man von einer teilweisen Funktionsäquivalenz zu den insolvenzrechtlichen Anfechtungsvorschriften sprechen kann, die ihrerseits dem Insolvenzstatut zugeordnet sind (vgl. auch Art. 4 Abs. 2 Satz 2 lit. m EuInsVO).[929]

Die erstgenannten Aspekte legen in der Tat eine insolvenzrechtliche Qualifikation nahe; der Vergleich mit den Anfechtungsregeln überzeugt jedoch nicht. Während die Insolvenzanfechtung das Insolvenzverfahren betrifft, indem es sich gegen das „*Wie*" der Insolvenzabwicklung wendet, geht die Existenzvernichtungshaftung – an der Insolvenzabwicklung der Gesellschaft vorbei – direkt in das Gesellschaftervermögen. Es handelt sich daher nicht um die Frage der Haftungsrealisierung, sondern um die Frage, *ob* dem Gläubiger ein Anspruch gegen den Gesellschafter persönlich zusteht. Daran ändert sich auch nichts, wenn man den existenzvernichtenden Eingriff als ein Verhalten ansieht, welches eine Umgehung des förmlichen Liquidations- und Insolvenzverfahrens darstellt.[930] Denn das Handeln des Gesellschafters betrifft nicht die Art und Weise der Haftungsrealisierung. Aufgrund der nicht unbeachtlichen Argumente für eine insolvenzrechtliche Qualifikation ist allenfalls zu überlegen, ob dieser im Wege einer Mehrfachanknüpfung eine Zusage erteilt werden kann. Aufgrund des ultima ratio Grundsatzes darf man sich dieser Lösung jedoch erst bedienen, wenn die Zuweisung zu einer Kollisionsnorm nicht möglich ist. Wie dargestellt spricht vieles für eine Einordnung in das Gesellschaftsrecht, während dem Insolvenzrecht nur ergänzenden Charakter zukommt. Überzeugend ist es daher, sich einer gesellschaftsrechtlichen Qualifikation anzuschließen.

(2) Gesellschaftsrechtliche Qualifikation der Haftung wegen materieller Unterkapitalisierung und Vermögensvermischung

Der Existenzvernichtungshaftung ähnlich sind die Durchgriffstatbestände wegen materieller Unterkapitalisierung und Vermögensvermischung. Beide Fälle sind zwar in der Rechtspraxis äußert selten[931], gleichwohl soll aus Gründen der Vollständigkeit an dieser Stelle kurz auf ihr Haftungskonzept und ihre internationalprivatrechtliche Qualifikation eingegangen werden.

---

927 Dazu *Lutter/Banjera*, ZGR 2003, 402, 418; *Ulmer*, JZ 2002, 1049, 1051.

928 *Weller*, Europäische Rechtsformwahlfreiheit und Gesellschafterhaftung, S. 266 f.

929 *Weller*, Europäische Rechtsformwahlfreiheit und Gesellschafterhaftung, S. 267 ff.; *Röhricht*, ZIP 2005, 505, 514 f.

930 So aber *Weller*, IPRax 2003, 207, 210; *Haas*, NZI aktuell Heft 12/2003, V, VI; *G.H. Roth*, NZG 2003, 1081, 1085.

931 Vgl. die eingehende Rechtsprechungsanalyse bei *Eckhold*, Materielle Unterkapitalisierung, S. 251 ff.

Unterkapitalisierung liegt vor, wenn eine GmbH mit einem Stammkapital ausgestattet ist, das außer Verhältnis zu ihrem satzungsmäßigen Zweck steht. Der Bundesgerichtshof stellt in BGHZ 68, 312 jedoch klar, dass dieser Umstand „weder für sich allein, noch dann ohne weiteres einen Haftungsdurchgriff ihrer Gläubiger gegen die Alleingesellschafterin [rechtfertigt], wenn die GmbH finanziell, wirtschaftlich, und organisatorisch in diese eingegliedert ist." Dagegen wird im Schrifttum die persönliche Haftung der Gesellschafter überwiegend in Fällen einer qualifizierten (oder krassen) Unterkapitalisierung befürwortet. Dies soll der Fall sein, wenn die Gesellschaft von vornherein mit einem offenkundig nicht ausreichenden Eigenkapital ausgestattet war.[932]

Eine Haftung wegen Vermögensvermischung soll nach BGHZ 95, 330, 335 dann in Betracht zu ziehen sein, wenn „die Vermögensabgrenzung zwischen Gesellschafts- und Privatvermögen durch eine undurchsichtige Buchführung oder auf andere Weise allgemein verschleiert wird"; aber auch in einem solchen Fall soll eine Haftung der Gesellschafter ausscheiden, soweit diese „wegen geringer Beteiligung und fehlender interner Mitspracherechte" keinen die Verantwortung für die Vermögensverschiebung begründenden Einfluss in der Gesellschaft haben.[933]

Hinsichtlich der gesellschaftsrechtlichen Qualifikation dieser beiden Haftungstatbestände ist man sich in der Literatur[934] weitestgehend einig. So handelt es sich zwar um der Regelung des § 826 BGB nahe stehende[935], aber von ihr zu unterscheidende Haftungstatbestände. Während eine Haftung aus § 826 BGB nur bei Vorliegen einer vorsätzlichen sittenwidrigen Schädigung in Betracht kommt, scheidet eine Durchgriffshaftung wegen materieller Unterkapitalisierung und Vermögensvermischung nicht bereits deswegen aus.[936] Ausreichend ist vielmehr ein objektiver Verstoß gegen spezifisch gesellschaftsrechtliche Pflichten der Gesellschafter einer Kapitalgesellschaft und sind damit ohne weiteres dem Gesellschaftsrecht zuzuordnen.

---

932 Hachenburg/ *Ulmer*, GmbHG, Anh. § 30 Rn. 50 ff.; *Lutter/ Hommelhoff*, in: Lutter/ Hommelhoff, GmbHG, § 13 Rn. 7 ff.

933 BGHZ 125, 366, 368.

934 *Weller*, DStR 2003, 1800, 1804; (generell für die nicht von § 826 BGB gedeckten Fälle der Durchgriffshaftung) *Ulmer*, NJW 2004, 1201, 1208; *Schanze/ Jüttner*, AG 2003, 661, 669; *Hausmann*, in: Reithmann/ Martiny (Hrsg.), Internationales Vertragsrecht, Rn. 2291c; *Eidenmüller*, JZ 2004, 24, 26; *ders.*, in: Eidenmüller, Ausländische Kapitalgesellschaften im deutschen Recht, § 4 Rn. 27. Wohl für eine Mehrfachqualifikation dagegen *Zimmer*, NJW 2003, 3585, 3588 f. Offen lassend *Borges*, ZIP 2004, 733, 741.

935 Vgl. *Bayer*, BB 2003, 23, 57, 2364 f.; *Weller*, IPRax 2003, 209; *Zimmer*, NJW 2003, 3585, 3588 f.; *Eidenmüller*, JZ 2004, 25.

936 *Ulmer*, NJW 2004, 1201, 1208.

dd) Insolvenzrechtliche Qualifikation der Insolvenzverschleppungshaftung

Einen Fall komplizierter Qualifikation stellt die deutsche Insolvenzverschleppungshaftung dar. Bei einer GmbH ist die Pflicht zur Stellung eines Insolvenzantrags im Gesellschaftsrecht geregelt (§ 64 I GmbHG). Die eng mit der Antragspflicht verbundenen Antragsgründe sind dagegen im Insolvenzrecht normiert (§§ 17 ff. InsO). Ein Anspruch auf Schadensersatz ergibt sich sodann erst aus Deliktsrecht (§ 823 II BGB). Damit kommen prima facie alle drei Rechtsgebiete für eine Qualifikation in Betracht.[937]

(1) Insolvenzrechtliche Qualifikation der Insolvenzantragspflicht

Bereits bei der in § 64 I GmbHG (bzw. § 92 II AktG) geregelten Insolvenzantragspflicht fällt eine Qualifikation schwer. So finden sich sowohl für eine gesellschaftsrechtliche als auch eine insolvenzrechtliche Einordnung beachtliche Argumente.

Für eine gesellschaftsrechtliche Qualifikation der Antragspflicht wird zunächst auf den Standort der Regelung innerhalb eines gesellschaftsrechtlichen Spezialgesetzes verwiesen. Lediglich die Regelungen über die Zulässigkeit eines Insolvenzverfahrens (§§ 11-15 InsO) sowie die Eröffnungsgründe und deren Definition (§§ 16-19 InsO) seien in der Insolvenzordnung geregelt. Zudem müsse die Antragspflicht im Zusammenhang mit dem Privileg der beschränkten Haftung gesehen werden und sei sozusagen der Preis der Haftungsbeschränkung. Damit stelle die Insolvenzantragspflicht eine rein gesellschaftsrechtliche Pflicht dar.[938]

Gegen die gesellschaftsrechtliche Einordnung wird angeführt, dass gerade die enge Verbindung zum Insolvenzantragsrecht für eine insolvenzrechtliche Qualifikation spreche. Denn nur wer berechtigt ist kann zur Antragstellung verpflichtet sein. Dieser Zusammenhang würde mit der Unterstellung unter zwei unterschiedliche Statute durchbrochen.[939] Zudem sei es Sinn und Zweck der Antragspflicht, insolvenzreife Gesellschaften nicht mehr am Verkehr teilnehmen zu lassen und soweit möglich, ein Verfahren zur Befriedigung der Gläubiger einzuleiten.[940] Die ratio der

---

937 An der Schwierigkeit einer Qualifikation ändert sich auch nichts, wenn man die Insolvenzverschleppungshaftung innerhalb der Insolvenzordnung regelt (so etwa *Fischer*, ZIP 2004, 1477, 1478 ff.; siehe auch den Vorschlag von *Röhricht*, ZIP 2005, 505, 514 f.). Die Frage der Qualifikation einer Norm hängt nicht von ihrem Standort im Gesetz ab (vgl. MüKo-*Sonnenberger*, IPR, Einl. Rn. 469). Zu recht kritisch daher *K. Schmidt*, ZHR 168 (2004), 493, 500.

938 Siehe etwa *Mock/Schildt*, ZInsO 2003, 396, 399 f.; *Mock/Westhoff*, DZWIR 2004, 23, 27; *Schanze/Jüttner*, AG 2003, 661, 670; *Spindler/Berner*, RIW 2004, 7, 12; *K. Schmidt*, ZHR 168 (2004), 493, 497 f.; *Vallender/Fuchs*, ZIP 2004, 829, 830; *Ulmer*, NJW 2004, 1201, 1207 f.; *ders.*, KTS 2004, 291, 300 f.; *Altmeppen/Wilhelm*, DB 2004, 1083, 1088. *Hirte*, in: Hirte/Bücker, Grenzüberschreitende Gesellschaften, § 1 Rn. 74.

939 *Müller*, NZG 2003, 414, 416.

940 *Röhricht*, ZIP 2005, 505, 507.

Antragspflicht ist somit primär insolvenzrechtlicher Natur. Schließlich wird darauf verwiesen, dass der Standort der Antragspflicht im Gesellschaftsrecht im Rahmen einer funktionell-teleologischen Qualifikation nicht entscheidend sein kann. Dazu wird die Gesetzeshistorie aufgezeigt, der sich entnehmen lässt, dass die Normierung der (damaligen) Konkursantragspflicht in gesellschaftsrechtlichen Gesetzen nicht Ausdruck einer bewussten, auf rechtssystematischen Erwägungen beruhenden Zuordnung durch den Gesetzgeber ist, sondern schlicht ein aus der verfassungsrechtlichen Lage Deutschlands im 19. Jahrhundert geborenes, sodann ohne jede sachliche Auseinandersetzung in spätere Nachfolgegesetze übernommenes Phänomen darstellt.[941] Damit ist jedoch das Hauptargument der Gegenmeinung, nämlich den Standort der Antragspflicht im Gesellschaftsrecht, entkräftet. Die besseren Gründe sprechen daher für eine insolvenzrechtliche Qualifikation.[942]

(2) Insolvenzrechtliche Qualifikation der Insolvenzverschleppungshaftung

Kommt der Geschäftsführer seiner Antragspflicht nicht nach, kann er gemäß § 823 II BGB i.V.m. § 64 I GmbHG persönlich in Anspruch genommen werden.

Die teilweise[943] vertretende deliktsrechtliche Qualifikation dieses Gläubigerschutzinstruments beruht auf dem Gedanken, dass der die Antragspflicht regelnde § 64 I GmbHG nach ständiger Rechtsprechung[944] des BGH ein Schutzgesetz i.S.v. § 823 II BGB darstellt. Hiernach werden einerseits die sogenannten Altgläubiger der Gesellschaft geschützt, soweit ihre Quote, mit der sie aus der Masse befriedigt werden, durch die Fortführung der Gesellschaft nach Eintritt von Zahlungsfähigkeit oder Verschuldung verringert wird (sog. Quotenschaden). Nach neuerer Rechtsprechung[945] werden jedoch auch die Gläubiger vom Schutzbereich erfasst, die erst nach Eintritt der Insolvenz einen Anspruch gegen die Gesellschaft erwerben (sog. Neugläubiger). Begründet wird diese Rechtsprechung damit, dass der Schaden der Gläubigergruppe, die nach Eintritt der Insolvenz einer Gesellschaft gegen diese Ansprüche erwirbt, auf dem getäuschten Vertrauen in den Fortbestand der Gesellschaft

---

941 *Borges*, ZIP 2004, 733, 737 ff.; ähnlich *Röhricht*, ZIP 2005, 505, 507; kritisch *Lieder*, DZWIR 2005, 399, 406.

942 So auch *Trunk*, Internationales Insolvenzrecht, 1998, 103 f.; *Paulus*, ZIP 2002, 729, 734; *Müller*, NZG 2003, 414, 416; *G.H. Roth*, NZG 2003, 1081, 1085; *Haas*, NZI aktuell Heft 12/2003, V, VI; *Wachter*, GmbHR 2003, 1254, 1257; *ders.*, GmbHR 2004, 88, 101 insb. Fn. 101; *Weller*, IPRax 2003, 520, 524; *ders.*, Europäische Rechtsformwahlfreiheit und Gesellschafterhaftung, S. 247; *Borges*, ZIP 2004, 733, 739 f.; *Eidenmüller*, in: Eidenmüller, Ausländische Kapitalgesellschaften im deutschen Recht, § 9 Rn. 26; *Fischer*, ZIP 2004, 1477, 1481; *Röhricht*, ZIP 2005, 505, 507; *U. Huber*, in: Lutter, Europäische Auslandsgesellschaften in Deutschland, S. 320 ff.; *Lieder*, DZWIR 2005, 399, 406.

943 *Bayer*, BB 2003, 2357, 2365; *Schanze/Jüttner*, AG 2003, 661, 670; *Goette*, DStR 2005, 197, 200; (tendenziell auch) *Köke*, ZInsO 2005, 354, 358.

944 Vgl. BGHZ 29, 100, 102 ff.; BGHZ 75, 96, 106; BGHZ 100, 19 f.; BGHZ 126, 181, 190; BGHZ 138, 211, 214.

945 BGHZ 126, 181.

beruht. Daher sei es gerechtfertigt, diesen Gläubigern nicht nur einen Ersatz des Quotenschadens, sondern einen Anspruch auf Ersatz ihres vollen Schadens zuzubilligen.[946] Während die Altgläubiger ihren Quotenschaden nur über den Insolvenzverwalter geltend machen können (§ 92 InsO), können die Neugläubiger den Schuldner persönlich in Anspruch nehmen. Da die Haftung des Geschäftsführers damit die wichtigste Folge der Insolvenzantragspflicht darstellt, solle es gerechtfertigt sein, die Insolvenzverschleppungshaftung insgesamt als deliktsrechtlich zu qualifizieren.

Gegen diese Einordnung wird eingewendet[947], dass anders als regelmäßig bei deliktsrechtlichen Ansprüchen nicht jedermann sondern nur ein begrenzter Personenkreis als Haftungssubjekt in Betracht kommt. Die Pflicht zur Stellung eines Insolvenzantrags trifft lediglich die Geschäftsführer. Maßgeblicher Anknüpfungspunkt sei damit seine Organstellung in der Gesellschaft, so dass eine gesellschaftsrechtliche Qualifikation zu treffen sei.

Vereinzelt[948] wird auch eine Mehrfachanknüpfung erwägt, da eine eindeutige Zuordnung weder in das Gesellschafts- noch in das Delikts- noch in das Insolvenzrecht möglich sei.

Überzeugender sind jedoch die Argumente der Anhänger[949] einer insolvenzrechtlichen Qualifikation. Es wird wie folgt argumentiert: Die insolvenzrechtlich zu qualifizierende Antragspflicht soll die Möglichkeit einer Haftungsrealisierung absichern. Die in § 823 II BGB geregelte Haftungsnorm dient jedoch gerade der Effektuierung der Insolvenzantragspflicht und damit ebenfalls spezifisch insolvenzrechtlichen

946 Diese Rechtsprechung ist vor allem in Bezug auf deliktische Gläubiger aufgrund der Gefahr der Haftungsausuferung stark umstritten. Siehe für eine Darstellung des Streitstandes mit zahlreichen Nachweisen aus der Literatur zuletzt *Röhricht*, ZIP 2005, 505, 508 f.

947 Für eine gesellschaftsrechtliche Qualifikation dagegen etwa *Mock/ Schildt*, ZInsO 2003, 396, 399 f.; *Mock/ Westhoff*, DZWIR 2004, 23, 27; *Spindler/ Berner*, RIW 2004, 7, 12; *Paefgen*, ZIP 2004, 2253, 2260 f.; *Vallender/Fuchs*, ZIP 2004, 829, 830; *Ulmer*, NJW 2004, 1201, 1207 f.; *ders.*, KTS 2004, 291, 300 f.; *G.H. Roth*, in: FS Doralt, 479, 491; *Altmeppen/ Wilhelm*, DB 2004, 1083, 1088; *Hirte*, in: Hirte/ Bücker, Grenzüberschreitende Gesellschaften, § 1 Rn. 74; dem schließt sich auch das AG Segeberg, Urt. v. 24.3.2005, ZInsO 2005, 558 an.

948 *Kindler*, NZG 2003, 1086, 1090; wohl auch *Zimmer*, NJW 2003, 3585, 3590.

949 So bereits *Trunk*, Internationales Insolvenzrecht, 1998, 192 f.; *Paulus*, ZIP 2002, 729, 734; *Müller*, NZG 2003, 414, 416; *G.H. Roth*, NZG 2003, 1081, 1085; *Haas*, NZI aktuell Heft 12/ 2003, V, VI; *Wachter*, GmbHR 2003, 1254, 1257; *ders.*, GmbHR 2004, 88, 101 insb. Fn. 101; *Weller*, IPRax 2003, 520, 524; *ders.*, DStR 2003, 1800, 1804; *ders.*, *Weller*, Europäische Rechtsformwahlfreiheit und Gesellschafterhaftung, S. 247; *Borges*, ZIP 2004, 733, 740; *Riedemann*, GmbHR 2004, 345, 348 f.; *Eidenmüller*, in: Eidenmüller, Ausländische Kapitalgesellschaften im deutschen Recht, § 9 Rn. 32; *Fischer*, ZIP 2004, 1477, 1481; *U. Huber*, in: Lutter, Europäische Auslandsgesellschaften in Deutschland, S. 320 ff.; *Röhricht*, ZIP 2005, 505, 507 f.

Zwecken.[950] Auch hier würde jedoch der funktionale Zusammenhang durchbrochen, würde man nicht beide Tatbestände dem Insolvenzrecht zuordnen.[951] Ferner spricht auch die Tatsache, dass zumindest der Schaden der Altgläubiger vom Insolvenzverwalter geltend gemacht wird, für eine insolvenzrechtliche Einordnung. In diesem Zusammenhang wird darauf verwiesen, dass der EuGH aus ähnlichen Gesichtspunkten (Nutzen der Gläubigergesamtheit im Erfolgsfall, Klagebefugnis des Verwalters) in der bereits erwähnten Entscheidung *Gourdain/Nadler*[952] die der deutschen Insolvenzverschleppungshaftung vergleichbare *action en comblement du passif* (Art. L.624-3 Code du Commerce) im Zusammenhang mit der (verneinten) Frage nach der Anwendbarkeit des EuGVÜ dem Insolvenzrecht zugeordnet hat.[953]

Zudem wird der Vergleich zur englischen wrongful trading-rule gezogen, die ein der Insolvenzverschleppungshaftung vergleichbares Instrument darstelle, und wegen ihrer sachlichen Zugehörigkeit zum Insolvenzrecht im Gegensatz zu ihrer Vorgängerregelung nicht mehr im Company Act sondern im Insolvency Act kodifiziert wurde.[954]

Nach alledem ist es daher überzeugend, einer einheitlich insolvenzrechtlichen Qualifikation zu folgen.

ee) Qualifikation allgemeiner zivilrechtlicher Haftungstatbestände

Hinsichtlich der Qualifikation der einzelnen zivilrechtlichen Haftungstatbestände ist zu unterscheiden. Sofern es um Haftung wegen § 823 II BGB i.V.m. § 263 StGB bzw. § 826 BGB geht, unterfallen diese ohne weiteres dem Deliktsstatut (Art. 40 EGBGB). Etwas komplizierter gestaltet sich die Einordnung der Haftung wegen culpa in contrahendo (§§ 280 I i.V.m. 241 II, 311 III BGB). Hiernach kann der Geschäftsführer gegenüber Dritten wegen Verletzung einer Schutzpflicht bei Vertragsanbahnung in Anspruch genommen werden. Bei der international-privatrechtliche Einordnung der Haftung wegen culpa in contrahendo ist nach herrschender Meinung[955] zu differenzieren: Handelt es sich um die Verletzung sogenannter Obhutspflichten, die Integritätsinteresse des Verhandlungspartners und eventuell einzubeziehender Dritter schützen, soll das Deliktsstatut maßgeblich sein. Das Vertragsstatut soll dagegen einschlägig sein, soweit es um die Verletzung von Aufklärungs- und Beratungspflichten geht, die sich auf den angebahnten Vertrag beziehen.

---

950 *Eidenmüller*, in: Eidenmüller, Ausländische Kapitalgesellschaften im deutschen Recht, § 9 Rn. 32.

951 *Müller*, NZG 2003, 414, 416.

952 EuGH Rs. 133/78 – (*Gourdain/Nadler*), Slg. 1979, 733, Rn. 3 ff. = RIW 1979, 273; zustimmend MüKo-*Kindler*, IntGesR, Rn. 485.

953 *Röhricht*, ZIP 2005, 505, 507.

954 *Röhricht*, ZIP 2005, 505, 507.

955 Vgl. MüKo-*Spellenberger*, Art. 32 Rn. 44 ff. m.w.N.

Teilweise wird vertreten, im Falle der Vertreterhaftung müsse stets am Deliktsstatut oder an den gewöhnlichen Aufenthalt des Vertreters angeknüpft werden.

Eine vertiefte Auseinandersetzung mit den unterschiedlichen Ansätzen kann im vorliegenden Zusammenhang unterbleiben. Im Falle einer englischen Limited mit Verwaltungssitz in Deutschland wird man nach allen Ansätzen in der Regel zu einer Anwendung deutschen Rechts kommen. Denn hier liegen sowohl Handlungs- und Erfolgsort (Art. 40 EGBGB) als auch die engste Verbindung des Vertragsverhältnisses (Art. 28 EGBGB) in Deutschland.

c) *Anwendbarkeit der relevanten Haftungstatbestände im Einzelnen*

aa) *Verminderte Staatsaufsicht über Gesellschaften mit Sitz im Ausland*

Wie beschrieben[956], kennt das englische Recht als Gläubigerschutzinstrument die Staatsaufsicht durch das Wirtschaftsministerium. Gezeigt wurde auch, dass sich eine englische Gesellschaft durch Verlegung ihres Verwaltungssitzes ins Ausland dieser Aufsicht zumindest teilweise entziehen kann. Dies reicht zunächst aus, um eine Schutzlücke zu konstatieren.[957]

Die Frage ist nun, ob es auch erforderlich ist, diese Schutzlücke zu schließen. Dies ist prima facie aufgrund der Rechtsprechung des EuGH zur Niederlassungsfreiheit zu bejahen. Denn der EuGH hat nur entschieden, dass ein Mitgliedstaat einer EG-Auslandsgesellschaft nicht seine Mindestkapitalregelungen aufoktroyieren darf, sondern vielmehr ihr Gründungsstatut zu respektieren hat. Im Ergebnis soll Unternehmern dadurch die Rechtsformwahlfreiheit ermöglicht werden. Der EuGH wollte Unternehmern jedoch mit Sicherheit nicht die Möglichkeit bieten, eine verbesserte Rechtsstellung dadurch zu erlangen, dass weder die Schutzstandards des einen noch des anderen Staates greifen. Staatsaufsicht stellt aber das Korrelat zu den laxeren Mindestkapitalregelungen dar. Im Ergebnis ist es jedoch nicht erforderlich, diese Schutzlücke zu schließen. Obwohl dieses Phänomen bereits seit längerem bekannt ist, enthält das englische Recht gerade kein Korrelat zu dieser Schutzlücke. Unter Hinweis auf das Informationsmodell des EuGH verbietet es sich somit, diese Schutzlücke mittels Anwendung nationaler Schutzregeln auszufüllen.

---

956 Siehe oben B. III. 1. c).

957 Im Ergebnis geht auch *Eidenmüller* vom Vorliegen einer „faktischen“ Schutzlücke aus; vgl. *Eidenmüller*, in: Eidenmüller, Ausländische Kapitalgesellschaften im deutschen Recht, § 10 Rn. 72 Fn. 209. Dagegen wollen *Ebert/Levedag* aufgrund der Möglichkeit, Gesellschafter und Geschäftsführer auf andere Weise persönlich in Anspruch zu nehmen keine Schutzlücke erkennen; vgl. *Ebert/Levedag*, GmbHR 2003, 1337, 1343.

bb) Disqualifizierung von directors nach dem CDDA

Die Regeln über die Disqualifizierung englischer directors gelten auch dann, wenn eine englische Limited ihren Verwaltungssitz in Deutschland hat.[958] Der director kann sich den im CDDA geregelten Rechtsfolgen daher nicht entziehen, so dass diesbezüglich keine Schutzlücke zu konstatieren ist.

cc) Keine Anwendbarkeit deutscher Kapitalregeln

Aufgrund ihrer gesellschaftsrechtlichen Qualifikation[959] sind die deutschen Kapitalregeln an der Elle des internationalen Gesellschaftsrechts zu messen.

(1) Keine Anwendbarkeit der deutschen Mindestkapitalregeln

Hinsichtlich der Vorschriften über das Mindestkapital herrscht weitestgehend Einigkeit. Sie sind nicht auf Gesellschaften aus dem europäischen Ausland anwendbar. Vielmehr richtet sich die Frage, ob und in welchem Umfang eine Auslandsgesellschaft bei ihrer Gründung ein bestimmtes Mindestkapital aufzubringen hat, ausschließlich nach dem Gründungsrecht.

Fraglich ist, ob eine Sonderanknüpfung möglich ist. Dies ist am Maßstab der Niederlassungsfreiheit zu messen (Artt. 43, 48 EG), sofern die Anwendung deutscher Mindestkapitalregeln einen Eingriff in den Schutzbereich darstellt. Von einem Eingriff ist mit dem EuGH auszugehen[960], ohne weiter auf die *Keck*-Rechtsprechung eingehen zu müssen. Die Sonderanknüpfung müsste daher gerechtfertigt sein. Dies ist anhand des von der EuGH-Rechtsprechung entwickelten Vier-Kriterien-Tests zu ermitteln. Auf den ersten Blick liegt die Meinung nahe, eine Sonderanknüpfung könnte im Falle einer englischen Limited zur Gewährleistung ausreichenden Gläubigerschutzes erforderlich sein.

Dies scheidet nach der hier vertretenen Auffassung aus: Wie dargestellt[961], liegt dem englischen Gesellschaftsrecht kein Mindestkapitalgebot zugrunde. Im Gegensatz zur deutschen GmbH ist bei einer Limited eine bestimmte Höhe des Stammkapitals keine Gründungsvoraussetzung. In England folgt man damit einem dem Informationsmodell des EuGH vergleichbaren Gläubigerschutz. Gläubiger werden, wie dargestellt, auf die Möglichkeit selbständig Vorsichtsmaßnahmen zu ergreifen verwiesen. Wer ohne Sicherheit auf Kredit leistet, ist für einen Ausfall selber verantwortlich.[962] Aufgrund dieser Tatsache schließt sich nach der EuGH-Rechtsprechung eine Rechtfertigung anhand des Vier-Kriterien-Tests unter Hinweis auf das Informationsmodell unumgänglich aus. Da der EuGH die Gründung einer Auslandsgesell-

---

958 Vgl. *Lanzius*, ZInsO 2004, 296, 300.

959 Siehe oben B. III. 2. b) aa).

960 Vgl. EuGH v. 30.9.2003, Rs. C-167/01 – (*Inspire Art*) Rn. 99-101.

961 Ausführlich dazu B. III. 1. a).

962 *Goulding*, Company Law, S. 143 („.. (the creditor) only has himself to blame.").

schaft aus dem Grund, die nationalen Mindestkapitalvorschriften zu umgehen, auch nicht als missbräuchlich ansieht[963], scheidet auch eine Rechtfertigung anhand des Missbrauchtatbestands aus. Der EuGH geht wie dargestellt davon aus, dass in sämtlichen Mitgliedstaaten, wenn auch auf unterschiedliche Weise, ausreichender Gläubigerschutz vor Kapitalgesellschaften gewährleistet wird.

Eine Sonderanknüpfung ist daher keinesfalls vertretbar; die deutschen Vorschriften über das Mindestkapital einer GmbH sind nicht anwendbar.

(2) Keine Anwendbarkeit der Kapitalaufbringungs und -erhaltungsregeln

Auch hier ist nach der EuGH-Rechtsprechung[964] von einem rechtfertigungsbedürftigen Eingriff auszugehen, denn es handelt sich um Haftungsfragen, die direkt an die bestimmten Mindestkapitalerfordernisse anknüpfen.[965] Sehr fraglich erscheint hinsichtlich der Rechtfertigung jedoch – zumindest im Falle einer englischen Limited – die Erforderlichkeit.

Teile der Literatur halten die Vorschriften über Kapitalaufbringung und -erhaltung auch nach *Inspire Art* für auf Auslandsgesellschaften anwendbar. Namentlich sind es *Ulmer*[966] und *Altmeppen*[967], die eine Sonderanknüpfung für erforderlich halten. Nach *Ulmer*[968] soll eine Ausschüttung von Gesellschaftervermögen nur bis zur Höhe des satzungsmäßig festgelegten Stammkapitals erlaubt sein. §§ 30, 31 GmbHG werden also analog auf das *jeweilige Stammkapital* angewendet. Wie bereits beschrieben[969], sieht *Altmeppen*[970] eine Auszahlung nur solange als zulässig an, wenn danach mindestens soviel Vermögen vorhanden ist, um die Schulden zu decken (sog. Ausschüttungssperre).

Gegen diese Ansicht sprechen jedoch sowohl gesellschaftsrechtliche als auch europarechtliche Gründe. Als gesellschaftsrechtlicher Gegengrund wird angeführt, dass das internationale Gesellschaftsrecht auf die Frage, welchem Gesellschaftsstatut eine Gesellschaft unterliegt, eine eindeutige Antwort geben muss, damit die Gesellschafter bei einem gegeben Tatbestand von vornherein wissen woran sie sind. Damit ist es unvereinbar, das Gesellschaftsrecht nach Belieben des im späteren Streitfall jeweils befassten Richters aus den Fragmenten verschiedener Rechtsord-

---

963 EuGH v. 9.3.1999, Rs. C-212/97 – (*Centros*) Rn. 18; EuGH v. 30.9.2003, Rs. C-167/01 – (*Inspire Art*), Rn. 96.

964 EuGH v. 30.9.2003, Rs. C-167/01 – (*Inspire Art*), Rn. 99-101.

965 Vgl. *Eidenmüller*, in: Eidenmüller, Ausländische Kapitalgesellschaften im deutschen Recht, § 3 Rn. 17.

966 *Ulmer*, NJW 2005, 1201 ff.

967 *Altmeppen*, NJW 2004, 97 ff.; vgl. auch *Altmeppen/Wilhelm*, DB 2004, 1083, 1088.

968 *Ulmer*, NJW 2005, 1201 ff., insb. 1208 f.

969 B. III. 2. a) (3) (c).

970 *Altmeppen*, NJW 2004, 97 ff, insb. 102; vgl. auch *Altmeppen/Wilhelm*, DB 2004, 1083, 1088.

nungen zusammenzubauen. Ein solches Vorgehen ist nur schwer mit den Erfordernissen der Rechtssicherheit und der Gesetzesbindung vereinbar.[971]

Maßgeblich sind jedoch auch europarechtliche Bedenken. Besteht nämlich ein *issued capital*, sind auch im englischen Recht, wie dargestellt[972], gewisse Kapitalerhaltungsvorschriften vorgesehen. Kursorisch sei nochmals auf s. 135 Companies Act 1985 hingewiesen, wonach die Herabsetzung des *share capitals* einer gerichtlichen Bestätigung bedarf. Gleichwohl können Gläubiger der Kapitalherabsetzung unter bestimmten Voraussetzungen widersprechen. Weiter besteht das Verbot des Rückerwerbs von Aktien. Ebenfalls darf gemäß s. 263 (1) Companies Act 1985 die Gesellschaft bei Gewinnausschüttungen das gezeichnete Kapital nicht antasten, denn Zahlungen an die Gesellschafter dürfen nur aus dem erwirtschaften Gewinn erfolgen. Unzulässige Ausschüttungen sind nach s. 277 Companies Act 1985 zurückzuzahlen. Über s. 263 Companies Act 1985 hinaus kennt auch die englische Rechtsprechung das Verbot der sogenannten verdeckten Einlagenrückgewähr. Wie dieser kurze Überblick nochmals vergegenwärtigt, existieren auch im englischen Recht gewisse Kapitalerhaltungsregeln. Auch wenn sich diese von den deutschen Regelungen stark unterscheiden, ist die Erforderlichkeit einer Sonderanknüpfung angesichts des Informationsmodells ohne weiteres zu verneinen.

Festzuhalten bleibt daher, dass die deutschen Vorschriften über Kapitalaufbringung und -erhaltung auf EU-Auslandsgesellschaften nicht anwendbar sind.[973]

(3) Keine Anwendbarkeit der Regeln über das eigenkapitalersetzende Gesellschafterdarlehen

(a) Keine Anwendbarkeit der BGH-Regeln

Die BGH-Regeln sind nicht auf EU-Auslandsgesellschaften anwendbar.[974] Wie soeben dargestellt scheidet ein Rückgriff auf die §§ 30, 31 GmbHG aus. Die Gren-

---

971 Vgl. *U. Huber*, in: Lutter, Europäische Auslandsgesellschaften in Deutschland, S. 154.

972 Siehe ausführlich hierzu oben B. III. 1. a).

973 So im Ergebnis auch *Bayer*, BB 2003, 2357, 2362; *Meilicke*, GmbHR 2003, 1271; *Sandrock*, ZVglRWiss 2003, 447, 473 ff.; *Paefgen*, DB 2003, 487, 489 f.; *Schumann*, DB 2004, 743, 745; *Eidenmüller/Rehm*, ZGR 2004, 159, 181 f.; *Fischer*, ZIP 2004, 1477, 1479; *Weller*, Europäische Rechtsformwahlfreiheit und Gesellschafterhaftung, S. 90; *Eidenmüller*, Ausländische Kapitalgesellschaften im deutschen Recht, § 4 Rn. 13; *U. Huber*, in: Lutter, Europäische Auslandsgesellschaften in Deutschland, S. 159; *Forsthoff/ Schulz*, in: Hirte/ Bücker, Grenzüberschreitende Gesellschaften, § 15 Rn. 40; *Lieder*, DZWIR 2005, 399, 407.

974 So auch *Meilicke*, GmbHR 2003, 1271, 1272; *Geyerhalter/ Gänßler*, NZG 2003, 409, 410 f.; *Müller*, NZG 2003, 414, 417; *Weller*, Europäische Rechtsformwahlfreiheit und Gesellschafterhaftung, S. 90; *Paefgen*, DB 2003, 487, 489 f.; *Borges*, ZIP 2004, 733, 743; *Wachter*, GmbHR 2004, 88, 92; *Eidenmüller/ Rehm*, ZGR 2004, 159, 181 f.; *Eidenmüller*, JZ 2004, 24, 28; *ders.*, in: Eidenmüller, Ausländische Kapitalgesellschaften im deutschen Recht, § 9 Rn. 43; *Fischer*, ZIP 2004, 1477, 1480; *U. Huber*, in: Lutter, Europäische Auslandsgesellschaften in Deutschland, S. 159; wohl auch *Schumann*, DB 2004, 743, 748; *Lieder*, DZWIR

zen und Rechtsfolgen von Kapitalrückzahlungen an Gesellschafter von Auslandsgesellschaften bestimmen sich vielmehr allein nach dem Gründungsrecht als dem Personalstatut der Gesellschaft. Hiernach richtet sich, inwieweit die Rückzahlung von Gesellschafterdarlehen als unzulässige Kapitalrückgewähr anzusehen ist.

(b) Keine Anwendbarkeit der Novellenregeln

Auch die Novellenregeln sind nicht auf Auslandsgesellschaften anwendbar. Zwar sind diese von den BGH-Regeln richtigerweise mit der Ansicht *U. Hubers* getrennt zu betrachten und insolvenzrechtlich zu qualifizieren.[975] Nicht gefolgt werden kann *U. Huber* allerdings, soweit er die Novellenregeln als mit der EU-Niederlassungsfreiheit (Artt. 43, 48 EG) vereinbar hält.

Wie dargestellt[976], führt der Weg nicht über die gesellschaftsrechtlich zu qualifizierende Vorfrage, ob das Darlehen „eigenkapitalersetzenden" Charakter hat. Nach richtiger Ansicht stellt sich diese Vorfrage nämlich überhaupt nicht.

U. Huber versucht[977], losgelöst von ihrer Qualifikation, die Novellenregeln zur Anwendung zu bringen. Diesen Schluss zieht er aus den positivrechtlichen Bestimmungen des Art. 4 Abs. 1 Satz 2 lit. g, i und m EuInsVO. In der Tat wird darin geregelt, welche Forderungen als Insolvenzforderungen anzumelden sind (lit. g), mit welchem Rang die Insolvenzforderungen bei der Verteilung des Erlöses zu befriedigen sind (lit. i) und welche Rechtshandlungen nichtig, anfechtbar oder relativ unwirksam sind, weil sie die Gesamtheit der Gläubiger benachteiligen (lit. m). Daraus zieht *U. Huber*[978] den Schluss, dass die §§ 39 Abs. 1 Nr. 5, 135 InsO anwendbar seien.[979] Dieser Ansicht ist insoweit zuzustimmen, als der Inhalt der deutschen Normen tatsächlich mit dem in Art. 4 Abs. 1 Satz 2 lit. g, i und m EuInsVO getroffenen Anwendungsbefehl korreliert. Diese Tatsache führt indes nicht dazu, dass die §§ 39 Abs. 1 Nr. 5, 135 InsO bereits deshalb mit der EG-

---

2005, 399, 407. A.A. *Altmeppen*, NJW 2004, 97, 103; *Altmeppen/Wilhelm*, DB 2004, 1083, 1088.

975 Siehe dazu ausführlich oben B. III. 2. b) bb).

976 B. III. 2. b) bb).

977 *U. Huber*, in: Lutter, Europäische Auslandsgesellschaften in Deutschland, S. 160 ff. („Dass insoweit deutsches Insolvenzrecht anwendbar ist, ergibt sich aus den positivrechtlichen Bestimmungen des Art. 4 Abs. 1 Satz 2 Buchst. g, i und m EuInsVO; daher kommt es nicht einmal entscheidend darauf an, ob diese Vorschriften des deutschen Rechts als «Insolvenzrecht» zu qualifizieren sind (was allerdings der Fall ist) oder als «Gesellschaftsrecht»." S. 168 f.).

978 *U. Huber*, in: Lutter, Europäische Auslandsgesellschaften in Deutschland, S. 166 ff.

979 Für eine Anwendbarkeit der §§ 39 Abs. 1 Nr. 5, 135 InsO auch *Haas*, NZI 2002, 457, 465; *Paulus*, ZIP 2002, 729, 734; *Kindler*, NZG 2003, 1086, 1090; *Ulmer*, NJW 2004, 1201, 1207; *ders.*, KTS 2004, 291, 298 ff.; *Fischer*, ZIP 2004, 1477, 1480; *Lieder*, DZWIR 2005, 399, 407; die Frage offen lassend *Weller*, Europäische Rechtsformwahlfreiheit und Gesellschafterhaftung, S. 90 Fn. 433; *Forsthoff/Schulz*, in: Hirte/Bücker, Grenzüberschreitende Gesellschaften, § 15 Rn. 38, 42 ff. halten § 135 InsO für anwendbar, nicht aber § 39 I Nr. 5 InsO.

Niederlassungsfreiheit (Artt. 43, 48 EG) harmonisieren. Zwar ist es zutreffend, dass der EuGH in den Urteilen *Centros*, *Überseering* und *Inspire Art* keine Aussagen zu insolvenzrechtlichen Fragestellungen getroffen hat.[980] Wie dargestellt[981], kommt es für die Vereinbarkeit der EG-Niederlassungsfreiheit nicht darauf an, ob es sich um Insolvenzrecht oder Gesellschaftsrecht handelt. Vielmehr ist sämtliches nationale Recht an der Elle der EG-Niederlassungsfreiheit zu messen.[982]

Auch trifft die Behauptung *U. Hubers*[983], die §§ 39 Abs. 1 Nr. 5, 135 InsO würden in ihrer Auswirkung die Niederlassungsfreiheit gar nicht beschränken, nicht zu. Für die Marktzutrittsentscheidung der Gesellschaft spielt es sehr wohl eine Rolle, inwieweit zurückgezahlte Gesellschafterdarlehen im Falle der Insolvenz anfechtbar sind, bzw. welcher Rang der Darlehensforderung im Insolvenzfall zukommt. Warum dem nicht so sein sollte, ist nicht nachvollziehbar. Zwar trifft es in der Tat zu, dass auf diese Weise im deutschen Insolvenzverfahren die Mitglieder von Gesellschaften ausländischer Rechtsform im Vergleich zu den Mitgliedern von Gesellschaften deutscher Rechtsform in Hinblick auf die der Gesellschaft gewährten Darlehen privilegiert werden. Dies ist jedoch als Folge der vom EuGH intendierten Rechtsformwahlfreiheit ohne weiteres anzuerkennen.

In Betracht kommt nach alledem nur eine Sonderanknüpfung. Zwar enthält das englische Recht keinen den Regeln über das eigenkapitalersetzende Gesellschafterdarlehen entsprechenden Schutzmechanismus. Dies reicht jedoch nicht aus, die Erforderlichkeit einer Sonderanknüpfung zu bejahen. Denn zunächst lehnt der EuGH mit der Frage der Anwendbarkeit der Mindestkapitalvorschriften auch sämtliche damit verbundenen Sanktionen ab[984], damit also auch die Regeln über das eigenkapitalersetzende Gesellschafterdarlehen. Da das englische Recht gerade keine besonderen Regeln hinsichtlich eigenkapitalersetzender Gesellschafterdarlehen kennt, sondern Gesellschafterdarlehen wie Kredite außenstehender Dritter behandelt, ist eine Sonderanknüpfung aufgrund des vom EuGH propagierten Informationsmodells nicht vertretbar. Die Regelen über das eigenkapitalersetzende Gesellschafterdarlehen sind auf europäische Auslandsgesellschaften somit nicht anwendbar.[985]

---

980 Dies hebt bereits *Ulmer*, NJW 2004, 1201, 1207 hervor.

981 Siehe oben B. III. 2. a) bb) (3) (c).

982 Dabei trifft die Befürchtung von *U. Huber*, in: Lutter, Europäische Auslandsgesellschaften in Deutschland, S. 186 nicht zu, dass ein solches Verständnis dazu führe, dass die EuInsVO selbst gegen höherrangiges Europarecht verstoße. Denn was schließlich alles unter den Anwendungsbereich des Art. 4 EuInsVO fällt, ist letztlich eine Frage der Auslegung. Bei primärrechtskonformer Auslegung fallen die §§ 39 Abs. 1 Nr. 5, 135 InsO eben gerade nicht in den Anwendungsbereich.

983 *U. Huber*, in: Lutter, Europäische Auslandsgesellschaften in Deutschland, S. 187.

984 EuGH v. 30.9.2003, Rs. C-167/01 – (*Inspire Art*) Rn. 141.

985 So i.E. auch *Trunk*, Internationales Insolvenzrecht, S. 192 f.; *Müller*, NZG 2003, 414, 417; *Paefgen*, DB 2003, 487, 489 f.; *Borges*, ZIP 2004, 733, 743; *Wachter*, GmbHR 2004, 88, 92; *Eidenmüller/ Rehm*, ZGR 2004, 159, 181 f.; *Eidenmüller*, JZ 2004, 24, 28; *ders.*, in: Eidenmüller,

dd) Keine Anwendbarkeit der Durchgriffshaftungen

(1) Keine Haftung wegen Existenzvernichtung

Die Anwendbarkeit der Existenzvernichtungshaftung hängt, wie dargestellt, unabhängig von ihrer kollisionsrechtlichen Einordnung von der Vereinbarkeit mit der EG-Niederlassungsfreiheit ab.

Diese Prüfung hat mit der Frage nach dem Eingriff in den Schutzbereich der Artt. 43, 48 EG zu beginnen. Dabei ist zunächst umstritten, ob die Existenzvernichtungshaftung ein Marktzutritts-, Tätigkeitsausübungs- oder Marktrückzugsregelung im Sinne der *Keck*-Rechtsprechung des EuGH darstellt.

Teilweise[986] wird vertreten, dass es sich im Falle des Verbots der Existenzvernichtung lediglich um eine Regelung handelt, die den Marktrückzug verfahrensmäßig kanalisiert, ihn aber nicht absolut ausschließt. Damit entstehe aber keine, für die Annahme einer Marktzugangsregelung vom EuGH[987] vorausgesetzte, „Marktzersplitterung". Von einer solchen könne nach dem EuGH erst ausgegangen werden, wenn eine Regelung die wechselseitige wirtschaftliche Durchdringung der inländischen Märkte erschwere. Da die Heranziehung der Existenzvernichtungshaftung auf Scheinauslandsgesellschaften aber deren Insolvenz voraussetze, und mithin keine Abschottung oder Erschwerung in der Marktzugangsphase entfalte, wohne ihr aber auch kein marktaufsplitternder Charakter inne.[988]

Diese Auffassung vermag im Ergebnis nicht zu überzeugen. Zum einen lässt sich schon der enge Zusammenhang mit den – den Marktzugang unstreitig behindernden – Mindestkapitalregeln nicht leugnen, bilden sie doch die Grundlage für die vom BGH entwickelten Grundsätze der Existenzvernichtungshaftung.[989] Aber auch wenn man behauptet, die Existenzvernichtungshaftung könne im Falle von Auslandsgesellschaften nur an die Mindestkapitalvorschriften ihres Gründungsstatuts anknüpfen, ist von einer den Marktzugang betreffenden Regelung auszugehen. Die

---

Ausländische Kapitalgesellschaften im deutschen Recht, § 9 Rn. 44; *Fischer*, ZIP 2004, 1477, 1480; wohl auch *Schumann*, DB 2004, 743, 748. A.A. *Altmeppen*, NJW 2004, 97, 103; *Altmeppen/Wilhelm*, DB 2004, 1083, 1088; hinsichtlich der Novellenregeln *U. Huber*, in: FS Gerhardt, 397, 419 f.; *ders.*, in: Lutter, Europäische Auslandsgesellschaften in Deutschland, S. 160 ff.; wohl auch *Smid*, EuInsVO, Art. 4 Rn. 6.

986 Vgl. zum folgenden *Weller*, Europäische Rechtsformwahlfreiheit und Gesellschafterhaftung, S. 207 f., der durch die Existenzvernichtungshaftung nur die Normenkategorie der Marktrückzugsregelungen berührt sieht, auf diese im Ergebnis allerdings den (reduzierten) Schutzbereich der Tätigkeitsausübungsregelungen überträgt (S. 201 ff.).

987 EuGH, Urteil v. 23.11.1989, Rs. C-145/88, Slg. 1989, 3885 – (*Torfaen*).

988 *Weller*, Europäische Rechtsformwahlfreiheit und Gesellschafterhaftung, S. 207.

989 Vgl. nur BGH, Urteil v. 17.9.2001, BGHZ 149, 10, 16 – *Bremer Vulkan* („Der Schutz einer abhängigen GmbH gegenüber Eingriffen des Alleingesellschafters [...] beschränkt sich auf die Erhaltung des Stammkapitals im Sinne der §§ 30 f. GmbHG [...] und die Gewährleistung ihres Bestandschutzes in dem Sinn, dass ihr Alleingesellschafter bei Eingriffen in ihr Vermögen und ihre Geschäftschancen angemessene Rücksichtnahme auf ihre seiner Disposition entzogenen Belange zu nehmen hat .").

Frage, ob und unter welchen Voraussetzungen die Gesellschafter einer juristischen Person für deren Schulden persönlich aufzukommen haben, ist eine Kernfrage der Haftungsverfassung einer bestimmten Gesellschaftsform und damit von zentraler Bedeutung für das Entscheidungskalkül der Gesellschafter.[990] Auch trotz des situativen Charakters der Existenzvernichtungshaftung muss aufgrund ihres vagen und potentiell sehr weiten Anwendungsbereichs eine die Marktzutrittsentscheidung einer Auslandsgesellschaft unmittelbar betreffende Regelung angenommen werden.[991]

Die besseren Argumente sprechen damit gegen eine teleologische Reduktion im Sinne der *Keck*-Rechtsprechung. Somit ist die Existenzvernichtungshaftung in Form einer Sonderanknüpfung an dem verschärften Rechtfertigungsmaßstab zu messen. Dann muss die Erforderlichkeit der Existenzvernichtungshaftung jedoch unter Hinweis auf das Informationsmodell abgelehnt werden.[992] Denn das englische Gründungsrecht kennt keine der Existenzvernichtungshaftung vergleichbare Gläubigerschutzregelung. Dadurch entsteht jedoch keine Schutzlücke, die es zu schließen gilt.[993] Vielmehr stellt die Tatsache, dass sich ein Gesellschafter der Existenzvernichtungshaftung durch Gründung einer EU-Auslandsgesellschaft entzieht, ein legitimes Ausnutzen der EG-Niederlassungsfreiheit (Artt. 43, 48 EG) dar.

Die vom BGH entwickelte Existenzvernichtungshaftung ist damit nicht auf EU-ausländische Gesellschaften anwendbar.[994]

(2) Keine Haftung wegen materieller Unterkapitalisierung

Unterschiedliche Meinungen werden auch hinsichtlich der Anwendbarkeit der Haftung wegen materieller Unterkapitalisierungen vertreten. Teilweise[995] wird die

---

990 *Eidenmüller*, in: Eidenmüller, Ausländische Kapitalgesellschaften im deutschen Recht, § 4 Rn. 25.

991 Zum Ganzen auch *Eidenmüller*, in: Eidenmüller, Ausländische Kapitalgesellschaften im deutschen Recht, § 4 Rn. 25; *Fleischer*, in: Lutter, Europäische Auslandsgesellschaften in Deutschland, S. 124 f.

992 So auch *Eidenmüller*, in: Eidenmüller, Ausländische Kapitalgesellschaften im deutschen Recht, § 4 Rn. 26.

993 So *Fleischer*, in: Lutter, Europäische Auslandsgesellschaften in Deutschland, S. 126 f.

994 Sehr strittig. Im Ergebnis gegen eine Anwendbarkeit auch *Meilicke*, GmbHR 2003, 1271, 1272; *Ziemons*, ZIP 2003, 1913, 1917; *Paefgen*, DB 2003, 487, 490 f.; *Ebert/ Levedag*, GmbHR 2003, 1337, 1340; *Spindler/ Berner*, RIW 2004, 7, 11; *Schumann*, DB 2004, 743, 748 f.; *Eidenmüller*, in: Eidenmüller, Ausländische Kapitalgesellschaften im deutschen Recht, § 9 Rn. 45. Gegen eine Anwendbarkeit entscheidet sich auch das AG Segeberg, Urt. v. 24.3.2005, ZInsO 2005, 558. Für eine Anwendbarkeit *Bayer*, BB 2003, 2357, 2365; *G.H. Roth*, NZG 2003, 1081, 1085; *Schanze/ Jüttner*, AG 2003, 661, 669 f.; *Weller*, IPRax 2003, 207, 209 f.; *Zimmer*, NJW 2003, 3585, 3588 f.; *Altmeppen*, NJW 2004, 97, 101 f.; *Altmeppen/ Wilhelm*, DB 2004, 1083, 1088; (in der Tendenz auch) *Ulmer*, NJW 2004, 1201, 1209 f.; *Schön*, ZHR 168 (2004), 268, 293 ff.; *Borges*, ZIP 2004, 733, 741 ff.; *Fischer*, ZIP 2004, 1477, 1480 f.; *Fleischer*, in: Lutter, Europäische Auslandsgesellschaften in Deutschland, S. 124 ff.; (wohl auch) *Goette*, DStR 2005, 197, 200 f.

Auffassung vertreten, der Tatbestand der materiellen Unterkapitalisierung sei als Missbrauchtatbestand einer Rechtfertigung zugänglich. Die wohl herrschende Meinung[996] hält eine Anwendung mit unterschiedlichen Argumenten für unbegründbar. Gegen eine Rechtfertigung über den Missbrauchstatbestand wird angeführt, dass es am Rechtswidrigkeitszusammenhang zwischen dem inkriminierten Verhalten und der Berufung auf die Niederlassungsfreiheit fehle.[997] Andere halten eine Unterkapitalisierung bei Gesellschaften die keinem Mindestkapitalerfordernis unterliegen bereits für nicht möglich.[998]

Im Rahmen einer eigenen Stellungnahme ist zunächst zu prüfen, inwieweit eine Haftung wegen materieller Unterkapitalisierung einen Eingriff in den Schutzbereich der EG-Niederlassungsfreiheit darstellt. Nach dem hier vertretenen Ansatz ist von einer Marktzutrittsregelung auszugehen: Haftungsfragen sind stets geeignet, den Niederlassenden in seiner Standortentscheidung zu beeinflussen.

Somit stellt sich die Frage nach einer Rechtfertigung. Wie dargestellt[999], sind der Missbrauchs- und Betrugstatbestand nicht geeignet, einen abstrakt-generellen Durchgriffstatbestand zu begründen. Es bleibt also nur die Möglichkeit einer Rechtfertigung am Vier-Kriterien-Test. Diese muss jedoch am Kriterium der Erforderlichkeit scheitern. Im Gegensatz zum deutschen GmbH-Recht hat der Gründer einer englischen Limited keine Haftung wegen Unterkapitalisierung zu befürchten, da es schon an einer Verpflichtung zur Aufbringung eines gesetzlichen Mindestkapitals fehlt. Wie dargestellt[1000], lässt die englische Spruchpraxis selbst in krassen Fällen keinen Durchgriff zu.

Eine Haftung wegen materieller Unterkapitalisierung kommt demnach im Falle einer englischen Limited nicht in Betracht.

---

995 *Lutter*, BB 2003, 7, 10; *W.-H. Roth*, IPRax 2003, 117, 125; *Zimmer*, NJW 2003, 3585, 3588 f.; (noch) *Weller*, DStR 2003, 1800, 1804; *Bitter*, WM 2004, 2190, 2197 f; *Borges*, ZIP 2004, 733, 742; *Ulmer*, JZ 1999, 662, 664; *ders.*, NJW 2004, 1201, 1208 f. (der dabei allerdings eine Rechtfertigung anhand des Vier-Kriterien-Tests für möglich hält). Für einen Missbrauchseinwand auch AG Hamburg, Beschl. v. 14.5.2003, NJW 2003, 2835 = ZIP 2003, 1008 = NZG 2003, 732 = EuZW 2003, 773 = NZI 2003, 442 m.Anm. *Mock/Schildt*; LG Stuttgart, NJW-RR 2002, 463, 466.

996 *Eidenmüller*, JZ 2004, 24, 26; *ders.*, in: Eidenmüller, Ausländische Kapitalgesellschaften im deutschen Recht, § 4 Rn. 27; *Behrens*, IPRax 2004, 20, 25, *Hausmann*, in: Reithmann/Martiny (Hrsg.), Internationales Vertragsrecht, Rn. 2291c; *Weller*, IPRax 2003, 520, 523 f.; *ders.*, Europäische Rechtsformwahlfreiheit und Gesellschafterhaftung, S. 91; *Leible/ Hoffmann*, RIW 2002, 925, 930; *Schanze/Jüttner*, AG 2003, 661, 669; *Meilicke*, GmbHR 2003, 793, 805; *Wachter*, GmbHR 2004, 88, 91; *Fleischer*, in: Lutter, Europäische Auslandsgesellschaften in Deutschland, S. 119.

997 *Eidenmüller*, in: Eidenmüller, Ausländische Kapitalgesellschaften im deutschen Recht, § 4 Rn. 27.

998 *Schanze/Jüttner*, AG 2003, 661, 669; *Wachter*, GmbHR 2004, 88, 91; *Weller*, Europäische Rechtsformwahlfreiheit und Gesellschafterhaftung, S. 91.

999 B. III. 2. a) cc) (3) c).

1000 B. III. 1. c) (aa).

(3) Keine Haftung wegen Vermögensvermischung

Auch im Falle einer Haftung wegen Vermögensvermischung wird teilweise[1001] für deren Anwendbarkeit über den Missbrauchseinwand plädiert. Vereinzelt wird auch eine Schutzlücke im englischen Recht gesehen, die im Falle einer Limited mit Verwaltungssitz in Deutschland nicht mittels des Company Directors Disqualification Act geschlossen werden könne.[1002] Die herrschende Meinung[1003] lehnt eine Anwendbarkeit jedoch mit den gleichen Argumenten wie bei der materiellen Unterkapitalisierung ab.

Auch hier ist im Ergebnis wiederum der herrschenden Meinung zu folgen. Als Haftungstatbestand stellt der Durchgriff wegen Vermögensvermischung eine Marktzutrittsregelung dar. Da ein Missbraucheinwand bei abstrakt-generellen Haftungstatbeständen richtigerweise ausscheidet, stellt sich die Frage nach einer Rechtfertigung anhand des Vier-Kriterien-Tests. Soweit an dieser Stelle auf das Vorliegen einer Schutzlücke im englischen Recht verwiesen wird, die im Falle Limited mit Verwaltungssitz in Deutschland nicht anhand des CDDA geschlossen werden könne[1004], kann dem nicht gefolgt werden. Wie dargestellt[1005], hat die Disqualifizierung eines directors einer in Deutschland tätigen Limited die gleichen Folgen wie im Falle von Übereinstimmung von satzungsmäßigem Sitz und Verwaltungssitz in England. Eine Rechtfertigung scheitert damit am Vier-Kriterien-Test: Das englische Recht kennt den Haftungstatbestand der Vermögensvermischung nicht, so dass er nach dem hier vertretenen Konzept auch nicht als erforderlich anzusehen ist.

Die Anwendbarkeit der Haftung wegen Vermögensvermischung ist damit nicht mit der EG-Niederlassungsfreiheit vereinbar.

ee) Haftung wegen Insolvenzverschleppung

(1) Analoge Anwendung der deutschen Insolvenzantragspflicht auf den director einer englischen Limited

Die Antragspflicht gemäß § 64 I GmbHG ist, wie dargestellt[1006], insolvenzrechtlich zu qualifizieren. Fraglich ist aber, ob sie gemäß Art. 4 II 1 EuInsVO auch analog

---

1001 *Zimmer*, NJW 2003, 3585, 3588; *Bitter*, WM 2004, 2190, 2196; *Schön*, ZHR 168 (2004), 268, 294. Siehe auch *Ulmer*, JZ 1999, 662, 664; *ders.*, NJW 2004, 1201, 1208 f., der dabei wiederum über eine Rechtfertigung anhand des Vier-Kriterien-Tests geht.

1002 *Fleischer*, in: Lutter, Europäische Auslandsgesellschaften in Deutschland, S. 122 f.

1003 *Eidenmüller*, in: Eidenmüller, Ausländische Kapitalgesellschaften im deutschen Recht, § 4 Rn. 27; *Behrens*, IPRax 2004, 20, 25; *Hausmann*, in: Reithmann/Martiny (Hrsg.), Internationales Vertragsrecht, Rn. 2291c; *Leible/Hoffmann*, RIW 2002, 925, 930; *Schanze/Jüttner*, AG 2003, 661, 669; *Meilicke*, GmbHR 2003, 793, 805; *Wachter*, GmbHR 2004, 88, 91.

1004 *Fleischer*, in: Lutter, Europäische Auslandsgesellschaften in Deutschland, S. 121.

1005 B. III. 2. c) aa).

1006 Siehe oben B. III. 2. b) dd) (1).

auf Auslandsgesellschaften angewendet werden kann. Dies hängt von mehreren Faktoren ab.

Zunächst muss die Insolvenzantragspflicht vom Anwendungsbefehl des Art. 4 EuInsVO erfasst sein. Wenn dem so ist, muss geprüft werden, ob eine analoge Anwendung auf eine englische Limited überhaupt möglich ist. Ist dies der Fall, stellt sich die Frage, inwieweit eine analoge Anwendung mit der EG-Niederlassungsfreiheit (Artt. 43, 48 EG) zu vereinen ist.

Die Anwendbarkeit des Art. 4 EuInsVO auf die Insolvenzantragspflicht wird von Teilen der Literatur bestritten.[1007] Zur Begründung wird auf den Wortlaut des Art. 4 EuInsVO verwiesen. Denn nach Art. 4 II 1 EuInsVO regelt das Recht des Staates der Verfahrenseröffnung, „unter welchen Voraussetzungen das Insolvenzverfahren eröffnet wird". Dies setzte daher voraus, dass sich ein Gericht mit der Sache befasst. Diese Voraussetzung sei im Falle der im Vorfeld der Eröffnung des Verfahrens bestehenden Antragspflicht eben gerade nicht gegeben. Zwar greife Art. 4 EuInsVO nicht erst nach Verfahrenseröffnung ein, sondern bereits im Eröffnungsstadium. Es sei aber evident, dass die Pflicht der Geschäftsführer, bei Vorliegen von Insolvenzgründen ihrerseits einen Insolvenzantrag zu stellen, hiervon überhaupt nicht erfasst werde; sie sei nicht Regelungsgegenstand dieser Bestimmung.[1008] So werde die Insolvenzantragspflicht auch in dem Beispielkatalog des Art. 4 II 2 lit. a-m EuInsVO nicht erwähnt.[1009]

Diese Bedenken vermögen jedoch nicht zu überzeugen. Unschädlich ist es zunächst, dass die Insolvenzantragspflicht nicht explizit in Art. 4 II 2 lit. a-m EuInsVO genannt wird. Denn der Wortlaut des Art. 4 II 2 EuInsVO („insbesondere") lässt erkennen, dass es sich hierbei nicht um eine abschließende Regelung handelt.[1010] Entgegen der soeben dargestellten Ansicht wird die Insolvenzantragspflicht jedoch bereits vom Wortlaut des Art. 4 II 1 EuInsVO erfasst. Zwar ist die Pflicht der Antragstellung keine Voraussetzung zur Eröffnung eines Insolvenzverfahrens, jedoch ist es Sinn und Zweck der Antragspflicht[1011], ein solches einzuleiten. Damit steht im deutschen Recht die Antragspflicht mit dem Antragsrecht in einem so engen Zusammenhang, dass beides vom Anwendungsbereich des Art. 4 EuInsVO erfasst sein muss.[1012] Dabei handelt es sich auch nicht um eine verdeckte Sonderanknüp-

---

1007 So etwa *Ulmer*, NJW 2004, 1201, 1207; *ders.*, KTS 2004, 291, 300 f.; *Mock/Schildt*, in: Hirte/Bücker, Grenzüberschreitende Gesellschaften, § 16 Rn. 35; *U. Huber*, in: FS Gerhardt, 397, 425 f.; *ders.*, in: Lutter, Europäische Auslandsgesellschaften in Deutschland, S. 322 ff.; (wohl auch) *Schall*, ZIP 2005, 965, 974.

1008 *Ulmer*, NJW 2004, 1201, 1207.

1009 *Ulmer*, NJW 2004, 1201, 1207; *Spindler/Berner*, RIW 2004, 7, 12; *Paefgen*, ZIP 2004, 2253; *U. Huber*, in: Lutter, Europäische Auslandsgesellschaften in Deutschland, S. 325.

1010 So auch *Paulus*, ZIP 2002, 729, 734; *Lieder*, DZWIR 2005, 399, 406.

1011 Dazu bereits B. III. 2. b) dd) (1).

1012 So bereits *Müller*, NZG 2003, 414, 416; *Borges*, ZIP 2004, 733, 739; ähnlich *Zimmer*, NJW 2003, 3585, 3589.

fung[1013], sondern um eine Auslegungsfrage des Art. 4 EuInsVO. Der Verordnungsgeber konnte bei der Vielzahl der Eröffnungsvoraussetzungen der nationalen Insolvenzrechte der EU-Mitgliedstaaten nicht jeden Fall eindeutig regeln. Es ist aber nicht ersichtlich, dass der Fall der Insolvenzantragspflicht nicht von Art. 4 II 1 EuInsVO erfasst sein soll. Als Zwischenergebnis ist daher festzuhalten, dass die Insolvenzantragspflicht in den Anwendungsbereich des Art. 4 EuInsVO fällt.

Was die zweite Frage anbelangt, nämlich die Frage der analogen Anwendung des § 64 I GmbHG auf eine englische Limited, so ist zunächst Sinn und Zweck der Antragspflicht genauer in Betracht zu nehmen. Dieser ist zu sehen im Schutz des Rechtsverkehrs und der Öffentlichkeit vor insolvenzreifen Gesellschaften mit beschränktem Haftungsfonds, die am Rechtsverkehr teilnehmen. Die Vorschrift will verhindern, dass Gläubiger geschädigt oder gefährdet werden.[1014] Eine englische Limited verfügt wie eine GmbH über einen beschränkten Haftungsfonds. Hat sie ihren tatsächlichen Verwaltungssitz in Deutschland, befinden sich hier regelmäßig die meisten Gläubiger. Somit ist § 64 I GmbHG im Wege der Substitution auch auf den Geschäftsführer einer englischen Limited analog anwendbar. Die Notwendigkeit der Analogie ergibt sich nun aus der Aufgabe der Sitztheorie. Denn diese sicherte bislang den allgemeinen Grundsatz geltenden Rechts, dass alle Gesellschaften mit beschränktem Haftungsfonds im Falle der Überschuldung der Insolvenzantragspflicht unterliegen. Da nach der Rechtsprechung des EuGH zur EG-Niederlassungsfreiheit der Sitztheorie, wie bereits ausgeführt[1015], nicht mehr gefolgt werden kann, muss insoweit eine Lücke im Wege der Analogie geschlossen werden.[1016]

[1013] So *U. Huber*, in: Lutter, Europäische Auslandsgesellschaften in Deutschland, S. 327. Im Ergebnis spricht sich *U. Huber* dennoch für eine Anwendbarkeit des § 64 GmbHG analog aus. Dabei wählt er allerdings den Weg über eine kollisionsrechtliche Sonderanknüpfung (S. 328 ff.).

[1014] BGHZ 126, 181, 184 BGHZ 126, 181 = NJW 1994, 2220 = WM 1994, 1428 = KTS 1994, 556 = ZIP 1994, 1103 = GmbHR 1994, 539.

[1015] B. III. 2. a) bb) (3) (c).

[1016] Für eine analoge Anwendung auch *Paulus*, ZIP 2002, 729, 734; *Müller*, NZG 2003, 414, 416; *Bayer*, BB 2003, 2357, 2365; *Schanze/Jüttner*, AG 2003, 661, 670; *Zimmer*, NJW 2003, 3585, 3589 f., *Kindler*, NZG 2003, 1086, 1090; *Altmeppen*, NJW 2004, 97, 100 f.; *Borges*, ZIP 2004, 733, 737 ff.; *Ulmer*, NJW 2004, 1201, 1208 ff.; *ders.*, KTS 2004, 291, 300 f.; *Weller*, IPRax 2004, 412, 414; *Goette*, in: FS Kreft, 53, 55, 58 f.; *Wachter*, GmbHR, 2004, 88, 101; *Riedemann*, GmbHR, 345, 348; *Eidenmüller*, in: Eidenmüller, Ausländische Kapitalgesellschaften im deutschen Recht, § 9 Rn. 25 ff.; *Bitter*, WM 2004, 2190, 2198 f.; *U. Huber*, in: FS Gerhardt, 397, 424 ff.; *ders.* in: Lutter, Europäische Auslandsgesellschaften in Deutschland, S. 334 f. Gegen eine analoge Anwendung, mit der Konsequenz, dass für solche Gesellschaften eine Antragspflicht nur besteht, wenn ihr Gründungsrecht eine dem § 64 GmbHG entsprechende Bestimmung enthält: *Mock/Schildt*, ZInsO 2003, 396, 399 f.; *dies.*, in: Hirte/Bücker, Grenzüberschreitende Gesellschaften, § 16 Rn. 36 ff.; *Spindler/Berner*, RIW 2004, 7, 11 ff.; *Riegger*, ZGR 2004, 510, 526; *Schumann*, DB 2004, 743, 746 f.; *Vallender/Fuchs*, ZIP 2004, 829, 830; *Paefgen*, ZIP 2004, 2253, 2260 f.

Zu prüfen ist nun, inwieweit ihre Anwendung in den Schutzbereich der Niederlassungsfreiheit eingreift und ob eine Rechtfertigung in Frage kommt.

Auch hier ist wieder dem bereits oben erläuterten[1017] Ansatz *Ulmers*[1018] nicht zu folgen. Hiernach wäre die Anwendung der deutschen Insolvenzantragspflicht und der daran geknüpften Haftung schon deshalb gerechtfertigt, weil das englische Recht eine solche nicht kennt und daher eine Schutzlücke zu schließen sei. Wie gezeigt[1019], übersieht diese Ansicht jedoch, dass es ein legitimes Ausnützen der EG-Niederlassungsfreiheit darstellt, eine Scheinauslandsgesellschaft zu Gründen um sich dadurch einem weniger strengen Recht zu unterwerfen.

Vielmehr ist wie folgt zu verfahren: Entsprechend der *Keck*-Rechtsprechung des EuGH kommt es zunächst darauf an, ob eine teleologische Reduktion des Schutzbereichs gerechtfertigt ist. Entscheidend ist damit wieder, ob die Insolvenzverschleppungshaftung eine Marktzugangs-, Tätigkeitsausübungs- oder Marktrückzugsregelung darstellt. Die Pflicht zur Stellung eines Insolvenzantrags stellt lediglich eine den geordneten Marktrückzug einer Gesellschaft betreffende Regelung dar.[1020] Die Konsequenz ist, dass die Antragspflicht gemäß § 64 I GmbHG analog lediglich nichtdiskriminierende Wirkung haben muss. Dies ist ohne weiteres der Fall: Zwar könnte man prima facie daran denken, dass eine insolvenzrechtliche Qualifikation eine verdeckte Diskriminierung enthält, da sich dies lediglich auf Geschäftsführer ausländischer Kapitalgesellschaften auswirkt. Dies ist jedoch abzulehnen, da die Anwendung des § 64 I GmbHG selbst nichtdiskriminierend ist. Für den Geschäftsführer einer ausländischen Gesellschaft ist es nicht schwieriger seiner Antragspflicht nachzukommen, als für den Geschäftsführer einer deutschen GmbH.[1021]

Als Ergebnis ist damit festzuhalten, dass die Insolvenzantragspflicht gemäß § 64 I GmbHG für die directors einer englischen Limited analog gilt.

1017 Siehe oben B. III. 2. c) bb) (2).

1018 *Ulmer*, NJW 1201, 1208 ff.

1019 Siehe oben B. III. 2. c) bb) (2).

1020 So auch *Eidenmüller*, in: Eidenmüller, Ausländische Kapitalgesellschaften im deutschen Recht, § 9 Rn. 29; insoweit unklar *Hirte/Mock*, ZIP 2005, 474, 476.

1021 So auch *Borges*, ZIP 2004, 733, 740; *Eidenmüller*, in: Eidenmüller, Ausländische Kapitalgesellschaften im deutschen Recht, § 9 Rn. 29, 33; *U. Huber*, in: Lutter, Europäische Auslandsgesellschaften in Deutschland, S. 351.; offen lassend *Bitter*, WM 2004, 2190, 2199. Dagegen bejaht *Zimmer*, NJW 2003, 3585, 3590 eine Beschränkung der Niederlassungsfreiheit, hält sodann jedoch eine Rechtfertigung durch ein zwingendes Allgemeininteresse aus Gläubigerschutzgründen für möglich. Anders *Mock/Schildt*, ZInsO 2003, 396, 400 sowie *Hirte/Mock*, ZIP 2005, 474, 476, die in der Antragspflicht offenbar eine Marktzutrittsregelung sehen und eine Rechtfertigung aufgrund fehlender Erforderlichkeit und Verhältnismäßigkeit ausschließen.

(2) Vereinbarkeit der Insolvenzverschleppungshaftung mit der Niederlassungsfreiheit

Auch die Insolvenzverschleppungshaftung ist insolvenzrechtlich zu qualifizieren.[1022] Da sie an die Antragspflicht geknüpft ist, darf sie nicht getrennt von dieser betrachtet werden und gelangt so über Art. 4 I EuInsVO zur Anwendung. Die insolvenzrechtliche Qualifikation macht die Insolvenzverschleppungshaftung allerdings nicht schon niederlassungsneutral. Zu prüfen ist, inwieweit ihre Anwendung in den Schutzbereich der Niederlassungsfreiheit eingreift und ob eine Rechtfertigung in Frage kommt.

Die Insolvenzverschleppungshaftung stellt eine Marktzutrittsregelung dar: Zwar betrifft die Pflicht zur Stellung eines Insolvenzantrags wie dargestellt den geordneten Marktrückzug einer Gesellschaft, doch ist die damit verbundene Gefahr einer persönlichen Haftung in der Tat geeignet, die Marktzutrittsentscheidung einer Gesellschaft zu beeinflussen. Denn wie die rechtsvergleichende Wissenschaft zu Tage bringt, geht die Insolvenzverschleppungshaftung teilweise sehr viel weiter als ihre ausländischen Äquivalente.[1023] Die Reichweite der Geschäftsführerhaftung stellt aber regelmäßig ein wichtiges Kriterium im Entscheidungsfindungsprozess bei der Gründung von Niederlassungen dar. Daher betrifft die Insolvenzverschleppungshaftung den Marktzutritt und damit einen am Vier-Kriterien-Test zu messenden rechtfertigungsbedürftigen Eingriff in die Niederlassungsfreiheit.[1024]

Die Insolvenzverschleppungshaftung muss damit in nichtdiskriminierender Weise angewandt werden, ihre Anwendung muss aus zwingenden Gründen des Allgemeininteresses gerechtfertigt sein, sie muss zur Erreichung des verfolgten Ziels geeignet sein, und sie darf nicht über das hinausgehen, was zur Erreichung des verfolgten Ziels erforderlich ist.[1025] Da die Antragspflicht für Geschäftsführer ausländischer wie inländischer Kapitalgesellschaften gleichermaßen gilt, wirkt sie nichtdiskriminierend. Da ihr Zweck der rechtzeitigen Einleitung eines Insolvenzverfahrens und damit allgemein dem Gläubigerschutz dient, ist sie auch aus zwingenden Gründen des Gemeinwohls gerechtfertigt. Zur Erreichung dieses Ziels ist sie auch geeignet. Allerdings ist fraglich, ob die deutsche Insolvenzverschleppungshaftung angesichts der im englischen Recht existierenden wrongful trading-rule überhaupt erforderlich ist. Denn gelangt diese zur Anwendung, wäre der Rückgriff auf die deutsche Regelung unter Verweis auf das Informationsmodell versperrt. Dies wäre auch dann der Fall, wenn beide Rechtinstitute nicht als gleichwertig anzusehen sind.

1022 Siehe oben B. III. 2. b) dd).

1023 Vgl. hinsichtlich der englischen wrongful trading-rule und dem französischen comblement du passif *Habersack/Verse*, ZHR 2004, 174, 206 ff.

1024 Sehr strittig, so i.E. auch *Zimmer*, NJW 2003, 3585, 3590. A.A. *Borges*, ZIP 2004, 733, 740; *Eidenmüller*, in: Eidenmüller, Ausländische Kapitalgesellschaften im deutschen Recht, § 9 Rn. 29; *U. Huber*, in: Lutter, Europäische Auslandsgesellschaften in Deutschland, S. 351 ff.

1025 EuGH v. 30.9.2003, Rs. C-167/01 – (*Inspire Art*) Rn. 133.

Problematisch ist allerdings die Anwendbarkeit der englischen wrongful trading-rule in einem deutschen Hauptinsolvenzverfahrens. Hierfür kommt es auf die Qualifikation der wrongful trading-rule an. Anders als im deutschen Recht ist die wrongful trading-rule innerhalb der Insolvenzordnung geregelt. Anknüpfungspunkt der Haftung ist auch im englischen Recht die Organstellung, so dass eine gesellschaftsrechtliche Qualifikation denkbar ist. Indes führen die gleichen Gründe wie im Falle der deutschen Insolvenzverschleppungshaftung auch im Falle der wrongful trading-rule zu einer insolvenzrechtlichen Qualifikation. So werden im englischen Recht sogar sämtliche Ansprüche vom Insolvenzverwalter geltend gemacht.[1026] Ebenso verfolgt die wrongful trading-rule kompensatorische und nicht poenale Zwecke, so dass sie damit der Haftungsrealisierung dient.[1027] Die wrongful trading-rule ist also richtigerweise insolvenzrechtlich zu qualifizieren.[1028] Aufgrund der Kollisionsregelung in Art. 4 EuInsVO verbietet sich damit ihre Anwendung im Rahmen eines deutschen Insolvenzverfahrens.[1029] Der dadurch entstehende Normmangel macht einen Rückgriff auf die deutsche Insolvenzverschleppungshaftung erforderlich.[1030]

Entgegen der Meinung von *Hirte/Mock*[1031] entfällt die Erforderlichkeit nicht deshalb, weil neben dem englischen Insolvenzrecht auch das englische Gesellschafts-

---

1026 Vgl. *Keay/Walton*, Insolvency Law, 530.

1027 *Re Produce Marketing Consortium Ltd.* (1989) 5 BCC 569, 597. Siehe hierzu auch *Morphites v. Bernasconi* (2003) 2 BCLC 53: Zwar geht es hier um Schadensersatz bei *fraudulent trading*, doch muss die ausdrückliche Ablehnung eines *punitive elements* durch den Court of Appeal erst recht auch für *wrongful trading* gelten.

1028 Sehr strittig, im Ergebnis so auch *Re Howard Holdings Inc.* [1998] BCC 549, 554; *Höfling*, Das englische internationale Gesellschaftsrecht, S. 234 f., 264; (nicht ausdrücklich aber inzident) *Paulus*, ZIP 2002, 729, 734; *Müller*, NZG 2003, 414, 416 f.; *Habersack/Verse*, ZHR 2004, 174, 207; *Borges*, ZIP 2005, 733, 739 f.; *Eidenmüller*, in: Eidenmüller, Ausländische Kapitalgesellschaften im deutschen Recht, § 9 Rn. 32; *Röhricht*, ZIP 2005, 505, 506; *Lieder*, DZWIR 2005, 399, 407. Für gesellschaftsrechtliche Qualifikation *Mock/Schildt*, NZI 2003, 444; *dies.*, ZInsO 2003, 396, 399 f.; (wohl auch) *Ebert/Levedag*, GmbHR 2003, 1237, 1341; *Spindler/Berner*, RIW 2004, 7, 11 f.; *Riegger*, ZGR 2004, 510, 527; *Burg*, GmbHR 2004, 1379, 1383; *Schumann*, DB 2004, 743, 748. Für deliktsrechtliche Qualifikation *Bayer*, BB 2003, 2357, 2365. Für Mehrfachqualifikation *Kindler*, NZG 2003, 1086, 1090.

1029 Gleiches würde ferner für die fraudulent trading-rule gelten. Deren rein kompensatorischer Charakter wurde vom Court of Appeal erst vor kurzem wiederholt, vgl. *Morphites v. Bernasconi* [2003] 2 BCLC 53 m.Anm. *Leyens*, EWiR Sec. 213 Insolvency Act 1/04, 79.

1030 Im Ergebnis ebenso *Eidenmüller*, in: Eidenmüller, Ausländische Kapitalgesellschaften im deutschen Recht, § 9 Rn. 29 der die Insolvenzverschleppungshaftung allerdings schon nicht als Marktzutritts- sondern Marktaustrittsregelung einordnet und in dieser keinen rechtfertigungsbedürftigen Eingriff sieht. Ferner auch *Wachter*, GmbHR 2004, 88, 101 Fn. 100; *Schall*, ZIP 2005, 965, 967 f.; *Lieder*, DZWIR 2005, 399, 408. Wohl jetzt auch *Hirte/Mock*, ZIP 2005, 474, 477; *Burg*, GmbHR 2004, 1379, 1383, die aber zumindest die Grundsätze als Geschäftsleiterpflichten heranziehen wollen; a.A. *Ebert/Levedag*, GmbHR 2003, 1337, 1341; *Schanze/Jüttner*, AG 2003, 661, 670; *Schumann*, DB 2004, 743, 747 f.; *Hirte/Mock* in: Hirte/Bücker, Grenzüberschreitende Gesellschaften, § 16 Rn. 46.

1031 *Hirte/Mock*, ZIP 2005, 474, 477.

recht die Möglichkeit eines Durchgriffs bietet. Als Begründung führen *Hirte/Mock* an, dass die wrongful trading-rule nach englischem Rechtsverständnis die kodifikatorische Lösung der gesellschaftsrechtlichen Durchgriffsproblematik darstelle. Dadurch könnten deutsche Gerichte unter Anwendung englischen Gesellschaftsrechts auf die Gesellschafter durchgreifen. Dies vermag aber schon deshalb nicht zu überzeugen, da die Gesellschafter ein anderes Haftungssubjekt als die Geschäftsführer darstellen und damit ein Rückgriff darauf nicht zu einer Schließung der Schutzlücke führt. Denn nach der wrongful trading-rule wird auf das Vermögen der tatsächlich Handelnden zugegriffen. Um Handelndenhaftung geht es aber bei den gesellschaftsrechtlichen Durchgriffsmöglichkeiten nicht. Hier kann insoweit auch nicht auf das Informationsmodell verwiesen werden, denn es wird von keinem Gläubiger erwartet werden können, dass er sich im Vorfeld Gedanken über kollisionsrechtliche Folgen im Falle eines Insolvenzverfahrens in Deutschland macht.

Handelt es sich also um eine englischen Limited mit Verwaltungssitz in Deutschland, kann damit auf die deutsche Insolvenzverschleppungshaftung zurückgegriffen werden. Das bedeutet gleichzeitig, dass beispielsweise bei Betriebsaufspaltungen, wie sie dem Fall des AG Hamburg[1032] zugrunde lagen, eine Haftung wegen wrongful trading nicht in Betracht kommt.[1033] Zu prüfen ist vielmehr, inwieweit sich der Geschäftsführer nach der deutschen Insolvenzverschleppungshaftung schadensersatzpflichtig gemacht hat.[1034]

(3) Anwendbarkeit der Insolvenzverschleppungshaftung im Ganzen[1035]

Liegt nun eine Schutzlücke aufgrund Normenmangels vor, stellt sich vor dem Hintergrund der EG-Niederlassungsfreiheit die berechtigte Frage, ob dies zur Anwendbarkeit sämtlicher Tatbestandsvoraussetzungen und der gesamten Rechtsfolge der deutschen Insolvenzverschleppungshaftung nach § 823 II BGB i.V.m. § 64 I GmbHG führen kann.[1036] Bedenken drängen sich aufgrund der immensen Unterschiede zwischen der englischen wrongful trading-rule und der deutschen In-

---

1032 AG Hamburg, Beschl. v. 14.5.2003, NJW 2003, 2835 = ZIP 2003, 1008 = NZG 2003, 732 = EuZW 2003, 773 = NZI 2003, 442 m.Anm. *Mock/Schildt*; dazu auch *Brenner*, EWiR Art. 3 EuInsVO 4/03, 925.

1033 A.A. *Mock/Schildt*, NZI 2003, 441, 443 f.

1034 Ähnlich *Weller*, IPRax 2003, 520, 524.

1035 Instruktiv zur Insolvenzverschleppungshaftung und der aktuellen Rechtsprechung neuerdings *Haas*, DStR 2003, 423-433 und *Fritsche/Lieder*, DZWIR 2004, 93-103.

1036 Soweit ersichtlich, geht auf diese Problematik bislang keiner der bisher genannten Autoren näher ein. Vielmehr bewendet es sich in den meisten Darstellungen mit einer insolvenzrechtlichen Qualifikation und der Begründung der Möglichkeit die deutsche Insolvenzverschleppungshaftung zur Anwendung zu bringen. Wie eine solche Haftung im einzelnen aussehen soll, wird sodann nicht weiter erläutert.

solvenzverschleppungshaftung auf.[1037] So können im Falle der deutschen Insolvenzverschleppungshaftung Neugläubiger seit BGHZ 126, 181 ihren gesamten Schaden geltend machen, während die wrongful trading-rule sämtliche Anspruchsinhaber auf den Quotenschaden verweist.[1038] Auf der anderen Seite eröffnet die Figur des shadow directors gerade im Hinblick auf Scheinauslandsgesellschaften einen sehr viel weitergehenden Anwendungsbereich dar.

Vor dem Hintergrund der EG-Niederlassungsfreiheit ist daher zu überlegen, ob die Voraussetzungen der Insolvenzverschleppungshaftung an den Maßstab der wrongful trading-rule angepasst werden müssen.[1039] An einem Alles-oder-Nichts-Prinzip könnte man nämlich schon angesichts der zahlreichen Abgrenzungsschwierigkeiten auf dem Weg zur Begründung einer Schutzlücke zweifeln. Es lässt sich nicht von der Hand weisen, dass die Anwendung deutschen Sachrechts im Falle der Insolvenzverschleppungshaftung im Ergebnis als mehr oder weniger zufällig erscheint. Klar ist nämlich nur, dass im Falle der verspäteten Einleitung eines Insolvenzverfahrens durch den Geschäftsführer einer englischen Limited trotz Normenmangels eine Haftung erforderlich ist.

Europarechtliche Bedenken könnten hinsichtlich der Rechtsfolgenseite bestehen. Denn was die Anknüpfung an § 64 I GmbHG analog als Schutzgesetz anbelangt, ist die Vereinbarkeit mit der Niederlassungsfreiheit bereits dargestellt worden.[1040] Hinsichtlich der Schadensersatzpflicht ist, wie bereits erwähnt, in der deutschen Rechtsprechung[1041] neuerdings zu unterscheiden, ob es sich bei dem geschädigten Gläubiger um einen Neu- oder Altgläubiger handelt. Ein Gläubiger, der seine Gläubigerstellung erst nach Eintritt der Konkursantragspflicht erlangt hat (Neugläubiger), erhält einen Anspruch in Höhe des Vertrauensschadens. Dies gilt nur, soweit dieser nicht durch die auf ihn entfallende Konkursquote gedeckt ist.[1042] Der Gläubiger ist damit so zu stellen, wie er stehen würde, wenn er nicht auf die Gültigkeit des Geschäfts vertraut hätte.[1043] Es gelten also die Grundsätze der

---

1037 Vgl. ausführlich dazu die rechtsvergleichende Darstellung von *Habersack/Verse*, ZHR 2004, 174 ff. insb. 206 ff.

1038 Siehe zur wrongful trading-rule oben B. III 1 b) bb) (1).

1039 Einen ähnlichen Ansatz verfolgen offenbar *Riegger*, ZGR 2004, 510, 527; *Burg*, GmbHR 2003, 1379, 1383; *Schanze/Jüttner*, AG 2003, 661, 670, die die Insolvenzverschleppungshaftung über § 823 II BGB i.V.m. 214 Insolvency Act 1986 konstruieren, indem sie die Pflicht des Geschäftsführers nicht in der Antragstellung nach § 64 I GmbHG sondern im Unterlassen eines wrongful tradings sehen, das damit als Schutzgesetz zu berücksichtigen sei. Dabei gehen sie allerdings nicht näher darauf ein, wie man sich eine solche Haftung im Einzelnen vorzustellen hat.

1040 Siehe oben B. III. 2. c) dd) (1).

1041 BGHZ 126, 181=NJW 1994, 2220 =WM 1994, 1428 =KTS 1994, 556 = ZIP 1994, 1103; BGH NJW 1999, 2182; *Flume*, ZIP 1994, 337; a.A. *Häsemeyer*, Insolvenzrecht, 30.70 f.

1042 BGHZ 126, 181 = NJW 1994, 2220 = WM 1994, 1428 = KTS 1994, 556 = ZIP 1994, 1103 = GmbHR 1994, 539.

1043 Palandt-*Heinrichs*, BGB, Vor § 249 Rn. 17.

§§ 249 ff. BGB. Ein Gläubiger, der seine Gläubigerstellung dagegen schon vor Eintreten der Konkursantragspflicht innehatte (Altgläubiger), kann nur den Quotenschaden geltend machen.[1044] Dieser besteht in der Differenz zwischen der bei rechtzeitigem Insolvenzantrag zu erzielenden und der letztendlich vom Gläubiger erlangten Quote.

Relevant wird diese Unterscheidung zum einen also für die Höhe des Schadens, zum anderen für die Möglichkeit der Geltendmachung des Anspruchs. Während nach der Rechtsprechung des BGH sowohl Neu- als auch Altgläubiger ihre Ansprüche gegen den Geschäftsführer wegen Insolvenzverschleppungshaftung gemäß § 823 II BGB i.V.m. § 64 I GmbHG im Wege der Außenhaftung und getrennt von einem Insolvenzverfahren geltend machen können[1045], steht dies im Falle der wrongful trading-rule nur ausschließlich dem Insolvenzverwalter zu.

Die besseren Gründe sprechen jedoch für die Anwendung der deutschen Insolvenzverschleppungshaftung im Ganzen. Sofern es nämlich um die Ausdehnung enger gefasster Tatbestandsvoraussetzungen der Insolvenzverschleppungshaftung bis auf das Maß der wrongful trading-rule geht, vermag dies schon angesichts des Diskriminierungsverbots nicht zu überzeugen. Denn das Gericht würde die directors wie dargestellt nicht an der wrongful trading-rule messen, sondern an einer Insolvenzverschleppungshaftung sui generis, die nur auf die directors einer Limited zur Anwendung käme. Berücksichtigt man dagegen lediglich die engeren Tatbestandsmerkmale und die engere Rechtsfolgenseite bei der Anwendung der deutschen Insolvenzverschleppungshaftung auf englische Gesellschafter, wird die Schutzlücke nur unzureichend geschlossen und ein forum shopping ermöglicht. Das von vielfach befürchtete „race to the bottom“ würde selbst innerhalb einzelner Gläubigerschutzinstrumente nicht Halt machen. Zudem stellt sich die Frage, was von der Kollisionsnorm des Art. 4 EuInsVO übrig bliebe. Hiernach soll das Insolvenzrecht *eines* Mitgliedstaates angewendet werden, von Mischformen ist nicht die Rede.

Als Ergebnis ist damit festzuhalten, dass im Falle eines Hauptverfahrens in Deutschland die Insolvenzverschleppungshaftung nach § 823 II BGB i.V.m. § 64 I GmbHG analog ohne Einschränkung zur Anwendung gelangt.

1044 BGHZ 29, 100 = NJW 1959, 623; BGHZ 100, 19, 23 ff. = MDR 1987, 657.

1045 *Lutter/ Kleindiek*, in: Lutter/ Hommelhoff, GmbHG, § 64 Rn. 52, 53; Hachenburg/ *Ulmer*, GmbHG, § 64 Rn. 56; instruktiv dazu *Fritsche/ Lieder*, DZWIR 2004, 93, 94 f. A.A. *Altmeppen/ Wilhelm*, NJW 1999, 673 ff.; *Altmeppen*, ZIP 2001, 2201, 2205 ff.; *K. Schmidt*, in: Scholz, GmbHG, § 64 Rn. 32. Anders ist dies freilich im Falle der Haftung nach § 64 II GmbHG, hier steht der Anspruch unstreitig nur der Gesellschaft zu; vgl. *Fritsche/ Lieder*, DZWIR 2004, 93, 94 f.

ff) Anwendbarkeit zivilrechtlicher Haftungstatbestände

Sofern es um die zivilrechtlichen Haftungstatbestände wegen §§ 823 II i.V.m. 263 StGB, § 826 BGB und §§ 280 I i.V.m. 241 II, 311 III BGB geht, ist sich die Literatur[1046] über deren Anwendbarkeit grundsätzlich einig. Selbstverständlich müssen sich auch die Geschäftsführer ausländischer Kapitalgesellschaften an die allgemeinen Vorschriften des deutschen Delikts- und Strafrechts halten. Hierbei handelt es sich auch um keine Marktzutrittsregelung. Wer sich in einem EG-Mitgliedstaat niederlassen will, weiß, dass er nach den Regeln des allgemeinen Deliktsrechts in Anspruch genommen werden kann.

Anderes gilt aber dann, wenn es im Rahmen deliktsrechtlicher Haftungsinstitute auf gesellschaftsrechtliche Fragen ankommt. Hier darf nicht versucht werden unter dem Deckmantel allgemeinen Deliktsrechts die *Keck*-Grundsätze zu umgehen.[1047] Sofern jedoch beispielsweise im Falle der materiellen Unterkapitalisierung oder der Vermögensvermischung die zusätzlichen Voraussetzungen des § 826 BGB vorliegen (subjektiver Tatbestand), bestehen hinsichtlich der Vereinbarkeit mit der Niederlassungsfreiheit keine Bedenken. Gleiches gilt etwa für eine Haftung von Geschäftsleitern wegen Betrugs oder bei vorsätzlicher Täuschung über die wahren Vermögensverhältnisse der Gesellschaft. In diesen Fällen handelt es sich um verschuldensabhängige, aber von der gesellschaftsrechtlichen Struktur grundsätzlich unabhängige Haftungstatbestände, die von jedermann begangen werden können. Sie stellen keine Marktzutrittsregelungen dar und sind aufgrund ihres nicht-diskriminierenden Charakters auf Geschäftsführer von Auslandsgesellschaften anwendbar.

gg) Haftung wegen fehlender Eintragung einer Zweigniederlassung

Im Folgenden soll geprüft werden, inwieweit eine Handelndenhaftung wegen fehlender Eintragung der Zweigniederlassung in Deutschland in Betracht kommt. Diese Frage stellt sich völlig unabhängig von einem Haupt- oder Sekundärinsolvenzverfahren, so dass für eine analoge Anwendung des Art. 3 I EuInsVO[1048] kein Raum ist.

1046 *Bayer*, BB 2003, 2357, 2364; *Paefgen*, DB 2003, 487, 488; *Schulz*, NJW 2003, 2705, 2708; *Schanze/Jüttner*, AG 2003, 661, 667; *Kindler*, NZG 2003, 1086, 1090; *Zimmer*, BB 2003, 1, 5; *Spindler/Berner*, RIW 2003, 949, 955; *Borges*, ZIP 2004, 733, 740; *Schumann*, DB 2004, 743, 745 f.; *Eidenmüller*, in: Eidenmüller, Ausländische Kapitalgesellschaften im deutschen Recht, § 4 Rn. 29 ff.; *Lutter*, in: Lutter, Europäische Auslandsgesellschaften in Deutschland, S. 85, 123.

1047 Dazu bereits ausführlich B. III. 2. a) cc) (3) (c).

1048 Zur analogen Anwendung des Art. 3 I EuInsVO auf Einzelverfahren vgl. oben B. III. 1. b) bb) (2).

Anlass zu den folgenden Überlegungen gibt die bereits im Zusammenhang mit dem Informationsmodell[1049] erwähnte Zweigniederlassungsrichtlinie[1050]. Zunächst soll daher kurz auf die in deutsches Recht umgesetzte Eintragungspflicht einer Zweigniederlassung eingegangen werden. Sodann ist zu fragen, ob diese Grundsätze auf den vorliegenden Fall einer englischen Limited mit Verwaltungssitz in Deutschland übertragen werden können. Schließlich ist zu diskutieren, welche Sanktionsmöglichkeiten an einen Verstoß durch EU-Auslandsgesellschaften geknüpft werden können.

Sinn und Zweck der Zweigniederlassungsrichtlinie ist es primär, diejenigen Personen zu schützen, die über eine Zweigniederlassung mit einer Gesellschaft in Beziehung treten.[1051] Die Offenlegung erstreckt sich daher auf eine Reihe von Urkunden und wichtige Angaben sowie diesbezügliche Änderungen. Damit möchte die Richtlinie sicherstellen, dass zumindest die wichtigsten Informationen über die Gesellschaft im Inland verfügbar sind und man nicht im Ausland recherchieren muss.[1052]

Die elfte Richtlinie wurde vom deutschen Gesetzgeber mittels der §§ 13d-13g HGB umgesetzt. Aufgrund des Anwendungsvorrangs europäischen Gemeinschaftsrechts[1053] ist jedoch bei deren Anwendung auf europäische Auslandsgesellschaften europäisches Primärrecht, insbesondere die Vereinbarkeit mit der EG-Niederlassungsfreiheit (Artt. 43, 48 EG), zu beachten. Zudem sind die §§ 13d-13g HGB als Umsetzungsakt richtlinienkonform auszulegen.[1054]

Fraglich ist jedoch, ob die §§ 13d ff. HGB auf eine englische Limited mit Verwaltungssitz in Deutschland überhaupt anwendbar sind. Voraussetzung ist dafür zunächst, dass deutsches Sachrecht zur Anwendung gelangt. Dies ist mit der Kollisionsnorm des § 13d III HGB zu bejahen: Hiernach unterliegt das registerrechtliche Verfahren grundsätzlich deutschem Sachrecht. Die Zweigniederlassung ist danach register- und auch kostenrechtlich, nicht aber gesellschaftsrechtlich der Hauptniederlassung einer inländischen Gesellschaftsform gleichzustellen.[1055]

1049 Siehe dazu oben B III. 2. a) bb) (3)(c).

1050 11. gesellschaftsrechtliche Richtlinie vom 22.12.1989 (Zweigniederlassungsrichtlinie) – 89/666/EWG; abgedruckt bei *Lutter*, Europäisches Unternehmensrecht, S. 269. Für eine „Checkliste" zur Eintragung einer Zweigniederlassung einer Limited im deutschen Handelsregister siehe *Herchen*, RIW 2005, 529.

1051 Vgl. Erwägungsgrund (6) der Richtlinie – 89/666/EWG.

1052 *Leible/Hoffmann*, EuZW 2003, 677, 679.

1053 EuGH, Urteil v. 15.7.1964, Rs. 6/64, Slg. 1964, 1251 ff., 1269 ff. – (*Costa/ENEL*); BVerfG, Urteil v. 22.10.1986, BVerfGE 73, 229 f. – (*Solange II*).

1054 Unstreitig, vgl. nur MüKo-*Bokelmann*, HGB, § 13 Rn. 2; *Baumbach/Hopt*, HGB, Einl. v. § 105 Rn. 36; *Kindler*, NJW 1993, 3301, 3302.

1055 MüKo-*Ebenroth*, IntGesR, Rn. 796; Staudinger-*Großfeld*, IntGesR, Rn. 1008; BayObLG 18.7.1985, BayObLGZ 1985, 272, 278; BayObLG 9.12.1998, NJW 1999, 654; OLG Düsseldorf 15.10.1998, RIW 1999, 143, 144.

Wendet man nun die §§ 13d ff. HGB auf eine englische Limited mit Verwaltungssitz in Deutschland an, so könnte man auf den ersten Blick daran zweifeln, dass es sich bei der Niederlassung in Deutschland lediglich um eine Zweigniederlassung handelt. Dabei ist jedoch zu beachten, dass die „Zweigniederlassung" im Sinne der Richtlinie ein europarechtlicher, kein nationaler Begriff ist.[1056] Wie das Urteil *Inspire Art* zeigt, vertritt der EuGH einen sehr weiten Zweigniederlassungsbegriff.[1057] So hielt er in seinem Urteil in Sachen *Inspire Art* die Zweigniederlassungsrichtlinie für einschlägig, obwohl die *Inspire Art Ltd.* ihren tatsächlichen Verwaltungssitz im Inland hatte und allein dort auch ihre gesamte Geschäftstätigkeit entfaltete.[1058] Nach der Rechtsprechung des EuGH sind daher die §§ 13d ff. HGB auf Auslandsgesellschaften mit effektivem Verwaltungssitz im Inland (Scheinauslandsgesellschaften) ohne weiteres anwendbar. Nur so kann dem auf Publizität beruhenden Schutzkonzept des EuGH Rechnung getragen werden.[1059]

§ 13 e II 1 HGB sieht die Pflicht zur Anmeldung von Zweigniederlassungen vor.[1060] Kommt der Eintragungspflichtige dieser Pflicht nicht nach, wird dies gemäß § 14 HGB mit der Verhängung eines Zwangsgeldes geahndet. Im Falle von juristischen Personen sind Adressaten der Zwangsgeldfestsetzung die zur Eintragung verpflichteten Mitglieder des Vertretungsorgans.[1061] Bejaht man wie dargestellt eine Anwendbarkeit der §§ 13d ff. HGB auf EU-Auslandsgesellschaften, besteht für diese ebenfalls nicht nur das Recht, sondern auch die Pflicht zur Eintragung der Zweigniederlassung. Vor dem Hintergrund der Rechtsprechung des EuGH zur EG-Niederlassungsfreiheit (Artt. 43, 48 EG) ist jedoch umstritten, welche Sanktionen an einen solchen Verstoß durch EU-Auslandsgesellschaften geknüpft werden können.

1056 Vgl. OLG Zweibrücken, NZG 2003, 537, 538; LG Trier NZG 2003, 778; *Wachter*, GmbHR 2004, 88, 93; *Riegger*, ZGR 2004, 510, 513; in diesem Sinne auch AG Duisburg, NZG 2003, 1072 f.

1057 Siehe zur Eintragung einer Auslandsgesellschaft als Zweigniederlassung auch *Lutter*, in: Lutter, Europäische Auslandsgesellschaften in Deutschland, S. 2 ff, insb. 7 f.

1058 EuGH v. 30.9.2003, Rs. C-167/01 – (*Inspire Art*) = AG 2003, 680 = DB 2003, 2219, 2221 = NJW 2003, 3331, 3333 Rn. 55 ff.; im Ergebnis ebenso AG Bad Segeberg, DZWIR 2005, 436; AG Duisburg, NZG 2003, 610; *Happ/Holler*, DStR 2004, 730, 734; *Leible/Hoffmann*, EuZW 2003, 677, 679 f.; *Wachter*, GmbHR 2004, 88, 93; kritisch dazu *Kieninger*, ZGR 1999, 724, 729 ff.; *Leible*, NZG 1999, 300, 301; *Höfling*, Das englische internationale Gesellschaftsrecht, S. 250 f.

1059 Vgl. auch *Leible/Hoffmann*, EuZW 2003, 677, 680; *Wachter*, GmbHR 2004, 88, 93; *Lutter/Bayer*, in: Lutter/ Hommelhoff, GmbHG, § 12 Rn. 15; *Rehberg*, in: Eidenmüller, Ausländische Kapitalgesellschaften im deutschen Recht, § 5 Rn. 73 ff.; *Lutter*, in: Lutter, Europäische Auslandsgesellschaften in Deutschland, S. 5.

1060 Ausführlich zur Eintragung der Zweigniederlassungen von Limiteds in das deutsche Handelsregister *Klose-Mokroß*, DStR 2005, 971; siehe für eine entsprechende Checkliste *Herchen*, RIW 2005, 529.

1061 BayObLG, NJW-RR 1986, 1480; *Baumbach/Hopt*, HGB, § 14 Rn. 2.

Mit dieser Frage befasst sich auch ein jüngst ergangenes Urteil des BGH[1062] vom 14.3.2005. Der Entscheidung lag folgender Sachverhalt zugrunde: Eine englische Limited mit Verwaltungssitz in Deutschland bezog Gaslieferungen, ohne in einem deutschen Handelsregister eingetragen zu sein. Die Rechnungen blieben unbezahlt. Die Eröffnung eines Insolvenzverfahrens wurde kurze Zeit später mangels Masse abgelehnt. Die Gläubigerin der genannten Forderung wollte daraufhin den Geschäftsführer der Gesellschaft gemäß § 11 II GmbHG analog persönlich in Anspruch nehmen.

Bei der Beurteilung der Entscheidung des BGH sind zwei Fragen zu unterscheiden. Einmal geht es um die Frage, inwieweit § 11 II GmbHG analog auf EU-Auslandsgesellschaften anwendbar ist. Ohne weiteres bejaht der BGH hier einen Eingriff in die EG-Niederlassungsfreiheit (Artt. 43, 48 EG). Die Handelndenhaftung für Verbindlichkeiten der Gesellschaft vor deren Eintragung stellt unproblematisch eine Marktzutrittsregelung dar, so dass sich der BGH mit der Frage einer teleologischen Reduktion des Schutzbereichs erst gar nicht auseinandersetzt. Zu Recht sieht der BGH auch keine Rechtfertigungsmöglichkeit anhand des vom EuGH entwickelten Vier-Kriterien-Tests. Der BGH stellt zunächst fest, dass der EuGH entschieden hat, die Bestimmungen über das Mindestkapital seien mit der durch den Vertrag garantierten Niederlassungsfreiheit unvereinbar. Daraus schließt der BGH folgerichtig, dass dies auch für „die Anordnung einer persönlichen (gesamtschuldnerischen) Haftung der Geschäftsführer in dem Fall, dass das Kapital nicht den im nationalen Recht vorgeschriebenen Mindestbetrag erreicht oder während des Betriebs unter diesen sinkt", gelten müsse.

Davon zu unterscheiden ist jedoch die hier interessierende Frage, inwieweit es Art. 12 der elften Richtlinie gestattet, die Nichteintragung der Zweigniederlassung mit einer Handelndenhaftung zu sanktionieren. Der BGH verneint auch hier eine analoge Anwendung des § 11 II GmbHG. § 14 HGB sehe allein die Festsetzung von Zwangsgeld für den Fall der Nichterfüllung der Anmeldepflicht vor, nicht hingegen haftungsrechtliche Konsequenzen.

Dieser Entscheidung des BGH ist im Ergebnis nicht zuzustimmen. Wie bereits erwähnt, hat der EuGH in *Inspire Art* ausgeführt, dass Art. 12 der elften Richtlinie die Mitgliedstaaten dazu verpflichtet, „geeignete Maßregeln für den Fall anzudrohen, dass die erforderliche Offenlegung der Zweigniederlassungen im Aufnahmestaat unterbleibt"[1063]. Weiter, so der Gerichtshof, sind „die Mitgliedstaaten nach ständiger Rechtsprechung dann, wenn eine Bestimmung des Gemeinschaftsrechts für den Fall ihrer Verletzung keine Sanktionsbestimmung enthält (...) verpflichtet (...), alle

---

1062 BGH, Urt. v. 14.3.2005, NJW 2005, 1648 = BB 2005, 1016 = DB 2005, 1047 m.Anm. *Ressos* = DStR 2005, 839 = GmbHR 2005, 630 = ZInsO 2005, 541 = ZIP 2005, 805; siehe dazu auch *Bruns*, EWiR § 11 GmbHG 1/05, 431; *Eidenmüller*, NJW 2005, 1618; *Leible/Hoffmann*, RIW 2005, 544.

1063 EuGH v. 30.9.2003, Rs. C-167/01 – (*Inspire Art*) Rn. 61.

geeigneten Maßnahmen zu treffen, um die volle Wirksamkeit des Gemeinschaftsrechts zu gewährleisten"[1064]. Dieser Verpflichtung ist jedoch in den Grenzen des Art. 10 EG nachzukommen. Der Gerichtshof betont nämlich, dass „Verstöße gegen das Gemeinschaftsrecht nach ähnlichen sachlichen und verfahrensrechtlichen Regeln geahndet werden wie nach Art und Schwere gleiche Verstöße gegen nationales Recht, wobei die Sanktion jedenfalls wirksam, verhältnismäßig und abschreckend sein muss"[1065].

Weitgehende Einigkeit[1066] herrscht daher hinsichtlich der Anwendbarkeit von § 14 HGB auf EU-Auslandsgesellschaften. Der deutsche Gesetzgeber sieht in § 14 HGB die Festsetzung von Zwangsgeld vor, sofern jemand der Pflicht zur Anmeldung nicht nachkommt. Uneinig ist man sich jedoch hinsichtlich der Effektivität einer solchen Zwangsgeldfestsetzung zur Durchsetzung der Eintragungspflichten.

Weite Teile der Literatur[1067] halten die Festsetzung von Zwangsfestgeld nicht für eine ausreichende Maßnahme und möchten daher bis zur erfolgten Eintragung den Geschäftsführer nach dem Rechtsgedanken der §§ 11 II GmbHG, 41 I AktG analog in Anspruch nehmen. Als Argument für eine über § 14 HGB hinausgehende Sanktion wird angeführt, dass die Ordnungsvorschrift des § 14 HGB außerhalb ihres Geltungsbereichs, also auch im EU-Ausland nicht vollzogen werden kann.[1068] Als weiteres Problem wird gesehen, dass die Registergerichte zurzeit nicht in systematischer Weise Kenntnis von der Errichtung einer Zweigniederlassung erlangen.[1069]

Eine persönliche Haftung des Geschäftsführers analog §§ 11 II GmbHG, 41 I AktG muss jedoch mit Art. 10 EG vereinbar sein. Eine Auslandsgesellschaft, die im Inland eine Zweigniederlassung zu eröffnen beabsichtigt, darf also nicht gegenüber einer inländischen Gesellschaft, die im selben Mitgliedstaat eine Zweigniederlassung eröffnet, benachteiligt werden. Daher wird wie folgt argumentiert[1070]: Zu vergleichen sei nicht die Eröffnung einer Zweigniederlassung durch eine Auslandsgesellschaft mit der Eröffnung einer Zweigniederlassung einer inländischen Gesellschaft in demselben Mitgliedstaat. Vorzugswürdig sei vielmehr

---

1064 EuGH v. 30.9.2003, Rs. C-167/01 – (*Inspire Art*) Rn. 62.

1065 EuGH v. 30.9.2003, Rs. C-167/01 – (*Inspire Art*) Rn. 62.

1066 Vgl. *Wachter*, GmbHR 2004, 88, 93; *Lutter/Bayer*, in: Lutter/Hommelhoff, GmbHG, § 12 Rn. 15; *Rehberg*, in: Eidenmüller, Ausländische Kapitalgesellschaften im deutschen Recht, § 5 Rn. 79; *Lutter*, in: Lutter, Europäische Auslandsgesellschaften in Deutschland, S. 9; *Eidenmüller*, NJW 2005, 1618, 1619; kritisch dagegen *Leible/Hoffmann*, EuZW 2003, 677, 680.

1067 *Lutter/ Bayer*, in: Lutter/ Hommelhoff, GmbHG, § 12 Rn. 15; *Lutter*, in: Lutter, Europäische Auslandsgesellschaften in Deutschland, S. 9; *Wachter*, ZNotP 2005, 122, 125.

1068 *Lutter*, in: Lutter, Europäische Auslandsgesellschaften in Deutschland, S. 9.

1069 *Wachter*, ZNotP 2005, 122, 125.

1070 Vgl. zum Folgenden *Leible/Hoffmann*, EuZW 2003, 677, 679; diese Position bekräftigend *dies.*, RIW 2005, 544, 546. Ähnlich auch *Lutter*, in: Lutter, Europäische Auslandsgesellschaften in Deutschland, S. 12 f.; *Lutter/ Bayer*, in: Lutter/ Hommelhoff, GmbHG, § 12 Rn. 16.

der Vergleich zwischen der erstmaligen Eintragung der inländischen Gesellschaft und der Errichtung einer Zweigniederlassung durch eine Auslandsgesellschaft. Begründet wird diese Betrachtungsweise damit, dass Art. 5 der elften Richtlinie zwischen der ersten Zweigniederlassung in einem Mitgliedstaat und weiteren Zweigniederlassungen differenziert. Danach wird die vollumfängliche Offenlegung nur bei der ersten Eintragung verlangt, während es bei den weiteren nur eines Verweises auf die erste bedarf. Damit erkenne auch das europäische Recht an, dass der erstmaligen Offenlegung in einem Mitgliedstaat besondere Bedeutung für den Schutz der Personen zukommt, die mit einer Gesellschaft in Kontakt treten. Folglich seien schärfere Sanktionen für ihre Durchsetzung nicht nur zulässig, sondern unter Beachtung des Grundsatzes der Verhältnismäßigkeit auch angezeigt.[1071]

Die Gegenmeinung[1072] hält eine persönliche Haftung für unvereinbar mit der Niederlassungsfreiheit. Begründet wird dies damit, dass die Eintragung der im Inland tätigen Auslandsgesellschaft als Zweigniederlassung für deren rechtliche Existenz eine lediglich deklaratorische Wirkung habe, da sie im Gründungsstaat bereits eingetragen und nach dem ausländischen Gesellschaftsstatut zu behandeln sei. Die erstmalige Eintragung sei bei einer inländischen Gesellschaft für deren Existenz dagegen konstitutiv, was die persönliche Handelndenhaftung in reinen Inlandsfällen rechtfertige. Im Ergebnis ist daher eine analoge Anwendung des §§ 11 II GmbHG, 41 I AktG für die bloße Missachtung der Eintragungspflicht diskriminierend und unverhältnismäßig.

Im Folgenden sind daher zwei Fragen zu prüfen: Erstens, sind die §§ 11 II GmbHG, 41 I AktG analogiefähig und, zweitens, ist eine Handelndenhaftung vereinbar mit der EG-Niederlassungsfreiheit (Artt. 43, 48 EG).

Teilweise[1073] wird eine analoge Anwendung der §§ 11 II GmbHG, 41 I AktG mit der Begründung abgelehnt, es fehle hierfür bereits an einer Analogiebasis. Denn Auslandsgesellschaften sind nach der Rechtsprechung des EuGH als „Zweigniederlassungen" i.S.d. elften Richtlinie zu verstehen. Ihre konstitutive Eintragung hat bereits im Gründungsstaat stattgefunden. Vergleicht man nun die Eintragung einer Zweigniederlassung durch eine Auslandsgesellschaft mit der Ersteintragung einer inländischen Gesellschaft, missachte man die Tatsache, dass die EU-Auslandsgesellschaft bereits im Gründungsstaat errichtet wurde und im Inland anzuerkennen ist. Damit liege aber ein Handeln „vor Eintragung" gar nicht vor. Für diese Sichtweise spreche auch der Umstand, dass der Eintragung nach den §§ 13e-g HGB ledig-

1071 *Leible/Hoffmann*, EuZW 2003, 677, 679; *dies.*, RIW 2005, 544, 545 f.

1072 *Eidenmüller*, in: Eidenmüller, Ausländische Kapitalgesellschaften im deutschen Recht, § 4 Rn. 15 f.; *Rehberg*, in: Eidenmüller, Ausländische Kapitalgesellschaften im deutschen Recht, § 5 Rn. 82, 105; *Eidenmüller*, NJW 2005, 1618, 1619; *Lehmann*, NZG 2005, 580, 581; *Paefgen*, GmbHR 2005, 957, 965 f.; *Lieder*, DZWIR 2005, 399, 400 ff.; wohl auch *Hirte*, EWS 2003, 521; *Kindler*, NZG 2003, 1086, 1088.

1073 *Lutter*, in: Lutter, Europäische Auslandsgesellschaften in Deutschland, S. 13; ähnlich *Eidenmüller*, NJW 2005, 1618, 1619.

lich deklaratorische Wirkung zukomme. Da der deutsche Gesetzgeber nicht erwogen habe, dieser Eintragung konstitutive Bedeutung beizumessen, entfalle auch die Möglichkeit einer entsprechenden Anwendung der §§ 11 II GmbHG, 41 I AktG.

Die Gegenmeinung[1074] hält dagegen zu Recht eine Analogie der §§ 11 II GmbHG, 41 I AktG für möglich. So sind eine planwidrige Regelungslücke, Analogiefähigkeit und eine vergleichbare Interessenlage gegeben. Ersteres ergibt sich bereits daraus, dass bei der Umsetzung europäischer Richtlinien grundsätzlich davon auszugehen ist, dass eine lückenlose Umsetzung beabsichtigt ist, so dass eine durch Analogie zu schließende Regelungslücke stets zu unterstellen ist.[1075] Die Regelungslücke besteht in der fehlenden hinreichenden Sanktionierung der Publizitätspflicht unter Verstoß gegen Art. 12 der elften Richtlinie, obwohl der europäische Gesetzgeber erkennbar eine Handelndenhaftung vorsieht. Das Fehlen einer solchen Regelung im deutschen Recht ist eine Konsequenz der bislang herrschenden Sitztheorie[1076]. Danach ging man davon aus, dass in Deutschland nur Zweigniederlassungen auftreten konnten, die tatsächlich über eine ausländische Hauptniederlassung verfügen.

Auch kommt § 11 II GmbHG kein Ausnahmecharakter zu, so dass bei seiner analogen Anwendung besondere Zurückhaltung geboten wäre. Denn die konstitutive Wirkung der Registereintragung ist ein wesentliches Prinzip des Körperschaftsrechts.[1077]

Schließlich ist auch eine Vergleichbarkeit der Interessenlagen zu bejahen. Für die zu schützenden Interessen der Gläubiger macht es nämlich keinen Unterschied, ob sie mit einer Gesellschaft kontrahieren die ihren tatsächlichen Sitz im Inland in Form einer Hauptniederlassung oder lediglich in Form einer Zweigniederlassung hat.

Damit liegen die Voraussetzungen für eine analoge Anwendung des § 11 II GmbHG vor.

Die zweite Frage hat der EuGH in seinem Urteil in Sachen *Inspire Art* offen gelassen.[1078] Fraglich ist jedoch, ob der EuGH dadurch tatsächlich eine „primärrechtsfreie Zone" schaffen wollte[1079], mit dem Ergebnis, dass nationale Bestimmungen die mit einer EU-Richtlinie vereinbar sind grundsätzlich nicht gegen die Niederlassungsfreiheit verstoßen können. Dagegen spricht bereits, dass der EuGH

1074 *Leible/Hoffmann*, EuZW 2003, 677, 679; *dies.*, RIW 2005, 544, 546 f.; *Lutter/Bayer*, in: Lutter/Hommelhoff, GmbHG, § 12 Rn. 16.

1075 *Leible/Hoffmann*, RIW 2005, 544, 546.

1076 Siehe dazu ausführlich oben B. 2. a) bb) (3) (a).

1077 *Leible/Hoffmann*, RIW 2005, 544, 547.

1078 EuGH v. 30.9.2003, Rs. C-167/01 – (*Inspire Art*) = AG 2003, 680 = DB 2003, 2219, 2221 Rn. 95 ff. = NJW 2003, 3331, 3333 Rn. 64.

1079 So *Rehm*, in: Eidenmüller, Ausländische Kapitalgesellschaften im deutschen Recht, § 2 Rn. 86; ähnlich *Brand*, JR 2004, 89, 94, Kritisch dagegen *Kindler*, NZG 2003, 1086, 1088; *Leible*, ZGR 2004, 531, 539; *Leible/Hoffmann*, RIW 2005, 544.

selbst den Maßstab des Art. 10 EG heranzieht.[1080] Die Sanktion muss danach verhältnismäßig sein. Fraglich ist dies jedoch, wenn der Geschäftsführer für die vor Eintragung der Zweigniederlassung eingegangenen Verbindlichkeiten persönlich haftet. So könnte man meinen, mit der Androhung von Zwangsgeld würde ausreichender Druck auf die Geschäftsführer von Auslandsgesellschaften erzeugt, so dass eine Durchgriffshaftung unverhältnismäßig sei.[1081] Diese Ansicht lässt allerdings außer Betracht, dass die elfte Richtlinie primär die Gläubiger schützen möchte, die mit der Gesellschaft über die Zweigniederlassung in Kontakt treten.[1082] Diesen ist jedoch mit der Festsetzung eines Zwangsgelds nach § 14 HGB nicht gedient. § 14 HGB stellt keinen Anspruch zugunsten der Klägerin dar.[1083] Diese Schutzrichtung der Zweigniederlassungsrichtlinie ist jedoch bei der Bestimmung der Verhältnismäßigkeit zu berücksichtigen. Außerdem ist zu beachten, dass sich der EuGH[1084] bereits 1997 mit der Sanktionierung durch das deutsche Zwangsgeldverfahren zu befassen hatte. Damals hat er aber entschieden, dass sich jedermann auf die Offenlegungspflicht berufen kann und daher im Antragsverfahren (nach § 335 HGB a.F.) eine Beschränkung des Antragsrechts auf bestimmte Personenkreise nicht mit dem Erfordernis „geeignete Maßregeln" nach Art. 6 der elften Richtlinie vereinbar ist.

Zudem wird darauf hingewiesen[1085], dass gemäß Art. 7 der elften Richtlinie die Handelnden vor Erlangung der Rechtsfähigkeit für ihre Handlungen persönlich haften. Damit geht das europäische Recht also auch sonst davon ausgeht, dass die Zuerkennung des Haftungsprivilegs erst aufgrund einer Offenlegung ihrer Rechtsverhältnisse gerechtfertigt ist. Von der Europarechtskonformität einer Handelndenhaftung kann daher ausgegangen werden.[1086]

Als Ergebnis bleibt damit festzuhalten, dass entgegen der Ansicht des BGH eine Handelndenhaftung analog § 11 II GmbHG zulässig ist.[1087]

1080 EuGH v. 30.9.2003, Rs. C-167/01 – (*Inspire Art*) Rn. 62.

1081 *Eidenmüller*, NJW 2005, 1618, 1619 f.

1082 Vgl. Erwägungsgrund (6) der Richtlinie – 89/666/EWG.

1083 Vgl. auch AG Segeberg, Urt. v. 24.3.2005, ZInsO 2005, 558, 560.

1084 EuGH, Slg. 1997, I-6858, Rn. 18 ff. – (*Daihatsu*); ferner EuGH, Slg. 1998, 5485, 5504 Rn. 66 ff. – (Kommission/Deutschland); dazu näher *Leible*, ZHR 162 (1998), 594.

1085 *Leible/Hoffmann*, RIW 2005, 544, 545.

1086 *Lutter*, in: Lutter, Europäische Auslandsgesellschaften in Deutschland, S. 13; *Leible/Hoffmann*, RIW 2005, 544, 545.

1087 Für eine Durchgriffshaftung auch *Borges*, ZIP 2004, 733, 736; *Leible/ Hoffmann*, EuZW 2003, 677, 679; *Brand*, JR 2004, 89, 94; *Lutter*, in: Lutter, Europäische Auslandsgesellschaften in Deutschland, S. 14; wohl auch *Rehm*, in: Eidenmüller, Ausländische Kapitalgesellschaften im deutschen Recht, § 2 Rn. 86. Für die Möglichkeit im Wege einer Gesetzesänderung *Lehmann*, NZG 2005, 580, 581; *Paefgen*, GmbHR 2005, 957, 965 f. Kritisch dagegen *Hirte*, EWS 2003, 521; gegen eine Durchgriffshaftung *Eidenmüller*, NJW 2005, 1618, 1619 f.; *Bruns*, EWiR § 11 GmbHG 1/05, 431, 432; *Lieder*, DZWIR 2005, 399, 400 ff.

d) Zusammenfassung

Folgende Regelungen deutschen Rechts sind damit auf eine englische Limited nicht anwendbar:

- die Mindestkapitalregeln
- die Kapitalaufbringungs- und erhaltungsregeln
- die Regeln über das eigenkapitalersetzende Gesellschafterdarlehen
- die Haftung wegen Existenzvernichtung
- die Haftung wegen materieller Unterkapitalisierung
- die Haftung wegen Vermögensvermischung

Anwendbar ist jedoch eine Haftung wegen Insolvenzverschleppung nach deutschem Recht.

Zudem ist eine Haftung wegen Nichteintragung einer Zweigniederlassung möglich.

3. Sekundärverfahren

a) Sekundärverfahren in Deutschland bei englischem Hauptverfahren

Hinsichtlich der kollisionsrechtlichen Fragen ergibt sich aus der Tatsache, dass es sich um ein Sekundärverfahren handelt, nichts Neues. Art. 28 EuInsVO stellt als insolvenzrechtliche Kollisionsnorm im Sekundärverfahren die Parallelnorm zu Art. 4 EuInsVO dar. Hiernach gelangt das Insolvenzrecht desjenigen Mitgliedstaats zur Anwendung, in dessen Gebiet das Sekundärinsolvenzverfahren eröffnet wird. Bezüglich des internationalen Gesellschaftsrechts gilt das zum deutschen Hauptinsolvenzverfahren Gesagte[1088], denn es macht bezüglich der Niederlassungsfreiheit einer Auslandsgesellschaft keinen Unterschied, ob Beschränkungen im Rahmen eines Hauptinsolvenzverfahrens oder lediglich im Rahmen eines Sekundärinsolvenzverfahrens erfolgen.

aa) Keine Anwendbarkeit deutscher Kapitalregeln

Im Einzelnen bedeutet dies, dass auch im Falle eines Sekundärverfahrens weder die deutschen Mindestkapitalregeln, noch die Vorschriften über Kapitalaufbringung und -erhaltung, noch die Regeln über das eigenkapitalersetzende Gesellschafterdarlehen anwendbar sind.

[1088] Siehe dazu B. III. 2. a) aa) bb).

bb) Verminderte Staatsaufsicht über Gesellschaften mit Sitz im Ausland

Befindet sich der Verwaltungssitz im Ausland, so kann eine Staatsaufsicht nur eine verminderte Schutzfunktion übernehmen.[1089] Wie im Fall eines deutschen Hauptinsolvenzverfahrens führt dies jedoch nicht dazu, dass diese Schutzlücke mittels einer Sonderanknüpfung an deutsches Recht kompensiert werden kann. Denn die Schutzlücke tritt in England wie im Ausland gleichermaßen auf.[1090]

cc) Keine Durchgriffshaftung nach deutschem Recht

Die Anwendbarkeit von Durchgriffshaftungen nach deutschen Rechts im Sekundärverfahren scheidet bereits mangels Vereinbarkeit mit der EG-Niederlassungsfreiheit (Artt. 43, 48 EG) aus.[1091]

dd) Anwendbarkeit der deutschen Insolvenzverschleppungshaftung

(1) Insolvenzantragspflicht des englischen directors

Im Rahmen eines Sekundärverfahrens in Deutschland gelangt über Art. 28 EuInsVO deutsches Insolvenzrecht zur Anwendung. Qualifiziert man nun § 64 I GmbHG mit der wohl herrschenden Meinung insolvenzrechtlich[1092], so gelangt die Antragspflicht grundsätzlich zur Anwendung. Fraglich ist, auf welches Verfahren sich die Antragspflicht beziehen kann. In Betracht kommt die Pflicht zur Stellung eines Antrags auf ein Hauptverfahren oder eines Antrags auf ein Sekundärverfahren.

Eine Pflicht zur Stellung eines Antrags auf ein Sekundärverfahren scheidet jedoch bereits aus mehreren Gründen aus. So ist die Einleitung eines Sekundärverfahrens grundsätzlich fakultativ. Dies wird bereits aus dem Wortlaut des Art. 27 EuInsVO deutlich, wonach ein Sekundärverfahren eröffnet werden *kann*. Zudem fehlt dem Schuldner nach Eröffnung eines Hauptverfahrens gemäß Art. 29 b EuInsVO i.V.m. § 354 I InsO bereits das *Recht* einen Antrag zu stellen.[1093] Unmöglich kann er daher zur Stellung eines Antrags verpflichtet werden.

Man könnte jedoch daran denken, auf den Antrag bezüglich des Hauptverfahrens abzustellen. Zu überlegen wäre nämlich, ob der englische director seiner Antragspflicht genügte, indem er rechtzeitig den Antrag auf Eröffnung eines Hauptverfahrens stellte.[1094] Dies muss dann der Fall sein, wenn das ausländische Gericht

---

[1089] Siehe dazu B. III. 1. c).

[1090] Siehe dazu B. III. 2. c) aa).

[1091] Siehe dazu B. III. 2. c) cc).

[1092] Siehe dazu B. III. 2. b) dd) (1).

[1093] Siehe dazu B. II. 7. c) bb).

[1094] Diese Fragestellung ist nicht zu verwechseln mit der umgekehrten, vieldiskutierten Frage, ob der Geschäftsführer einer deutschen GmbH mit tatsächlichem Sitz im Ausland, seiner Antragspflicht genügt, indem er einen Antrag beim gemäß Art. 3 I EuInsVO international

international zuständig ist und zwar unabhängig davon, ob es eröffnet oder nicht. Denn auf andere Weise könnte der Zweck des § 64 I GmbHG gar nicht mehr erreicht werden, da die deutschen Gerichte bei richtiger Rechtsanwendung ihre internationale Zuständigkeit verneinen müssten.[1095]

Ist das ausländische Gericht dagegen nicht international zuständig, kommt der Geschäftsführer seiner Antragspflicht freilich nicht nach, wenn er dort einen Antrag stellt. Der Antrag muss vor dem international und national zuständigen Gericht gestellt werden.[1096]

Anders ist dies im Ergebnis aber dann zu beurteilen, wenn das ausländische Gericht international nicht zuständig war und gleichwohl eröffnet. Denn Sinn und Zweck des § 64 I GmbHG ist die rechtzeitige Einleitung eines Insolvenzverfahrens. Diesem Zweck wird jedoch mit der Eröffnung eines Insolvenzverfahrens in irgendeinem Mitgliedstaat genüge getan.[1097] Trotz zahlreicher Unterschiedlichkeiten sind die mitgliedstaatlichen Insolvenzordnungen als gleichwertig anzuerkennen.[1098] Dies ergibt sich zudem zwingend aus dem der EuInsVO zugrunde liegenden Grundsatz des gegenseitigen Vertrauens.[1099] Hiernach sollen sämtliche Gerichte eines Mitgliedstaates die Eröffnung eines Verfahrens in einem anderen Mitgliedstaat anerkennen, unabhängig davon, ob das ausländische Gericht nach ihrer Auffassung international zuständig war oder nicht. Der EuInsVO liegt damit der Grundsatz des Gemeinschaftsvertrauens und der favor recognitionis zugrunde.[1100]

Stellt nun der Geschäftsführer bewusst oder unbewusst seinen Antrag bei einem ausländischen nicht international zuständigen Gericht, wird man bei Eröffnung

---

zuständigen ausländischen Gericht stellt. Dies muss der Fall sein, denn der Insolvenzantrag vor dem deutschen – örtlich zuständigen aber international nicht zuständigen – Gericht würde nur genügen, wenn das deutsche Gericht eröffnet. Kommt es dem Antrag aber nicht nach, muss der Geschäftsführer ohne schuldhaftes Zögern den Insolvenzantrag bei dem ausländischen international zuständigen Gericht stellen; vgl. *Vallender/Fuchs*, ZIP 2004, 829, 835. Dies auch zutreffender Weise bejahend *Sabel*, NZI 2004, 126, 128; *Liersch*, NZI 2004, 271, 272.

1095 Zutreffend daher auch *Liersch*, NZI 2004, 271, 272; *Vallender/Fuchs*, ZIP 2004, 829, 830 ff.; *Eidenmüller*, in: Eidenmüller, Ausländische Kapitalgesellschaften im deutschen Recht, § 9 Rn. 25 Fn. 33.

1096 Zutreffend *Vallender/Fuchs*, ZIP 2004, 829, 831.

1097 So i.E. auch *Vallender/Fuchs*, ZIP 2004, 829, 833, die aber nicht klarstellen, ob sie die Antragspflicht auch dann als erfüllt ansehen, wenn das ausländische Gericht international nicht zuständig war; ähnlich *Meyer-Löwy/Poertzgen*, ZInsO 2004, 195, 197.

1098 Daher führt die Eröffnung eines Insolvenzverfahrens durch ein international nicht zuständiges Gericht auch nicht zu einem mit der öffentlichen Ordnung der Mitgliedsstaaten unvereinbaren Ereignis. So die ganz h.M. vgl. stellv. *Duursma/Duursma-Kepplinger*, DZWIR 2003, 447, 450; a.A. *Mankowski*, EWiR Art. 3 EuInsVO 3/03, 767 f.; in dieser Richtung (allerdings ohne Begründung) auch *Kolmann*, Kooperationsmodelle, S. 289.

1099 Erwägungsgrund (22) EuInsVO.

1100 *Virgós/Schmit*, in: Stoll (Hrsg.), Vorschläge und Gutachten (1997), Nr. 147.

des Verfahrens gezwungen sein, diesen anzuerkennen. Wenn nämlich die fälschliche Inanspruchnahme der internationalen Zuständigkeit eines Gerichts von sämtlichen mitgliedstaatlichen Gerichten im Wege der gegenseitigen Anerkennung zu akzeptieren ist, kann auch dem director nicht der Vorwurf entgegengehalten werden, er sei seiner Antragspflicht deswegen nicht nachgekommen, weil das Gericht international nicht zuständig sei.[1101] Dies gilt umso mehr, als die Haftung wegen Insolvenzverschleppung Verschulden voraussetzt. Verkennt das Gericht seine internationale Zuständigkeit, kann das nicht zu Lasten des antragstellenden Schuldners gehen. Anders ist dies nur zu beurteilen, wenn der Antrag auf Eröffnung eines Hauptinsolvenzverfahrens bei einem international nicht zuständigen Gericht gestellt wird und das Gericht das Verfahren nicht eröffnet.

(2) Haftung wegen Insolvenzverschleppung

Hat nun der director den Antrag beim englischen Gericht zu spät gestellt, erscheint es fraglich, ob er über Art. 28 EuInsVO nach den Regeln der insolvenzrechtlich zu qualifizierenden[1102] Insolvenzverschleppungshaftung gemäß § 823 II BGB i.V.m. § 64 I GmbHG in Anspruch genommen werden kann.

Dagegen kann man anführen, dass sich die Wirkungen des Sekundärverfahren nur auf das im Gebiet des Mitgliedstaats belegene Vermögen des *Schuldners* bezieht (Art. 27 Satz 2 EuInsVO), *Schuldner* ist jedoch nur die Gesellschaft. An keiner Stelle ist die Rede davon, auch auf das Vermögen des *Geschäftsführers* zuzugreifen, zumal sich dieses unter Umständen gar nicht im Gebiet des Mitgliedstaates der Eröffnung des Sekundärverfahrens befindet. Allerdings ergibt sich im Umkehrschluss zu Art. 3 II 2 EuInsVO, dass auch das Hauptverfahren seine Wirkung lediglich auf das Vermögen des *Schuldners* beschränkt.[1103]

Hier handelt es sich um dieselbe bereits bezüglich des Hauptinsolvenzverfahrens erörterte Problematik der Einbeziehung von Einzelverfahren in den Anwendungsbereich der EuInsVO.[1104] Wie dargestellt ist Art. 3 I EuInsVO richtigerweise analog auf Verfahren wegen Insolvenzverschleppungshaftung anzuwenden.

Dennoch erscheint die Anwendbarkeit der Insolvenzverschleppungshaftung im Rahmen eines Sekundärinsolvenzverfahrens fraglich. So erfasst die Eröffnung eines solchen das gesamte im jeweiligen Mitgliedstaat belegene Vermögen (Art. 27 Satz 3 EuInsVO). Die Belegenheit ist damit entscheidendes Merkmal für die Einbeziehung eines Vermögenswertes in die Aktivmasse des Sekundärverfahrens.[1105] Nun be-

---

1101 A.A. offenbar *Vallender/Fuchs*, ZIP 2004, 829, 831 die einen solchen Antrag schon mangels Ernsthaftigkeit nicht anerkennen wollen.

1102 Siehe oben B. III. 2. b) dd).

1103 Vgl. ferner *Virgós/Schmit*, in: Stoll (Hrsg.), Vorschläge und Gutachten (1997), Nr. 14, 19. Auch hier ist nur die Rede vom Vermögen des *Schuldners*.

1104 Ausführlich hierzu oben B. III. 1. c) bb).

1105 Vgl. *Smid*, EuInsVO, Art. 27 Rn. 27.

stimmt Art. 2 lit. g dritter Spiegelstrich EuInsVO aber gerade, dass es hierbei im Falle von Forderungen darauf ankommt, wo der zur Leistung verpflichtete *Dritte* den Mittelpunkt seiner hauptsächlichen Interessen hat. Dies ist im Falle der Insolvenzverschleppungshaftung der Interessenmittelpunkt des directors. Dieser wird im Normalfall mit dem Interessenmittelpunkt der Gesellschaft identisch sein. Man könnte daher der Ansicht sein, dass in diesem Fall das mit dem Sekundärverfahren befasste Gericht gemäß Artt. 16, 17 EuInsVO anzuerkennen hat, dass eine Forderung gegen den director unter den Vermögensbeschlag des Hauptverfahrens fällt. Dies erscheint allerdings schon deshalb fraglich, weil die Forderung wegen Insolvenzverschleppungshaftung gerade nicht im Wege des englischen Hauptverfahrens geltend gemacht werden kann, daher vermag sich die Wirkung des Hauptinsolvenzverfahrens auch nicht darauf zu erstrecken.

Auch vermögen die genannten Zweifel angesichts der Funktion eines Sekundärinsolvenzverfahrens nicht überzeugen. Der Erläuternde Bericht stellt insoweit klar, dass ein Sekundärverfahren in erster Linie dem Zweck dient, die Interessen der inländischen Gläubiger zu schützen.[1106] Weiter führt der Bericht aus, dass den Gläubigern dadurch die Möglichkeit gegeben werden soll, rechtlich genau so wie bei einem inländischen Verfahren gestellt zu sein.[1107] Gelangt man also im deutschen Hauptinsolvenzverfahren zur Anwendbarkeit der Insolvenzverschleppungshaftung, muss dies konsequenterweise auch für das Sekundärinsolvenzverfahren gelten.

Im Ergebnis allein überzeugend ist es daher, die Insolvenzverschleppungshaftung in einem deutschen Sekundärverfahren anzuwenden.[1108]

b) *Sekundärverfahren in England bei deutschem Hauptverfahren*

aa) *Haftung nach wrongful trading*

Für die Anwendbarkeit der wrongful trading-rule im Sekundärverfahren spricht, dass ein solcher Anspruch im Falle eines Hauptverfahrens in Deutschland erst durch eine Verfahrenseröffnung in England entstehen kann. Denn wie dargestellt setzt s. 214 Insolvency Act 1986 voraus, dass sich die Gesellschaft in einem winding up befindet. Dieses stellt sodann einen Anspruch der Gesellschaft gegen den Geschäftsführer dar, der nur vom Insolvenzverwalter geltend gemacht werden kann. Als Anspruch der Gesellschaft ist man daher versucht, diesen zum Vermögen der Gesellschaft zu rechnen und damit zur im Sinne von Art. 27 EuInsVO in England belegenen Aktivmasse zu zählen.[1109] Hiergegen kann allerdings wieder vorgebracht werden, dass es bei Forderungen für ihre Belegenheit auf den Mittel-

---

1106 *Virgós/Schmit*, in: Stoll (Hrsg.), Vorschläge und Gutachten (1997), Nr. 32.

1107 *Virgós/Schmit*, in: Stoll (Hrsg.), Vorschläge und Gutachten (1997), Nr. 32.

1108 So konsequenterweise wohl auch *Hirte/Mock*, ZIP 2005, 474, 477.

1109 So *Hirte/Mock*, ZIP 2005, 474, 477 f.

punkt der hauptsächlichen Interessen des Schuldners ankommt. Dieser ist bei dem Geschäftsführer, wie dargestellt, regelmäßig am Mittelpunkt der hauptsächlichen Interessen der Gesellschaft zu sehen. Im Falle eines Hauptverfahrens in Deutschland ist er daher ebendort und nicht in England zu verorten. Allerdings muss auch hier die Funktion des Sekundärinsolvenzverfahrens berücksichtigt werden. Die Gläubiger im Mitgliedstaat einer Niederlassung des Schuldners sollen in den Genuss der Anwendung nationalen Rechts kommen. Daher ist eine Haftung aus wrongful trading in einem englischen Sekundärverfahren zuzulassen.[1110]

bb) Keine Insolvenzverschleppungshaftung

Nur der Vollständigkeit halber sei darauf hingewiesen, dass im englischen Sekundärverfahren die Regelungen der deutschen Insolvenzverschleppungshaftung nicht zur Anwendung gelangen. Hierzu fehlt es bereits an einer kollisionsrechtlichen Verweisung, Art. 28 EuInsVO verweist nur in das englische Insolvenzrecht. Zudem fällt der Anspruch aus Insolvenzverschleppungshaftung unter den Insolvenzbeschlag des Hauptverfahrens.[1111]

cc) Keine Durchgriffshaftung nach deutschem Recht

Einzelverfahren wegen Durchgriffshaftungen nach deutschem Recht, namentlich der Existenzvernichtungshaftung, der Haftung wegen materieller Unterkapitalisierung und der Haftung wegen Vermögensvermischung scheiden mangels Vereinbarkeit mit der Niederlassungsfreiheit (Artt. 43, 48 EG) aus.

4. Vergleichende Würdigung

Wird das Hauptinsolvenzverfahren über eine englische Limited in England durchgeführt, kommt es zu einem Gleichlauf von Gesellschafts- und Insolvenzrecht. Deutsche Einzelverfahren über Ansprüche aufgrund Durchgriffshaftung (Existenzvernichtung, materielle Unterkapitalisierung, Vermögensvermischung), eigenkapitalersetzender Gesellschafterdarlehen oder Insolvenzverschleppung sind nicht zulässig. Möglich sind jedoch Einzelverfahren wegen zivilrechtlicher Haftungstatbestände (§§ 823 II BGB i.V.m. 263 StGB, § 826 BGB), soweit deren Voraussetzungen tatsächlich vorliegen. Zudem kann ein Geschäftsführer wegen Nichteintragung einer Zweigniederlassung in Deutschland in Anspruch genommen werden.

Im englischen Verfahren ergeben sich weiter keine besonderen rechtlichen Schwierigkeiten. Die Tatsache, dass sich der Verwaltungssitz der Gesellschaft im Ausland befindet, führt zu einem teilweisen Leerlaufen der dem englischen Recht eigenen

---

1110 So auch (allerdings ohne Begründung) *Griffiths/Tschentscher*, Insolvency Intelligence 17 (2004) 57, 61.

1111 Vgl. dazu die parallele Problematik im Falle eines Sekundärverfahrens in Deutschland.

Staatsaufsicht. Dieses Phänomen findet seine Ursache aber nicht darin, dass das Hauptinsolvenzverfahren in England stattfindet. Auch stellt dies keine Schutzlücke dar, die sich für das englische Recht erst aufgrund der Rechtsprechung des EuGH zur EG-Niederlassungsfreiheit (Artt. 43, 48 EG) ergibt. In England folgt man traditionell der Gründungstheorie, so dass ein Auseinanderfallen von satzungsmäßigem Sitz und Verwaltungssitz bereits früher bekannt war. Die Entscheidung des englischen Gesetzgebers, gegen einen faktischen Entzug der Staatsaufsicht durch Sitzverlegung keine Regelung getroffen zu haben, ist daher zu respektieren.

Findet das Hauptinsolvenzverfahren in Deutschland statt, gestaltet sich die Abwicklung aufgrund einer Disharmonie von Gesellschafts- und Insolvenzstatut ungleich komplizierter. Hier muss man sich mit der Frage von Sonderanknüpfungen an das deutsche Recht auseinandersetzen. Dabei ist festzustellen, dass weder die deutschen Regeln über Kapitalaufbringung und -erhaltung, noch die gesellschaftsrechtlichen Durchgriffstatbestände wegen Existenzvernichtung, materieller Unterkapitalisierung und Vermögensvermischung zur Anwendung gelangen. Lediglich eine Haftung wegen Insolvenzverschleppung und eine Haftung wegen fehlender Eintragung einer Zweigniederlassung sind im Falle eines Hauptinsolvenzverfahrens in Deutschland anwendbar.

Hinzu kommt, dass der mit dem Insolvenzverfahren befasste Richter englisches Gesellschaftsrecht anwenden muss. Hierbei wird er auf zahlreiche Schwierigkeiten stoßen, die vielfach nur mittels Einholung von Rechtsgutachten gelöst werden können.

Zu beachten ist dabei, dass sowohl im Falle eines englischen als auch eines deutschen Hauptinsolvenzverfahrens die Eröffnung eines Sekundärinsolvenzverfahrens im jeweils anderen Mitgliedstaat weiteren Handlungsspielraum bietet: Findet das Hauptinsolvenzverfahren in England statt ermöglicht es die Eröffnung eines Sekundärinsolvenzverfahrens den Geschäftsführer wegen Insolvenzverschleppung in Anspruch zu nehmen. Dies ist vor allen Dingen dann interessant, wenn ein wrongful trading aufgrund der gewählten Verfahrensart in England nicht zur Anwendung gelangt. Entscheidet man sich nämlich für eine administration, scheidet ein Anspruch aus wrongful trading aus, da dieses ein winding up der Gesellschaft voraussetzt.

Auch die Möglichkeit eines Sekundärinsolvenzverfahrens in England bietet eine interessante Perspektive. Leitet man über das in England befindliche Vermögen ein winding up ein, gelangt man in den Genuss der Anwendung der englischen wrongful trading-rule und kann damit ebenfalls auf den Geschäftsführer zugreifen. Obgleich im Falle einer englischen Limited in England regelmäßig kaum Vermögen vorhanden sein wird, steht dies der Eröffnung eines Verfahrens nicht entgegen. Wie in Teil I der arbeit gezeigt wurde, kennt das englische Insolvenzrecht keine Ablehnung der Verfahrenseröffnung mangels Masse.

Wie die obigen Ausführungen also zeigen, ist die Kombination eines englischen Hauptinsolvenzverfahrens mit einem deutschen Sekundärinsolvenzverfahren im Falle einer englischen Limited mit Verwaltungssitz in Deutschland vorzugswürdig. Die Gesamtschau macht deutlich, dass die Vorteile eines Gleichlaufs von Insolvenz- und Gesellschaftstatut überwiegen. Dieses Verfahren lässt sich rechtlich problemlos durchführen. Kombiniert man das englische Hauptinsolvenzverfahren mit einem Sekundärinsolvenzverfahren in Deutschland, gelingt es, die Palette gläubigerschützender Rechtsinstitute um die deutsche Insolvenzverschleppungshaftung zu erweitern. Eine ideale Konstellation ergibt sich, wenn der Hauptinsolvenzverwalter sogleich als Verwalter des Sekundärinsolvenzverfahrens eingesetzt wird.

C. Schluss

Die eingangs gestellte Frage nach dem für Gläubiger günstigsten Gerichtsstand ist damit beantwortet. Im Falle einer englischen Limited mit Verwaltungssitz in Deutschland sollte das Hauptinsolvenzverfahren in England stattfinden und mit einem deutschen Sekundärinsolvenzverfahren kombiniert werden. Damit ist der These zuzustimmen, wonach für Gesellschaften auf die Eröffnungszuständigkeit am Mittelpunkt der hauptsächlichen Interessen verzichtet werden sollte und allein auf den Mitgliedstaat abzustellen ist, nach dessen Recht die Gesellschaft erkennbar organisiert ist.[1112] Erleichternd kommt hinzu, dass unabhängig vom Ort des Hauptverfahrens gemäß § 11 II GmbHG analog eine Handelndenhaftung möglich ist, sofern es der Geschäftsführer entgegen der in § 13 II e 1 HGB vorgeschriebenen Pflicht versäumt hat, in Deutschland eine Zweigniederlassung anzumelden.

Dieses Ergebnis steht im Widerspruch zur Entscheidung des Verordnungsgebers, wonach Art. 3 I EuInsVO grundsätzlich eng auszulegen ist und damit im Falle einer englischen Limited mit Verwaltungssitz in Deutschland zu einer deutschen internationalen Zuständigkeit für das Hauptinsolvenzverfahren führt. Der status quo im internationalen Insolvenzrecht ist damit unbefriedigend. Dies erhöht sowohl den Druck auf den europäischen Gesetzgeber in Richtung einer Regelung eines internationalen Gesellschaftsinsolvenzrechtes als auch auf den nationalen Gesetzgeber in Richtung einer Harmonisierung der nationalen Gesellschafts- und Insolvenzrechte.

1112 So *Eidenmüller*, NJW 2004, 3455, 3458 f.

D. Thesen

1. *Kürzere Dauer des Insolvenzeröffnungsverfahrens in England im Falle eines Gläubigerantrags.* Die geringeren Anforderungen, die das englische Recht an einen Gläubigerantrag stellt, führen zu einer kürzeren Dauer des englischen Insolvenzeröffnungsverfahrens.

2. *Kürzere Dauer des Insolvenzeröffnungsverfahrens in Deutschland im Falle eines Schuldnerantrags.* Mit § 18 InsO bietet die deutsche Insolvenzordnung dem Schuldner im Falle der drohenden Insolvenz die Möglichkeit ein Insolvenzverfahren einzuleiten. § 18 InsO gelangt über Art. 4 II 1 EuInsVO auch im Falle eines Hauptinsolvenzverfahren i.S.d. EuInsVO zur Anwendung. Das englische Recht kennt eine vergleichbare Regelung nicht, so dass im Falle eines Schuldnerantrags eine frühere Eröffnung des Insolvenzverfahrens in Deutschland möglich ist.

3. *Keine Vorverlegung des Prioritätsprinzips durch Regelungen des nationalen Rechts.* Regelungen nationalen Rechts, die für den Zeitpunkt der Wirksamkeit des Verfahrens rückwirkend auf einen Zeitpunkt vor Eröffnung abstellen, finden im Rahmen eines Verfahrens nach der EuInsVO keine Anwendung.

4. *Wirkung des Prioritätsprinzips mit Bestellung eines vorläufigen Insolvenzverwalters.* Die Bestellung eines vorläufigen Insolvenzverwalters ist eine gemäß Art. 16 Abs. 1 EuInsVO automatisch in sämtlichen Mitgliedstaaten anzuerkennende Entscheidung und versperrt *eo ipso* die Eröffnung eines Hauptinsolvenzverfahrens in einem anderen Mitgliedstaat.

5. *Anwendbarkeit der EuInsVO auf Scheinauslandsgesellschaften aus dem EU-Ausland.* Die EuInsVO findet auf europäische Scheinauslandsgesellschaften Anwendung. Die Tatsache, dass sich lediglich der satzungsmäßige Sitz in einem anderen Mitgliedstaat befindet, stellt ein ausreichendes grenzüberschreitendes Element dar.

6. *Insolvenzfähigkeit EU-ausländischer Kapitalgesellschaften.* Seit der Rechtsprechung des EuGH in Sachen *Centros*, *Überseering* und *Inspire Art* sind EU-ausländische Kapitalgesellschaften in Deutschland nicht nur rechts- und parteifähig, sondern auch insolvenzfähig.

7. *Ermittlung des Mittelpunkts der hauptsächlichen Interessen von Amts wegen.* Den Mittelpunkt der hauptsächlichen Interessen hat der Richter stets von Amts wegen zu ermitteln. Die Ermittlung bewendet sich nicht mit der gesetzlichen Vermutung des Art. 3 I 2 EuInsVO, sondern ist im Einzelfall genau zu prüfen. Maßgeblicher Zeitpunkt ist dabei der Zeitpunkt der Antragstellung.

8. *Sämtliche Gläubiger als maßgebliche „Dritte" im Sinne von Erwägungsgrund (13).* Nach Erwägungsgrund (13) soll als Mittelpunkt der hauptsächlichen Interessen ein Ort gelten, der für Ditte erkennbar ist. „Dritte" i.S.v. Erwägungsgrund (13) sind die Gläubiger des insolventen Schuldners. Dabei ist nicht nach der Höhe ihrer Forderungen zu differenzieren, vielmehr ist ein objektiver Maßstab anzuwenden.

9. *Restriktive Auslegung des Begriffs des „Mittelpunkts der hauptsächlichen Interessen".* Der Begriff des „Mittelpunkts der hauptsächlichen Interessen" ist restriktiv auszulegen. Abzustellen ist immer auf den Einzelfall. Bei richtiger Handhabung des Art. 3 I EuInsVO kommt es auch nicht zu unterschiedlichen Ergebnissen in den einzelnen Mitgliedstaaten. Sollten dort konzerninsolvenzrechtliche Regelungen bestehen, gelangen diese über Art. 4 EuInsVO nicht zur Anwendung.

10. *Kein Konzerninsolvenzgerichtsstand über den Begriff des „Schuldners" im Sinne von Art. 3 I EuInsVO.* Erfasst der Begriff des Schuldners i.S.v. Art. 3 I EuInsVO nach nationalem Verständnis eines Mitgliedstaats den gesamten Konzern, führt dies dort im Anwendungsbereich der EuInsVO nicht zu einem Konzerninsolvenzgerichtsstand. Die entsprechenden nationalen Regelungen gelangen über Art. 4 EuInsVO nicht zur Anwendung.

11. *Rechtsschutz für den ausländischen Verwalter nach innerstaatlichem Recht bei Verstoß gegen das Prioritätsprinzip.* Für das deutsche Recht erweitert Art. 102 § 3 I 3 EGInsO den § 34 II InsO um die Beschwerdebefugnis des ausländischen Insolvenzverwalters. Gleiches lässt sich für das englische Recht aus rule 4.10 (3A) Insolvency Rules 1986 ableiten. Der ausländische Insolvenzverwalter kann dabei allerdings nur einen Verstoß gegen das Prioritätsprinzip geltend machen. Der vorläufige Insolvenzverwalter ist nicht beschwerdebefugt.

12. *Beschwerdebefugnis des antragstellenden ausländischen Gläubigers de lege ferenda.* Es ist interessengerecht, de lege ferenda auch einem Gläubiger die Beschwerdebefugnis zu gewähren, der bei einem ausländischen Gericht bereits vor Eröffnung eines Hauptinsolvenzverfahrens im Inland einen Antrag zur Eröffnung eines Hauptinsolvenzverfahrens gestellt hat. Der Prüfungsumfang erstreckt sich auch auf die Überprüfung der internationalen Zuständigkeit.

13. *Keine ex-tunc-Unwirksamkeit der vorgenommen Handlungen des vom unzuständigen Gericht eingesetzten Verwalters.* Dass bei einer Einstellung des deutschen Hauptinsolvenzverfahrens die Handlungen des Insolvenzverwalters auch nach Einstellung des Verfahrens wirksam bleiben, ist europarechtskonform und entspricht den Erfordernissen der Rechtssicherheit und des Verkehrsschutzes.

14. *Keine Antragsbefugnis des Schuldners zur Eröffnung eines Sekundärinsolvenzverfahrens.* Wortlaut, Systematik und ratio der Art. 27ff. EuInsVO stehen

einer Antragsbefugnis des Schuldners zur Eröffnung eines Sekundärinsolvenzverfahrens entgegen.

15. Keine Einzelverfahren in Deutschland wegen Insolvenzverschleppungshaftung oder nach den Novellenregeln zum eigenkapitalersetzenden Gesellschafterdarlehen neben englischem Hauptinsolvenzverfahren. Art. 3 I EuInsVO bestimmt in analoger Anwendung auch die internationale Zuständigkeit für Verfahren wegen Insolvenzverschleppungshaftung oder wegen eines Verfahrens nach den Novellenregeln des eigenkapitalersetzenden Gesellschafterdarlehens. Ist daher im Ausland bereits ein Hauptinsolvenzverfahren eröffnet, stellt ein inländisches Einzelverfahren einen Verstoß gegen Artt. 16, 17 EuInsVO dar.

16. *Gesellschaftsrechtliche Qualifikation der Kapitalaufbringungs- und erhaltungsregeln.* Als zentrale Gläubigerschutzbestimmungen im GmbH-Recht sind die §§ 30f. GmbHG gesellschaftsrechtlich zu qualifizieren. Der Weg zu einer Anwendbarkeit auf EU-Auslandsgesellschaften führt damit allenfalls über eine Sonderanknüpfung.

17. *Differenzierte Betrachtung der Regeln über das eigenkapitalersetzenden Gesellschafterdarlehen.* Hinsichtlich der Regeln über das eigenkapitalersetzende Gesellschafterdarlehen ist eine differenzierte Betrachtungsweise geboten. Während die BGH-Regeln auf einer analogen Anwendung der §§ 30f. GmbHG beruhen, haben die Novellenregeln ihren Kern in den Bestimmungen der §§ 39 I Nr. 5, 135 InsO. Bei der Frage nach Qualifikation und Anwendbarkeit auf EU-Auslandsgesellschaften muss zwischen beiden Regelungen unterschieden werden.

18. *Gesellschaftsrechtliche Qualifikation der BGH-Regeln über das eigenkapitalersetzenden Gesellschafterdarlehen.* Die BGH-Regeln verpflichten die Gesellschafter, die Gesellschaft mit dem entsprechenden Stammkapital zu führen und beruhen auf einer analogen Anwendung der §§ 30f. GmbHG. Sie sind gesellschaftsrechtlich zu qualifizieren. Der Weg zu einer Anwendbarkeit auf EU-Auslandsgesellschaften führt damit über eine Sonderanknüpfung.

19. *Insolvenzrechtliche Qualifikation der Novellenregeln über das eigenkapitalersetzende Gesellschafterdarlehen.* Die Novellenregeln haben ihren Kern in den Bestimmungen der §§ 39 I Nr. 5, 135 InsO und sind insolvenzrechtlich zu qualifizieren. Internationalprivatrechtliche Kollisionsnorm ist Art. 4 EuInsVO.

20. Gesellschaftsrechtliche Qualifikation der Existenzvernichtungshaftung, der Haftung wegen materieller Unterkapitalisierung und der Haftung wegen Vermögensvermischung. Der gesellschaftsrechtliche Charakter der Durchgriffstatbestände überwiegt. Damit kommt nur eine gesellschaftsrechtliche und nicht zusätzlich eine insolvenzrechtliche oder deliktsrechtliche Qualifikation in Frage.

21. *Insolvenzrechtliche Qualifikation der Insolvenzverschleppungshaftung.* Sowohl die Pflicht zur Stellung eines Insolvenzantrags nach § 64 I GmbHG als auch die daran geknüpfte Insolvenzverschleppungshaftung sind insolvenzrechtlich zu qualifizieren. Internationalprivatrechtliche Kollisionsnorm ist Art. 4 EuInsVO.

22. *Keine Anwendbarkeit der Kapitalaufbringungs- und erhaltungsregeln.* Als Marktzutrittsregelungen sind Kapitalaufbringungs- und erhaltungsregeln anhand des vom EuGH entwickelten Vier-Kriterien-Tests auf ihre Vereinbarkeit mit der Niederlassungsfreiheit zu prüfen (Artt. 43, 48 EG). Eine Rechtfertigung kommt mangels Erforderlichkeit nicht in Betracht.

23. *Keine Anwendbarkeit der BGH-Regeln über das eigenkapitalersetzende Gesellschafterdarlehen.* Als Marktzutrittsregelungen sind die BGH-Regeln anhand des vom EuGH entwickelten Vier-Kriterien-Tests auf ihre Vereinbarkeit mit der Niederlassungsfreiheit zu prüfen (Artt. 43, 48 EG). Eine Rechtfertigung kommt mangels Erforderlichkeit nicht in Betracht.

24. *Keine Anwendbarkeit der Novellenregeln über das eigenkapitalersetzende Gesellschafterdarlehen.* Eine Vereinbarkeit der Novellenregeln mit der EG-Niederlassungsfreiheit kommt nicht bereits deshalb in Betracht, weil ihr Inhalt mit Art. 4 I 2 lit. g, i und m EuInsVO korreliert. Als Marktzutrittsregelungen sind auch die Novellenregeln anhand des vom EuGH entwickelten Vier-Kriterien-Tests auf ihre Vereinbarkeit mit der Niederlassungsfreiheit zu prüfen (Artt. 43, 48 EG). Eine Rechtfertigung kommt mangels Erforderlichkeit nicht in Betracht.

25. Keine Anwendbarkeit der Existenzvernichtungshaftung, der Haftung wegen materieller Unterkapitalisierung und der Haftung wegen Vermögensvermischung. Als Marktzutrittsregelung ist die Existenzvernichtungshaftung anhand des vom EuGH entwickelten Vier-Kriterien-Tests auf ihre Vereinbarkeit mit der Niederlassungsfreiheit zu prüfen (Artt. 43, 48 EG). Eine Rechtfertigung kommt mangels Erforderlichkeit nicht in Betracht.

26. *Analoge Anwendung der deutschen Insolvenzantragspflicht auf den director einer englischen Limited.* Die Antragspflicht nach § 64 I GmbHG findet analoge Anwendung auf den director einer englischen Limited mit Verwaltungssitz in Deutschland.

27. *Vereinbarkeit der Insolvenzverschleppungshaftung mit der EG-Niederlassungsfreiheit.* Als Marktzutrittsregelung ist die Insolvenzverschleppungshaftung anhand des vom EuGH entwickelten Vier-Kriterien-Tests auf ihre Vereinbarkeit mit der Niederlassungsfreiheit zu messen (Artt. 43, 48 EG). Ihre Anwendung ist aufgrund des Auftretens einer Schutzlücke erforderlich und damit gerechtfertigt.

28. Anwendbarkeit der deutschen Insolvenzverschleppungshaftung trotz englischen Hauptinsolvenzverfahrens bei Eröffnung eines Sekundärinsolvenzverfahrens. Das Sekundärverfahren erfasst im Falle einer englischen Limited mit Verwaltungssitz in Deutschland neben dem Vermögen des Schuldners auch das Vermögen des Geschäftsführers, soweit er wegen Insolvenzverschleppungshaftung in Anspruch genommen wird. Die Insolvenzverschleppungshaftung gelangt über Art. 28 i.V.m. 4 EuInsVO in einem deutschen Sekundärinsolvenzverfahren zur Anwendung.

29. Anwendbarkeit der wrongful trading-rule nach Eröffnung eines Hauptinsolvenzverfahrens in Deutschland trotz Eröffnung eines Sekundärinsolvenzverfahrens in England. Im Falle einer Limited mit Verwaltungssitz in Deutschland gelangt die wrongful trading-rule als Anspruch der Gesellschaft zur Anwendung.

30. *Handelndenhaftung wegen fehlender Eintragung einer Zweigniederlassung in Deutschland.* § 11 II GmbHG findet analoge Anwendung auf EU-Auslandsgesellschaften, die ihrer Pflicht zur Eintragung einer Zweigniederlassung nicht nachkommen.

31. Fazit: Kombination eines englischen Hauptinsolvenzverfahrens mit einem deutschen Sekundärinsolvenzverfahren als vorzugswürdige Konstellation. Im Falle einer englischen Limited mit Verwaltungssitz in Deutschland liegt zwar in der Regel die internationale Zuständigkeit gemäß Art. 3 I EuInsVO in Deutschland. Dennoch ist die Eröffnung eines Hauptinsolvenzverfahrens in England und dem damit erreichten Gleichlauf von Gesellschafts- und Insolvenzrecht gegenüber einem Hauptinsolvenzverfahren in Deutschland vorzuziehen. Dieses ist sodann mit einem Sekundärinsolvenzverfahren zu kombinieren. Letzteres hat zur Folge, dass auch ein Verfahren wegen Insolvenzverschleppungshaftung eröffnet werden kann.

Literaturverzeichnis

Altmeppen, Holger: Schutz vor „europäischen“ Kapitalgesellschaften, NJW 2004, S. 97-104.

– Zur Entwicklung eines neuen Gläubigerschutzrechts in der GmbH, ZIP 2002, S. 1553-1563.

Altmeppen, Holger / Wilhelm Jan: Gegen die Hysterie um die Niederlassungsfreiheit der Scheinauslandsgesellschaften, DB 2004, S. 1083-1089.

Bähr, Biner / Riedemann, Susanne: Anm. zu LG Innsbruck Beschl. v. 11.5.2004 (ZIP 2004, 1721): EWiR Art. 3 EuInsVO 10/04, S. 1085-1085.

– Anm. zu AG Mönchengladbach v. 27.4.2004 (ZIP 2004, 1064): ZIP 2004, S. 1066-1068.

v. Bar, Christian / Mankowski, Peter: Internationales Privatrecht, Band I, 2. Auflage, München 2003; zit. *v.Bar/Mankowski*, IPR, Band I, § Rn..

Baudenbacher, Carl / Buschle, Dirk: Niederlassungsfreiheit für EWR-Gesellschaften nach Überseering, IPRax 2004, S. 26-31.

Bauer, Stefan / Schlegel, Ursula: Anm. zu Supreme Court of Ireland, Urt. v. 27.7.2004 (ZIP 2004, 1220): Art. 3 EuInsVO 11/04, S. 1181-1182.

Baumbach, Adolf / Hopt, Klaus: Handelsgesetzbuch, 31. Auflage, München 2003; zit. *Baumbach/Hopt*, HGB, § Rn.

Baumbach, Adolf / Hueck, Alfred: GmbH-Gesetz, 18. Auflage, München 2003; zit. *Bearbeiter*, in: Baumbach/Hueck, GmbHG, § Rn.

Baumgarte, Angelika: Die englische Limited: rechtliche und praktische Aspekte, London 2005.

Baxter, David: COMI comes to Dublin, Insolvency Intelligence 17 (2004), S. 92-94.

Bayer, Walter: Die EuGH-Entscheidung „Inspire Art“ und die deutsche GmbH im Wettbewerb der europäischen Rechtsordnungen, BB 2003, S. 2357-2366.

– Aktuelle Entwicklungen im Europäischen Gesellschaftsrecht, BB 2004, S. 1-11.

Bayer, Walter / Schmidt, Jessica: Die Insolvenzantragspflicht der Geschäftsführung nach §§ 92 Abs. 2 AktG, 64 Abs. 1 GmbHG, ZIP 2005, S. 644-652.

Behrens, Peter: Gemeinschaftsrechtliche Grenzen der Anwendung inländischen Gesellschaftsrechts auf Auslandsgesellschaften nach Inspire Art, IPRax 2004, S. 20-26.

– Das internationale Gesellschaftsrecht nach dem Überseering-Urteil des EuGH und den Schlussanträgen zu Inspire Art, IPRax 2003, S. 193-207.

– Das internationale Gesellschaftsrecht nach dem Centros-Urteil des EuGH, IPRax 1999, S. 323-331.

– Die Gesellschaft mit beschränkter Haftung im internationalen und europäischen Recht, 2. Auflage, Berlin 1997, zit. *Behrens*, Die GmbH im internationalen und europäischen Recht, Rn. (S.).

– Die grenzüberschreitende Sitzverlegung von Gesellschaften in der EWG, IPRax 1989, S. 374-361.

Bernsdorff, Christoph Graf v.: Einführung in das englische Recht, München 1996.

Beutler, Barbara / Debus, Stefan: Anm. zu LG Klagenfurt v. 2.7.2004, 41 S 75/04 h – *Zenith*: EWiR Art. 3 EuInsVO 3/05, S. 217-218.

Bitter, Georg: Der Anfang vom Ende des „qualifiziert faktischen GmbH-Konzerns“, WM, 2001, S. 2133-2141.

– Flurschäden im Gläubigerschutzrecht durch „Centros & Co.“? WM 2004, S. 2190-2200.

Blenske, Holger: Anm. zu AG Köln, Urt. v. 23.1.2004 (ZInsO 2004, 216 = NZI 2004, 151 = ZIP 2004, 1220): EWiR Art. 3 EuInsVO 6/04, S. 601-602.

Bock, Gerhard / Muhri, Georg: Das neue Insolvenzrecht, Wien 2002.

Borchardt, Klaus-Dieter: Die rechtlichen Grundlagen der Europäischen Union, 2. Auflage, Heidelberg 2002.

Borges, Georg: Gläubigerschutz bei ausländischen Gesellschaften mit inländischem Sitz, ZIP 2004, S. 733-744.

Bork, Reinhard: Einführung in das Insolvenzrecht, 3. Auflage, Tübingen 2002.

Bourne, Nicholas: Principles of Company Law, 4. Auflage, London 1998; zit. *Bourne*, Company Law, S.

Brand, Oliver: Das Kollisionsrecht und die Niederlassungsfreiheit von Gesellschaften, JR 2004, S. 89-96.

Braun, Oliver: Die Haftung des GmbH-Geschäftsführers, Marburg 2003.

Brenner, Barbara: Anm. zu GA Colomer vom 06.09.2005, ZIP 2005, S. 1646-1648.

– Anm. zu AG Hamburg v. 14.5.2003 (NJW 2003, 2835 = ZIP 2003, 1008 = NZG 2003, 732 = EuZW 2003, 773 = NZI 2003, 442): EWiR Art. 3 EuInsVO 4/03, S. 925-926.

Breutigam, Axel / Blersch, Jürgen / Goetsch, Hans-W.: Berliner Kommentar Insolvenzrecht, Freiburg 2002; zit. *Bearbeiter*, in: Breutigam/Blersch/Goetsch, InsO, § Rn.

Bruns, Patrick: Anm. zu BGH, Urt. v. 14.3.2005 (NJW 2005, 1648 = BB 2005, 1016 = DB 2005, 1047 = DStR 2005, 839 = GmbHR 2005, 630 = ZInsO 2005, 541 = ZIP 2005, 805): EWiR § 11 GmbHG 1/05, S. 431-432.

Burg, Michael: Existenzvernichtungsschutz in der Private Limited Company?, GmbHR 2004, S. 1379-1383.

v. Busekist, Konstantin Philipp: „Umwandlung" einer GmbH in eine im Inland ansässige EU-Kapitalgesellschaft am Beispiel der englischen Ltd., GmbHR 2004, S. 650-659.

Cahn, Andreas: Diskussionsbericht zu den Referaten Mülbert und Schön, Der Konzern 2004, S. 171-172.

Cascante, José Christian: Niederlassungsfreiheit contra Sitztheorie – Goodbye „Daily Mail"?, RIW 1999, S. 450-456.

Cheffins, Brian: Company Law, Oxford 1997; zit. *Cheffins*, Company Law, S.

Davies, Stephen: Insolvency and the Enterprise Act 2002, Bristol 2003.

Dawson, Kate: The jurisdiction of the English courts under the EC Regulation on Insolvency Proceedings, Insolvency Lawyer 2003, S. 226-233.

Degenhardt, Klaus: Die „Limited" in Deutschland: Eine Alternative zur GmbH? 4. Auflage, Bremen 2005.

Deipenbrock, Gudula: Das neue europäische Internationale Insolvenzrecht – von der „quantité négligeable" zu einer „quantité indispensable", EWS 2001, S. 113-119.

Dicey & Morris: Conflict of Laws, Fourth Cumulative Supplement zur 13. Aufl. 2004; zit. *Bearbeiter*, in: *Dicey/Morris*, Conflict of Laws, Rn.

Dierksmeier, Jochen: Die englische Limited in Deutschland – Haftungsrisiko für Berater, BB 2005, S. 1516-1523.

Dubovizkaja, Elena: „Überseering"-Rechtsprechung: Gerichtliche Klarstellung zur Niederlassungsfreiheit von Gesellschaften, GmbHR 2003, S. 694-698.

Duursma, Dieter / Duursma-Kepplinger, Henriette-Christine: Gegensteuerungsmaßnahmen bei ungerechtfertigter Inanspruchnahme der internationalen Zuständigkeit gemäß Art. 3 Abs. 1 EuInsVO, DZWIR 2003, S. 447-452.

Duursma-Kepplinger, Henriette-Christine / Duursma, Dieter / Chalupsky, Ernst: Europäische Insolvenzverordnung, Kommentar, Wien, 2002; zit. *Bearbeiter*-DK/D/Ch, EuInsVO, Art. Rn.

Ebenroth, Carsten Thomas / Eyles, Uwe: Die innereuropäische Verlegung des Gesellschaftssitzes als Ausfluss der Niederlassungsfreiheit? (Teil I), DB 1989, S. 363-372.

Die innereuropäische Verlegung des Gesellschaftssitzes als Ausfluss der Niederlassungsfreiheit? (Teil I), DB 1989, S. 413-417.

Ebert, Sabine / Levedag, Christian: Die zugezogene „private limited by shares (Ltd.)" nach dem Recht von England und Wales als Rechtsformalternative für in- und ausländische Investoren in Deutschland, GmbHR 2003, S. 1337-1346.

Ebke, Werner: Die wahre Liberalität ist Anerkennung, JZ 2003, S. 927-933.

– Das Centros-Urteil des EuGH und seine Relevanz für das seutsche internationale Gesellschaftsrecht, JZ 1999, S. 656-661.

Eckhold, Thomas: Materielle Unterkapitalisierung, München (u.a.) 2002.

Ehlers, Dirk: Europäische Grundrechte und Grundfreiheiten, Berlin 2003; zit. *Bearbeiter*, in: Ehlers, Europäische Grundrechte und Grundfreiheiten, § Rn.

Ehricke, Ulrich: Das Verhältnis des Hauptinsolvenzverwalters zum Sekundärinsolvenzverwalter bei grenzüberschreitenden Insolvenzen nach der EuInsVO, ZIP 2005, S. 1104-1112.

– Die Zusammenarbeit der Insolvenzverwalter bei grenzüberschreitenden Insolvenzen nach der EuInsVO, WM 2005, S. 397-405.

– Die neue Europäische Insolvenzverordnung und grenzüberschreitende Konzerninsolvenzen, EWS 2002, S. 101-109.

– Das abhängige Konzernunternehmen in der Insolvenz, Tübingen 1998.

Ehricke, Ulrich / Ries, Julian: Die neue Europäische Insolvenzverordnung, JuS 2003, S. 313-320.

Eidenmüller, Horst: Geschäftsleiter- und Gesellschafterhaftung bei europäischen Auslandsgesellschaften mit tatsächlichem Inlandssitz, NJW 2005, S. 1618-1621.

– Ausländische Kapitalgesellschaften im deutschen Recht, München 2004; zit. *Bearbeiter*, in: Eidenmüller, Ausländische Kapitalgesellschaften im deutschen Recht, § Rn.

– Mobilität und Restrukturierung von Unternahmen im Binnenmarkt, JZ 2004, S. 24-33.

– Wettbewerb der Gesellschaftsrechte in Europa, ZIP 2002, S. 2233-2245.

– Europäische Verordnung über Insolvenzverfahren und zukünftiges deutsches internationales Insolvenzrecht, IPRax 2001, S. 2-15.

Eidenmüller, Horst / Rehm, Gebhard: Niederlassungsfreiheit versus Schutz des inländischen Rechtsverkehrs: Konturen des Europäischen internationalen Gesellschaftsrechts, ZGR 2004, S. 159-188.

Elsing, Siegfried / van Alstine, Michael: US-amerikanisches Handels- und Wirtschaftsrecht, 2. Auflage, Heidelberg 1999.

Eule, Wolfgang: Die Entscheidungen des EuGH und des BGH in Sachen „Überseering BV“ – eine peinliche Blamage für die beteiligten Juristen!?, ZNotP 2004, S. 56-61.

Fischer, Michael: Die Verlagerung des Gläubigerschutzes vom Gesellschafts- in das Insolvenzrecht nach „Inspire Art“, ZIP 2004, S. 1477-1486.

Fleischer, Holger: Erweiterte Außenhaftung der Organmitglieder im Europäischen Gesellschafts- und Kapitalmarktrecht, ZGR 2004, S. 437-479.

– Bestellungshindernis und Tätigkeitsverbote von Geschäftsleitern im Aktien-, Bank- und Kapitalmarktrecht, WM 2004, S. 157-166.

– Der Rechtsmissbrauch zwischen Gemeineuropäischem Privatrecht und Gemeinschaftsprivatrecht, JZ 2003, S. 865-874.

– Gläubigerschutz in der kleinen Kapitalgesellschaft: Deutsche GmbH versus englische private limited company, DStR 2000, S. 1015-1021.

Flessner, Axel: Grundsätze des europäischen Insolvenzrechts, ZEuP 2004, S. 887-907.

– Das zukünftige Internationale Insolvenzrecht im Verhältnis zum Europäischen Insolvenzübereinkommen, in: Stoll Hanns (Hrsg), Vorschläge und Gutachten zur Umsetzung des EU-Übereinkommens über Insolvenzverfahren im Deutschen Recht, S. 220-231, Tübingen 1997; zit. *Flessner*, in: Stoll (Hrsg.), Vorschläge und Gutachten (1997), 220, S.

Fletcher, Ian: The Law of Insolvency, 3. Auflage, London 2002.

– „Living in interesting times" – Reflections on the EC Regulation on Insolvency Proceedings, Insolvency Intelligence 18 (2005) S. 49–54, 68–73, 85–90.

Flume, Werner: Die Haftung des GmbH-Geschäftsführers bei Geschäften nach Konkursreife der GmbH, ZIP 1994, S. 337-342.

Forsthoff, Ulrich: Internationales Gesellschaftsrecht im Umbruch, DB 2003, S. 979-981.

– EuGH fördert Vielfalt im Gesellschaftsrecht, DB 2002, S. 2471-2477.

Frankfurter Kommentar zur Insolvenzordnung, 3. Auflage, Neuwied 2002; zit. *Bearbeiter*, FK-InsO § Rn.

Freshfields Bruckhaus Deringer: Bankruptcy jurisdiction in the US and Europe: reconsideration needed, April 2005, abrufbar unter www.freshfields.com.

Fritsche, Stefan / Lieder, Jan: Persönliche Haftung und Haftungsabwicklung bei Verstoß gegen die Insolvenzantragspflicht nach § 64 Abs. 1 GmbHG und § 92 Abs. 2 AktG, DZWIR 2004, S. 93-99.

Fritz, Daniel Friedmann / Bähr, Rainer M.: Die Europäische Verordnung über Insolvenzverfahren – Herausforderungen an Gerichte und Insolvenzverwalter, DZWIR 2001, S. 221-235.

Frowein, Jochen / Peukert, Wolfgang: Europäische Menschenrechts Konvention, EMRK-Kommentar 2. Auflage, Kehl 1996.

Geimer, Reinhold / Schütze, Rolf: Europäisches Zivilverfahrensrecht, Kommentar, 2. Auflage, München 2004.

Geyrhalter, Volker / Gänßler, Peggy: „Inspire Art" – Briefkastengesellschaften „on the Move", DStR 2003, S. 2167-2172.

Görk, Stefan: Das EuGH-Urteil in Sachen „Centros" von 19 März 1999 – Kein Freibrief für Briefkastengesellschaften, GmbHR 1999, S. 793-800.

Goette, Wulf: Wo steht der BGH nach „Centros" und „Inspire Art"?, DStR 2005, S. 197-201.

– Zur systematischen Einordnung des § 64 Abs. 2 GmbHG, in: Festschrift für Walter Gerhardt zum 70. Geburtstag, Köln 2004, S. 53-64; zit. *Goette*, in: FS Gerhardt, 53, S.

Göttsche, Max: Das Centros-Urteil des EuGH und seine Auswirkungen, DStR 1999, S. 1403-1408.

Götz, Jürgen: Multinationale Konzernstrukturen nach Überseering und Inspire Art, Der Konzern 2004, S. 449-455.

Goldstein, Elmar / Wulferding, Klaus: EURO-GmbH: So setzen sie eine englische Limited in Deutschland ein, 2004.

Gottwald, Peter: Grenzüberschreitende Insolvenzen – Europäische und weltweite Tendenzen und Lösungen, München 1997; zit. *Gottwald*, Grenzüberschreitende Insolvenzen, S.

Gower's Principles of modern Company Law, 6. Auflage, London 1997; zit. *Gower's* Modern Company Law, S.

Grabitz, Eberhard / Hilf, Meinhard: Das Recht der Europäischen Union Band I: EUV/EGV, Stand: 19. Ergänzungslieferung 2/2002; zit. *Bearbeiter*, in: Grabitz/ Hilf, Das Recht der Europäischen Union Band I: EUV/EGV, Art. Rn.

Gräfe, Gerald: Director's fiduciary duties als Gläubigerschutzinstrument bei britischen Limiteds mit Verwaltungssitz in Deutschland, DZWIR 2005, S. 410-414.

Graf, Ulrike: Die Anerkennung ausländischer Insolvenzentscheidungen, Tübingen 2003.

Griffin, Stephen: Personal Liabiliy and Disqualification of Company Directors, Oxford (u.a.) 1999.

– The Disqualification of Unfit Directors and The Protection of The Public Interest, Insolvency Lawyer 2002, S. 33-40.

Griffiths, David / Tschentscher, Frank: The straw dogs of Europe, Insolvency Intelligence 17 (2004), S. 57-61.

Gronstedt, Sebastian: Anm. zu BB 2002, 2031 (BGHZ 151, 204 = NJW 2002, 3539): BB 2002, S. 2033-2034.

Grosserichter, Helge: Ausländische Kapitalgesellschaften im deutschen Rechtsraum: Das deutsche Internationale Gesellschaftsrecht und seine Perspektiven nach der Entscheidung „Überseering", DStR 2003, S. 159-169.

Großfeld, Bernhard: Internationales und Europäisches Unternehmensrecht, Heidelberg 1995, zit. *Großfeld*, IntUnternehmensR, Kapitel §.

– Die Sitztheorie des internationalen Gesellschaftsrechts in der europäischen Gemeinschaft, IPRax 1986, S. 145-148.

Großfeld, Bernhard / König, Thomas: Das Internationale Gesellschaftsrecht in der Europäischen Gemeinschaft, RIW 1992, S. 433-440.

Großfeld, Bernhard / Luttermann, Claus: Anm. zu EuGH v. 27.9.1988, Rs. C-81/ 87 – *Daily Mail* (NJW 1989, 2186 = JZ 1989, 385): JZ 1989, S. 386-387.

Grundmann, Stefan: Ausbau des Informationsmodells im Europäischen Gesellschaftsrecht, DStR 2004, S. 232-236.

– Wettbewerb der Regelgeber im Europäischen Gesellschaftsrecht – jedes Marktsegment hat seine Struktur, ZGR 2001, S. 783-832.

Haas, Ulrich: Aktuelle Rechtsprechung zum Kapitalersatzrecht, NZI 2002, S. 457-466.

– Insolvenzverwaltungsklagen, NZG 1999, S. 1148-1153.

Habersack, Mathias: Europäisches Gesellschaftsrecht, München 2003.

Habersack, Mathias / Verse, Dirk: Wrongful Trading – Grundlagen einer europäischen Insolvenzverschleppungshaftung?, ZHR 2004, S. 174-215.

Hachenburg, Max: Gesetz betreffend die Gesellschaften mit beschränkter Haftung, Großkommentar, 8. Auflage, Berlin 1992, zit. Bearbeiter, in: Hachenburg/ *Bearbeiter*, GmbHG, § Rn.

Haertlein, Lutz / Schmidt, Jens: Positiver Kompetenzkonflikt und kollidierende Anordnungen von Sicherungsmaßnahmen zweier Gerichte, ZInsO 2004, S. 603-605.

Häsemeyer, Ludwig: Insolvenzrecht, 3. Auflage, München 2003.

– Das Gesellschaftsstatut nach der Centros-Entscheidung des EuGH, Münster 2001.

Halbhuber, Harald: Überseering – Zum „Ende der Sitztheorie als Kompetenztheorie", ZEuP 2003, S. 422-437.

v. Halen, Curt Christian: Das internationale Gesellschafterecht nach dem Überseering-Urteil des EuGH, WM 2003, S. 571-577.

Hanisch, Hans: Stellungnahme zu der Frage, ob und gegebenenfalls in welcher Weise ein in seiner Wirkung territorial beschränktes Sonderinsolvenzverfahren über das Inlandsvermögen eines Schuldners vorzusehen ist, wenn dieser den Mittelpunkt seiner hauptsächlichen Interessen im Ausland hat, in: Stoll Hanns (Hrsg.), Vorschläge und Gutachten zur Umsetzung des EU-Übereinkommens über Insolvenzverfahren im Deutschen Recht, S. 202-218, Tübingen 1997; zit. *Hanisch*, in: Stoll (Hrsg.) 1997, Vorschläge und Gutachten, 202, S.

Happ, Wilhelm / Holler, Lorenz: „Limited" statt GmbH?, DStR 2004, S. 730-736

Haravon, Michael: Recent developments in France under EU-Regulation 1346/ 2000, Insolvency Intelligence 2005, 18 (8), S. 118-121.

Haubold, Jens: Europäisches Zivilverfahrensrecht und Ansprüche im Zusammenhang mit Insolvenzverfahren, IPRax 2005, S. 157-163.

Heidelberger Kommentar zur Insolvenzordnung, 3. Auflage, Heidelberg 2003; zit. *Bearbeiter*, in: HK-InsO.

Heinz, Volker G.: Die englische Limited, Baden-Baden 2004.

Herberstein, Gabriele: Die GmbH in Europa, 2. Auflage, Wien 2001, zit. *Herberstein*, Die GmbH in Europa, S.

Herchen, Axel: „Checkliste“ zur Eintragung einer Zweigniederlassung einer englischen private company limited by shares im Handelsregister, RIW 2005, S. 529-533.

– Das Prioritätsprinzip im internationalen Insolvenzrecht, ZIP 2005, S. 1401-1405.

– Aktuelle Entwicklung im Recht der internationalen Zuständigkeit zur Eröffnung von Insolvenzverfahren: Der Mittelpunkt der (hauptsächlichen) Interessen im Mittelpunkt der Interessen, ZInsO 2004, S. 825-831.

– International-insolvenzrechtliche Kompetenzkonflikte in der Europäischen Gemeinschaft, ZInsO 2004, S. 61-66.

– Scheinauslandsgesellschaften im Anwendungsbereich der Europäischen Insolvenzverordnung, ZInsO 2003, S. 742-747.

– Das Übereinkommen über Insolvenzverfahren der Mitgliedstaaten der Europäischen Union vom 23.11.1995, Würzburg 1999.

Herweg, Christian / Tschauner, Heiko: Anm. zu High Court of Justice Dublin, Urt. v. 23.3.2004 (ZIP 2004, 1223 = NZI 2004, 1223 = DZWIR 2005, 60): EWiR Art. 3 EuInsVO 5/04, S. 599-600.

– Anm. zu Supreme Court of Ireland Urt. v. 27.7.2004. (ZIP 2004, 1969 = NZI 2004, 505 = DZWIR 2005, 60): EWiR Art. 26 EuInsVO, 1/04, S. 973-974.

– Anm. zu AG Düsseldorf, Beschl. v. 12.3.2004 (ZIP 2004, 623 = NZG 2004, 426 = EuZW 2004, 307 = NZI 2004, 269): EWiR Art. 3 EuInsVO 3/04, S. 495-496.

Hirsch, Alexander / Britain Richard: Artfully Inspired – Werden deutsche Gesellschaften englisch?, NZG 2003, S. 1100-1104.

Hirt, Hans C.: The Wrongful Trading Remedy in UK Law: Classification, Application and Practical Significance, ECFR 2004, S. 71-120.

Hirte, Heribert: Die organisierte „Bestattung“ von Kapitalgesellschaften: Gesetzgeberischer Handlungsbedarf im Gesellschafts- und Insolvenzrecht, ZInsO 2003, S. 833-844.

– Wettbewerb der Rechtsordnungen nach „Inspire Art“: Auch das Beurkundungserfordernis für GmbH-Anteilsübertragungen steht zur Disposition, GmbHR 2003, R 421.

– Die Entwicklung des Unternehmens- und Gesellschaftsrechts in Deutschland in den Jahren 2000 bis 2002, NJW 2003, S. 1090-1096.

– Kommentar zur „Überseering“-Entscheidung des EuGH, EWS 2002, S. 573-579.

Hirte, Heribert / Bücker, Thomas: Grenzüberschreitende Gesellschaften – Ein Praxishandbuch, Köln 2005; zit. *Bearbeiter*, in: *Hirte/Bücker*, Grenzüberschreitende Gesellschaften, § Rn.

Hirte, Heribert / Mock, Sebastian: Wohin mit der Insolvenzantragspflicht?, ZIP 2005, S. 474-478.

Höfling, Barbara: Das englische internationale Insolvenzrecht, Heidelberg 2002.

– Die Centros-Entscheidung des EuGH – auf dem Weg zu einer Überlagerungstheorie für Europa, DB 1999, S. 1206-1208.

Horn, Norbert: Deutsches und europäisches Gesellschaftsrecht und die EuGH-Rechtsprechung zur Niederlassungsfreiheit – Inspire Art, NJW 2004, S. 893-901.

Huber, Peter: Der deutsch-englische Justizkonflikt – Kompetenzkonflikte im Internationalen Insolvenzrecht, in: Festschrift für Andreas Heldrich zum 70. Geburtstag, München 2005, S. 679-693; zit. *P. Huber*, in: FS Heldrich, 679, S.

– Internationales Insolvenzrecht in Europa, ZZP 114 (2001), S. 133-166.

– Inländische Insolvenzverfahren über Auslandsgesellschaften nach der Europäischen Insolvenzverordnung, in: Festschrift für Walter Gerhardt zum 70. Geburtstag, Köln 2004, S. 397-431; zit. *U.Huber*, in: FS Gerhardt, 397, S.

Jacobs, Edward: Putting Flesh on Wrongful Trading, International Banking Law 1989, S. 269-272.

Jayme, Erik / Kohler Christian: Europäisches Kollisionsrecht 2001: Anerkennungsprinzip statt IPR?, IPRax 2001, S. 501-514.

Johnson, Gordon W.: Insolvency Proceedings: A Critique of the Convention 's Corporate Rescue Paradigm, International Insolvency Review, 1996, S. 80-102.

Jungmann, Carsten / Bisping, Christopher: Die Reform des britischen Unternehmensinsolvenzrechts durch den Enterprise Act 2002, RIW 2003, S. 930-938.

Just, Clemens: Die englische Limited in der Praxis, München 2005.

Kallmeyer, Harald: Vor- und Nachteile der englischen Limited im Vergleich zur GmbH oder GmbH& Co. KG, DB 2004, 636–639.

Kanzleitner, Rainer: „Inspire Art" – die Konsequenzen, DNotZ 2003, S. 885-888.

Keay, Andrew / Walton, Peter: Insolvency Law: Corporate and personal, Dorchester 2003; zit. *Keay/Walton*, Insolvency Law, S.

Kebekus, Frank: Anm. zu AG Mönchengladbach v. 27.4.2004 (ZInsO 2004, 563 = NZI 2004, 383 = ZIP 2004, 1064): EWiR Art. 3 EuInsVO 7/04, S. 705-706.

Keller, Dirk: Die deliktische Außenhaftung des GmbH-Geschäftsführers für Fehlverhalten im Unternhemensbereich, Frankfurt a.M. 2002.

Kemper, Jutta: Die Verordnung (EG) Nr. 1346/2000 über Insolvenzverfahren, ZIP 2001, S. 1609-1621.

Kersting, Christian / Schindler, Clemens Philipp: Die EuGH-Entscheidung „Inspire Art" und ihre Auswirkungen auf die Praxis, RdW 2003, S. 621-625.

Keßler, Jürgen: Handbuch des GmbH-Konzerns, Berlin 2004; zit. *Bearbeiter*, in: Keßler, Handbuch des GmbH-Konzerns, S.

Kieninger, Eva-Maria: Internationales Gesellschaftsrecht nach „Centros", „Überseering" und „Inspire Art" – Antworten, Zweifel und offene Fragen, ZEuP 2004, S. 685-704.

– Niederlassungsfreiheit als Rechtswahlfreiheit, ZGR 1999, S. 724-749.

Kindler, Peter: Die „Aschenputtel"-Limited und andere Fälle der Mehrfachqualifikation im Schnittfeld des internationalen Gesellschafts-, Delikts- und Insolvenzrechts, in: Festschrift für Erik Jayme, S. 409-418; zit.: *Kindler*, in: FS Jayme, 409, S.

– Auf dem Weg zur Europäischen Briefkastengesellschaft?, NJW 2003, S. 1073-1079.

– „Inspire Art" – Aus Luxemburg nichts Neues zum internationalen Gesellschaftsrecht, NZG 2003, S. 1086-1090.

– Niederlassungsfreiheit für Scheinauslandsgesellschaften?, NJW 1999, S. 1993-2000.

– Neue Offenlegungspflichten für Zweigniederlassungen ausländischer Kapitalgesellschaften, NJW 1993, S. 3301-3306.

Kleinert, Jens / Probst, Peter: Endgültiges Aus für Sonderanknüpfungen bei (Schein-) Auslandsgesellschaften, DB 2003, S. 2217-2218.

Klose-Mokroß, Lydia: Die Eintragung der Zweigniederlassung einer englischen" private limited company" in das deutsche Handelsregister (Teil I), DStR 2005, S. 971-975.

Knapp, Andreas: Überseering: Zwingende Anerkennung von ausländischen Gesellschaften?, DNotZ 2003, S. 85-92.

Knobbe-Keuk, Brigitte: Umzug von Gesellschaften in Europa, ZHR 154 (1990), S. 325- 356.

Knof, Béla / Mock, Sebastian: Anm. zu EuGH, Urt. v. 17.1.2006 (ZIP 2006, 188): ZIP 2006, S. 188-192.

Koegel, Steffen: Formalien der GmbH-Gründung – ein Musterbeispiel für zuviel Staat, GmbHR 2003, S. 1225-1230.

Köke, Jens: Die englische Limited in der Insolvenz, ZInsO 2005, S. 354-358.

Kolmann, Stefan: Kooperationsmodelle im internationalen Insolvenzrecht, Bielefeld 2001; zit. *Kolmann*, Kooperationsmodelle, S.

Korts, Sebastian: Die Europäische Kapitalgesellschaft (& Co. KG): am Beispiel einer Limited (& Co. KG), Heidelberg 2004.

Krebber, Sebastian: Europäische Insolvenzordnung, Drittstaatengesellschaften, Drittstaatensachverhalte und innergemeinschaftliche Konflikte, IPRax 2004, S. 540-543.

Kropholler, Jan: Internationales Privatrecht, 4. Auflage, Tübingen 2004; zit. *Kropholler*, IPR, § (S.).

– Europäisches Zivilprozessrecht, 7. Auflage, Heidelberg 2002.

Kübler, Bruno: Der Mittelpunkt der hauptsächlichen Interessen nach Art. 3 Abs. 1 EuInsVO, in: Festschrift für Walter Gerhardt zum 70. Geburtstag, Köln 2004, S. 527-562; zit. *Kübler*, in: FS Gerhardt, 527, S.

Lanzius, Tim: Die Directors Disqualification des englischen Rechts – ein Baustein zum Schutz des deutschen Rechtsverkehrs vor Scheinauslandsgesellschaften, ZInsO 2004, S. 296-302.

Lautenbach, Götz: Anm. zu AG Mönchengladbach v. 27.4.2004 (NZI 2004, 383): NZI 2004, S. 384-386.

Lawlor, Daniel G.: Die Anwendbarkeit englischen Gesellschaftsrechts bei der Insolvenz einer englischen Limited in Deutschland, NZI 2005, S. 432-436.

Lehmann, Matthias: Registerrechtliche Anmeldepflicht für EU-Auslandsgesellschaften: ein zahnloser Tiger?, NZG 2005, S. 580-585.

Lehmann, Michael: Fällt die Sitztheorie jetzt auch international?, RIW 2004, S. 816-823.

Leible, Stefan: Niederlassungsfreiheit und Sitzverlegungsrichtlinie, ZGR 2004, S. 529-556.

– Überseering und das (vermeintliche) Ende der Sitztheorie, RIW 2002, S. 925-936.

– Anm. zu EuGH v. 9.3.1999, Rs. C-212/97 – *Centros* (NZG 1999, 298): NZG 1999, S. 300-302.

Leible, Stefan / Hoffmann, Jochen: Anm. zu BGH, Urt. v. 14.3.2005 (NJW 2005, 1648 = BB 2005, 1016 = DB 2005, 1047 = DStR 2005, 839 = GmbHR 2005, 630 = ZInsO 2005, 541 = ZIP 2005, 805): RIW 2005, S. 544-547.

– Wie inspiriert ist „Inspire Art"?, EuZW 2003, S. 667-683.

– Die Grundbuchfähigkeit von Scheinauslandsgesellschaften: (teilweise) Aufgabe der Sitztheorie?, NZG 2003, S. 259-260.

– „Überseering" und das deutsche Gesellschaftskollisionsrecht, ZIP 2003, S. 925-930.

– Kommentar zur EuGH-Entscheidung in Sachen „Überseering", BB 2003, S. 543-544.

– „Überseering" und das (vermeintliche) Ende der Sitztheorie, RIW 2002, S. 925-936.

– Bilanzpublizität und Effektivität des Gemeinschaftsrechts, ZHR 162 (1998), S. 594-618.

Leible, Stefan / Staudinger, Ansgar: Die europäische Verordnung über Insolvenzverfahren, KTS 2000, S. 544-575.

Leipold, Dieter: Zuständigkeitslücken im neuen Europäischen Insolvenzrecht, in: Festschrift für Akira Ishikawa zum 70. Geburtstag, Berlin 2001, S. 221-239; zit. *Leipold*, in: FS Ishikawa, 221, S.

– Zum künftigen Weg des deutschen internationalen Insolvenzrechts, in: Stoll Hanns (Hrsg.), Vorschläge und Gutachten zur Umsetzung des EU-Übereinkommens über Insolvenzverfahren im deutschen Recht, S. 185-201, Tübingen 1997; zit. *Leipold*, in: Stoll (Hrsg.), Vorschläge und Gutachten (1997), 185, S.

– Internationale Zuständigkeit, inländische Einzelrechtsverfolgung trotz eines Auslandskonkurses, Auswirkungen eines ausländischen Konkurses auf im Inland anhängige Zivilprozesse, in: Stoll Hanns (Hrsg.), Stellungnahmen und Gutachten zur Reform des deutschen internationalen Insolvenzrechts, S. 72-93, Tübingen 1992; zit. *Leipold*, in: Stoll (Hrsg.), Stellungnahmen und Gutachten (1992), 72, S.

Leithaus, Rolf: Bericht zur Veranstaltung zu grenzüberschreitenden Insolvenzen in der Insolvenzpraxis in Köln, NZI 2004, S. 194-195.

Leutner, Gerd / Langner, Olaf: Durchgriffshaftung bei Scheinauslandsgesellschaften, ZInsO 2005, S. 575-577.

Leyens, Patrick: Anm. zu Court of Appeal England, Urt. v. 5.3.2003 (*Morphites v. Bernasconi*) EWiR 2004 1/04, S. 79-80.

Lieder, Jan: Die Haftung der Geschäftsführer und Gesellschafter von EU-Auslandsgesellschaften mit tatsächlichem Verwaltungssitz in Deutschland, DZWIR 2005, S. 399-410.

Liersch, Oliver: Deutschland – England 1:0, NZI 2005, Heft 10, S. VI-VII.

– Anm. zu AG Düsseldorf, Beschl. v. 12.3.2004 (NZI 2004, 269): NZI 2004, S. 271-272.

– Anm. zu BGH, Beschl. v. 27.11.2003 (ZIP 2004, 623 = NZG 2004, 426 = EuZW 2004, 307 = NZI 2004, 269): NZI 2004, S. 141-142.

Lüke, Wolfgang: Das europäische internationale Insolvenzrecht, S. 275-314, ZZP 111 (1998), 275, S.

Lutter, Marcus: „Überseering" und die Folgen, BB 2003, S. 7-10.

– Europäische Auslandsgesellschaften in Deutschland, Köln 2005.

– Europäisches Unternehmensrecht, 4. Auflage, Berlin 1996.

Lutter, Marcus / Hommelhoff, Peter: Kommentar zum GmbH-Gesetz, 16. Auflage, Köln 2004; zit. *Bearbeiter*, in: Lutter/Hommelhoff, GmbHG, § Rn.

Luttermann, Claus: EU – Internationales Unternehmensrecht – Centros, ZEuP 2000, S. 907-921.

Mankowski, Peter: Grenzüberschreitender Umzug und das centre of main interest im europäischen Internationalen Insolvenzrecht, NZI 2005, S. 368-372.

– Entwicklungen im Internationalen Privat- und Prozessrecht (Teil 1), RIW 2005, S. 481-499.

– Entwicklungen im Internationalen Privat- und Prozessrecht (Teil 2), RIW 2005, S. 561-579.

– Anmerkung zu CA vom 27.07.2005, NZI 2005, S. 575-576.

– Anm. zu AG Siegen, Beschl. v. 1.7.2004 – 25 IN 154/04 (NZI 2004, 673), EWiR Art. 3 EuInsVO 2/05, S. 175-176.

– Kurzkommentar zu High Court of Justice, Chancery Division, Birmingham v. 18.4.2005 (NZI 2005, 467), EWiR Art. 3 EuInsVO 4/05, S. 637-638.

– Anm. zu AG München v. 4.5.2004 (ZIP 2004, 962 = NZI 2004, 450): NZI 2004, S. 450-452.

– Anm. zu BGH, Beschl. v. 27.11.2003 (NJW-RR 2004, 848 = ZIP 2004, 94 = ZInsO 2004, 34 = NZI 2004, 139): EWiR 1/04, S. 229-230.

– Anm. zu Cour d'Appel de Versailles, Urt. v. 4.9.2003 (ZIP 2004, 377 = Recueil Dalloz 2003, 2352) : EWiR Art. 3 EuInsVO 5/03, S. 1239-1240.

– Anm. zu AG Düsseldorf 19.5./6.6.2003 (ZIP 2003, 1363 = DZWIR 2003, 439): EWIR Art. 3 EuInsVO 3/03, S. 767-768.

Maul, Silja / Schmidt, Claudia: Inspire Art – Quo vadis Sitztheorie?, BB 2003, S. 2297-2300.

Mayer-Löwy, Bernd / Poertzgen, Christoph: Eigenverwaltung löst Kompetenzkonflikt nach der EuInsVO, ZInsO 2004, S. 195-198.

– Einführung in das englische Insolvenzrecht, ZInsO 2005, S. 293-298.

– Eigenverwaltung löst Kompetenzkonflikt nach der EuInsVO, ZInsO 2004, S. 195-198.

Meilicke, Wienand: Die Niederlassungsfreiheit nach „Überseering". Rückblick und Ausblick nach Handels- und Steuerrecht, GmbHR 2003, S. 793-809.

Merkt, Hanno: Die Pluralisierung des europäischen Gesellschaftsrechts, RIW 2004, S. 1-7.

– Die Gründungstheorie gewinnt an Einfluss, RIW 2003, S. 458-460.

– US-amerikanisches Gesellschaftsrecht, 2. Auflage, Heidelberg 2003.

Michalski, Lutz: Kommentar betreffend das GmbH-Gesetz, München 2002; zit. *Bearbeiter*, in: *Michalski*, GmbhG, § Rn.

Micheler, Eva: Gläubigerschutz im englischen Gesellschaftsrecht, ZGR 2004, S. 324-347.

Mock, Sebastian / Schildt, Charlotte: Insolvenz ausländischer Kapitalgesellschaften mit Sitz in Deutschland, ZInsO 2003, S. 396-402.

– Anm. zu AG Hamburg v. 14.5.2003 (NZI 2003, 442): NZI 2003, S. 444-445.

Moss, Gabriel: Viennese waltz for two main proceedings: the Stojevic saga, Insolvency Intelligence 2005, 18 (9), S. 141-143.

– The love of three annexes: council regulation (EC) 603/2000 on insolvency proceedings, Insolvency Intelligence 2005, 18(5), S. 74-75.

– Jurisdiction follows the sun: debtor successfully moves COMI to Spain, Insolvency Intelligence 2005, 18 (4), S. 60.

– „Daisytek" effect reaches new member states, Insolvency Intelligence 2005, 18(2), S. 31-32.

– The impact of the EU-regulation on UK insolvency proceedings, no. 14, www.iiiglobal.org.

Moss, Gabriel / Fletcher, Ian / Isaacs, Stuart: The EC Regulation on Insolvency Proceedings, A commentary and Annoted Guide, Oxford 2002; zit. *M/F/I*, The EC Regulation on Insolvency Proceedings, Rn.

Moss, Gabriel / Paulus, Christoph: The European insolvency regulation – the case for urgent reform, Insolvency Intelligence 2006, 19(1), S. 1-5.

Moss, Gabriel / Toube, Felicity: The EU Regulation in Practice: three recent cases, Insolvency Intelligence 2004, 17(2), S. 29-30.

Mülbert, Peter / Birke, Max: Legal Capital – Is There a Case against the European Capital Rules? 3 EBOR (2002), S. 695-732.

Müller, Hans-Friedrich: Insolvenz einer ausländischen Kapitalgesellschaft mit inländischem Verwaltungssitz, NZG 2003, S. 414-418.

Münchner Kommentar: Internationales Privatrecht , 3. Auflage, München 1998; zit. MüKo-*Bearbeiter*, IPR, Rn.

– Internationales Handels- und Gesellschaftsrecht, 3.Auflage, München 1999; zit. MüKo-*Bearbeiter*, IntGesR, Rn.

– Kommentar zur Insolvenzordnung und zum internationalen Insolvenzrecht, München 2003; zit. MüKo-*Bearbeiter*, IntInsR, Art. Rn.

– Kommentar zum Handelsgesetzbuch, München 1996; zit. MüKo-*Bearbeiter*, HGB, § Rn.

Nassall, Wendt: Der existenzvernichtende Eingriff in die GmbH: Einwendungen aus verfassungs- und insolvenzrechtlicher Sicht, ZIP 2003, S. 969-977.

Neuling, Jasper: Deutsche GmbH und englische private company; Monismus oder Dualismus im System des Kapitalgesellschaftsrechts; zit. *Neuling*, Deutsche GmbH und englische private company, S.

Neye, Hans-Werner: Kurzkommentar zur Entscheidung des EuGH in Sachen „Überseering“, EWiR 2002, S. 1003-1004.

Omar, Paul J.: European Insolvency Law, Hants, Burlington 2004.

Paefgen, Walter: Handelndenhaftung bei europäischen Auslandsgesellschaften, GmbHR 2005, S. 957-966.

– Wider die gesellschaftsrechtliche Ausländerphobie, ZIP 2004, S. 2253-2261.

– Auslandgesellschaften und Durchsetzung deutscher Schutzinteressen nach „Überseering“, DB 2003, S. 487-492.

Palandt: Bürgerliches Gesetzbuch, Kommentar, 64. Auflage, München 2005; zit. Palandt-*Bearbeiter*, BGB, § Rn.

Pannen, Klaus / Riedemann, Susanne: Kurzkommentar zu AG Weilheim v. 22.06.2005, EWiR 2005, S. 791–792.

– Anm. zu GA Jacobs, Schlussanträge v. 27.09.2005, Rs. C-314/04 (ZIP 2005, 1878): EWiR Art. 16 EuInsVO 2/05, S. 725-726.

– Kurzkommentar zu AG Saarbrücken v. 25.02.2005, EWiR Art. 3 EuInsVO 5/05, S. 701-702.

– Kurzkommentar zu OLG Düsseldorf v. 9.7.2004 (ZIP 2004, 1514 = NZI 2004, 628 = ZInsO 2004, 867), EWiR Art. 16 EuInsVO 1/05, S. 177-178.

– Kurzkommentar zu AG Offenburg v. 2.8.2004, EWiR Art. 3 EuInsVO 1/05, S. 73-74.

– Der Begriff des „centre of main interests" i.S.des Art. 3 I 1 EuInsVO im Spiegel aktueller Fälle aus der Rechtsprechung, NZI 2004, S. 646-651.

– Die deutschen Ausführungsbestimmungen zur EuInsVO – Ein Überblick zu den Regelungen des Art. 102 EGInsO n.F., NZI 2004, S. 301-305.

Pannen, Klaus / Riedemann, Susanne / Kühnle, Tina: Zur Stellung der Insolvenzgläubiger nach der Europäischen Verordnung über Insolvenzverfahren, NZI 2002, S. 303-307.

Paulus, Christoph G.: Europäische Insolvenzverordnung, Kommentar, Frankfurt a.M. 2006.

– Überlegungen zu einem modernen Konzerninsolvenzrecht, ZIP 2005, S. 1948-1956.

– Grundlagen des neuen Insolvenzrechts – Internationales Insolvenzrecht, DStR 2005, S. 334-339.

– Anm. zu Landesgericht Leoben v. 31.08.2005 (NZI 2005, 646 = ZIP 2005, 1930), NZI 2005, S. 647-648.

– in Festschrift für Gerhard Kreft zum 65. Geburtstag, Über den Einfluss des europäischen Insolvenzrechts auf das deutsche Insolvenzwesen, S. 469-481. Zit. *Paulus*, in: FS Kreft, 469, S.

– Anm. zu AG München, Beschl. v. 4.5.2004 (ZIP 2004, 962 f. = NZI 2004, 450): EWiR Art. 3 EuInsVO 2/04, S. 493-494.

– Anm. zu High Court of Justice Leeds, 16.5.2003 (ZIP 2003, 1362): EWiR Art. 3 EuInsVO 2/03, S. 709-710.

– Zuständigkeitsfragen nach der Europäischen Insolvenzverordnung, ZIP 2003, S. 1725-1729.

– „Protokolle" – ein anderer Zugang zur Abwicklung grenzüberschreitender Insolvenzen, ZIP 2003, S. 977-982.

– Grundlagen des neuen Insolvenzrechts – Insolvenzeröffnungsgründe, Antragsstellung und Vermögensbeschlag, DStR 2003, S. 598-602.

– Änderungen des deutschen Insolvenzrechts durch die Europäische Insolvenzverordnung, ZIP 2002, S. 729-737.

– Die europäische Insolvenzverordnung und der deutsche Insolvenzverwalter, NZI 2001, S. 505-516.

– Das inländische Parallelverfahren nach der Europäischen Insolvenzverordnung, EWS 2002, S. 497-503.

Pennington, Robert: Company Law, 6. Auflage, London 1990; zit. *Pennington*, Company Law, S.

Penzlin, Dietmar / Riedemann, Susanne: Anm. zu High Court of Justice Birmingham v. 11.5.2005 (NZI 2005, 515), NZI 2005, S. 517-520.

– Anm. zu High Court of Justice Birmingham v. 18.04.2005 (NZI 2005, 467), NZI 2005, S. 469-471.

Priester, Hans-Joachim: Die deutsche GmbH nach „Inspire Art" – brauchen wir eine neue?, DB 2005, S. 1315-1320.

Prütting, Hanns / Huhn, Christoph: Kollision von Gesellschaftsrecht und Insolvenzrecht bei der Eigenverwaltung?, ZIP 2002, S. 777-782.

– Praktische Fälle nach der EuInsVO, in: *Breitenbücher Bettina/Ehricke Ulrich* (Hrsg.), Insolvenzrecht 2003, S. 59-84; zit. *Prütting/ Huhn*, in: Breitenbücher/ Ehricke (Hrsg.), Insolvenzrecht 2003, 59, S.

Rehberg, Markus: Inspire Art – Europäische Niederlassungsfreiheit zwischen Missbrauch und nationalem Regelungsanspruch, EuLF 2004, S. 1-9.

Reithmann,Christoph / Martiny, Dieter: Internationales Vertragsrecht, 6. Auflage, Köln 2004; zit. *Bearbeiter*, in: Reithmann/ Martiny, Internationales Vertragsrecht, Rn.

Ressos, Alexander: Anm. zu BGH, Urt. v. 14.3.2005 (NJW 2005, 1648 = BB 2005, 1016 = DB 2005, 1047 = DStR 2005, 839 = GmbHR 2005, 630 = ZInsO 2005, 541 = ZIP 2005, 805): DB 2005, S. 1048-1049.

Riedemann, Susanne: Das Auseinanderfallen von Gesellschafts- und Insolvenzstatut, GmbHR 2004, S. 345-349.

Riegger, Bodo: Centros-Überseering-Inspire Art: Folgen für die Praxis, ZGR 2004, S. 510-530.

Riera, Laura / Wagner, Christoph: Anm. zu Tribunale di Parma, Urt. v. 19.2.2004 (ZIP 2004, 1220): EWiR Art. 3 EuInsVO 4/04, S. 597-598.

Ringstmeier, Andreas / Homann, Stefan: Nebeneinander von Gesellschaftsrecht und Insolvenzrecht bei der Eigenverwaltung!, NZI 2002, S. 406-409.

Röhricht, Volker: Insolvenzrechtliche Aspekte im Gesellschaftsrecht, ZIP 2005, S. 505-516.

Roth, Günter H.: Gläubigerschutz bei der GmbH: Was ist unverzichtbar? in: Festschrift für Peter Doralt zum 65. Geburtstag, S. 479-491; zit. *G.H.Roth*, in: FS Doralt, 479, S.

– Gläubigerschutz durch Existenzschutz, NZG 2003, S. 1081-1085.

– Gründungstheorie – Ist der Damm gebrochen?, ZIP 1999, S. 861-867.

Roth, Günter H. / Altmeppen, Holger: Gesetz betreffend die Gesellschaft mit beschränkter Haftung, Kommentar, 4. Auflage, München 2003, zit. *Bearbeiter*, in: Roth/Altmeppen, GmbHG, § Rn.

Roth, Wulf-Henning: Internationales Gesellschaftsrecht nach Überseering, IPRax 2003, S. 117-127.

– Die Sitzverlegung vor dem EuGH, ZIP 2000, S. 1597-1602.

Sabel, Oliver: Hauptsitz als Niederlassung im Sinne der EuInsVO, NZI 2004, S. 126-128.

Sabel, Oliver / Schlegel, Ursula: Anm. High Court of Justice Leeds, 7.2.2003 (ZIP 2003, 813): EWiR Art. 3 EuInsVO 1/03, S. 367-368.

Sandrock, Otto: Sitzrecht contra Savigny, BB 2004, S. 897-901.

– Die Schrumpfung der Überlagerungstheorie, ZVglRWiss 2003, S. 447-504.

Sandrock, Otto / Austmann, Andreas: Das Internationale Gesellschaftsrecht nach der Daily Mail-Entscheidung des Europäischen Gerichtshofs: Quo vadis?, RIW 1989, S. 249-253.

Schall, Alexander: Englischer Gläubigerschutz bei der Limited in Deutschland, ZIP 2005, S. 965-975.

Schanze, Erich / Jüttner, Andreas: Die Entscheidung für Pluralität: Kollisionsrecht und Gesellschaftsrecht nach der EuGH-Entscheidung „Inspire Art", AG 2003, S. 661-671.

Schilling, Simon / Schmidt, Jessica: COMI und vorläufiger Insolvenzverwalter – Problem gelöst?, ZInsO 2006, S. 113-119.

– LG Hamburg, Beschl. vom 18. 8. 2005 (NZI 2005, 645): EWiR Art. 16 EuInsVO 1/06, S. 15-16.

Schlosser, Peter: EU-Zivilprozessrecht, Kommentar, 2. Auflage, München 2003.

Schmidt, Jessica: Haftung und Rechtsverhältnisse im Gründungsstadium einer „deutschen" Limited, RIW 2005, S. 827-833.

– Grundsatz „perpetuatio fori" gilt auch im Bereich der EuInsVO, ZInsO 2006, S. 88-90.

Schmidt, Karsten: Verlust der Mitte durch „Inspire Art"?, ZHR 168 (2004), S. 493-502.

– Gesellschaftsrecht, 4. Auflage, Köln 2002.

Schmidt, Karsten / Wilhelm Uhlenbruck: Die GmbH in Krise, Sanierung und Insolvenz, 3. Auflage, Köln 2003, zit. *Bearbeiter* , in: K.Schmidt/Uhlenbruck, Die GmbH in Krise, Sanierung und Insolvenz, Rn.

Schön, Wolfgang: Die Zukunft der Kapitalaufbringung/-erhaltung, Der Konzern 2004, S. 162-170.

– Zur „Existenzvernichtung" der juristischen Person, ZHR 168 (2004), S. 268-297.

– Der „Rechtsmissbrauch“ im Europäischen Gesellschaftsrecht, in: Festschrift für Herbert Wiedemann zum 70. Geburtstag, München 2002; zit. *Schön*, in: FS Wiedemann, S. 1271-1296.

Schollmeyer, Eberhard: Die vis attractiva concursus im deutsch-österreichischen Konkursvertrag, IPRax 1998, S. 29-35.

Scholz, Franz: Kommentar zum GmbH-Gesetz, Band 2 §§ 45-87, 9. Auflage, Köln 2002; zit. *Bearbeiter*, in: *Scholz* GmbHG, § Rn.

Schrell, Thomas / Kirchner, Andreas: Fremdfinanzierte Unternehmenskäufe nach der KBV-Entscheidung des BGH: Sicherheitenpakete als existenzvernichtender Eingriff?, BB 2003, S. 1451-1456.

Schulz, Martin: (Schein-)Auslandsgesellschaften in Europa – Ein Schein-Problem?, NJW, 2003, S. 2705-2708.

Schulz, Martin / Sester, Peter: Höchstrichterliche Harmonisierung der Kollisionsregeln im europäischen Gesellschaftsrecht: Durchbruch der Gründungstheorie nach „Überseering“, EWS 2002, S. 545-552.

Schumann, Alexander: Die englische Limited mit Verwaltungssitz in Deutschland: Kapitalaufbringung, Kapitalerhaltung und Haftung bei Insolvenz, DB 2004, S. 743-749.

Schwerdtfeger, Armin / Schilling, Simon: Innerstaatlicher Rechtsschutz gegen die Eröffnung eines Hauptinsolvenzverfahrens gemäß Art. 3 Abs. 1 EuInsVO in Deutschland, DZWIR 2005, S. 370-374.

Sealy, Len / Milman, David: Annotated Guide to the Insolvency Legislation, 7. Auflage, London 2004.

Sedemund, Jochim / Hausmann, Ludwig: Anm. zu EuGH v. 9.3.1999, Rs. C-212/97 – *Centros* (BB 1999, 809): BB 1999, S. 810-811.

Sester, Peter: Plädoyer gegen ein materielles Konzerninsolvenzrecht, ZIP 2005, S. 2099-2101.

Shandro, Sandy / Montgomery, Craig: COMI and groups of companies, Insolvency Intelligence 2005, 18(10), S. 158-159.

Smid, Stefan: Anm. Zu Supreme Court of Ireland v. 27.7.2004 (DZWIR 2005, 60): DZWIR 2005, S. 64-67.

– Deutsches und Europäisches Internationales Insolvenzrecht, Kommentar, Stuttgart 2004.

– Vier Entscheidungen englischer und deutscher Gerichte zur europäischen internationalen Zuständigkeit zur Eröffnung von Hauptinsolvenzverfahren, DZWIR 2003, S. 397-404.

– Zu einigen Fragen der Eigenverwaltung, DZWIR 2002, S. 493-500.

– Kohlhammer Kommentar zur Insolvenzordnung, 2. Auflage, Stuttgart 2001; zit. *Smid*-Kohlhammer, InsO, § Rn.

Spellenberg, Ulrich: Der ordre public im internationalen Insolvenzrecht, in: Stoll Hanns (Hrsg.), Stellungnahmen und Gutachten zur Reform des deutschen internationalen Insolvenzrechts, S. 183-200, Tübingen 1992; zit. *Spellenberg*, in: Stoll (Hrsg.), Stellungnahmen und Gutachten (1992), 183, S.

Spinath, R.: Anm. zu Court of Appeal Amsterdam v. 17.5.2003 (JOR 2003, 186), JOR 2003, S. 186-187.

Spindler, Gerald / Berner, Olaf: Der Gläubigerschutz im Gesellschaftsrecht nach Inspire Art, RIW 2004, S. 7-16.

– Inspire Art – Der europäische Wettbewerb um das Gesellschaftsrecht ist endgültig eröffnet, RIW 2003, S. 949-957.

Staak, Kai: Mögliche Probleme im Rahmen der Koordination von Haupt- und Sekundärinsolvenzverfahren nach der Europäischen Insolvenzverordnung (EuInsVO), NZI 2004, S. 480-486.

Starnecker, Hermann: Englische Insolvenzverfahren, Frankfurt a.M. 1995.

v. Staudinger, Julius: Kommentar zum Internationalen Gesellschaftsrecht, Berlin 1998; zit. Staudinger-*Großfeld*, IntGesR, Rn.

Streinz, Rudolf: Europarecht, 6. Auflage, Heidelberg 2003; zit. *Streinz*, Europarecht, Art. Rn.

Taupitz, Jochen: Das (zukünftige) europäische Internationale Insolvenzrecht – insbesondere aus international-privatrechtlicher Sicht, ZZP 111 (1998), S. 315-350.

Thieme, Jürgen: Partikularkonkurs, in: Stoll Hanns (Hrsg.), Stellungnahmen und Gutachten zur Reform des deutschen internationalen Insolvenzrechts, S. 210-261, Tübingen 1992; zit. *Thieme*, in: Stoll (Hrsg.), Stellungnahmen und Gutachten (1992), 210, S.

– Vermögensgerichtsstände, Inlandsbezug und Partikularkonkurs – Auf den Spuren eines allgemeinen Rechtsgrundsatzes im deutschen und europäischen Internationalen Konkursrecht (§ 238 KO, § 22 GesO, Art. 102 EGInsO, Artt. 3, 29, 32 EuKÜ 1995), IJVO 5 (1995/96) 44-95.

Triebel, Volker (Hrsg.): Die englische Limited, Leitfaden für die Unternehmens- und Beratungspraxis, Heidelberg 2005.

Triebel, Volker / Hodgson, Stephen / Kellenter, Wolfgang / Müller Georg: Englisches Handels- und Wirtschaftsrecht, 2. Auflage, Heidelberg 1995, S. ; zit. *Triebel/Hodgson/Kellenter/Müller*, Englisches Handels- und Wirtschaftsrecht, S.

Trunk, Alexander: Internationales Insolvenzrecht, Tübingen 1998.

– Dogmatische Grundlagen der Anerkennung von Auslandskonkursen, KTS 1987, S. 415-434.

Uhlenbruck, Georg: Insolvenzordnung, Kommentar, 12. Auflage, München 2003; zit. *Bearbeiter*, in: *Uhlenbruck*, InsO, § Rn.

Ulmer, Peter: Gläubigerschutz bei Scheinauslandsgesellschaften, NJW 2004, S. 1201-1272.

– Insolvenzrechtlicher Gläubigerschutz gegenüber Scheinauslandsgesellschaften ohne hinreichende Kapitalausstattung?, KTS 2004, S. 291-304.

– Schutzinstrumente gegen die Gefahren aus der Geschäftstätigkeit inländischer Zweigniederlassungen von Kapitalgesellschaften mit fiktivem Auslandssitz, JZ 1999, S. 662-665.

Vallender, Heinz: Aufgaben und Befugnisse des deutschen Insolvenzrichters in Verfahren nach der EuInsVO, KTS 2005, S. 283-329.

Vallender, Heinz / Fuchs, Karlhans: Die Antragspflicht organschaftlicher Vertreter einer GmbH vor dem Hintergrund der Europäischen Insolvenzverfahrensverordnung, ZIP 2004, S. 829-836.

Vallens, Jean-Luc: Anm. zu Cour d'appel Versailles, Urt. v. 4.9.2003 (ZIP 2004, 377 = Recueil Dalloz 2003, 2352) : Recueil Dalloz 2003, 2352.

Virgós, Miguel / Schmit, Etienne: Erläuternder Bericht zu dem EU-Übereinkommen über Insolvenzverfahren, in: Stoll Hanns (Hrsg.), Vorschläge und Gutachten zur Umsetzung des EU-Übereinkommens über Insolvenzverfahren im Deutschen Recht, S. 34-134, Tübingen 1997; zit. *Virgós/Schmit*, in Stoll (Hrsg.), Vorschläge und Gutachten (1997), Nr.

Vorpeil, Klaus: Neuere Entwicklungen im englischen Handels- und Wirtschaftsrecht, S. 850-863.

Wachter, Thomas: Zweigniederlassung englischer private limited companies im deutschen Handelsregister, ZNotP 2005, S. 122-145.

– Auswirkung des EugH-Unteils in Sachen Inspire Art Ltd. auf Beratungspraxis und Gesetzgebung, GmbHR 2004, S. 88-105.

– Errichtung, Publizität, Haftung und Insolvenz von Zweigniederlassungen ausländischer Kapitalgesellschaften nach „Inspire Art", GmbHR 2003,1254-1260.

Wagner, Gerhard: Deliktshaftung und Insolvenzrecht, in: Festschrift für Walter Gerhardt zum 70. Geburtstag, Köln 2004, S. 1043-1075; zit. *Wagner*, in: FS Gerhardt, 1043, S.

Walters, Adrian: Wrongful Trading: two recent cases, Insolvency Law Journal 2001, 6(Dec), 211-214; zit. Walters, Insolvency Lawyer Journal, S.

Walterscheid, Joachim: Die englische Limited im Insolvenzverfahren, DZWIR 2006, S. 95-99.

Wehdeking, Silke: Reform des internationalen Insolvenzrechts in Deutschland und Österreich, DZWIR 2003, S. 133-143.

Weller, Marc-Philippe: Europäische Rechtsformwahlfreiheit und Gesellschafterhaftung, Köln, Berlin, München 2004.

– Forum Shopping im Internationalen Insolvenzrecht?, IPRax 2004, S. 412-417.

– „Inspire Art“: Weitgehende Freiheiten beim Einsatz ausländischer Briefkastengesellschaften, DStR 2003, S. 1800-1805.

– Einschränkung der Gründungstheorie bei missbräuchlicher Auslandsgründung?, IPRax 2003, S. 520-524.

– Das internationale Gesellschaftsrecht in der neuesten BGH-Rechtsprechung, IPRax 2003, S. 324-332.

– Scheinauslandsgesellschaften nach Centros, Überseering und Inspire Art: Ein neues Anwendungsfeld für die Existenzvernichtungshaftung, IPRax 2003, S. 207-210.

Werlauff, Erik: Ausländische Gesellschaft für inländische Aktivität, ZIP 1999, S. 867-876.

Wernicke, Thomas: Rechtsfähigkeit Niederländischer Gesellschaften in Deutschland, EuZW 2002, S. 758, 761.

Wessels, Bob: Moving House: Which Court can open insolvency proceedings, abrufbar unter www.iiiglobal.org/country/european_union/MovingHouse.pdf.

Westermann, Hans-Peter: Haftung eines „beherrschenden“ GmbH-Gesellschafters, NZG 2002, S. 1129-1138.

Westhoff, André: Die Gründung einer britischen Kapitalgesellschaft mit Verwaltungssitz im Inland und die Pflichten ihrer laufenden Geschäftstätigkeit – „How to Set up a Limited?“, ZInsO 2004, S. 289-295.

Westpfahl, Lars / Wilkens, Jochen: Anm. zu AG Düsseldorf, Beschl. v. 7.4.2004 (ZIP 2004, 866): EWiR Art. 3 EuInsVO 9/04, S. 909-910.

Wienberg, Rüdiger / Sommer, Nicola: Anwendbarkeit von deutschem Eigenkapitalersatzrecht auf EU-Kapitalgesellschaften am Beispiel eines Partikularinsolvenzverfahrens im engeren Sinn nach Art. 3 II, IV EuInsVO, NZI 2005, S. 353-357.

Wilhelm, Jan: Umgehungsverbote im Recht der Kapitalaufbringung, ZHR 2003, S. 520-545.

Wimmer, Klaus: Einpassung der EU-Insolvenzverordnung in das deutsche Recht durch das Gesetz zur Neuregelung des Internationalen Insolvenzrechts, in: Festschrift für Hans-Peter Kirchhof zum 65. Geburtstag, S. 521-531; zit. *Wimmer*, in: FS Kirchhof, 521, S.

– Die Verordnung (EG) Nr. 1346/2000 über Insolvenzverfahren, ZInsO 2001, 97-103.

– Die Besonderheiten von Sekundärinsolvenzverfahren unter Berücksichtigung des Europäischen Insolvenzübereinkommens, ZIP 1998, S. 982- 989.

Ziemons, Hildegard: Freie Bahn für den Umzug von Gesellschaften nach Inspire Art?!, ZIP 2003, S. 1913-1920.

Zimmer, Daniel: Nach „Inspire Art": Grenzenlose Gestaltungsfreiheit für deutsche Unternehmen?, NJW 2003, S. 3585-3592.
– Wie es Euch gefällt? Offene Fragen nach dem Überseering-Urteil des EuGH, BB 2003, S. 1-7.
– Ein internationales Gesellschaftsrecht für Europa, RabelsZ 67 (2003), S. 298-309.
– Internationales Gesellschaftsrecht, Heidelberg 1996.
– Internationales Gesellschaftsrecht und Niederlassungsfreiheit – Das Rätsel vor der Lösung?, BB 2000, S. 1361-1366.
– Mysterium „Centros", ZHR 164 (2000), S. 23-42.

Anhang

Verordnung (EG) Nr. 1346/2000 des Rates vom 29. Mai 2000 über Insolvenzverfahren

DER RAT DER EUROPÄISCHEN UNION –

gestützt auf den Vertrag zur Gründung der Europäischen Gemeinschaft, insbesondere auf Artikel 61 Buchstabe c) und Artikel 67 Absatz 1,

auf Initiative der Bundesrepublik Deutschland und der Republik Finnland,

nach Stellungnahme des Europäischen Parlaments,
nach Stellungnahme des Wirtschafts- und Sozialausschusses,

in Erwägung nachstehender Gründe:

(1) Die Europäische Union hat sich die Schaffung eines Raums der Freiheit, der Sicherheit und des Rechts zum Ziel gesetzt.

(2) Für ein reibungsloses Funktionieren des Binnenmarktes sind effiziente und wirksame grenzüberschreitende Insolvenzverfahren erforderlich; die Annahme dieser Verordnung ist zur Verwirklichung dieses Ziels erforderlich, das in den Bereich der justitiellen Zusammenarbeit in Zivilsachen im Sinne des Artikels 65 des Vertrags fällt.

(3) Die Geschäftstätigkeit von Unternehmen greift mehr und mehr über die einzelstaatlichen Grenzen hinaus und unterliegt damit in zunehmendem Maß den Vorschriften des Gemeinschaftsrechts. Da die Insolvenz solcher Unternehmen auch nachteilige Auswirkungen auf das ordnungsgemäße Funktionieren des Binnenmarktes hat, bedarf es eines gemeinschaftlichen Rechtsakts, der eine Koordinierung der Maßnahmen in bezug auf das Vermögen eines zahlungsunfähigen Schuldners vorschreibt.

(4) Im Interesse eines ordnungsgemäßen Funktionierens des Binnenmarktes muß verhindert werden, daß es für die Parteien vorteilhafter ist, Vermögensgegenstände oder Rechtsstreitigkeiten von einem Mitgliedstaat in einen anderen zu verlagern, um auf diese Weise eine verbesserte Rechtsstellung anzustreben (sog. „forum shopping").

(5) Diese Ziele können auf einzelstaatlicher Ebene nicht in hinreichendem Maß verwirklicht werden, so daß eine Maßnahme auf Gemeinschaftsebene gerechtfertigt ist.

(6) Gemäß dem Verhältnismäßigkeitsgrundsatz sollte sich diese Verordnung auf Vorschriften beschränken, die die Zuständigkeit für die Eröffnung von Insolvenzverfahren und für Entscheidungen regeln, die unmittelbar aufgrund des Insol-

venzverfahrens ergehen und in engem Zusammenhang damit stehen. Darüber hinaus sollte diese Verordnung Vorschriften hinsichtlich der Anerkennung solcher Entscheidungen und hinsichtlich des anwendbaren Rechts, die ebenfalls diesem Grundsatz genügen, enthalten.

(7) Konkurse, Vergleiche und ähnliche Verfahren sind vom Anwendungsbereich des Brüsseler Übereinkommens von 1968 über die gerichtliche Zuständigkeit und die Vollstreckung gerichtlicher Entscheidungen in Zivil- und Handelssachen in der durch die Beitrittsübereinkommen zu diesem Übereinkommen geänderten Fassung ausgenommen.

(8) Zur Verwirklichung des Ziels einer Verbesserung der Effizienz und Wirksamkeit der Insolvenzverfahren mit grenzüberschreitender Wirkung ist es notwendig und angemessen, die Bestimmungen über den Gerichtsstand, die Anerkennung und das anwendbare Recht in diesem Bereich in einem gemeinschaftlichen Rechtsakt zu bündeln, der in den Mitgliedstaaten verbindlich ist und unmittelbar gilt.

(9) Diese Verordnung sollte für alle Insolvenzverfahren gelten, unabhängig davon, ob es sich beim Schuldner um eine natürliche oder juristische Person, einen Kaufmann oder eine Privatperson handelt. Die Insolvenzverfahren, auf die diese Verordnung Anwendung findet, sind in den Anhängen aufgeführt. Insolvenzverfahren über das Vermögen von Versicherungsunternehmen, Kreditinstituten und Wertpapierfirmen, die Gelder oder Wertpapiere Dritter halten, sowie von Organismen für gemeinsame Anlagen sollten vom Geltungsbereich dieser Verordnung ausgenommen sein. Diese Unternehmen sollten von dieser Verordnung nicht erfaßt werden, da für sie besondere Vorschriften gelten und die nationalen Aufsichtsbehörden teilweise sehr weitgehende Eingriffsbefugnisse haben.

(10) Insolvenzverfahren sind nicht zwingend mit dem Eingreifen eines Gerichts verbunden. Der Ausdruck „Gericht“ in dieser Verordnung sollte daher weit ausgelegt werden und jede Person oder Stelle bezeichnen, die nach einzelstaatlichem Recht befugt ist, ein Insolvenzverfahren zu eröffnen. Damit diese Verordnung Anwendung findet, muß es sich aber um ein Verfahren (mit den entsprechenden Rechtshandlungen und Formalitäten) handeln, das nicht nur im Einklang mit dieser Verordnung steht, sondern auch in dem Mitgliedstaat der Eröffnung des Insolvenzverfahrens offiziell anerkannt und rechtsgültig ist, wobei es sich ferner um ein Gesamtverfahren handeln muß, das den vollständigen oder teilweisen Vermögensbeschlag gegen den Schuldner sowie die Bestellung eines Verwalters zur Folge hat.

(11) Diese Verordnung geht von der Tatsache aus, daß aufgrund der großen Unterschiede im materiellen Recht ein einziges Insolvenzverfahren mit universaler Geltung für die gesamte Gemeinschaft nicht realisierbar ist. Die ausnahmslose Anwendung des Rechts des Staates der Verfahrenseröffnung würde vor diesem Hintergrund häufig zu Schwierigkeiten führen. Dies gilt etwa für die in der Ge-

meinschaft sehr unterschiedlich ausgeprägten Sicherungsrechte. Aber auch die Vorrechte einzelner Gläubiger im Insolvenzverfahren sind teilweise völlig verschieden ausgestaltet. Diese Verordnung sollte dem auf zweierlei Weise Rechnung tragen: Zum einen sollten Sonderanknüpfungen für besonders bedeutsame Rechte und Rechtsverhältnisse vorgesehen werden (z. B. dingliche Rechte und Arbeitsverträge). Zum anderen sollten neben einem Hauptinsolvenzverfahren mit universaler Geltung auch innerstaatliche Verfahren zugelassen werden, die lediglich das im Eröffnungsstaat belegene Vermögen erfassen.

(12) Diese Verordnung gestattet die Eröffnung des Hauptinsolvenzverfahrens in dem Mitgliedstaat, in dem der Schuldner den Mittelpunkt seiner hauptsächlichen Interessen hat. Dieses Verfahren hat universale Geltung mit dem Ziel, das gesamte Vermögen des Schuldners zu erfassen. Zum Schutz der unterschiedlichen Interessen gestattet diese Verordnung die Eröffnung von Sekundärinsolvenzverfahren parallel zum Hauptinsolvenzverfahren. Ein Sekundärinsolvenzverfahren kann in dem Mitgliedstaat eröffnet werden, in dem der Schuldner eine Niederlassung hat. Seine Wirkungen sind auf das in dem betreffenden Mitgliedstaat belegene Vermögen des Schuldners beschränkt. Zwingende Vorschriften für die Koordinierung mit dem Hauptinsolvenzverfahren tragen dem Gebot der Einheitlichkeit des Verfahrens in der Gemeinschaft Rechnung.

(13) Als Mittelpunkt der hauptsächlichen Interessen sollte der Ort gelten, an dem der Schuldner gewöhnlich der Verwaltung seiner Interessen nachgeht und damit für Dritte feststellbar ist.

(14) Diese Verordnung gilt nur für Verfahren, bei denen der Mittelpunkt der hauptsächlichen Interessen des Schuldners in der Gemeinschaft liegt.

(15) Die Zuständigkeitsvorschriften dieser Verordnung legen nur die internationale Zuständigkeit fest, das heißt, sie geben den Mitgliedstaat an, dessen Gerichte Insolvenzverfahren eröffnen dürfen. Die innerstaatliche Zuständigkeit des betreffenden Mitgliedstaats muß nach dem Recht des betreffenden Staates bestimmt werden.

(16) Das für die Eröffnung des Hauptinsolvenzverfahrens zuständige Gericht sollte zur Anordnung einstweiliger Sicherungsmaßnahmen ab dem Zeitpunkt des Antrags auf Verfahrenseröffnung befugt sein. Sicherungsmaßnahmen sowohl vor als auch nach Beginn des Insolvenzverfahrens sind zur Gewährleistung der Wirksamkeit des Insolvenzverfahrens von großer Bedeutung. Diese Verordnung sollte hierfür verschiedene Möglichkeiten vorsehen. Zum einen sollte das für das Hauptinsolvenzverfahren zuständige Gericht vorläufige Sicherungsmaßnahmen auch über Vermögensgegenstände anordnen können, die im Hoheitsgebiet anderer Mitgliedstaaten belegen sind. Zum anderen sollte ein vor Eröffnung des Hauptinsolvenzverfahrens bestellter vorläufiger Insolvenzverwalter in den Mitgliedstaaten, in denen sich eine Niederlassung des Schuldners befindet, die nach dem Recht dieser Mitgliedstaaten möglichen Sicherungsmaßnahmen beantragen können.

(17) Das Recht, vor der Eröffnung des Hauptinsolvenzverfahrens die Eröffnung eines Insolvenzverfahrens in dem Mitgliedstaat, in dem der Schuldner eine Niederlassung hat, zu beantragen, sollte nur einheimischen Gläubigern oder Gläubigern der einheimischen Niederlassung zustehen beziehungsweise auf Fälle beschränkt sein, in denen das Recht des Mitgliedstaats, in dem der Schuldner den Mittelpunkt seiner hauptsächlichen Interessen hat, die Eröffnung eines Hauptinsolvenzverfahrens nicht zuläßt. Der Grund für diese Beschränkung ist, daß die Fälle, in denen die Eröffnung eines Partikularverfahrens vor dem Hauptinsolvenzverfahren beantragt wird, auf das unumgängliche Maß beschränkt werden sollen. Nach der Eröffnung des Hauptinsolvenzverfahrens wird das Partikularverfahren zum Sekundärverfahren.

(18) Das Recht, nach der Eröffnung des Hauptinsolvenzverfahrens die Eröffnung eines Insolvenzverfahrens in dem Mitgliedstaat, in dem der Schuldner eine Niederlassung hat, zu beantragen, wird durch diese Verordnung nicht beschränkt. Der Verwalter des Hauptverfahrens oder jede andere, nach dem Recht des betreffenden Mitgliedstaats dazu befugte Person sollte die Eröffnung eines Sekundärverfahrens beantragen können.

(19) Ein Sekundärinsolvenzverfahren kann neben dem Schutz der inländischen Interessen auch anderen Zwecken dienen. Dies kann der Fall sein, wenn das Vermögen des Schuldners zu verschachtelt ist, um als ganzes verwaltet zu werden, oder weil die Unterschiede in den betroffenen Rechtssystemen so groß sind, daß sich Schwierigkeiten ergeben können, wenn das Recht des Staates der Verfahrenseröffnung seine Wirkung in den anderen Staaten, in denen Vermögensgegenstände belegen sind, entfaltet. Aus diesem Grund kann der Verwalter des Hauptverfahrens die Eröffnung eines Sekundärverfahrens beantragen, wenn dies für die effiziente Verwaltung der Masse erforderlich ist.

(20) Hauptinsolvenzverfahren und Sekundärinsolvenzverfahren können jedoch nur dann zu einer effizienten Verwertung der Insolvenzmasse beitragen, wenn die parallel anhängigen Verfahren koordiniert werden. Wesentliche Voraussetzung ist hierzu eine enge Zusammenarbeit der verschiedenen Verwalter, die insbesondere einen hinreichenden Informationsaustausch beinhalten muß. Um die dominierende Rolle des Hauptinsolvenzverfahrens sicherzustellen, sollten dem Verwalter dieses Verfahrens mehrere Einwirkungsmöglichkeiten auf gleichzeitig anhängige Sekundärinsolvenzverfahren gegeben werden. Er sollte etwa einen Sanierungsplan oder Vergleich vorschlagen oder die Aussetzung der Verwertung der Masse im Sekundärinsolvenzverfahren beantragen können.

(21) Jeder Gläubiger, der seinen Wohnsitz, gewöhnlichen Aufenthalt oder Sitz in der Gemeinschaft hat, sollte das Recht haben, seine Forderungen in jedem in der Gemeinschaft anhängigen Insolvenzverfahren über das Vermögen des Schuldners anzumelden. Dies sollte auch für Steuerbehörden und Sozialversicherungsträger gelten. Im Interesse der Gläubigergleichbehandlung muß jedoch die Verteilung

des Erlöses koordiniert werden. Jeder Gläubiger sollte zwar behalten dürfen, was er im Rahmen eines Insolvenzverfahrens erhalten hat, sollte aber an der Verteilung der Masse in einem anderen Verfahren erst dann teilnehmen können, wenn die Gläubiger gleichen Rangs die gleiche Quote auf ihre Forderung erlangt haben.

(22) In dieser Verordnung sollte die unmittelbare Anerkennung von Entscheidungen über die Eröffnung, die Abwicklung und die Beendigung der in ihren Geltungsbereich fallenden Insolvenzverfahren sowie von Entscheidungen, die in unmittelbarem Zusammenhang mit diesen Insolvenzverfahren ergehen, vorgesehen werden. Die automatische Anerkennung sollte somit zur Folge haben, daß die Wirkungen, die das Recht des Staates der Verfahrenseröffnung dem Verfahren beilegt, auf alle übrigen Mitgliedstaaten ausgedehnt werden. Die Anerkennung der Entscheidungen der Gerichte der Mitgliedstaaten sollte sich auf den Grundsatz des gegenseitigen Vertrauens stützen. Die zulässigen Gründe für eine Nichtanerkennung sollten daher auf das unbedingt notwendige Maß beschränkt sein. Nach diesem Grundsatz sollte auch der Konflikt gelöst werden, wenn sich die Gerichte zweier Mitgliedstaaten für zuständig halten, ein Hauptinsolvenzverfahren zu eröffnen. Die Entscheidung des zuerst eröffnenden Gerichts sollte in den anderen Mitgliedstaaten anerkannt werden; diese sollten die Entscheidung dieses Gerichts keiner Überprüfung unterziehen dürfen.

(23) Diese Verordnung sollte für den Insolvenzbereich einheitliche Kollisionsnormen formulieren, die die Vorschriften des internationalen Privatrechts der einzelnen Staaten ersetzen. Soweit nichts anderes bestimmt ist, sollte das Recht des Staates der Verfahrenseröffnung (lex concursus) Anwendung finden. Diese Kollisionsnorm sollte für Hauptinsolvenzverfahren und Partikularverfahren gleichermaßen gelten. Die lex concursus regelt alle verfahrensrechtlichen wie materiellen Wirkungen des Insolvenzverfahrens auf die davon betroffenen Personen und Rechtsverhältnisse; nach ihr bestimmen sich alle Voraussetzungen für die Eröffnung, Abwicklung und Beendigung des Insolvenzverfahrens.

(24) Die automatische Anerkennung eines Insolvenzverfahrens, auf das regelmäßig das Recht des Eröffnungsstaats Anwendung findet, kann mit den Vorschriften anderer Mitgliedstaaten für die Vornahme von Rechtshandlungen kollidieren. Um in den anderen Mitgliedstaaten als dem Staat der Verfahrenseröffnung Vertrauensschutz und Rechtssicherheit zu gewährleisten, sollten eine Reihe von Ausnahmen von der allgemeinen Vorschrift vorgesehen werden.

(25) Ein besonderes Bedürfnis für eine vom Recht des Eröffnungsstaats abweichende Sonderanknüpfung besteht bei dinglichen Rechten, da diese für die Gewährung von Krediten von erheblicher Bedeutung sind. Die Begründung, Gültigkeit und Tragweite eines solchen dinglichen Rechts sollten sich deshalb regelmäßig nach dem Recht des Belegenheitsorts bestimmen und von der Eröffnung des Insolvenzverfahrens nicht berührt werden. Der Inhaber des dinglichen Rechts sollte somit sein Recht zur Aus- bzw. Absonderung an dem Sicherungsgegenstand

weiter geltend machen können. Falls an Vermögensgegenständen in einem Mitgliedstaat dingliche Rechte nach dem Recht des Belegenheitsstaats bestehen, das Hauptinsolvenzverfahren aber in einem anderen Mitgliedstaat stattfindet, sollte der Verwalter des Hauptinsolvenzverfahrens die Eröffnung eines Sekundärinsolvenzverfahrens in dem Zuständigkeitsgebiet, in dem die dinglichen Rechte bestehen, beantragen können, sofern der Schuldner dort eine Niederlassung hat. Wird kein Sekundärinsolvenzverfahren eröffnet, so ist der überschießende Erlös aus der Veräußerung der Vermögensgegenstände, an denen dingliche Rechte bestanden, an den Verwalter des Hauptverfahrens abzuführen.

(26) Ist nach dem Recht des Eröffnungsstaats eine Aufrechnung nicht zulässig, so sollte ein Gläubiger gleichwohl zur Aufrechnung berechtigt sein, wenn diese nach dem für die Forderung des insolventen Schuldners maßgeblichen Recht möglich ist. Auf diese Weise würde die Aufrechnung eine Art Garantiefunktion aufgrund von Rechtsvorschriften erhalten, auf die sich der betreffende Gläubiger zum Zeitpunkt der Entstehung der Forderung verlassen kann.

(27) Ein besonderes Schutzbedürfnis besteht auch bei Zahlungssystemen und Finanzmärkten. Dies gilt etwa für die in diesen Systemen anzutreffenden Glattstellungsverträge und Nettingvereinbarungen sowie für die Veräußerung von Wertpapieren und die zur Absicherung dieser Transaktionen gestellten Sicherheiten, wie dies insbesondere in der Richtlinie 98/26/EG des Europäischen Parlaments und des Rates vom 19. Mai 1998 über die Wirksamkeit von Abrechnungen in Zahlungs- sowie Wertpapierliefer- und -abrechnungssystemen geregelt ist. Für diese Transaktionen soll deshalb allein das Recht maßgebend sein, das auf das betreffende System bzw. den betreffenden Markt anwendbar ist. Mit dieser Vorschrift soll verhindert werden, daß im Fall der Insolvenz eines Geschäftspartners die in Zahlungs- oder Aufrechnungssystemen oder auf den geregelten Finanzmärkten der Mitgliedstaaten vorgesehenen Mechanismen zur Zahlung und Abwicklung von Transaktionen geändert werden können. Die Richtlinie 98/26/EG enthält Sondervorschriften, die den allgemeinen Regelungen dieser Verordnung vorgehen sollten.

(28) Zum Schutz der Arbeitnehmer und der Arbeitsverhältnisse müssen die Wirkungen der Insolvenzverfahren auf die Fortsetzung oder Beendigung von Arbeitsverhältnissen sowie auf die Rechte und Pflichten aller an einem solchen Arbeitsverhältnis beteiligten Parteien durch das gemäß den allgemeinen Kollisionsnormen für den Vertrag maßgebliche Recht bestimmt werden. Sonstige insolvenzrechtliche Fragen, wie etwa, ob die Forderungen der Arbeitnehmer durch ein Vorrecht geschützt sind und welchen Rang dieses Vorrecht gegebenenfalls erhalten soll, sollten sich nach dem Recht des Eröffnungsstaats bestimmen.

(29) Im Interesse des Geschäftsverkehrs sollte auf Antrag des Verwalters der wesentliche Inhalt der Entscheidung über die Verfahrenseröffnung in den anderen Mitgliedstaaten bekannt gemacht werden. Befindet sich in dem betreffenden Mit-

gliedstaat eine Niederlassung, so kann eine obligatorische Bekanntmachung vorgeschrieben werden. In beiden Fällen sollte die Bekanntmachung jedoch nicht Voraussetzung für die Anerkennung des ausländischen Verfahrens sein.

(30) Es kann der Fall eintreten, daß einige der betroffenen Personen tatsächlich keine Kenntnis von der Verfahrenseröffnung haben und gutgläubig im Widerspruch zu der neuen Sachlage handeln. Zum Schutz solcher Personen, die in Unkenntnis der ausländischen Verfahrenseröffnung eine Zahlung an den Schuldner leisten, obwohl diese an sich an den ausländischen Verwalter hätte geleistet werden müssen, sollte eine schuldbefreiende Wirkung der Leistung bzw. Zahlung vorgesehen werden.

(31) Diese Verordnung sollte Anhänge enthalten, die sich auf die Organisation der Insolvenzverfahren beziehen. Da diese Anhänge sich ausschließlich auf das Recht der Mitgliedstaaten beziehen, sprechen spezifische und begründete Umstände dafür, daß der Rat sich das Recht vorbehält, diese Anhänge zu ändern, um etwaigen Änderungen des innerstaatlichen Rechts der Mitgliedstaaten Rechnung tragen zu können.

(32) Entsprechend Artikel 3 des Protokolls über die Position des Vereinigten Königreichs und Irlands, das dem Vertrag über die Europäische Union und dem Vertrag zur Gründung der Europäischen Gemeinschaft beigefügt ist, haben das Vereinigte Königreich und Irland mitgeteilt, daß sie sich an der Annahme und Anwendung dieser Verordnung beteiligen möchten.

(33) Gemäß den Artikeln 1 und 2 des Protokolls über die Position Dänemarks, das dem Vertrag über die Europäische Union und dem Vertrag zur Gründung der Europäischen Gemeinschaft beigefügt ist, beteiligt sich Dänemark nicht an der Annahme dieser Verordnung, die diesen Mitgliedstaat somit nicht bindet und auf ihn keine Anwendung findet -

HAT FOLGENDE VERORDNUNG ERLASSEN:

KAPITEL I

ALLGEMEINE VORSCHRIFTEN

Artikel 1

Anwendungsbereich

(1) Diese Verordnung gilt für Gesamtverfahren, welche die Insolvenz des Schuldners voraussetzen und den vollständigen oder teilweisen Vermögensbeschlag gegen den Schuldner sowie die Bestellung eines Verwalters zur Folge haben.

(2) Diese Verordnung gilt nicht für Insolvenzverfahren über das Vermögen von Versicherungsunternehmen oder Kreditinstituten, von Wertpapierfirmen, die

Dienstleistungen erbringen, welche die Haltung von Geldern oder Wertpapieren Dritter umfassen, sowie von Organismen für gemeinsame Anlagen.

Artikel 2

Definitionen

Für die Zwecke dieser Verordnung bedeutet

a) „Insolvenzverfahren" die in Artikel 1 Absatz 1 genannten Gesamtverfahren. Diese Verfahren sind in Anhang A aufgeführt;

b) „Verwalter" jede Person oder Stelle, deren Aufgabe es ist, die Masse zu verwalten oder zu verwerten oder die Geschäftstätigkeit des Schuldners zu überwachen. Diese Personen oder Stellen sind in Anhang C aufgeführt;

c) „Liquidationsverfahren" ein Insolvenzverfahren im Sinne von Buchstabe a), das zur Liquidation des Schuldnervermögens führt, und zwar auch dann, wenn dieses Verfahren durch einen Vergleich oder eine andere die Insolvenz des Schuldners beendende Maßnahme oder wegen unzureichender Masse beendet wird. Diese Verfahren sind in Anhang B aufgeführt;

d) „Gericht" das Justizorgan oder jede sonstige zuständige Stelle eines Mitgliedstaats, die befugt ist, ein Insolvenzverfahren zu eröffnen oder im Laufe des Verfahrens Entscheidungen zu treffen;

e) „Entscheidung", falls es sich um die Eröffnung eines Insolvenzverfahrens oder die Bestellung eines Verwalters handelt, die Entscheidung jedes Gerichts, das zur Eröffnung eines derartigen Verfahrens oder zur Bestellung eines Verwalters befugt ist;

f) „Zeitpunkt der Verfahrenseröffnung" den Zeitpunkt, in dem die Eröffnungsentscheidung wirksam wird, unabhängig davon, ob die Entscheidung endgültig ist;

g) „Mitgliedstat, in dem sich ein Vermögensgegenstand befindet", im Fall von
- körperlichen Gegenständen den Mitgliedstaat, in dessen Gebiet der Gegenstand belegen ist,
- Gegenständen oder Rechten, bei denen das Eigentum oder die Rechtsinhaberschaft in ein öffentliches Register einzutragen ist, den Mitgliedstaat, unter dessen Aufsicht das Register geführt wird,
- Forderungen den Mitgliedstaat, in dessen Gebiet der zur Leistung verpflichtete Dritte den Mittelpunkt seiner hauptsächlichen Interessen im Sinne von Artikel 3 Absatz 1 hat;

h) „Niederlassung" jeden Tätigkeitsort, an dem der Schuldner einer wirtschaftlichen Aktivität von nicht vorübergehender Art nachgeht, die den Einsatz von Personal und Vermögenswerten voraussetzt.

Artikel 3

Internationale Zuständigkeit

(1) Für die Eröffnung des Insolvenzverfahrens sind die Gerichte des Mitgliedstaats zuständig, in dessen Gebiet der Schuldner den Mittelpunkt seiner hauptsächlichen Interessen hat. Bei Gesellschaften und juristischen Personen wird bis zum Beweis des Gegenteils vermutet, daß der Mittelpunkt ihrer hauptsächlichen Interessen der Ort des satzungsmäßigen Sitzes ist.

(2) Hat der Schuldner den Mittelpunkt seiner hauptsächlichen Interessen im Gebiet eines Mitgliedstaats, so sind die Gerichte eines anderen Mitgliedstaats nur dann zur Eröffnung eines Insolvenzverfahrens befugt, wenn der Schuldner eine Niederlassung im Gebiet dieses anderen Mitgliedstaats hat. Die Wirkungen dieses Verfahrens sind auf das im Gebiet dieses letzteren Mitgliedstaats belegene Vermögen des Schuldners beschränkt.

(3) Wird ein Insolvenzverfahren nach Absatz 1 eröffnet, so ist jedes zu einem späteren Zeitpunkt nach Absatz 2 eröffnete Insolvenzverfahren ein Sekundärinsolvenzverfahren. Bei diesem Verfahren muß es sich um ein Liquidationsverfahren handeln.

(4) Vor der Eröffnung eines Insolvenzverfahrens nach Absatz 1 kann ein Partikularverfahren nach Absatz 2 nur in den nachstehenden Fällen eröffnet werden:

a) falls die Eröffnung eines Insolvenzverfahrens nach Absatz 1 angesichts der Bedingungen, die in den Rechtsvorschriften des Mitgliedstaats vorgesehen sind, in dem der Schuldner den Mittelpunkt seiner hauptsächlichen Interessen hat, nicht möglich ist;

b) falls die Eröffnung des Partikularverfahrens von einem Gläubiger beantragt wird, der seinen Wohnsitz, gewöhnlichen Aufenthalt oder Sitz in dem Mitgliedstaat hat, in dem sich die betreffende Niederlassung befindet, oder dessen Forderung auf einer sich aus dem Betrieb dieser Niederlassung ergebenden Verbindlichkeit beruht.

Artikel 4

Anwendbares Recht

(1) Soweit diese Verordnung nichts anderes bestimmt, gilt für das Insolvenzverfahren und seine Wirkungen das Insolvenzrecht des Mitgliedstaats, in dem das Verfahren eröffnet wird, nachstehend „Staat der Verfahrenseröffnung" genannt.

(2) Das Recht des Staates der Verfahrenseröffnung regelt, unter welchen Voraussetzungen das Insolvenzverfahren eröffnet wird und wie es durchzuführen und zu beenden ist. Es regelt insbesondere:

a) bei welcher Art von Schuldnern ein Insolvenzverfahren zulässig ist;

b) welche Vermögenswerte zur Masse gehören und wie die nach der Verfahrenseröffnung vom Schuldner erworbenen Vermögenswerte zu behandeln sind;

c) die jeweiligen Befugnisse des Schuldners und des Verwalters;

d) die Voraussetzungen für die Wirksamkeit einer Aufrechnung;

e) wie sich das Insolvenzverfahren auf laufende Verträge des Schuldners auswirkt;

f) wie sich die Eröffnung eines Insolvenzverfahrens auf Rechtsverfolgungsmaßnahmen einzelner Gläubiger auswirkt; ausgenommen sind die Wirkungen auf anhängige Rechtsstreitigkeiten;

g) welche Forderungen als Insolvenzforderungen anzumelden sind und wie Forderungen zu behandeln sind, die nach der Eröffnung des Insolvenzverfahrens entstehen;

h) die Anmeldung, die Prüfung und die Feststellung der Forderungen;

i) die Verteilung des Erlöses aus der Verwertung des Vermögens, den Rang der Forderungen und die Rechte der Gläubiger, die nach der Eröffnung des Insolvenzverfahrens aufgrund eines dinglichen Rechts oder infolge einer Aufrechnung teilweise befriedigt wurden;

j) die Voraussetzungen und die Wirkungen der Beendigung des Insolvenzverfahrens, insbesondere durch Vergleich;

k) die Rechte der Gläubiger nach der Beendigung des Insolvenzverfahrens;

l) wer die Kosten des Insolvenzverfahrens einschließlich der Auslagen zu tragen hat;

m) welche Rechtshandlungen nichtig, anfechtbar oder relativ unwirksam sind, weil sie die Gesamtheit der Gläubiger benachteiligen.

Artikel 5

Dingliche Rechte Dritte

(1) Das dingliche Recht eines Gläubigers oder eines Dritten an körperlichen oder unkörperlichen, beweglichen oder unbeweglichen Gegenständen des Schuldners - sowohl an bestimmten Gegenständen als auch an einer Mehrheit von nicht bestimmten Gegenständen mit wechselnder Zusammensetzung -, die sich zum Zeitpunkt der Eröffnung des Insolvenzverfahrens im Gebiet eines anderen Mitgliedstaats befinden, wird von der Eröffnung des Verfahrens nicht berührt.

(2) Rechte im Sinne von Absatz 1 sind insbesondere

a) das Recht, den Gegenstand zu verwerten oder verwerten zu lassen und aus dem Erlös oder den Nutzungen dieses Gegenstands befriedigt zu werden, insbesondere aufgrund eines Pfandrechts oder einer Hypothek;

b) das ausschließliche Recht, eine Forderung einzuziehen, insbesondere aufgrund eines Pfandrechts an einer Forderung oder aufgrund einer Sicherheitsabtretung dieser Forderung;

c) das Recht, die Herausgabe des Gegenstands von jedermann zu verlangen, der diesen gegen den Willen des Berechtigten besitzt oder nutzt;

d) das dingliche Recht, die Früchte eines Gegenstands zu ziehen.

(3) Das in einem öffentlichen Register eingetragene und gegen jedermann wirksame Recht, ein dingliches Recht im Sinne von Absatz 1 zu erlangen, wird einem dinglichen Recht gleichgestellt.

(4) Absatz 1 steht der Nichtigkeit, Anfechtbarkeit oder relativen Unwirksamkeit einer Rechtshandlung nach Artikel 4 Absatz 2 Buchstabe m) nicht entgegen.

Artikel 6

Aufrechnung

(1) Die Befugnis eines Gläubigers, mit seiner Forderung gegen eine Forderung des Schuldners aufzurechnen, wird von der Eröffnung des Insolvenzverfahrens nicht berührt, wenn diese Aufrechnung nach dem für die Forderung des insolventen Schuldners maßgeblichen Recht zulässig ist.

(2) Absatz 1 steht der Nichtigkeit, Anfechtbarkeit oder relativen Umwirksamkeit einer Rechtshandlung nach Artikel 4 Absatz 2 Buchstabe m) nicht entgegen.

Artikel 7

Eigentumsvorbehalt

(1) Die Eröffnung eines Insolvenzverfahrens gegen den Käufer einer Sache läßt die Rechte des Verkäufers aus einem Eigentumsvorbehalt unberührt, wenn sich diese Sache zum Zeitpunkt der Eröffnung des Verfahrens im Gebiet eines anderen Mitgliedstaats als dem der Verfahrenseröffnung befindet.

(2) Die Eröffnung eines Insolvenzverfahrens gegen den Verkäufer einer Sache nach deren Lieferung rechtfertigt nicht die Auflösung oder Beendigung des Kaufvertrags und steht dem Eigentumserwerb des Käufers nicht entgegen, wenn sich diese Sache zum Zeitpunkt der Verfahrenseröffnung im Gebiet eines anderen Mitgliedstaats als dem der Verfahrenseröffnung befindet.

(3) Die Absätze 1 und 2 stehen der Nichtigkeit, Anfechtbarkeit oder relativen Unwirksamkeit einer Rechtshandlung nach Artikel 4 Absatz 2 Buchstabe m) nicht entgegen.

Artikel 8

Vertrag über einen unbeweglichen Gegenstand

Für die Wirkungen des Insolvenzverfahrens auf einen Vertrag, der zum Erwerb oder zur Nutzung eines unbeweglichen Gegenstands berechtigt, ist ausschließlich das Recht des Mitgliedstaats maßgebend, in dessen Gebiet dieser Gegenstand belegen ist.

Artikel 9

Zahlungssysteme und Finanzmärkte

(1) Unbeschadet des Artikels 5 ist für die Wirkungen des Insolvenzverfahrens auf die Rechte und Pflichten der Mitglieder eines Zahlungs- oder Abwicklungssystems oder eines Finanzmarktes ausschließlich das Recht des Mitgliedstaats maßgebend, das für das betreffende System oder den betreffenden Markt gilt.

(2) Absatz 1 steht einer Nichtigkeit, Anfechtbarkeit oder relativen Unwirksamkeit der Zahlungen oder Transaktionen gemäß den für das betreffende Zahlungssystem oder den betreffenden Finanzmarkt geltenden Rechtsvorschriften nicht entgegen.

Artikel 10

Arbeitsvertrag

Für die Wirkungen des Insolvenzverfahrens auf einen Arbeitsvertrag und auf das Arbeitsverhältnis gilt ausschließlich das Recht des Mitgliedstaats, das auf den Arbeitsvertrag anzuwenden ist.

Artikel 11

Wirkung auf eintragungspflichtige Rechte

Für die Wirkungen des Insolvenzverfahrens auf Rechte des Schuldners an einem unbeweglichen Gegenstand, einem Schiff oder einem Luftfahrzeug, die der Eintragung in ein öffentliches Register unterliegen, ist das Recht des Mitgliedstaats maßgebend, unter dessen Aufsicht das Register geführt wird.

Artikel 12

Gemeinschaftspatente und -marken

Für die Zwecke dieser Verordnung kann ein Gemeinschaftspatent, eine Gemeinschaftsmarke oder jedes andere durch Gemeinschaftsvorschriften begründete ähnliche Recht nur in ein Verfahren nach Artikel 3 Absatz 1 miteinbezogen werden.

Artikel 13

Benachteiligende Handlungen

Artikel 4 Absatz 2 Buchstabe m) findet keine Anwendung, wenn die Person, die durch eine die Gesamtheit der Gläubiger benachteiligende Handlung begünstigt wurde, nachweist,

- daß für diese Handlung das Recht eines anderen Mitgliedstaats als des Staates der Verfahrenseröffnung maßgeblich ist und
- daß in diesem Fall diese Handlung in keiner Weise nach diesem Recht angreifbar ist.

Artikel 14

Schutz des Dritterwerbers

Verfügt der Schuldner durch eine nach Eröffnung des Insolvenzverfahrens vorgenommene Rechtshandlung gegen Entgelt

- über einen unbeweglichen Gegenstand,
- über ein Schiff oder ein Luftfahrzeug, das der Eintragung in ein öffentliches Register unterliegt, oder
- über Wertpapiere, deren Eintragung in ein gesetzlich vorgeschriebenes Register Voraussetzung für ihre Existenz ist,

so richtet sich die Wirksamkeit dieser Rechtshandlung dem Recht des Staates, in dessen Gebiet dieser unbewegliche Gegenstand belegen ist oder unter dessen Aufsicht das Register geführt wird.

Artikel 15

Wirkungen des Insolvenzverfahrens auf anhängige Rechtsstreitigkeiten

Für die Wirkungen des Insolvenzverfahrens auf einen anhängigen Rechtsstreit über einen Gegenstand oder ein Recht der Masse gilt ausschließlich das Recht des Mitgliedstaats, in dem der Rechtsstreit anhängig ist.

KAPITEL II

ANERKENNUNG DER INSOLVENZVERFAHREN

Artikel 16

Grundsatz

(1) Die Eröffnung eines Insolvenzverfahrens durch ein nach Artikel 3 zuständiges Gericht eines Mitgliedstaats wird in allen übrigen Mitgliedstaaten anerkannt, sobald die Entscheidung im Staat der Verfahrenseröffnung wirksam ist.

Dies gilt auch, wenn in den übrigen Mitgliedstaaten über das Vermögen des Schuldners wegen seiner Eigenschaft ein Insolvenzverfahren nicht eröffnet werden könnte.

(2) Die Anerkennung eines Verfahrens nach Artikel 3 Absatz 1 steht der Eröffnung eines Verfahrens nach Artikel 3 Absatz 2 durch ein Gericht eines anderen Mitgliedstaats nicht entgegen. In diesem Fall ist das Verfahren nach Artikel 3 Absatz 2 ein Sekundärinsolvenzverfahren im Sinne von Kapitel III.

Artikel 17

Wirkungen der Anerkennung

(1) Die Eröffnung eines Verfahrens nach Artikel 3 Absatz 1 entfaltet in jedem anderen Mitgliedstaat, ohne daß es hierfür irgendwelcher Förmlichkeiten bedürfte,

die Wirkungen, die das Recht des Staates der Verfahrenseröffnung dem Verfahren beilegt, sofern diese Verordnung nichts anderes bestimmt und solange in diesem anderen Mitgliedstaat kein Verfahren nach Artikel 3 Absatz 2 eröffnet ist.

(2) Die Wirkungen eines Verfahrens nach Artikel 3 Absatz 2 dürfen in den anderen Mitgliedstaten nicht in Frage gestellt werden. Jegliche Beschränkung der Rechte der Gläubiger, insbesondere eine Stundung oder eine Schuldbefreiung infolge des Verfahrens, wirkt hinsichtlich des im Gebiet eines anderen Mitgliedstaats belegenen Vermögens nur gegenüber den Gläubigern, die ihre Zustimmung hierzu erteilt haben.

Artikel 18

Befugnisse des Verwalters

(1) Der Verwalter, der durch ein nach Artikel 3 Absatz 1 zuständiges Gericht bestellt worden ist, darf im Gebiet eines anderen Mitgliedstaats alle Befugnisse ausüben, die ihm nach dem Recht des Staates der Verfahrenseröffnung zustehen, solange in dem anderen Staat nicht ein weiteres Insolvenzverfahren eröffnet ist oder eine gegenteilige Sicherungsmaßnahme auf einen Antrag auf Eröffnung eines Insolvenzverfahrens hin ergriffen worden ist. Er kann insbesondere vorbehaltlich der Artikel 5 und 7 die zur Masse gehörenden Gegenstände aus dem Gebiet des Mitgliedstaats entfernen, in dem sich die Gegenstände befinden.

(2) Der Verwalter, der durch ein nach Artikel 3 Absatz 2 zuständiges Gericht bestellt worden ist, darf in jedem anderen Mitgliedstaat gerichtlich und außergerichtlich geltend machen, daß ein beweglicher Gegenstand nach der Eröffnung des Insolvenzverfahrens aus dem Gebiet des Staates der Verfahrenseröffnung in das Gebiet dieses anderen Mitgliedstaats verbracht worden ist. Des weiteren kann er eine den Interessen der Gläubiger dienende Anfechtungsklage erheben.

(3) Bei der Ausübung seiner Befugnisse hat der Verwalter das Recht des Mitgliedstaats, in dessen Gebiet er handeln will, zu beachten, insbesondere hinsichtlich der Art und Weise der Verwertung eines Gegenstands der Masse. Diese Befugnisse dürfen nicht die Anwendung von Zwangsmitteln oder das Recht umfassen, Rechtsstreitigkeiten oder andere Auseinandersetzungen zu entscheiden.

Artikel 19

Nachweis der Verwalterstellung

Die Bestellung zum Verwalter wird durch eine beglaubigte Abschrift der Entscheidung, durch die er bestellt worden ist, oder durch eine andere von dem zuständigen Gericht ausgestellte Bescheinigung nachgewiesen.

Es kann eine Übersetzung in die Amtssprache oder eine der Amtssprachen des Mitgliedstaats, in dessen Gebiet er handeln will, verlangt werden. Eine Legalisation oder eine entsprechende andere Förmlichkeit wird nicht verlangt.

Artikel 20

Herausgabepflicht und Anrechnung

(1) Ein Gläubiger, der nach der Eröffnung eines Insolvenzverfahrens nach Artikel 3 Absatz 1 auf irgendeine Weise, insbesondere durch Zwangsvollstreckung, vollständig oder teilweise aus einem Gegenstand der Masse befriedigt wird, der in einem anderen Mitgliedstaat belegen ist, hat vorbehaltlich der Artikel 5 und 7 das Erlangte an den Verwalter herauszugeben.

(2) Zur Wahrung der Gleichbehandlung der Gläubiger nimmt ein Gläubiger, der in einem Insolvenzverfahren eine Quote auf seine Forderung erlangt hat, an der Verteilung im Rahmen eines anderen Verfahrens erst dann teil, wenn die Gläubiger gleichen Ranges oder gleicher Gruppenzugehörigkeit in diesem anderen Verfahren die gleiche Quote erlangt haben.

Artikel 21

Öffentliche Bekanntmachung

(1) Auf Antrag des Verwalters ist in jedem anderen Mitgliedstaat der wesentliche Inhalt der Entscheidung über die Verfahrenseröffnung und gegebenenfalls der Entscheidung über eine Bestellung entsprechend den Bestimmungen des jeweiligen Staates für öffentliche Bekanntmachungen zu veröffentlichen. In der Bekanntmachung ist ferner anzugeben, welcher Verwalter bestellt wurde und ob sich die Zuständigkeit aus Artikel 3 Absatz 1 oder aus Artikel 3 Absatz 2 ergibt.

(2) Jeder Mitgliedstaat, in dessen Gebiet der Schuldner eine Niederlassung besitzt, kann jedoch die obligatorische Bekanntmachung vorsehen. In diesem Fall hat der Verwalter oder jede andere hierzu befugte Stelle des Mitgliedstaats, in dem das Verfahren nach Artikel 3 Absatz 1 eröffnet wurde, die für diese Bekanntmachung erforderlichen Maßnahmen zu treffen.

Artikel 22

Eintragung in öffentliche Register

(1) Auf Antrag des Verwalters ist die Eröffnung eines Verfahrens nach Artikel 3 Absatz 1 in das Grundbuch, das Handelsregister und alle sonstigen öffentlichen Register in den übrigen Mitgliedstaaten einzutragen.

(2) Jeder Mitgliedstaat kann jedoch die obligatorische Eintragung vorsehen. In diesem Fall hat der Verwalter oder andere hierzu befugte Stelle des Mitgliedstaats, in dem das Verfahren nach Artikel 3 Absatz 1 eröffnet wurde, die für diese Eintragung erforderlichen Maßnahmen zu treffen.

Artikel 23

Kosten

Die Kosten der öffentlichen Bekanntmachung nach Artikel 21 und der Eintragung nach Artikel 22 gelten als Kosten und Aufwendungen des Verfahrens.

Artikel 24

Leistung an den Schuldner

(1) Wer in einem Mitgliedstaat an einen Schuldner leistet, über dessen Vermögen in einem anderen Mitgliedstaat ein Insolvenzverfahren eröffnet worden ist, obwohl er an den Verwalter des Insolvenzverfahrens hätte leisten müssen, wird befreit, wenn ihm die Eröffnung des Verfahrens nicht bekannt war.

(2) Erfolgt die Leistung vor der öffentlichen Bekanntmachung nach Artikel 21, so wird bis zum Beweis des Gegenteils vermutet, daß dem Leistenden die Eröffnung nicht bekannt war. Erfolgt die Leistung nach der Bekanntmachung gemäß Artikel 21, so wird bis zum Beweis des Gegenteils vermutet, daß dem Leistenden die Eröffnung bekannt war.

Artikel 25

Anerkennung und Vollstreckbarkeit sonstiger Entscheidungen

(1) Die zur Durchführung und Beendigung eines Insolvenzverfahrens ergangenen Entscheidungen eines Gerichts, dessen Eröffnungsentscheidung nach Artikel 16 anerkannt wird, sowie ein von einem solchen Gericht bestätigter Vergleich werden ebenfalls ohne weitere Förmlichkeiten anerkannt. Diese Entscheidungen werden nach den Artikeln 31 bis 51 (mit Ausnahme von Artikel 34 Absatz 2) des Brüsseler Übereinkommens über die gerichtliche Zuständigkeit und die Vollstreckung gerichtlicher Entscheidungen in Zivil- und Handelssachen in der durch die Beitrittsübereinkommen zu diesem Übereinkommen geänderten Fassung vollstreckt.

Unterabsatz 1 gilt auch für Entscheidungen, die unmittelbar aufgrund des Insolvenzverfahrens ergehen und in engem Zusammenhang damit stehen, auch wenn diese Entscheidungen von einem anderen Gericht getroffen werden.

Unterabsatz 1 gilt auch für Entscheidungen über Sicherungsmaßnahmen, die nach dem Antrag auf Eröffnung eines Insolvenzverfahrens getroffen werden.

(2) Die Anerkennung und Vollstreckung der anderen als der in Absatz 1 genannten Entscheidungen unterliegen dem Übereinkommen nach Absatz 1, soweit jenes Übereinkommen anwendbar ist.

(3) Die Mitgliedstaaten sind nicht verpflichtet, eine Entscheidung gemäß Absatz 1 anzuerkennen und zu vollstrecken, die eine Einschränkung der persönlichen Freiheit oder des Postgeheimnisses zur Folge hätte.

Artikel 26

Ordre Public

Jeder Mitgliedstaat kann sich weigern, ein in einem anderen Mitgliedstaat eröffnetes Insolvenzverfahren anzuerkennen oder eine in einem solchen Verfahren ergangene Entscheidung zu vollstrecken, soweit diese Anerkennung oder diese Vollstreckung zu einem Ergebnis führt, das offensichtlich mit seiner öffentlichen

Ordnung, insbesondere mit den Grundprinzipien oder den verfassungsmäßig garantierten Rechten und Freiheiten des einzelnen, unvereinbar ist.

KAPITEL III

SEKUNDÄRINSOLVENZVERFAHREN

Artikel 27

Verfahrenseröffnung

Ist durch ein Gericht eines Mitgliedstaats ein Verfahren nach Artikel 3 Absatz 1 eröffnet worden, das in einem anderen Mitgliedstaat anerkannt ist (Hauptinsolvenzverfahren), so kann ein nach Artikel 3 Absatz 2 zuständiges Gericht dieses anderen Mitgliedstaats ein Sekundärinsolvenzverfahren eröffnen, ohne daß in diesem anderen Mitgliedstaat die Insolvenz des Schuldners geprüft wird. Bei diesem Verfahren muß es sich um eines der in Anhang B aufgeführten Verfahren handeln. Seine Wirkungen beschränken sich auf das im Gebiet dieses anderen Mitgliedstaats belegene Vermögen des Schuldners.

Artikel 28

Anwendbares Recht

Soweit diese Verordnung nichts anderes bestimmt, finden auf das Sekundärinsolvenzverfahren die Rechtsvorschriften des Mitgliedstaats Anwendung, in dessen Gebiet das Sekundärinsolvenzverfahren eröffnet worden ist.

Artikel 29

Antragsrecht

Die Eröffnung eines Sekundärinsolvenzverfahrens können beantragen:

a) der Verwalter des Hauptinsolvenzverfahrens,

b) jede andere Person oder Stelle, der das Antragsrecht nach dem Recht des Mitgliedstaats zusteht, in dessen Gebiet das Sekundärinsolvenzverfahren eröffnet werden soll.

Artikel 30

Kostenvorschuß

Verlangt das Recht des Mitgliedstaats, in dem ein Sekundärinsolvenzverfahren beantragt wird, daß die Kosten des Verfahrens einschließlich der Auslagen ganz oder teilweise durch die Masse gedeckt sind, so kann das Gericht, bei dem ein solcher Antrag gestellt wird, vom Antragsteller einen Kostenvorschuß oder eine angemessene Sicherheitsleistung verlangen.

Artikel 31

Kooperations- und Unterrichtungspflicht

(1) Vorbehaltlich der Vorschriften über die Einschränkung der Weitergabe von Informationen besteht für den Verwalter des Hauptinsolvenzverfahrens und für die Verwalter der Sekundärinsolvenzverfahren die Pflicht zur gegenseitigen Unterrichtung. Sie haben einander unverzüglich alle Informationen mitzuteilen, die für das jeweilige andere Verfahren von Bedeutung sein können, insbesondere den Stand der Anmeldung und der Prüfung der Forderungen sowie alle Maßnahmen zur Beendigung eines Insolvenzverfahrens.

(2) Vorbehaltlich der für die einzelnen Verfahren geltenden Vorschriften sind der Verwalter des Hauptinsolvenzverfahrens und die Verwalter der Sekundärinsolvenzverfahren zur Zusammenarbeit verpflichtet.

(3) Der Verwalter eines Sekundärinsolvenzverfahrens hat dem Verwalter des Hauptinsolvenzverfahrens zu gegebener Zeit Gelegenheit zu geben, Vorschläge für die Verwertung oder jede Art der Verwendung der Masse des Sekundärinsolvenzverfahrens zu unterbreiten.

Artikel 32

Ausübung von Gläubigerrechten

(1) Jeder Gläubiger kann seine Forderung im Hauptinsolvenzverfahren und in jedem Sekundärinsolvenzverfahren anmelden.

(2) Die Verwalter des Hauptinsolvenzverfahrens und der Sekundärinsolvenzverfahren melden in den anderen Verfahren die Forderungen an, die in dem Verfahren, für das sie bestellt sind, bereits angemeldet worden sind, soweit dies für die Gläubiger des letztgenannten Verfahrens zweckmäßig ist und vorbehaltlich des Rechts dieser Gläubiger, dies abzulehnen oder die Anmeldung zurückzunehmen, sofern ein solches Recht gesetzlich vorgesehen ist.

(3) Der Verwalter eines Haupt- oder eines Sekundärinsolvenzverfahrens ist berechtigt, wie ein Gläubiger an einem anderen Insolvenzverfahren mitzuwirken, insbesondere indem er an einer Gläubigerversammlung teilnimmt.

Artikel 33

Aussetzung der Verwertung

(1) Das Gericht, welches das Sekundärinsolvenzverfahren eröffnet hat, setzt auf Antrag des Verwalters des Hauptinsolvenzverfahrens die Verwertung ganz oder teilweise aus; dem zuständigen Gericht steht jedoch das Recht zu, in diesem Fall vom Verwalter des Hauptinsolvenzverfahrens alle angemessenen Maßnahmen zum Schutz der Interessen der Gläubiger des Sekundärinsolvenzverfahrens sowie einzelner Gruppen von Gläubigern zu verlangen. Der Antrag des Verwalters des Hauptinsolvenzverfahrens kann nur abgelehnt werden, wenn die Aussetzung of-

fensichtlich für die Gläubiger des Hauptinsolvenzverfahrens nicht von Interesse ist. Die Aussetzung der Verwertung kann für höchstens drei Monate angeordnet werden. Sie kann für jeweils denselben Zeitraum verlängert oder erneuert werden.

(2) Das Gericht nach Absatz 1 hebt die Aussetzung der Verwertung in folgenden Fällen auf:

- auf Antrag des Verwalters des Hauptinsolvenzverfahrens,
- von Amts wegen, auf Antrag eines Gläubigers oder auf Antrag des Verwalters des Sekundärinsolvenzverfahrens, wenn sich herausstellt, daß diese Maßnahme insbesondere nicht mehr mit dem Interesse der Gläubiger des Haupt- oder des Sekundärinsolvenzverfahrens zu rechtfertigen ist.

Artikel 34

Verfahrensbeendende Maßnahmen

(1) Kann das Sekundärinsolvenzverfahren nach dem für dieses Verfahren maßgeblichen Recht ohne Liquidation durch einen Sanierungsplan, einen Vergleich oder eine andere vergleichbare Maßnahme beendet werden, so kann eine solche Maßnahme vom Verwalter des Hauptinsolvenzverfahrens vorgeschlagen werden.

Eine Beendigung des Sekundärinsolvenzverfahrens durch eine Maßnahme nach Unterabsatz 1 kann nur bestätigt werden, wenn der Verwalter des Hauptinsolvenzverfahrens zustimmt oder, falls dieser nicht zustimmt, wenn die finanziellen Interessen der Gläubiger des Hauptinsolvenzverfahrens durch die vorgeschlagene Maßnahme nicht beeinträchtigt werden.

(2) Jede Beschränkung der Rechte der Gläubiger, wie zum Beispiel eine Stundung oder eine Schuldbefreiung, die sich aus einer in einem Sekundärinsolvenzverfahren vorgeschlagenen Maßnahme im Sinne von Absatz 1 ergibt, kann nur dann Auswirkungen auf das nicht von diesem Verfahren betroffene Vermögen des Schuldners haben, wenn alle betroffenen Gläubiger der Maßnahme zustimmen.

(3) Während einer nach Artikel 33 angeordneten Aussetzung der Verwertung kann nur der Verwalter des Hauptinsolvenzverfahrens oder der Schuldner mit dessen Zustimmung im Sekundärinsolvenzverfahren Maßnahmen im Sinne von Absatz 1 des vorliegenden Artikels vorschlagen; andere Vorschläge für eine solche Maßnahme dürfen weder zur Abstimmung gestellt noch bestätigt werden.

Artikel 35

Überschuß im Sekundärinsolvenzverfahren

Können bei der Verwertung der Masse des Sekundärinsolvenzverfahrens alle in diesem Verfahren festgestellten Forderungen befriedigt werden, so übergibt der in diesem Verfahren bestellte Verwalter den verbleibenden Überschuß unverzüglich dem Verwalter des Hauptinsolvenzverfahrens.

Artikel 36

Nachträgliche Eröffnung des Hauptinsolvenzverfahrens

Wird ein Verfahren nach Artikel 3 Absatz 1 eröffnet, nachdem in einem anderen Mitgliedstaat ein Verfahren nach Artikel 3 Absatz 2 eröffnet worden ist, so gelten die Artikel 31 bis 35 für das zuerst eröffnete Insolvenzverfahren, soweit dies nach dem Stand dieses Verfahrens möglich ist.

Artikel 37

Umwandlung des vorhergehenden Verfahrens

Der Verwalter des Hauptinsolvenzverfahrens kann beantragen, daß ein in Anhang A genanntes Verfahren, das zuvor in einem anderen Mitgliedstaat eröffnet wurde, in ein Liquidationsverfahren umgewandelt wird, wenn es sich erweist, daß diese Umwandlung im Interesse der Gläubiger des Hauptverfahrens liegt.

Das nach Artikel 3 Absatz 2 zuständige Gericht ordnet die Umwandlung in eines der in Anhang B aufgeführten Verfahren an.

Artikel 38

Sicherungsmaßnahmen

Bestellt das nach Artikel 3 Absatz 1 zuständige Gericht eines Mitgliedstaats zur Sicherung des Schuldnervermögens einen vorläufigen Verwalter, so ist dieser berechtigt, zur Sicherung und Erhaltung des Schuldnervermögens, das sich in einem anderen Mitgliedstaat befindet, jede Maßnahme zu beantragen, die nach dem Recht dieses Staates für die Zeit zwischen dem Antrag auf Eröffnung eines Liquidationsverfahrens und dessen Eröffnung vorgesehen ist.

KAPITEL IV

UNTERRICHTUNG DER GLÄUBIGER UND ANMELDUNG IHRER FORDERUNGEN

Artikel 39

Recht auf Anmeldung von Forderungen

Jeder Gläubiger, der seinen gewöhnlichen Aufenthalt, Wohnsitz oder Sitz in einem anderen Mitgliedstaat als dem Staat der Verfahrenseröffnung hat, einschließlich der Steuerbehörden und der Sozialversicherungsträger der Mitgliedstaaten, kann seine Forderungen in dem Insolvenzverfahren schriftlich anmelden.

Artikel 40

Pflicht zur Unterrichtung der Gläubiger

(1) Sobald in einem Mitgliedstaat ein Insolvenzverfahren eröffnet wird, unterrichtet das zuständige Gericht dieses Staates oder der von diesem Gericht bestellte

Verwalter unverzüglich die bekannten Gläubiger, die in den anderen Mitgliedstaaten ihren gewöhnlichen Aufenthalt, Wohnsitz oder Sitz haben.

(2) Die Unterrichtung erfolgt durch individuelle Übersendung eines Vermerks und gibt insbesondere an, welche Fristen einzuhalten sind, welches die Versäumnisfolgen sind, welche Stelle für die Entgegennahme der Anmeldungen zuständig ist und welche weiteren Maßnahmen vorgeschrieben sind. In dem Vermerk ist auch anzugeben, ob die bevorrechtigten oder dinglich gesicherten Gläubiger ihre Forderungen anmelden müssen.

Artikel 41

Inhalt einer Forderungsanmeldung

Der Gläubiger übersendet eine Kopie der gegebenenfalls vorhandenen Belege, teilt die Art, den Entstehungszeitpunkt und den Betrag der Forderung mit und gibt an, ob er für die Forderung ein Vorrecht, eine dingliche Sicherheit oder einen Eigentumsvorbehalt beansprucht und welche Vermögenswerte Gegenstand seiner Sicherheit sind.

Artikel 42

Sprachen

(1) Die Unterrichtung nach Artikel 40 erfolgt in der Amtssprache oder einer der Amtssprachen des Staates der Verfahrenseröffnung. Hierfür ist ein Formblatt zu verwenden, das in sämtlichen Amtssprachen der Organe der Europäischen Union mit den Worten „Aufforderung zur Anmeldung einer Forderung. Etwaige Fristen beachten!" überschrieben ist.

(2) Jeder Gläubiger, der seinen gewöhnlichen Aufenthalt, Wohnsitz oder Sitz in einem anderen Mitgliedstaat als dem Staat der Verfahrenseröffnung hat, kann seine Forderung auch in der Amtssprache oder einer der Amtssprachen dieses anderen Staates anmelden. In diesem Fall muß die Anmeldung jedoch mindestens die Überschrift „Anmeldung einer Forderung" in der Amtssprache oder einer der Amtssprachen des Staates der Verfahrenseröffnung tragen. Vom Gläubiger kann eine Übersetzung der Anmeldung in die Amtssprache oder eine der Amtssprachen des Staates der Verfahrenseröffnung verlangt werden.

KAPITEL V

ÜBERGANGS- UND SCHLUSSBESTIMMUNGEN

Artikel 43

Zeitlicher Geltungsbereich

Diese Verordnung ist nur auf solche Insolvenzverfahren anzuwenden, die nach ihrem Inkrafttreten eröffnet worden sind. Für Rechtshandlungen des Schuldners vor Inkrafttreten dieser Verordnung gilt weiterhin das Recht, das für diese Rechtshandlungen anwendbar war, als sie vorgenommen wurden.

Artikel 44

Verhältnis zu Übereinkünften

(1) Nach ihrem Inkrafttreten ersetzt diese Verordnung in ihrem sachlichen Anwendungsbereich hinsichtlich der Beziehungen der Mitgliedstaaten untereinander die zwischen zwei oder mehreren Mitgliedstaaten geschlossenen Übereinkünfte, insbesondere

a) das am 8. Juli 1899 in Paris unterzeichnete belgisch-französische Abkommen über die gerichtliche Zuständigkeit, die Anerkennung und die Vollstreckung von gerichtlichen Entscheidungen, Schiedssprüchen und öffentlichen Urkunden;

b) das am 16. Juli 1969 in Brüssel unterzeichnete belgisch-österreichische Abkommen über Konkurs, Ausgleich und Zahlungsaufschub (mit Zusatzprotokoll vom 13. Juni 1973);

c) das am 28. März 1925 in Brüssel unterzeichnete belgisch-niederländische Abkommen über die Zuständigkeit der Gerichte, den Konkurs sowie die Anerkennung und die Vollstreckung von gerichtlichen Entscheidungen, Schiedssprüchen und öffentlichen Urkunden;

d) den am 25. Mai 1979 in Wien unterzeichneten deutsch-österreichischen Vertrag auf dem Gebiet des Konkurs- und Vergleichs-(Ausgleichs-)rechts;

e) das am 27. Februar 1979 in Wien unterzeichnete französisch-österreichische Abkommen über die gerichtliche Zuständigkeit, die Anerkennung und die Vollstreckung von Entscheidungen auf dem Gebiet des Insolvenzrechts;

f) das am 3. Juni 1930 in Rom unterzeichnete französisch-italienische Abkommen über die Vollstreckung gerichtlicher Urteile in Zivil- und Handelssachen;

g) das am 12. Juli 1977 in Rom unterzeichnete italienisch-österreichische Abkommen über Konkurs und Ausgleich;

h) den am 30. August 1962 in Den Haag unterzeichneten deutsch-niederländischen Vertrag über die gegenseitige Anerkennung und Vollstreckung gerichtlicher Entscheidungen und anderer Schuldtitel in Zivil- und Handelssachen;

i) das am 2. Mai 1934 in Brüssel unterzeichnete britisch-belgische Abkommen zur gegenseitigen Vollstreckung gerichtlicher Entscheidungen in Zivil- und Handelssachen mit Protokoll;

j) das am 7. November 1993 in Kopenhagen zwischen Dänemark, Finnland, Norwegen, Schweden und Irland geschlossene Konkursübereinkommen;

k) das am 5. Juni 1990 in Istanbul unterzeichnete Europäische Übereinkommen über bestimmte internationale Aspekte des Konkurses.

(2) Die in Absatz 1 aufgeführten Übereinkünfte behalten ihre Wirksamkeit hinsichtlich der Verfahren, die vor Inkrafttreten dieser Verordnung eröffnet worden sind.

(3) Diese Verordnung gilt nicht

a) in einem Mitgliedstaat, soweit es in Konkurssachen mit den Verpflichtungen aus einer Übereinkunft unvereinbar ist, die dieser Staat mit einem oder mehreren Drittstaaten vor Inkrafttreten dieser Verordnung geschlossen hat;

b) im Vereinigten Königreich Großbritannien und Nordirland, soweit es in Konkurssachen mit den Verpflichtungen aus Vereinbarungen, die im Rahmen des Commonwealth geschlossen wurden und die zum Zeitpunkt des Inkrafttretens dieser Verordnung wirksam sind, unvereinbar ist.

Artikel 45

Änderung der Anhänge

Der Rat kann auf Initiative eines seiner Mitglieder oder auf Vorschlag der Kommission mit qualifizierter Mehrheit die Anhänge ändern.

Artikel 46

Bericht

Die Kommission legt dem Europäischen Parlament, dem Rat und dem Wirtschafts- und Sozialausschuß bis zum 1. Juni 2012 und danach alle fünf Jahre einen Bericht über die Anwendung dieser Verordnung vor. Der Bericht enthält gegebenenfalls einen Vorschlag zur Anpassung dieser Verordnung.

Artikel 47

Inkrafttreten

Diese Verordnung tritt am 31. Mai 2002 in Kraft.

ANHANG A

Insolvenzverfahren gemäß Artikel 1 Buchstabe a)

BELGIQUE – / BELGIË

- La faillite//Het faillissement
- Le concordat judiciaire//Het gerechtelijk akkoord
- Le règlement collectif de dettes//De collective schuldenregeling

DEUTSCHLAND

- Das Konkursverfahren
- Das gerichtliche Vergleichsverfahren
- Das Gesamtvollstreckungsverfahren

– Das Insolvenzverfahren

ΕΛΛΑΣ

– Πτώχευση

– Η ειδτκή εκκαθάριση

– Η προσωρινή διαχείριση εταιρίας. Η διοίκηση και η διαχείριση των πιστωτών

– Η υπαγωγή επιχείρησης υπό επίτροπο με σκοπό τη σύναψη συμβιβασμού με τους πιστωτές

ESPAÑA

– Concurso de acreedores

– Quiebra

– Suspensión de pagos

FRANCE

– Liquidation judiciaire

– Redressement judiciaire avec nomination d'un administrateur

IRELAND

– Compulsory winding-up by the Court

– Bankruptcy

– The administration in bankruptcy of the estate of persons dying insolvent

– Winding-up in bankruptcy of partnerships

– Creditors' voluntary winding-up (with confirmation of a court)

– Arrangements under the control of the Court which involve the vesting of all or part of the property of the debtor in the Official Assignee for realisation and distribution

– Company examinership

ITALIA

– Fallimento

– Concordato preventivo

– Liquidazione coatta amministrativa

– Amministrazione straordinaria

– Amministrazione controllata

LUXEMBOURG

– Faillite

– Gestion contrôlée

- Concordat préventif de faillite (par abandon d'actif)
- Régime spécial de liquidation du notariat

NEDERLAND

- Het faillissement
- De surseance van betaling
- De schuldsaneringsregeling natuurlijke personen

ÖSTERREICH

- Das Konkursverfahren
- Das Ausgleichsverfahren

PORTUGAL

- O processo de falência
- Os processos especiais de recuperação de empresa, ou seja:
- A concordata
- A reconstituição empresarial
- A reestruturação financeira
- A gestão controlada

SUOMI – /FINLAND

- Konkurssi//konkurs
- Yrityssaneeraus//företagssanering

SVERIGE

- Konkurs
- Företagsrekonstruktion

UNITED KINGDOM

- Winding-up by or subject to the supervision of the court
- Creditors' voluntary winding-up (with confirmation by the court)
- Administration
- Voluntary arrangements under insolvency legislation
- Bankruptcy or sequestration

ANHANG B

Insolvenzverfahren gemäß Artikel 2 Buchstabe c)

BELGIQUE F- / BELGIË

- La faillite//Het faillissement

DEUTSCHLAND

- Das Konkursverfahren
- Das Gesamtvollstreckungsverfahren
- Das Insolvenzverfahren

ΕΛΛΑΣ

- Πτώχευση
- Η ειδική εκκαθάριση

ESPAÑA

- Concurso de acreedores
- Quiebra
- Suspensión de pagos basada en la insolvencia definitiva

FRANCE

- Liquidation judiciaire

IRELAND

- Compulsory winding-up
- Bankruptcy
- The administration in bankruptcy of the estate of persons dying insolvent
- Winding-up in bankruptcy of partnerships
- Creditors' voluntary winding-up (with the confirmation of a court)
- Arrangements of the control of the Court which involve the vesting of all or part of the property of the debtor in the Official Assignee for realisation and distribution

ITALIA

- Fallimento
- Liquidazione coatta amministrativa

LUXEMBOURG

- Faillite
- Régime spécial de liquidation du notariat

NEDERLAND

- Het faillissement
- De schuldsaneringsregeling natuurlijke personen

ÖSTERREICH

- Das Konkursverfahren

PORTUGAL

– O processo de falência

SUOMI – /FINLAND

– Konkurssi//konkurs

SVERIGE

– Konkurs

UNITED KINGDOM

– Winding-up by or subject to the supervision of the court
– Creditors' voluntary winding-up (with confirmation by the court)
– Bankruptcy or sequestration

ANHANG C

Verwalter gemäß Artikel 2 Buchstabe b)

BELGIQUE – / BELGIË

– Le curateur//De curator
– Le commissaire au sursis//De commissaris inzake opschorting
– Le médiateur de dettes//De schuldbemiddelaar

DEUTSCHLAND

– Konkursverwalter
– Vergleichsverwalter
– Sachwalter (nach der Vergleichsordnung)
– Verwalter
– Insolvenzverwalter
– Sachwalter (nach der Insolvenzordnung)
– Treuhänder
– Vorläufiger Insolvenzverwalter

ΕΛΛΑΣ

– Ο σύνδικος
– Ο προσωρινός διαχειριστής. Η διοικούσα επιτροπή των πιστωτών
– Ο ειδικός εκκαθαριστής
– Ο επίτροπος

ESPAÑA

- Depositario-administrador
- Interventor o Interventores
- Síndicos
- Comisario

FRANCE

- Représentant des créanciers
- Mandataire liquidateur
- Administrateur judiciaire
- Commissaire à l'exécution de plan

IRELAND

- Liquidator
- Official Assignee
- Trustee in bankruptcy
- Provisional Liquidator
- Examiner

ITALIA

- Curatore
- Commissario

LUXEMBOURG

- Curateur
- Commissaire
- Liquidateur
- Conseil de gérance de la section d'assainissement du notariat

NEDERLAND

- De curator in het faillissement
- De bewindvoerder in de surseance van betaling
- De bewindvoerder in de schuldsaneringsregeling natuurlijke personen

ÖSTERREICH

- Masseverwalter
- Ausgleichsverwalter
- Sachwalter
- Treuhänder

- Besondere Verwalter
- Vorläufige Verwalter
- Konkursgericht

PORTUGAL

- Gestor Judicial
- Liquidatário Judicial
- Comissão de Credores

SUOMI – /FINLAND

- Pesänhoitaja//boförvaltare
- Selvittäjä//utredare

SVERIGE

- Förvaltare
- God man
- Rekonstruktör

UNITED KINGDOM

- Liquidator
- Supervisor of a voluntary arrangement
- Administrator
- Official Receiver
- Trustee
- Judicial factor

Timo Torz

Gerichtsstände im Internationalen Insolvenzrecht zur Eröffnung von Partikularinsolvenzverfahren

Eine Untersuchung über die internationale Zuständigkeit zur Eröffnung von Partikularinsolvenzverfahren sowie deren Beschränkungen und Auswirkungen auf die Anerkennungszuständigkeit

Frankfurt am Main, Berlin, Bern, Bruxelles, New York, Oxford, Wien, 2005.
LI, 243 S., 2 Graf.
Studien zum vergleichenden und internationalen Recht. Herausgegeben von Bernd von Hoffmann, Erik Jayme und Heinz-Peter Mansel. Bd. 113
ISBN 3-631-54150-3 · br. € 51.50*

Das Internationale Insolvenzrecht (IIR) ist auf europäischer und nationaler Regelungsebene in den Jahren 2000 beziehungsweise 2003 neu kodifiziert worden. Eine der zentralen Problematiken ist die Frage der Eröffnung von Insolvenzverfahren. Vorgesehen ist im autonomen und im europäischen Recht die Eröffnung von Haupt- und Partikularinsolvenzverfahren. Die Eröffnung von Partikularverfahren hängt im europäischen und deutschen IIR von dem Vorhandensein einer Niederlassung ab. Das deutsche Recht sieht darüber hinaus einen Vermögensgerichtsstand vor. Eingeschränkt wird dieser durch das *besondere Interesse*. Die Arbeit nähert sich der Problematik durch eine auslegende Betrachtung der Begriffe *Niederlassung*, *Vermögen* und *besonderes Interesse*. Eine bedeutende Rolle kommt dabei den Erfahrungen zu, die die Rechtsordnungen mit Vermögensgerichtsständen gemacht haben. Die Arbeit untersucht weiterhin, inwieweit unerwünschten Ergebnissen im Wege einer Rechtsfortbildung begegnet werden kann.

Aus dem Inhalt: Eröffnungsmöglichkeiten von Partikular- neben dem Hauptinsolvenzverfahren, die sowohl von der InsO als auch von der EuInsVO vorgesehen sind · Differenzen in den unterschiedlichen Rechtsgrundlagen · uvm.

Kolibri 360 GmbH
Ferdinand-Jühlke-Straße 7
99095 Erfurt, Deutschland
produktsicherheit@kolibri360.de

Druck:
CPI Druckdienstleistungen GmbH
im Auftrag der
Kolibri 360 GmbH
Ferdinand-Jühlke-Str. 7
99095 Erfurt